ŒUVRES COMPLÈTES DE J. MICHELET

VICO

SES MÉMOIRES ÉCRITS PAR LUI-MÊME

PRÉCÉDÉS

D'UNE INTRODUCTION SUR SA VIE ET SES OUVRAGES

ÉDITION DÉFINITIVE, REVUE ET CORRIGÉE

PARIS
ERNEST FLAMMARION, ÉDITEUR
26, RUE RACINE, PRÈS L'ODÉON

Tous droits réservés.

ŒUVRES COMPLÈTES

DE

J. MICHELET

ÉDITION DÉFINITIVE, REVUE ET CORRIGÉE

DÉTAIL DE L'ŒUVRE COMPLÈTE

Histoire de France (Moyen âge, Temps modernes, Révolution, XIXe siècle).........	26 vol.
Vico..............................	1 vol.
Histoire romaine.....................	1 vol.
L'Oiseau. — La Mer..................	1 vol.
Luther (Mémoires)....................	1 vol.
Le Peuple. — Nos Fils................	1 vol.
Le Prêtre. — Les Jésuites............	1 vol.
La Montagne. — L'Insecte............	1 vol.
L'Amour. — La Femme................	1 vol.
Précis d'histoire moderne. — Introduction à l'Histoire universelle...........	1 vol.
La Bible de l'Humanité. — Une année du Collège de France (1848)..........	1 vol.
Les Origines du Droit. — La Sorcière...	1 vol.
Les Légendes du Nord. — La France devant l'Europe.........................	1 vol.
Les Femmes de la Révolution. — Les Soldats de la Révolution................	1 vol.
Lettres inédites adressées à Mlle Mialaret (Mme Michelet).................	1 vol.
TOTAL......	40 vol.

Prix de chaque volume 7 fr. 50.
(Envoi franco contre mandat ou timbres).

www.ingramcontent.com/pod-product-compliance
Lightning Source LLC
Chambersburg PA
CBHW050320240426
43673CB00042B/1472

OEUVRES

CHOISIES

DE VICO

IMPRIMERIE E. FLAMMARION, 26, RUE RACINE, PARIS.

ŒUVRES COMPLÈTES DE J. MICHELET

ŒUVRES CHOISIES
DE VICO

CONTENANT

SES MÉMOIRES ÉCRITS PAR LUI-MÊME, LA SCIENCE NOUVELLE
LES OPUSCULES, LETTRES, ETC.

PRÉCÉDÉES

D'UNE INTRODUCTION SUR SA VIE ET SES OUVRAGES

ÉDITION DÉFINITIVE, REVUE ET CORRIGÉE

PARIS
ERNEST FLAMMARION, ÉDITEUR
26, RUE RACINE, PRÈS L'ODÉON

Tous droits réservés.

AVANT-PROPOS

J'avais donné déjà l'ouvrage de Vico ; je donne aujourd'hui Vico lui-même, je veux dire, sa vie, sa méthode, le secret des transformations par lesquelles passa ce grand esprit. On les retrouvera toutes, soit dans le Mémoire qu'il a écrit sur sa vie, soit dans les autres opuscules dont notre volume contient la traduction ou l'extrait.

La méthode suivie par Vico est d'autant plus importante à observer qu'il n'est peut-être aucun inventeur dont on puisse moins indiquer les précédents. Avant lui, le premier mot n'était pas dit ; après lui, la science était, sinon faite, au moins fondée ; le principe était donné, les grandes applications indiquées.

Ce principe, quel est-il ? Le frontispice dont on va lire la description en est la traduction pittoresque. C'est le même que Vico plaça en tête de la seconde édition de la *Scienza nuova* (1730).

La femme, à tête ailée, dont les pieds posent sur le globe et sur l'autel qui le soutient, c'est la philosophie, la métaphysique. Ce globe est le monde social fondé sur la religion du mariage et des tombeaux, autrement dit sur la perpétuité des familles; c'est ce qu'indiquent la torche, la pyramide, etc. La philosophie sociale s'élance du monde, comme pour remonter vers Dieu son auteur[1]. De l'œil divin part un rayon qui, se réfléchissant en elle, va frapper, illuminer la statue de l'aveugle Homère, représentant du génie populaire, de la poésie instinctive des nations, d'où leur civilisation doit sortir. La statue vieille et lézardée porte sur une base ruineuse; il semble que le rayon la détruise en l'éclairant. C'est qu'en effet, cet Homère

---

1. L'idée première de cette image emblématique est platonicienne et dantesque. Elle semble empruntée aux vers du *Paradis* :
« Comme l'oiseau dans sa feuille chérie, impatient de la nuit qui
« le prive de voir sa couvée et d'aller lui quérir la pâture, il devance
« l'heure, sort des rameaux, attend, et regarde d'ardent désir,
« pour qu'enfin vienne l'aurore. Telle Celle que j'aime se dressait
« attentive... Moi, la voyant suspendue et avide, je restais comme
« celui qui voudrait bien encore, et qui cependant jouit de l'espoir...
« (*Parad.*, C. XXIII.) — Je regardai les yeux de Celle qui *empa-*
« *radisa* ma pensée; et comme un homme qui voit dans un miroir
« l'image d'un flambeau avant le flambeau même, il se retourne,
« il compare, et voit la flamme et le miroir s'accorder comme
« en un chant l'air et les paroles; ainsi je fus frappé, etc. (*Ibid.*,
« C. XXVIII). »

dans lequel on a cru voir un homme, doit périr comme homme, fondre au flambeau de la nouvelle critique; disons mieux, il va plutôt grandir, il va devenir un être collectif, une école de poètes, de rhapsodes, d'homérides ; que dis-je une école ? un peuple, le peuple grec, dont les rhapsodes n'ont fait que répéter, moduler les traditions poétiques.

Le poète grec n'est ici qu'un exemple. Autant vaudrait tout poète primitif de tout autre peuple ; autant tel ou tel des législateurs antiques. Numa ou Lycurgue, Minos ou Hermès, pourrait figurer ici comme Homère. Les législations, les religions sont, aussi bien que les littératures, l'ouvrage, l'expression de la pensée des peuples. Ici je demande la permission de me citer un instant moi-même.

« Le mot de la *Scienza nuova* est celui-ci : l'*humanité est son œuvre à elle-même.* Dieu agit sur elle, mais par elle. L'humanité est divine, mais il n'y a point d'homme divin. Ces héros mythiques, ces Hercule dont le bras sépare les montagnes, ces Lycurgue et ces Romulus, législateurs rapides, qui, dans une vie d'homme, accomplissent le long ouvrage des siècles, sont les créations de la pensée des peuples. Dieu seul est grand. Quand l'homme a voulu des hommes-dieux, il a fallu qu'il entassât des générations en une personne, qu'il résumât en un héros les conceptions de tout un cycle poétique. A ce prix, il s'est fait des idoles historiques, des Romulus et des Numa. Les peuples restaient prosternés devant ces gigantesques ombres. Le philosophe les relève et leur dit : Ce que vous adorez, c'est vous-mêmes, ce sont vos propres conceptions... Ces bizarres et inexplicables figures qui flottaient dans les airs, objet d'une puérile admiration, redescendent à notre portée. Elles sortent de la poésie pour entrer dans la science. Les miracles du génie individuel se classent sous la loi commune. Le niveau de la critique passe sur le genre humain. Ce radicalisme historique ne va pas jusqu'à supprimer les grands hommes. Il en est sans doute qui dominent la foule, de la tête ou de la ceinture ; mais leur front ne se perd plus dans les nuages. Ils ne sont pas d'une autre espèce ; l'humanité peut se reconnaître dans toute son histoire, une et identique à elle-même[1]. »

La science sociale date du jour où cette grande idée a été exprimée pour la première fois. Jusque là, l'humanité croyait devoir ses progrès aux hasards du génie individuel. Les révolutions de la politique, de la religion, de l'art, étant rapportées à l'inexplicable supériorité de quelques hommes, il ne restait qu'à admirer sans comprendre ; l'histoire était un spectacle infécond, tout au plus une fantas-

1. Voy. *Histoire Romaine*.

magorie amusante. Les faits apparaissaient comme individuels et sans généralité, on ne pouvait en dégager des lois, en tirer des inductions.

Quelle est l'influence de l'individu ? jusqu'à quel point l'homme mythique, l'homme collectif, l'homme individuel, peuvent-ils être considérés comme expression, comme symbole d'une civilisation, d'une époque? C'est là une question grave. La science, la morale, la religion, y sont engagées. Ce n'est pas dans cette petite préface que nous pouvons traiter ce grand sujet. Peut-être ailleurs essaierons-nous de dire ce que c'est que *Symbolisme,* de fixer la critique de ce principe dangereux et fécond, d'expliquer comment les deux écoles, symbolique, antisymbolique, celle qui généralise, celle qui individualise, se combattant, se contrôlant, s'équilibrant l'une l'autre, sont également nécessaires à la science, dont leur balancement fait la vie, comme l'équilibre de la vie commune et de l'individuelle fait la vie de la nature.

Revenons. Le Mémoire biographique de Vico présentera à bien des lecteurs moins d'intérêt que peut-être ils n'en attendent[1]. La vie d'un grand inventeur n'est guère que l'histoire de ses idées.

---

1. Nous reproduisons le Discours préliminaire de la première édition sur la vie et les ouvrages de Vico, au risque de répéter quelques détails biographiques qu'on retrouvera dans la *Vie de Vico,* écrite par lui-même.

Point d'aventures, peu d'anecdotes. Vico ne sortit guère de Naples. Il naquit, il vieillit pauvre, dans les fonctions obscures de l'enseignement; heureux et reconnaissant, lorsque les grands, les gouverneurs espagnols ou autrichiens lui faisaient l'honneur insigne de lui commander un discours, une épitaphe, un épithalame. Qu'un esprit si indépendant ait montré tant de respect et d'admiration pour la puissance, c'est un contraste qui pourra étonner ceux qui ne connaissent pas l'Italie.

Humilité vaniteuse, glorioles académiques, éloges splendides d'une foule d'illustres inconnus : c'est là ce qu'on retrouverait dans la vie de tous les lettrés de cette époque. Au milieu de ces misères, dont il se croit lui-même préoccupé sérieusement, on distingue que sa seule affaire est la poursuite de sa grande idée. Il faut voir comme il partit de loin, comme il gravit péniblement des pieds et des mains l'âpre et solitaire sentier de sa découverte, s'élevant chaque jour à une région inconnue, ne rencontrant nul autre émule à surpasser que soi-même, se modifiant, et, comme dit Dante, *transhumanant* à mesure qu'il montait; comment enfin, lorsqu'il eut monté, qu'il se retourna et s'assit, il se trouva avoir, en une vie d'homme, escaladé toute une science.

Le malheur, c'est qu'arrivé là, il se trouvait seul; personne ne pouvait plus comprendre. L'originalité des idées, l'étrangeté du langage, l'isolait également. Généralisant ses généralités, formulant, concentrant ses formules, il employait les dernières comme locutions connues. Il lui était arrivé le contraire des Sept-Dormants. Il avait oublié la langue du passé, et ne savait plus parler que celle de l'avenir. Mais si c'était alors trop tôt, aujourd'hui peut-être c'est déjà bien tard. Pour ce grand et malheureux génie le temps n'est jamais venu.

Vico a eu trop souvent le tort d'effacer sa route à mesure qu'il avançait. De là, l'apparente étrangeté de ses résultats. Cependant sa belle et ingénieuse polémique contre l'école de Descartes, contre l'abus de la méthode géométrique, contre l'esprit critique qui menaçait de sécher et détruire toute littérature, tout art, tout génie d'invention, cette partie négative n'a pas moins d'originalité que l'autre ; elle la prépare et s'y lie étroitement. Dans ses Discours, Vico attaque le criterium cartésien du sens individuel. Dans l'essai sur l'*Unité du principe du droit,* dans le petit livre sur la *Philosophie des langues,* enfin, dans la *Science nouvelle,* il revendique les droits du sens commun du genre humain. Nous venons de marquer ici le progrès général de sa méthode ; mais combien de vues ingénieuses nous pourrions indiquer dans les détails ! Le jugement sur Dante, l'appréciation des mérites et des défauts de la langue française, les réflexions sur l'éducation, si applicables encore aujourd'hui, et si admirables de simplicité et de profondeur, suffiraient pour montrer tout ce qu'il y a de bon sens dans le génie.

DISCOURS
SUR
LE SYSTÈME ET LA VIE DE VICO

Dans la rapidité du mouvement critique imprimé à la philosophie par Descartes, le public ne pouvait remarquer quiconque restait hors de ce mouvement. Voilà pourquoi le nom de Vico est encore si peu connu en deçà des Alpes. Pendant que la foule suivait ou combattait la réforme cartésienne, un génie solitaire fondait la philosophie de l'histoire. N'accusons pas l'indifférence des contemporains de Vico; essayons plutôt de l'expliquer, et de montrer que la *Science nouvelle* n'a été si négligée pendant le dernier siècle que parce qu'elle s'adressait au nôtre.

Telle est la marche naturelle de l'esprit humain : connaître d'abord et ensuite juger, s'étendre dans le monde extérieur et rentrer plus tard en soi-même, s'en rapporter au sens commun et le soumettre à l'examen du sens individuel. Cultivé dans la première période par la religion, par la poésie et les arts, il accumule les faits dont la philosophie doit un jour faire usage. Il a déjà le sentiment de bien des vérités, il n'en a pas encore la science. Il faut qu'un Socrate, un Descartes, viennent lui demander de quel droit il les possède, et que les attaques opiniâtres d'un impitoyable scepticisme l'obligent de se les approprier en les défendant. L'esprit humain, ainsi inquiété dans la possession des croyances qui touchent de plus près son être, dédaigne quelque temps toute connaissance que le sens intime ne peut lui attester; mais dès qu'il sera rassuré, il sortira du monde intérieur avec des forces nouvelles, pour reprendre l'étude des faits historiques : en continuant de chercher le vrai il ne négligera plus le vraisemblable, et la philosophie, comparant et rectifiant l'un par l'autre, le sens individuel et le sens commun, embrassera dans l'étude de l'homme celle de l'humanité tout entière.

Cette dernière époque commence pour nous. Ce qui nous distingue éminemment, c'est, comme nous disons aujourd'hui, notre *tendance historique*. Déjà nous voulons que les faits soient vrais dans leurs moindres détails; le même amour de la vérité doit nous conduire à en chercher les rapports, à observer les lois qui les régissent, à examiner enfin si l'histoire ne peut être ramenée à une forme scientifique.

Ce but dont nous approchons tous les jours, le génie prophétique de Vico nous l'a marqué longtemps d'avance. Son système nous apparaît, au commencement du dernier siècle, comme une admirable protestation de cette partie de l'esprit humain qui se repose sur la sagesse du passé, conservée dans les religions, dans les langues et dans l'histoire, sur cette sagesse vulgaire, mère de la philosophie et trop souvent méconnue d'elle. Il était naturel que cette protestation partît de l'Italie. Malgré le génie subtil des Cardan et des Jordano Bruno, le scepticisme n'y étant point réglé par la Réforme dans son développement, n'avait pu y obtenir un succès durable ni populaire. Le passé, lié tout entier à la cause de la religion, y conservait son empire. L'Église catholique invoquait sa perpétuité contre les protestants, et par conséquent recommandait l'étude de l'histoire et des langues. Les sciences qui, au moyen âge, s'étaient réfugiées et confondues dans le sein de la religion, avaient ressenti en Italie, moins que partout ailleurs, les bons et les mauvais effets de la division du travail; si la plupart avaient fait moins de progrès, toutes étaient restées unies. L'Italie méridionale particulièrement conservait ce goût d'universalité qui avait caractérisé le génie de la Grande Grèce. Dans l'antiquité, l'école pythagoricienne avait allié la métaphysique et la géométrie, la morale et la politique, la musique et la poésie. Au treizième siècle, l'*Ange de l'école* avait parcouru le cercle des connaissances humaines pour accorder les doctrines d'Aristote avec celles de l'Église. Au dix-septième, enfin, les jurisconsultes du royaume de Naples restaient seuls fidèles à cette définition antique de la jurisprudence : *scientia rerum divinarum atque humanarum*. C'était dans une telle contrée qu'on devait tenter pour la première fois de fondre toutes les connaissances qui ont l'homme pour objet dans un vaste système, qui rapprocherait l'une de l'autre l'histoire des faits et celle des langues, en les éclairant toutes deux par une critique nouvelle, et qui accorderait la philosophie et l'histoire, la science et la religion.

Néanmoins on aurait peine à comprendre ce phénomène, si Vico lui-même ne nous avait fait connaître quels travaux préparèrent la conception de son système (*Vie de Vico*, écrite par lui-même). Les détails que l'on va lire sont tirés de cet inestimable monument; ceux qui ne pouvaient entrer ici ont été rejetés dans l'appendice du Discours.

Jean-Baptiste Vico, né à Naples, d'un pauvre libraire, en 1668, reçut l'éducation du temps : c'était l'étude des langues anciennes, de la scolastique, de la théologie et de la jurisprudence. Mais il aimait trop les généralités pour s'occuper avec goût de la pratique du droit. Il ne plaida qu'une fois, pour défendre son père, gagna sa cause, et renonça au barreau ; il avait alors seize ans. Peu de temps après, la nécessité l'obligea de se charger d'enseigner le droit aux neveux de l'évêque d'Ischia. Retiré pendant neuf années dans la belle solitude de Vatolla, il suivit en liberté la route que lui traçait son génie, et se partagea entre la poésie, la philosophie, la jurisprudence. Ses maîtres furent les jurisconsultes romains, le divin Platon, et ce Dante avec lequel il avait lui-même tant de rapports par son caractère mélancolique et ardent. On montre encore la petite bibliothèque d'un couvent où il travaillait, et où il conçut peut-être la première idée de la *Science nouvelle*.

« Lorsque Vico revint à Naples (c'est lui-même qui
« parle), il se vit comme étranger dans sa patrie. La
« philosophie n'était plus étudiée que dans les *Médi-*

« *tations* de Descartes, et dans son *Discours sur la
« méthode*, où il désapprouve la culture de la poésie,
« de l'histoire et de l'éloquence. Le platonisme qui, au
« seizième siècle, les avait si heureusement inspirées,
« qui, pour ainsi dire, avait alors ressuscité la Grèce
« antique en Italie, était relégué dans la poussière des
« cloîtres. Pour le droit, les commentateurs modernes
« étaient préférés aux interprètes anciens. La poésie,
« corrompue par l'afféterie, avait cessé de puiser aux
« torrents de Dante, aux limpides ruisseaux de
« Pétrarque. On cultivait même peu la langue latine.
« Les sciences, les lettres étaient également languis-
« santes. »

C'est que les peuples, pas plus que les individus,
n'abdiquent impunément leur originalité. Le génie
italien voulait suivre l'impulsion philosophique de la
France et de l'Angleterre, et il s'annulait lui-même. Un
esprit vraiment italien ne pouvait se soumettre à cette
autre invasion de l'Italie par les étrangers. Tandis que
tout le siècle tournait des yeux avides vers l'avenir, et
se précipitait dans les routes nouvelles que lui ouvrait
la philosophie, Vico eut le courage de remonter vers
cette antiquité si dédaignée, et de s'identifier avec elle.
Il ferma les commentateurs et les critiques, et se mit
à étudier les originaux, comme on l'avait fait à la
renaissance des lettres.

Fortifié par ces études profondes, il osa attaquer le
cartésianisme, non seulement dans sa partie dogmatique qui conservait peu de crédit, mais aussi dans sa
méthode que ses adversaires mêmes avaient embrassée, et par laquelle il régnait sur l'Europe. Il faut voir
dans le Discours où il compare la méthode d'enseigne-

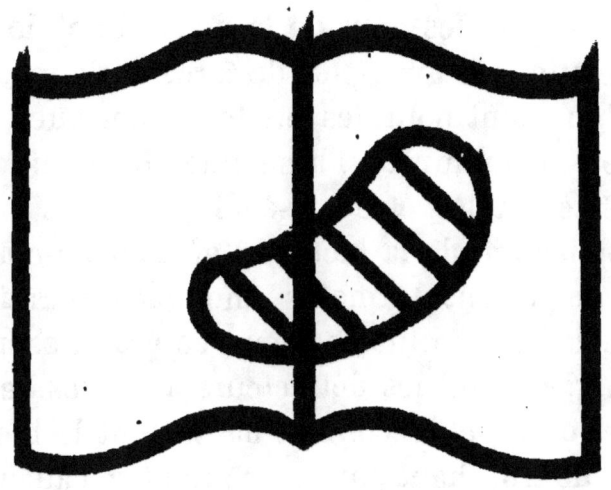

Illisibilité partielle

ment suivie par les modernes à celle des anciens, avec quelle sagacité il marque les inconvénients de [la] première. Nulle part les abus de la nouvelle philosophie n'ont été attaqués avec plus de force et de modération : l'éloignement pour les études historiques, le dédain du sens commun de l'humanité, la manie de réduire en art ce qui doit être laissé à la prudence individuelle, l'application de la méthode géométrique aux choses qui comportent le moins une démonstration rigoureuse, etc. Mais en même temps ce grand esprit, loin de se ranger parmi les détracteurs aveugles de la réforme cartésienne, en reconnaît hautement le bienfait : il voyait de trop haut pour se contenter d'aucune solution incomplète : « Nous devons beaucoup à Des-
« cartes qui a établi le sens individuel pour règle du vrai ;
« c'était un esclavage trop avilissant que de faire tout
« reposer sur l'autorité. Nous lui devons beaucoup
« pour avoir voulu soumettre la pensée à la méthode ;
« l'ordre des scolastiques n'était qu'un désordre. Mais
« vouloir que le jugement de l'individu règne seul,
« vouloir tout assujettir à la méthode géométrique,
« c'est tomber dans l'excès opposé. Il serait temps
« désormais de prendre un moyen terme ; de suivre le
« jugement individuel, mais avec les égards dus à l'au-
« torité ; d'employer la méthode, mais une méthode
« diverse selon la nature des choses[2]. »

1. Il y propose le problème suivant : *Ne pourrait-on pas animer d'un même esprit tout le savoir divin et humain, de sorte que les sciences se donnassent la main, pour ainsi dire, et qu'une université d'aujourd'hui représentât un Platon ou un Aristote, avec tout le savoir que nous avons de plus que les anciens?*

2. *Réponse à un article du* Journal littéraire d'Italie *où l'on attaquait le livre* De antiquissima Italorum sapientia ex originibus linguæ latinæ eruenda. 1711.

Celui qui assignait à la vérité le double *criterium* du sens individuel et du sens commun, se trouvait dès lors dans une route à part. Les ouvrages qu'il a publiés depuis n'ont plus un caractère polémique. Ce sont des discours publics, des opuscules, où il établit séparément les opinions diverses qu'il devait plus tard réunir dans son grand système. L'un de ces opuscules est intitulé : *Essai d'un système de jurisprudence dans lequel le droit civil des Romains serait expliqué par les révolutions de leur gouvernement.* Dans un autre, il entreprend de prouver que *la sagesse italienne des temps les plus reculés peut se découvrir dans les étymologies latines.* C'est un traité complet de métaphysique, trouvé dans l'histoire d'une langue[1]. On peut néanmoins faire sur ces premiers travaux de Vico une observation qui montre tout le chemin qu'il avait encore à parcourir pour arriver à la *Science nouvelle* : c'est qu'il rapporte la sagesse de la jurisprudence romaine, et celle qu'il découvre dans la langue des anciens Italiens, au génie des jurisconsultes ou des philosophes, au lieu de l'expliquer, comme il le fit plus tard, par la sagesse instinctive que Dieu donne aux nations. Il croit encore que la civilisation italienne, que la législation romaine, ont été importées en Italie de l'Égypte ou de la Grèce.

Jusqu'en 1719, l'unité manqua aux recherches de Vico ; ses auteurs favoris avaient été jusque-là Platon, Tacite et Bacon, et aucun d'eux ne pouvait la lui donner : « Le second considère l'homme tel qu'il est, le « premier tel qu'il doit être ; Platon contemple l'hon-

---

[1]. Cet ouvrage est le seul dont Vico n'ait point transporté les idées dans la *Science nouvelle*.

« nête avec la sagesse spéculative ; Tacite observe
« l'utile avec la sagesse pratique. Bacon réunit ces deux
« caractères (*cogitare*, *videre*). Mais Platon cherche
« dans la sagesse vulgaire d'Homère un ornement
« plutôt qu'une base pour sa philosophie ; Tacite dis-
« perse la sienne à la suite des événements ; Bacon
« dans ce qui regarde les lois ne fait pas assez abstrac-
« tion des temps et des lieux pour atteindre aux plus
« hautes généralités. Grotius a un mérite qui leur
« manque : il enferme dans son système le droit uni-
« versel, la philosophie et la théologie, en les appuyant
« toutes deux sur l'histoire des faits, vrais ou fabuleux,
« et sur celle des langues. »

La lecture de Grotius fixa ses idées et détermina la conception de son système. Dans un discours prononcé en 1719, il traita le sujet suivant : « Les éléments de
« tout le savoir divin et humain peuvent se réduire à
« trois : *connaître*, *vouloir*, *pouvoir*. Le principe unique
« en est l'intelligence. L'œil de l'intelligence, c'est-à-
« dire la raison, reçoit de Dieu la lumière du vrai éter-
« nel. Toute science vient de Dieu, retourne à Dieu,
« est en Dieu[1]. » Et il se chargeait de prouver la fausseté de tout ce qui s'écarterait de cette doctrine.
C'était, disaient quelques-uns, promettre plus que

1. Omnis divinæ atque humanæ eruditionis elementa tria, nosse, velle, posse ; quorum principium unum mens ; cujus oculus ratio ; cui æterni veri lumen præbet Deus... — Hæc tria elementa, quæ tam existere, et nostra esse, quam nos vivere certo scimus, una illa re, de qua omnino dubitare non possumus, nimirum cogitatione explicamus : quod quo facilius faciamus, hanc tractationem universam divido in partes tres : quarum prima omnia scientiarum principia a Deo esse : in secunda, divinum lumen, sive æternum verum per hæc tria, quæ proposuimus elementa omnes scientias permeare : easque omnes una arctissima complexione colligatas alias in alias dirigere, et cunctas ad Deum ipsarum principium revocare : in tertia, quidquid usquam de divinæ

Pic de la Mirandole, quand il afficha ses thèses *de omni scibili*. En effet Vico n'avait pu dans un discours montrer que la partie philosophique de son système, et avait été obligé d'en supprimer les preuves, c'est-à-dire toute la partie philologique. S'étant mis ainsi dans l'heureuse nécessité d'exposer toutes ses idées, il ne tarda pas à publier deux essais intitulés : *Unité de principe du droit universel*, 1720 ; — *Harmonie de la science du jurisconsulte* (*De constantia jurisprudentis*), c'est-à-dire, accord de la philosophie et de la philologie, 1721. Peu après (1722) il fit paraître des notes sur ces deux ouvrages, dans lesquels il appliquait à Homère la critique nouvelle dont il y avait exposé les principes.

Cependant ces opuscules divers ne formaient pas un même corps de doctrine ; il entreprit de les fondre en un seul ouvrage qui parut, en 1725, sous le titre de : *Principes d'une science nouvelle relative à la nature commune des nations, au moyen desquels on découvre de nouveaux principes du droit naturel des gens*. Cette première édition de la *Science nouvelle* est aussi le dernier mot de l'auteur, si l'on considère le fond des idées. Mais il en a entièrement changé la forme dans les autres éditions publiées de son vivant. Dans la première, il suit encore une marche analytique[1]. Elle est

---

ac humanæ eruditionis principiis scriptum, dictumve sit, quod cum his principiis congruerit, verum ; quod dissenserit, falsum esse demonstremus. Atque adeo de divinarum atque humanarum rerum notitia hæc agam tria, de origine, de circulo, de constantia ; et ostendam, origine, omnes a Deo provenire ; circulo, ad Deum redire omnes ; constantia, omnes constare in Deo, omnesque eas ipsas præter Deum tenebras esse et errores.

1. Vico a très bien marqué lui-même les progrès de sa méthode : « Ce qui me déplaît dans mes livres sur le droit universel (*De juris uno principio*, et *De constantia jurisprudentis*), c'est que j'y pars des idées de Platon et d'autres grands philosophes, pour descendre à l'examen des intelligences

infiniment supérieure pour la clarté. Néanmoins c'est dans celles de 1730 et de 1744 que l'on a toujours cherché de préférence le génie de Vico. Il y débute par des axiomes, en déduit toutes les idées particulières et s'efforce de suivre une méthode géométrique que le sujet ne comporte pas toujours. Malgré l'obscurité qui en résulte, malgré l'emploi continuel d'une terminologie bizarre que l'auteur néglige souvent d'expliquer, il y a dans l'ensemble du système, présenté de cette manière, une grandeur imposante et une sombre poésie qui fait penser à celle de Dante. Nous avons traduit en l'abrégeant l'édition de 1744; mais, dans l'exposé du système que l'on va lire, nous nous sommes souvent rapproché de la méthode que l'auteur avait suivie dans la première, et qui nous a paru convenir davantage à un public français.

Dans cette variété infinie d'actions et de pensées, de mœurs et de langues que nous présente l'histoire de l'homme, nous retrouvons souvent les mêmes traits, les mêmes caractères. Les nations les plus éloignées par les temps et par les lieux suivent dans les révolutions politiques, dans celles du langage, une marche

---

bornées et stupides des premiers hommes qui fondèrent l'humanité païenne, tandis que j'aurais dû suivre une marche toute contraire. De là les erreurs où je suis tombé dans certaines matières... — Dans la première édition de la *Science nouvelle* j'errais, sinon dans la matière, au moins dans l'ordre que je suivais. Je traitais des principes des idées, en les séparant des principes des langues, qui sont naturellement unis entre eux. Je parlais de la méthode propre à la *Science nouvelle*, en la séparant des principes des idées et des principes des langues. » (*Additions à une préface de la* Science nouvelle, *publiées avec d'autres pièces inédites de Vico, par M. Antonio Giordano,* **1818.**) Ajoutons à cette critique que, dans la première édition, il conçoit pour l'humanité l'espoir d'une perfection stationnaire. Cette idée, que tant d'autres philosophes devaient reproduire, ne reparaît plus dans les éditions suivantes.

singulièrement analogue. Dégager les phénomènes réguliers des accidentels, et déterminer les lois générales qui régissent les premiers ; tracer l'histoire universelle, éternelle, qui se produit dans le temps sous la forme des histoires particulières, décrire le cercle idéal dans lequel tourne le monde réel : voilà l'objet de la nouvelle science. Elle est tout à la fois la philosophie et l'histoire de l'humanité.

Elle tire son unité de la religion, principe producteur et conservateur de la société. Jusqu'ici on n'a parlé que de théologie naturelle ; la science nouvelle est une théologie sociale, une démonstration historique de la Providence, une histoire des décrets par lesquels, à l'insu des hommes et souvent malgré eux, elle a gouverné la grande cité du genre humain. Qui ne ressentira un divin plaisir en ce corps mortel, lorsque nous contemplerons ce monde des nations, si varié de caractères, de temps et de lieux, dans l'uniformité des idées divines ?

Les autres sciences s'occupent de diriger l'homme et de le perfectionner ; mais aucune n'a encore pour objet la connaissance des principes de la civilisation d'où elles sont toutes sorties. La science qui nous révélerait ces principes, nous mettrait à même de mesurer la carrière que parcourent les peuples dans leurs progrès et leur décadence, de calculer les âges de la vie des nations. Alors on connaîtrait les moyens par lesquels une société peut s'élever ou se ramener au plus haut degré de civilisation dont elle soit susceptible ; alors seraient accordées la théorie et la pratique, les savants et les sages, les philosophes et les législateurs, la sagesse de réflexion avec la sagesse instinctive ; et l'on ne s'écarterait des principes de cette science de l'*humanisation* qu'en abdiquant le caractère d'homme et se séparant de l'humanité.

La science nouvelle puise à deux sources : la philosophie, la philologie. La philosophie contemple le vrai par la raison ; la philologie observe le réel, c'est la science des faits et des langues. La philosophie doit appuyer ses théories sur la certitude des faits ; la philologie emprunter à la philosophie ses théories pour élever les faits au caractère de vérités universelles, éternelles.

Quelle philosophie sera féconde ? celle qui relèvera, qui dirigera l'homme déchu et toujours débile, sans l'arracher à sa nature, sans l'abandonner à sa corruption. Ainsi nous fermons l'école de la science nouvelle aux stoïciens qui veulent la mort des sens, aux épicuriens qui font des sens la règle de l'homme ; ceux-là s'enchaînent au destin, ceux-ci s'abandonnent au hasard ; les uns et les autres nient la Providence. Ces deux doctrines isolent l'homme, et devraient s'appeler philosophies *solitaires*. Au contraire, nous admettons dans notre école les philosophes politiques, et surtout les platoniciens, parce qu'ils sont d'accord avec tous les législateurs sur nos trois principes fondamentaux : existence d'une Providence divine, nécessité de modérer les passions et d'en faire des vertus humaines, immortalité de l'âme. Ces trois vérités philosophiques répondent à autant de faits historiques : institution universelle des religions, des mariages et des sépultures. Toutes les nations ont attribué à ces trois choses un caractère de sainteté ; elles les ont appelées *huma-*

nitatis commercia (Tacite), et par une expression plus sublime encore, *fœdera generis humani.*

La philologie, science du réel, science des faits historiques et des langues, fournira les matériaux à la science du vrai, à la philosophie. Mais le réel, ouvrage de la liberté de l'individu, est incertain de sa nature. Quel sera le *criterium* au moyen duquel nous découvrirons dans sa mobilité le caractère immuable du vrai?... le sens commun, c'est-à-dire le jugement irréfléchi d'une classe d'hommes, d'un peuple, de l'humanité? l'accord général du sens commun des peuples constitue la sagesse du genre humain. Le sens commun, la sagesse vulgaire, est la règle que Dieu a donnée au monde social.

Cette sagesse est une, sous la double forme des actions et des langues, quelque variées qu'elles puissent être par l'influence des causes locales, et son unité leur imprime un caractère analogue chez les peuples les plus isolés. Ce caractère est surtout sensible dans tout ce qui touche le droit naturel. Interrogez tous les peuples sur les idées qu'ils se font des rapports sociaux, vous verrez qu'ils les comprennent tous de même sous des expressions diverses ; on le voit dans les proverbes, qui sont les maximes de la sagesse vulgaire. N'essayons pas d'expliquer cette uniformité du droit naturel en supposant qu'un peuple l'a communiqué à tous les autres. Partout il est indigène, partout il a été fondé par la Providence dans les mœurs des nations.

Cette identité de la pensée humaine, reconnue dans les actions et dans le langage, résout le grand problème de la sociabilité de l'homme, qui a tant embarrassé les philosophes; et si l'on ne trouvait point le nœud délié, nous pourrions le trancher d'un mot : *Nulle chose ne reste longtemps hors de son état naturel; l'homme est sociable, puisqu'il reste en société.*

Dans le développement de la société humaine, dans la marche de la civilisation, on peut distinguer trois âges, trois périodes : âge divin ou théocratique, âge héroïque, âge humain ou civilisé. A cette division répond celle des temps obscurs, fabuleux, historiques. C'est surtout dans l'histoire des langues que l'exactitude de cette classification est manifeste. Celle que nous parlons a dû être précédée par une langue métaphorique et poétique, et celle-ci par une langue hiéroglyphique ou sacrée.

Nous nous occuperons principalement des deux premières périodes. Les causes de cette civilisation dont nous sommes si fiers, doivent être recherchées dans les âges que nous nommons barbares, et qu'il serait mieux d'appeler religieux et poétiques; toute la sagesse du genre humain y était déjà dans son ébauche et dans son germe. Mais lorsque nous essayons de remonter vers des temps si loin de nous, que de difficultés nous arrêtent! La plupart des monuments ont péri, et ceux même qui nous restent ont été altérés, dénaturés par les préjugés des âges suivants. Ne pouvant expliquer les origines de la société, et ne se résignant point à les ignorer, on s'est représenté la barbarie antique d'après la civilisation moderne. Les vanités nationales ont été soutenues par la vanité des savants qui mettent leur gloire à reculer l'origine de leurs sciences favorites. Frappé de l'heureux instinct qui guida les premiers hommes, on s'est exagéré leurs lumières, et on leur a fait honneur d'une sagesse qui était celle de Dieu. Pour nous, persuadés qu'en toute chose les commencements sont simples et grossiers, nous regarderons les Zoroastre, les Hermès et les Orphée moins comme les auteurs que comme les produits et les résultats de la civilisation antique, et nous rapporterons l'origine de la société païenne au sens commun qui rapprocha les uns des autres les hommes encore stupides des premiers âges.

Les fondateurs de la société sont pour nous ces cyclopes dont parle Homère, ces géants par lesquels commence l'histoire profane aussi bien que l'histoire sacrée. Après le déluge, les premiers hommes, excepté les patriarches, ancêtres du peuple de Dieu, durent revenir à la vie sauvage, et par l'effet de l'éducation la plus dure reprirent la taille gigantesque des hommes antédiluviens. (*Nudi ac sordidi in hos artus, in hæc corpora, quæ miramur, excrescunt.* TACITI (*Germ.*)

Ils s'étaient dispersés dans la vaste forêt qui couvrait la terre, tout entiers aux besoins physiques, farouches, sans loi, sans Dieu. En vain la nature les environnait de merveilles; plus les phénomènes étaient réguliers, et par conséquent dignes d'admiration, plus l'habitude les leur rendait indifférents. Qui pouvait dire comment s'éveillerait la pensée humaine?... Mais le tonnerre s'est fait entendre, ses terribles effets sont remarqués; les géants effrayés reconnaissent la première fois une puissance supérieure, et la nomment Jupiter; ainsi dans les traditions de tous les peuples *Jupiter terrasse les géants*. C'est l'origine de l'idolâtrie, fille de la crédulité, et non de l'imposture, comme on l'a tant répété.

L'idolâtrie fut nécessaire au monde, *sous le rapport*

social : quelle autre puissance que celle d'une religion pleine de terreurs aurait dompté le stupide orgueil de la force, qui jusque-là isolait les individus ? — *sous le rapport religieux :* ne fallait-il pas que l'homme passât par cette religion des sens pour arriver à celle de la raison, et de celle-ci à la religion de la foi ?

Mais comment expliquer ce premier pas de l'esprit humain, ce passage critique de la brutalité à l'humanité ? Comment dans un état de civilisation aussi avancé que le nôtre, lorsque les esprits ont acquis par l'usage des langues, de l'écriture et du calcul une habitude invincible d'abstraction, nous replacer dans l'imagination de ces premiers hommes plongés tout entiers dans les sens, et comme ensevelis dans la matière ? Il nous reste heureusement sur l'enfance de l'espèce et sur ses premiers développements le plus certain, le plus naïf de tous les témoignages : c'est l'enfance de l'individu.

L'enfant admire tout, parce qu'il ignore tout. Plein de mémoire, imitateur au plus haut degré, son imagination est puissante en proportion de son incapacité d'abstraire. Il juge de tout d'après lui-même, et suppose la volonté partout où il voit le mouvement.

Tels furent les premiers hommes. Ils firent de toute la nature un vaste corps animé, passionné comme eux. Ils parlaient souvent par signes; ils pensèrent que les éclairs et la foudre étaient les signes de cet être terrible. De nouvelles observations multiplièrent les signes de Jupiter, et leur réunion composa une langue mystérieuse, par laquelle il daignait faire connaître aux hommes ses volontés. L'intelligence de cette langue devint une science, sous les noms de divination, théologie mystique, mythologie, muse.

Peu à peu, tous les phénomènes de la nature, tous les rapports de la nature à l'homme ou des hommes entre eux devinrent autant de divinités. Prêter la vie aux êtres inanimés, prêter un corps aux choses immatérielles, composer des êtres qui n'existent complètement dans aucune réalité, voilà la triple création du monde fantastique de l'idolâtrie. Dieu, dans sa pure intelligence, crée les êtres par cela qu'il les connaît ; les premiers hommes, puissants de leur ignorance, créaient à leur manière par la force d'une imagination, si je puis le dire, toute matérielle. *Poète* veut dire *créateur;* ils étaient donc poètes, et telle fut la sublimité de leurs conceptions qu'ils s'en épouvantèrent eux-mêmes, et tombèrent tremblants devant leur ouvrage. (*Fingunt simul creduntque.* TACITE.)

C'est pour cette poésie *divine* qui créait et expliquait le monde invisible, qu'on inventa le nom de *sagesse*, revendiqué ensuite par la philosophie. En effet, la poésie était déjà pour les premiers âges une philosophie sans abstraction, toute d'imagination et de sentiment. Ce que les philosophes *comprirent* dans la suite, les poètes l'avaient *senti;* et si, comme le dit l'école, *rien n'est dans l'intelligence qui n'ait été dans le sens*, les poètes furent le *sens* du genre humain, les philosophes en furent l'*intelligence*[1].

Les signes par lesquels les hommes commencèrent à exprimer leurs pensées, furent les objets mêmes

---

1. *Philosophie est une poésie sophistiquée.* (MONTAIGNE, IIIᵉ v., p. 216, édit. Lefèvre.)

qu'ils avaient divinisés. Pour dire *la mer*, ils la montraient de la main; plus tard ils dirent *Neptune*. C'est *la langue des dieux* dont parle Homère. Les noms des trente mille dieux latins recueillis par Varron, ceux des Grecs non moins nombreux, formaient le vocabulaire *divin* de ces deux peuples. Originairement la langue *divine* ne pouvant se parler que par actions, presque toute action était consacrée; la vie n'était, pour ainsi dire, qu'une suite d'*actes muets de religion*. De là restèrent dans la jurisprudence romaine les *acta legitima*, cette pantomime qui accompagnait toutes les transactions civiles. Les hiéroglyphes furent l'écriture propre à cette langue imparfaite, loin qu'ils aient été inventés par les philosophes pour y cacher les mystères d'une sagesse profonde. Toutes les nations barbares ont été forcées de commencer ainsi, en attendant qu'elles se formassent un meilleur système de langage et d'écriture. Cette langue muette convenait à un âge où dominaient les religions; elles veulent être respectées, plutôt que *raisonnées*.

Dans l'âge *héroïque*, la langue *divine* subsistait encore, la langue *humaine* ou articulée commençait; mais cet âge en eut de plus une qui lui fut propre, je parle des emblèmes, des devises, nouveau genre de signes qui n'ont qu'un rapport indirect à la pensée. C'est cette langue que *parlent* les armes des héros; elle est restée celle de la discipline militaire. Transportée dans la langue articulée, elle dut donner naissance aux comparaisons, aux métaphores, etc. En général la métaphore fait le fond des langues.

Le premier principe qui doit nous guider dans la recherche des étymologies, c'est que la marche des idées correspond à celle des choses. Or, les degrés de la civilisation peuvent être ainsi indiqués : *Forêts, cabanes, villages, cités* ou sociétés de citoyens, *académies* ou sociétés de savants; les hommes habitent d'abord les *montagnes*, ensuite les *plaines*, enfin les *rivages*. Les idées et les perfectionnements du langage ont dû suivre cet ordre. Ce principe étymologique suffit pour les langues indigènes, pour celles des pays barbares qui restent impénétrables aux étrangers, jusqu'à ce qu'ils leur soient ouverts par la guerre ou par le commerce. Il montre combien les philologues ont eu tort d'établir que la signification des langues est arbitraire. Leur origine fut naturelle; leur signification doit être fondée en nature. On peut l'observer dans le latin, langue *plus héroïque*, moins raffinée que le grec; tous les mots y sont tirés par figures d'objets agrestes et sauvages.

La langue *héroïque* employa pour noms communs des noms propres ou des noms de peuples. Les anciens Romains disaient un *Tarentin* pour un homme parfumé. Tous les peuples de l'antiquité dirent un *Hercule* pour un héros. Cette création des caractères idéaux, qui semblerait l'effort d'un art ingénieux, fut une nécessité pour l'esprit humain. Voyez l'enfant : les noms des premières personnes, des premières choses qu'il a vues, il les donne à toutes celles en qui il remarque quelque analogie. De même les premiers hommes, incapables de former l'idée abstraite du *poète*, du *héros*, nommèrent tous les héros du nom du premier héros, tous les poètes, etc. Par un effet de notre amour instinctif de l'uniformité, ils ajoutèrent à ces premières idées des fictions singulièrement en harmonie avec les réalités, et peu à peu les noms de *héros*, de *poète*, qui d'abord désignaient tel individu, comprirent tous les caractères de perfection qui pouvaient entrer dans le type idéal de l'*héroïsme*, de la *poésie*. Le *vrai poétique*, résultat de cette double opération, fut plus vrai que le *vrai réel;* quel héros de l'histoire remplira le *caractère héroïque* aussi bien que l'Achille de l'*Iliade?*

Cette tendance des hommes à placer des types idéaux sous des noms propres, a rempli de difficultés et de contradictions apparentes les commencements de l'histoire. Ces types ont été pris pour des individus. Ainsi toutes les découvertes des anciens Égyptiens appartiennent à un Hermès; la première constitution de Rome, même dans cette partie morale qui semble le produit des habitudes, sort tout armée de la tête de Romulus; tous les exploits, tous les travaux de la Grèce héroïque composent la vie d'Hercule; Homère enfin nous apparaît seul sur le passage des temps héroïques à ceux de l'histoire, comme le représentant d'une civilisation tout entière. Par un privilège admirable, ces hommes prodigieux ne sont pas lentement enfantés par le temps et par les circonstances; ils naissent d'eux-mêmes, et ils semblent créer leur siècle et leur patrie. Comment s'étonner que l'antiquité en ait fait des dieux?

Considérez les noms d'Hermès, de Romulus, d'Hercule et d'Homère comme les expressions de tel caractère national à telle époque, comme désignant les types de l'esprit inventif chez les Égyptiens, de la société romaine dans son origine, de l'héroïsme grec, de la poésie populaire des premiers âges chez la même nation, les difficultés disparaissent, les contradictions s'expliquent; une clarté immense luit dans la ténébreuse antiquité.

Prenons Homère, et voyons comment toutes les invraisemblances de sa vie et de son caractère deviennent, par cette interprétation, des convenances, des nécessités. *Pourquoi tous les peuples grecs se sont-ils disputé sa naissance*, l'ont-ils revendiqué pour citoyen? C'est que chaque tribu retrouvait en lui son caractère, c'est que la Grèce s'y reconnaissait, c'est qu'elle était elle-même Homère. — *Pourquoi des opinions si diverses sur le temps où il vécut?* c'est qu'il vécut en effet pendant les cinq siècles qui suivirent la guerre de Troie, dans la bouche et dans la mémoire des hommes. — *Jeune, il composa l'Iliade...* La Grèce, jeune alors, toute ardente de passions sublimes, violente, mais généreuse, fit son héros d'Achille, le héros de la force. *Dans sa vieillesse il composa l'Odyssée...* La Grèce plus mûre, conçut longtemps après le caractère d'Ulysse, le héros de la sagesse. — *Homère fut pauvre et aveugle...* dans la personne des rapsodes, qui recueillaient les chants populaires, et les allaient répétant de ville en ville, tantôt sur les places publiques, tantôt dans les fêtes des dieux. Alors, comme aujourd'hui, les aveugles devaient mener le plus souvent cette vie mendiante et vagabonde; d'ailleurs la supériorité de leur mémoire les rendait plus capables de retenir tant de milliers de vers.

Homère n'étant plus un homme, mais désignant l'ensemble des chants improvisés par tout le peuple et recueillis par les rapsodes, se trouve justifié de tous les reproches qu'on lui a faits, et de la bassesse d'images, et des licences, et du mélange des dialectes. Qui pourrait s'étonner encore qu'il ait élevé les hommes à la grandeur des dieux, et rabaissé les dieux aux faiblesses humaines? le vulgaire ne fait-il pas les dieux à son image?

Le génie d'Homère s'explique aussi sans peine; l'incomparable puissance d'invention qu'on admire dans ses caractères, l'originalité sauvage de ses comparaisons, la vivacité de ses peintures de mort et de batailles, son pathétique sublime, tout cela n'est pas le génie d'un homme, c'est celui de l'âge héroïque. Quelle force de jeunesse n'ont pas alors l'imagination, la mémoire, et les passions qui inspirent la poésie?

Les trois principaux titres d'Homère sont désormais mieux motivés : c'est bien le fondateur de la civilisation en Grèce, le père des poètes, la source de toutes les philosophies grecques. Le dernier titre mérite une explication : les philosophes ne tirèrent point leurs systèmes d'Homère, quoiqu'ils cherchassent à les autoriser de ses fables, mais ils y trouvèrent réellement une occasion de recherches, et une facilité de plus pour exposer et populariser leurs doctrines.

Cependant on peut insister : *en supposant qu'un peuple entier ait été poète, comment put-il inventer les artifices du style, ces épisodes, ces tours heureux, ce nombre poétique?...* Et comment eût-il pu ne pas les inventer? Les tours ne vinrent que de la difficulté de s'exprimer; les épisodes, de l'inhabileté qui ne sait pas distinguer et écarter les choses qui ne vont pas au but.

Quant au nombre musical et poétique, il est naturel à l'homme; les bègues s'essaient à parler en chantant;

dans la passion la voix s'altère et approche du chant. Partout les vers précédèrent la prose.

Passer de la poésie à la prose, c'était abstraire et généraliser : car le langage de la première est tout concret, tout particulier. La poésie elle-même, quoiqu'elle sortît alors de l'usage vulgaire, reçut aussi les expressions générales ; aux noms propres, qui, dans l'indigence des langues, lui avaient servi à désigner les caractères, elle substitua des noms imaginaires, et conçut des caractères purement idéaux ; ce fut là le commencement de son troisième âge, de l'âge *humain* de la poésie.

L'origine de la religion, de la poésie et des langues étant découverte, nous connaissons celle de la société païenne. Les poèmes d'Homère en sont le principal monument. Joignez-y l'histoire des premiers siècles de Rome, qui nous présente le meilleur commentaire de l'histoire fabuleuse des Grecs ; en effet, Rome ayant été fondée lorsque les langues vulgaires du Latium avaient fait de grands progrès, l'héroïsme romain jeune encore, au milieu de tant de peuples déjà mûrs, s'exprima en langue vulgaire, tandis que celui des Grecs s'était exprimé en langue héroïque.

Le commencement de la religion fut celui de la société. Les géants, effrayés par la foudre qui leur révèle une puissance supérieure, se réfugient dans les cavernes. L'état bestial finit avec leurs courses vagabondes ; ils s'assurent d'un asile régulier, ils y retiennent une compagne par la force, et la famille a commencé. Les premiers pères de famille sont les premiers prêtres ; et comme la religion compose encore toute la sagesse, les premiers sages; maîtres absolus de leur famille, ils sont aussi les premiers rois; de là le nom de *patriarches* (pères et princes). Dans une si grande barbarie, leur joug ne peut être que dur et cruel; le Polyphème d'Homère est, aux yeux de Platon, l'image des premiers pères de famille. Il faut bien qu'il en soit ainsi pour que les hommes domptés par le gouvernement de la famille se trouvent préparés à obéir aux lois du gouvernement civil qui va succéder. Mais ces rois absolus de la famille sont eux-mêmes soumis aux puissances divines, dont ils interprètent les ordres à leurs femmes et à leurs enfants; et comme alors il n'y a point d'action qui ne soit soumise à un Dieu, le gouvernement est en effet théocratique.

Voilà l'âge d'or, tant célébré par les poètes, l'âge où les dieux règnent sur la terre. Toute la vertu de cet âge, c'est une superstition barbare qui sert pourtant à contenir les hommes, malgré leur brutalité et leur orgueil farouche. Quelque horreur que nous inspirent ces religions sanguinaires, n'oublions pas que c'est sous leur influence que se sont formées les plus illustres sociétés du monde; l'athéisme n'a rien fondé.

Bientôt la famille ne se composa pas seulement des individus liés par le sang. Les malheureux qui étaient restés dans la promiscuité des biens et des femmes, et dans les querelles qu'elle produisait, voulant échapper aux insultes des violents, recoururent aux autels des forts, situés sur les hauteurs. Ces autels furent les premiers asiles, *vetus urbes condentium consilium*, dit Tite-Live. Les forts tuaient les violents et protégeaient les réfugiés. Issus de Jupiter, c'est-à-dire nés sous ses auspices, ils étaient héros par la naissance et par la vertu. Ainsi se forma le caractère idéal de l'Hercule antique ; les héros étaient *héraclides*, enfants d'Hercule, comme les sages étaient appelés enfants de la sagesse, etc.

Les nouveaux venus, conduits dans la société par l'intérêt, non par la religion, ne partagèrent pas les prérogatives des héros, particulièrement celle du mariage solennel. Ils avaient été reçus à condition de servir leurs défenseurs comme esclaves ; mais, devenus nombreux, ils s'indignèrent de leur abaissement, et demandèrent une part dans ces terres qu'ils cultivaient. Partout où les héros furent vaincus, ils leur cédèrent des terres qui devaient toujours relever d'eux ; ce fut la première *loi agraire*, et l'origine des *clientèles* et des *fiefs*.

Ainsi s'organisa la cité : les pères de famille formèrent une classe de *nobles*, de *patriciens*, conservant le triple caractère de rois de leur maison, de prêtres et de sages, c'est-à-dire de dépositaires des auspices. Les réfugiés composèrent une classe de *plébéiens*, *compagnons*, *clients*, *vassaux*, sans autre droit que la jouissance des terres qu'ils tenaient des nobles.

Les cités héroïques furent toutes gouvernées aristocratiquement ; les rois des familles soumirent leur empire domestique à celui de leur ordre. Les principaux de l'ordre héroïque furent appelés *rois* de la cité, et administrèrent les affaires communes, en ce qui touchait la guerre et la religion.

Ces petites sociétés étaient essentiellement guerrières (πόλις, πόλεμος). *Étranger* (*hostis*), dans leur langage, est synonyme d'*ennemi*. Les héros s'honoraient du nom de brigands (Voyez Thucydide), et exerçaient en effet le brigandage ou la piraterie. A l'intérieur, les cités héroïques n'étaient pas plus tranquilles. Les anciens nobles, dit Aristote (*Politique*), juraient une éternelle inimitié aux plébéiens. L'histoire romaine nous le confirme : les plébéiens combattaient pour l'intérêt des nobles, à leurs propres dépens, et ceux-ci les ruinaient par l'usure, les enfermaient dans leurs cachots particuliers, les déchiraient de coups de fouet. Mais l'amour de l'honneur, qui entretient dans les républiques aristocratiques cette violente rivalité des ordres, cause en récompense dans la guerre une généreuse émulation. Les nobles se dévouent au salut de la patrie, auxquels tiennent tous les privilèges de leur ordre. Les plébéiens, par des exploits signalés, cherchent à se montrer dignes de partager les privilèges des nobles. Ces querelles, qui tendent à établir l'égalité, sont le plus puissant moyen d'agrandir les républiques.

Pour compléter ce tableau des âges divin et héroïque, nous rapprocherons l'histoire du droit civil de celle du droit politique. Dans la première, nous retrouvons toutes les vicissitudes de la seconde. Si les gouvernements résultent des mœurs, la jurisprudence varie selon la forme du gouvernement. C'est ce que n'ont vu ni les historiens ni les jurisconsultes; ils nous expliquent les lois, nous en rappellent l'institution sans en marquer les rapports avec les révolutions politiques; ainsi ils nous présentent les faits isolés de leurs causes. Demandez-leur pourquoi la jurisprudence antique des Romains fut entourée de tant de solennités, de tant de mystères; ils ne savent qu'accuser l'imposture des patriciens.

Au premier âge, le droit et la raison, c'est ce qui est ordonné d'en haut, c'est ce que les dieux ont révélé par les auspices, par les oracles et autres signes matériels. Le droit est fondé sur une autorité divine. Demander la moindre explication serait un blasphème. Admirons la Providence qui permit qu'à une époque où les hommes étaient incapables de discerner le droit, la raison véritable, ils trouvassent dans leur erreur un principe d'ordre et de conduite. La jurisprudence, la science de ce droit divin, ne pouvait être que la connaissance des rites religieux; la justice était tout entière dans l'observation de certaines pratiques, de certaines cérémonies. De là le respect superstitieux des Romains pour les *acta legitima;* chez eux, les noces, le testament étaient dits *justa*, lorsque les cérémonies requises avaient été accomplies.

Le premier tribunal fut celui des dieux; c'est à eux qu'en appelaient ceux qui recevaient quelque tort, ce sont eux qu'ils invoquaient comme témoins et comme juges. Quand les jugements de la religion se régularisèrent, les coupables furent dévoués, anathématisés; sur cette sentence, ils devaient être mis à mort. On la prononçait contre un peuple aussi bien que contre un individu; les guerres (*pura et pia bella*) étaient des jugements de Dieu. Elles avaient toutes un caractère de religion : les hérauts qui les déclaraient, dévouaient les ennemis et appelaient leurs dieux hors de leurs murs; les vaincus étaient considérés comme sans dieux; les rois, traînés derrière le char des triomphateurs romains, étaient offerts au Capitole à Jupiter Férétrien, et de là immolés.

Les duels furent encore une espèce de jugements

des dieux. *Les républiques anciennes*, dit Aristote dans sa *Politique*, *n'avaient pas de lois judiciaires pour punir les crimes et réprimer la violence*. Le duel offrait seul un moyen d'empêcher que les guerres individuelles ne s'éternisassent. Les hommes, ne pouvant distinguer la cause réellement juste, croyaient juste celle que favorisaient les dieux. Le *droit héroïque* fut celui de la force.

La violence des héros ne connaissait qu'un seul frein : le respect de la parole. Une fois prononcée, la parole était pour eux sainte comme la religion, immuable comme le passé (*fas, fatum*, de *fari*). Aux actes religieux qui composaient seuls toute la justice de l'âge divin, et qu'on pourrait appeler *formules d'actions*, succédèrent des *formules parlées*. Les secondes héritèrent du respect qu'on avait eu pour les premières, et la superstition de ces formules fut inflexible, impitoyable : *uti lingua nuncupassit, ita jus esto* (Douze Tables). Agamemnon a prononcé qu'il immolerait sa fille ; il faut qu'il l'immole. Ne crions pas comme Lucrèce, *Tantum relligio potuit suadere malorum !*... Il fallait cette horrible fidélité à la parole dans ces temps de violence ; la faiblesse soumise à la force avait à craindre de moins ses caprices. — L'équité de cet âge n'est donc pas l'*équité naturelle*, mais l'*équité civile*; elle est dans la jurisprudence ce que la *raison d'état* est en politique : un principe d'utilité, de conservation pour la société.

La sagesse consiste alors dans un usage habile des paroles, dans l'application précise, dans l'appropriation du langage à un but d'intérêt. C'est là la sagesse d'Ulysse ; c'est celle des anciens jurisconsultes romains avec leur fameux *cavere*. *Répondre sur le droit*, ce n'était pour eux autre chose que précautionner les consultants, et les préparer à circonstancier devant les tribunaux le cas contesté, de manière que les formules d'actions s'y rapportassent de point en point, et que le préteur ne pût refuser de les appliquer. — Imitées des formules religieuses, les formules légales de l'âge héroïque furent enveloppées des mêmes mystères : le secret, l'attachement aux choses établies sont l'âme des républiques aristocratiques.

Les formules religieuses, étant toutes en action, n'avaient rien de général ; les formules légales dans leurs commencements n'ont rapport qu'à un fait, à un individu ; ce sont de simples exemples d'après lesquels on juge ensuite les faits analogues. La loi, toute particulière encore, n'a pour elle que l'autorité (*dura est, sed scripta est*); elle n'est pas encore fondée en principe, en *vérité*. Jusque-là, il n'y a qu'un droit civil ; avec l'âge *humain* commence le droit naturel, le droit de l'humanité raisonnable. La justice de ce dernier âge considère le mérite des faits et des personnes ; une justice aveugle serait faussement impartiale ; son égalité apparente serait en effet inégalité. Les exceptions, les privilèges sont souvent demandés par l'équité naturelle ; aussi les gouvernements humains savent faire plier la loi dans l'intérêt de l'égalité même.

A mesure que les démocraties et les monarchies remplacent les aristocraties héroïques, l'importance de la loi civile domine de plus en plus celle de la loi politique. Dans celles-ci tous les intérêts privés des citoyens étaient renfermés dans les intérêts publics; sous les gouvernements *humains*, et surtout sous les monarchies, les intérêts publics n'occupent les esprits qu'à propos des intérêts privés; d'ailleurs, les mœurs s'adoucissant, les affections particulières en prennent d'autant plus de force, et remplacent le patriotisme.

Sous les gouvernements *humains*, l'égalité que la nature a mise entre les hommes en leur donnant l'intelligence, caractère essentiel de l'humanité, est consacrée dans l'égalité civile et politique. Les citoyens sont dès lors égaux, d'abord comme souverains de la cité, ensuite comme sujets d'un monarque qui, distingué seul entre tous, leur dicte les mêmes lois.

Dans les républiques populaires bien ordonnées, la seule inégalité qui subsiste est déterminée par le cens. Dieu veut qu'il en soit ainsi pour donner l'avantage à l'économie sur la prodigalité, à l'industrie et à la prévoyance sur l'indolence et la paresse. — Le peuple pris en général veut la justice; lorsqu'il entre ainsi dans le gouvernement, il fait des lois justes, c'est-à-dire généralement bonnes.

Mais peu à peu les États populaires se corrompent. Les riches ne considèrent plus leur fortune comme un moyen de supériorité légale, mais comme un moyen de tyrannie; le peuple, qui sous les gouvernements héroïques ne réclamait que l'égalité, veut maintenant dominer à son tour; il ne manque pas de chefs ambitieux qui lui présentent des lois populaires, des lois qui tendent à enrichir les pauvres. Les querelles ne sont plus légales; elles se décident par la force. De là des guerres civiles au dedans, des guerres injustes au dehors. Les puissances s'élèvent dans le désordre; et l'anarchie, la pire des tyrannies, force le peuple de se réfugier dans la domination d'un seul. Ainsi le besoin de l'ordre et de la sécurité fonde les monarchies. Voilà la *loi royale* (pour parler comme les jurisconsultes) par laquelle Tacite légitime la monarchie romaine sous Auguste : *Qui cuncta discordiis fessa sub imperium unius accepit.*

Fondées sur la protection des faibles, les monarchies doivent être gouvernées d'une manière populaire. Le prince établit l'égalité, au moins dans l'obéissance ; il humilie les grands, et leur abaissement est déjà une liberté pour les petits. Revêtu d'un pouvoir sans bornes, il consulte non la loi, mais l'équité naturelle. Aussi la monarchie est-elle le gouvernement le plus conforme à la nature, dans les temps de la civilisation la plus avancée.

Les monarques se glorifient du titre de cléments, et rendent les peines moins sévères ; ils diminuent cette terrible puissance paternelle des premiers âges. La bienveillance de la loi descend jusqu'aux esclaves ; les ennemis même sont mieux traités, les vaincus conservent des droits. Le droit de citoyen, dont les républiques étaient si avares, est prodigué ; et le pieux Antonin veut, selon le mot d'Alexandre, que le monde soit une seule cité.

Voilà toute la vie politique et civile des nations, tant qu'elles conservent leur indépendance. Elles passent successivement sous trois gouvernements. La législation divine fonde la monarchie domestique, et commence l'*humanité ;* la législation héroïque ou aristocratique forme la cité, et limite les abus de la force ; la législation populaire consacre dans la société l'égalité naturelle ; la monarchie enfin doit arrêter l'anarchie, et la corruption publique qui l'a produite.

Quand ce remède est impuissant, il en vient inévitablement du dehors un autre plus efficace. Le peuple corrompu était esclave de ses passions effrénées; il devient esclave d'une nation meilleure qui le soumet par les armes, et le sauve en le soumettant. Car ce sont deux lois naturelles : *Qui ne peut se gouverner, obéira,* — et, *Au meilleur l'empire du monde.*

Que si un peuple n'était secouru dans ce misérable état de dépravation ni par la monarchie ni par la conquête, alors au dernier des maux il faudrait bien que la Providence appliquât le dernier des remèdes. Tous les individus de ce peuple se sont isolés dans l'intérêt privé; on n'en trouvera pas deux qui s'accordent, chacun suivant son plaisir ou son caprice. Cent fois plus barbares dans cette dernière période de la civilisation qu'ils ne l'étaient dans son enfance! la première barbarie était de nature, la seconde est de réflexion; celle-là était féroce, mais généreuse; un ennemi pouvait fuir ou se défendre; celle-ci, non moins cruelle, est lâche et perfide; c'est en embrassant qu'elle aime à frapper. Aussi ne vous y trompez pas; vous voyez une foule de corps, mais si vous cherchez des *âmes humaines*, la solitude est profonde ; ce ne sont plus que des bêtes sauvages.

Qu'elle périsse donc cette société par la fureur des factions, par l'acharnement désespéré des guerres civiles; que les cités redeviennent forêts, que les forêts soient encore le repaire des hommes, et qu'à force de siècles leur ingénieuse malice, leur subtilité perverse disparaissent sous la rouille de la barbarie. Alors, stupides, abrutis, insensibles aux raffinements qui les avaient corrompus, ils ne connaissent plus que les choses indispensables à la vie; peu nombreux, le nécessaire ne leur manque pas; ils sont de nouveau susceptibles de culture; avec l'antique simplicité l'on verra bientôt reparaître la piété, la véracité, la bonne foi, sur lesquelles est fondée la justice, et qui font toute la beauté de l'ordre éternel établi par la Providence.

C'est après ces épurations sévères que Dieu renouvela la société européenne sur les ruines de l'empire romain. Dirigeant les choses humaines dans le sens des décrets ineffables de sa grâce, il avait établi le christianisme en opposant la vertu des martyrs à la puissance romaine, les miracles et la doctrine des Pères à la vaine sagesse des Grecs. Mais il fallait arrêter les nouveaux ennemis qui menaçaient de toutes parts la foi chrétienne et la civilisation : au nord les Goths ariens, au midi les Arabes mahométans, qui contestaient également à l'auteur de la religion son divin caractère.

On vit renaitre l'âge *divin* et le gouvernement théocratique. On vit les rois catholiques revêtir les habits de diacre, mettre la croix sur leurs armes, sur leurs couronnes, et fonder des ordres religieux et militaires pour combattre les infidèles. Alors revinrent les guerres pieuses de l'antiquité (*pura et pia bella*); mêmes cérémonies pour les déclarer : on appelait hors des murs d'une ville assiégée les saints protecteurs de l'ennemi, et l'on cherchait à dérober leurs reliques. — Les jugements divins reparurent sous le nom de *purgations canoniques;* les duels en furent une espèce, quoique non reconnue par les canons. — Les brigandages et les représailles de l'antiquité, la dureté des servitudes héroïques se renouvelèrent, surtout entre les infidèles et les chrétiens. — Les *asiles* du monde ancien se rouvrirent chez les évêques, chez les abbés ; c'est le besoin de cette protection qui motive la plupart des constitutions de fiefs. Pourquoi tant de lieux escarpés ou retirés portent-ils des noms de saints ? c'est que les chapelles y servaient d'asiles. — L'âge *muet* des premiers temps du monde se représenta, les vainqueurs et les vaincus ne s'entendaient point ; nulle écriture en langue vulgaire. Les signes hiéroglyphiques furent employés pour marquer les droits seigneuriaux sur les maisons et sur les tombeaux, sur les troupeaux et sur les terres. Ainsi, nous retrouvons au moyen âge la plupart des caractères observés déjà dans la plus haute antiquité.

Quand toutes les observations qui précèdent sur l'histoire du genre humain ne seraient point appuyées par le témoignage des philosophes et des historiens, des grammairiens et des jurisconsultes, ne nous conduiraient-elles pas à reconnaître dans ce monde *la grande cité des nations fondée et gouvernée par Dieu même ?* — On élève jusqu'au ciel la sagesse législative des Lycurgue, des Solon et des Décemvirs, auxquels on rapporte la police tant célébrée des trois plus glorieuses cités, des plus signalées par la vertu civile ; et pourtant combien ne sont-elles pas inférieures en grandeur et en durée à la république de l'univers !

Le miracle de sa constitution, c'est qu'à chacune de ses révolutions elle trouve dans la corruption même de l'état précédent les éléments de la forme nouvelle qui peut la sauver. Il faut bien qu'il y ait là une sagesse au-dessus de l'homme...

Cette sagesse ne nous force pas par des lois positives, mais elle se sert, pour nous gouverner, des usages que nous suivons librement. Répétons donc ici le premier principe de la *Science nouvelle* : les hommes ont fait eux-mêmes le monde social, tel qu'il est; mais ce monde n'en est pas moins sorti d'une intelligence, souvent contraire, et toujours supérieure aux fins particulières que les hommes s'étaient proposées. Ces fins, d'une vue bornée, sont pour elle les moyens d'atteindre des fins plus grandes et plus lointaines. Ainsi les hommes isolés encore veulent le plaisir brutal, et il en résulte la sainteté des mariages et l'institution de la famille; les pères de famille veulent abuser de leur pouvoir sur leurs serviteurs, et la cité prend naissance; — l'ordre dominateur des nobles veut opprimer les plébéiens, et il subit la servitude de la loi, qui fait la liberté du peuple; — le peuple libre tend à secouer le frein de la loi, et il est assujetti à un monarque; le monarque croit assurer son trône en dégradant ses sujets par la corruption, et il ne fait que les préparer à porter le joug d'un peuple plus vaillant; — enfin quand les nations cherchent à se détruire elles-mêmes, elles sont dispersées dans les solitudes... et le phénix de la société renaît de ses cendres.

Tel est l'exposé, bien incomplet sans doute, de ce vaste système; nous l'abandonnons aux méditations de nos lecteurs. Il serait trop long de suivre Vico dans les applications ingénieuses qu'il a faites de ses principes. Nous ajouterons seulement quelques mots pour faire connaître quel fut le sort de l'auteur et de l'ouvrage.

La *Science nouvelle* eut quelque succès en Italie, et la première édition fut épuisée en trois ans. Plusieurs grands personnages, entre autres le pape Clément XII, écrivirent à Vico des lettres flatteuses. Des savants de Venise, qui voulaient réimprimer la *Science nouvelle* dans cette ville, lui persuadèrent d'écrire lui-même sa Vie pour qu'on l'insérât dans un *Recueil des Vies des littérateurs les plus distingués de l'Italie*. Mais dans le reste de l'Europe le grand ouvrage de Vico ne produisit aucune sensation. Leclerc, qui avait rendu compte du livre *De uno universi juris principio* dans la *Bibliothèque universelle*, ne parla point de la *Science nouvelle*. Le *Journal de Trévoux* en fit une simple mention. Le *Journal de Leipsick* inséra un article calomnieux qui avait été envoyé de Naples.

Employé fréquemment par les vice-rois espagnols ou autrichiens à composer des discours, des vers, des inscriptions pour les occasions solennelles, Vico n'en resta pas moins dans l'indigence où il était né. Il ne suppléait à l'insuffisance des appointements de la chaire de rhétorique qu'il occupait à l'université de Naples qu'en donnant chez lui des leçons de langue latine. Au moment même où il achevait la *Science nouvelle*, il concourut pour une chaire de droit, et il échoua.

Dans cette position pénible, il faisait toute sa consolation du soin d'élever ses deux filles, qu'il aimait beaucoup, et dont l'aînée réussit dans la poésie italienne. C'était, dit l'éditeur des *Opuscules* de Vico, auquel un fils du grand homme a transmis ces détails, c'était un spectacle touchant de voir le philosophe jouer avec ses filles aux heures que lui laissaient d'ennuyeux devoirs. Un ami qui le trouvait un jour avec elles ne put s'empêcher de répéter ce passage du Tasse : *C'est Alcide qui, la quenouille en main, amuse de récits fabuleux les filles de Méonie.* Ce bonheur domestique était lui-même mêlé d'amertume. Un de ses enfants fut atteint d'une maladie longue et cruelle. Un autre devint, par sa mauvaise conduite, la honte de sa famille, et Vico fut obligé de demander qu'il fût enfermé.

A l'avènement de la maison de Bourbon, sa condition sembla s'améliorer ; il fut nommé historiographe du roi et obtint que son fils Gennaro Vico, dont on connaissait le mérite et la probité, lui succédât comme professeur ; mais ces faveurs venaient bien tard. Il languissait déjà sous le poids de l'âge et des plus douloureuses infirmités. Enfin, ses forces diminuant tous les jours, il resta quatorze mois sans parler et sans reconnaître ses propres enfants. Il ne sortit de cet état que pour s'apercevoir de sa mort prochaine, et, après avoir rempli le devoir d'un chrétien, il expira en récitant les psaumes de David, le 20 janvier 1744. Il avait soixante-seize ans accomplis.

Ne quittons point cet homme rare sans apprendre de lui-même comment il supporta ses malheurs :
« Qu'elle soit à jamais louée, dit-il dans une lettre,
« cette Providence qui, lors même qu'elle semble à
« nos faibles yeux une justice sévère, n'est qu'amour
« et que bonté. Depuis que j'ai fait mon grand ouvrage,
« je sens que j'ai revêtu un nouvel homme. Je
« n'éprouve plus la tentation de déclamer contre le
« mauvais goût du siècle, puisqu'en me repoussant

« de la place que je demandais, il m'a donné l'occasion
« de composer la *Science nouvelle*. Le dirai-je? je me
« trompe peut-être, mais je voudrais bien ne pas me
« tromper : la composition de cet ouvrage m'a animé
« d'un esprit héroïque qui me met au-dessus de la
« crainte de la mort et des calomnies de mes rivaux.
« Je me sens assis sur une roche de diamant, quand
« je songe au jugement de Dieu qui fait justice au
« génie par l'estime du sage!... 1726. »

Nous rapporterons encore, quoi qu'il en coûte, les dernières lignes qui soient sorties de sa plume :
« Maintenant Vico n'a plus rien à espérer au monde.
« Accablé par l'âge et les fatigues, usé par les chagrins
« domestiques, tourmenté de douleurs convulsives
« dans les cuisses et dans les jambes, en proie à un
« mal rongeur qui lui a déjà dévoré une partie consi-
« dérable de la tête, il a renoncé entièrement aux
« études et a envoyé au Père Louis-Dominique, si
« recommandable par sa bonté et par son talent dans
« la poésie élégiaque, le manuscrit des notes sur la
« première édition de la *Science nouvelle*, avec l'in-
« scription suivante :

AU TIBULLE CHRÉTIEN,
AU PÈRE LOUIS-DOMINIQUE,
JEAN-BAPTISTE VICO,
POURSUIVI ET BATTU
PAR LES ORAGES CONTINUELS D'UNE FORTUNE ENNEMIE,
ENVOIE CES DÉBRIS INFORTUNÉS DE LA SCIENCE NOUVELLE ;
PUISSENT-ILS TROUVER CHEZ LUI AU PORT UN LIEU DE REPOS.

[Après avoir rappelé les obstacles, les contradictions qu'il rencontra, il ajoute ce qui suit] : « Vico bénissait

« ces adversités qui le ramenaient à ses études. Retiré
« dans sa solitude comme dans un fort inexpugnable,
« il méditait, il écrivait quelque nouvel ouvrage, et
« tirait une noble vengeance de ses détracteurs. C'est
« ainsi qu'il en vint à trouver la *Science nouvelle...*
« Depuis ce moment, il crut n'avoir rien à envier à ce
« Socrate, dont Phèdre disait :

« L'envie le condamna vivant, mais sa cendre est
« absoute. Que l'on m'assure sa gloire et je ne refuse
« point sa mort![1] »

[1]   Cujus non fugio mortem, si famam assequar,
       Et cedo invidiæ, dummodo absolvar cinis.

VIE DE VICO

ÉCRITE PAR LUI-MÊME

Il signor Jean-Baptiste Vico naquit à Naples, l'an 1668[1], de parents honnêtes qui laissèrent une très bonne réputation. Le père était d'une humeur gaie, la mère d'un tempérament fort mélancolique, et le naturel de leur fils se ressentit de cette double influence. Dès sa première enfance une extrême vivacité le rendit ennemi du repos; mais à l'âge de sept ans il tomba d'une échelle et resta bien cinq heures sans connaissance. Il eut la partie droite du crâne fracassée, sans aucune lésion au péricrâne, et perdit beaucoup de sang par les trous nombreux et profonds de la tumeur qu'avait occasionnée la chute. Alarmé de cette fracture et de ce long évanouissement, le chirurgien prédit qu'il mourrait ou qu'il resterait

---

1. Et non en 1670, comme il le dit lui-même. L'éditeur de ses *Opuscules* a rectifié cette date d'après les registres de naissance.

imbécile. Mais la prédiction, Dieu merci, ne se vérifia point, et, guéri de sa blessure, Vico devint mélancolique et ardent, caractère des esprits inventifs et profonds dans lesquels éclate un génie subtil, mais qui, du reste, sont trop réfléchis pour aimer le brillant et le faux.

Après une convalescence de trois années, il rentra dans la classe de grammaire, et comme il expédiait rapidement tous ses devoirs, son père, prenant cette facilité pour de la négligence, s'enquit un jour du maître si son fils travaillait en bon écolier. Sur sa réponse affirmative il le pria de lui doubler sa tâche; mais celui-ci s'excusa sur ce qu'il n'avait qu'une mesure, qu'un seul écolier ne pouvait réclamer tous les soins, et que la classe supérieure était trop forte. Vico, présent à l'entretien, ne consultant que son courage, pria le maître de lui accorder la permission d'y passer, prêt à suppléer à sa faiblesse par un redoublement d'ardeur. Il céda, plutôt pour éprouver ce que pouvait une jeune intelligence, que dans l'espoir d'un succès réel; mais, à son grand étonnement, il trouva son maître dans son écolier.

Ce premier guide venant à lui manquer, il fut confié à un second; mais il resta peu de temps avec lui, son père ayant été conseillé de l'envoyer chez les jésuites, qui l'admirent dans leur seconde classe. Charmé de ses dispositions, son maître l'opposa successivement à trois de ses plus forts élèves. Par ses *diligences*, comme disent ces Pères, ou, si l'on aime mieux, par un surcroît de travail, il fit perdre courage au premier; le second, pour avoir voulu rivaliser de zèle, tomba malade; le troisième, qui était bien vu de la Compagnie, passa à la première classe, en récompense de ses succès, sans cependant que les Pères eussent lu ni liste ni rapport, pour me servir de leurs expressions. Sensible à cette injustice, et apprenant que le second semestre n'était qu'une répétition du premier, il quitta le collège, s'enferma chez lui, et apprit dans Alvarez ce que les jésuites enseignaient dans la première classe et dans le cours des humanités. Le mois d'octobre suivant il étudia la logique. C'était la belle saison, et il ne se mettait que vers le soir à sa petite table; mais il arrivait que sa bonne mère, sortie de son premier sommeil, le priait affectueusement de se coucher, et s'apercevait plus d'une fois qu'il avait travaillé jusqu'au jour, preuve certaine que, croissant à la fois en âge et en science, il soutiendrait avec honneur sa réputation de savant.

Le sort lui donna pour maître le jésuite Antonio del Balzo, de la secte des nominaux. Déjà il avait appris dans les écoles qu'un bon sommoliste est un profond philosophe, et que le meilleur traité de la *Somme* était de Pietro Ispano; il en fit donc une étude approfondie. Balzo venant ensuite à lui désigner Paolo Veneto comme le plus subtil commentateur de la *Somme*, il voulut aussi profiter de cet auteur. Mais trop faible encore pour saisir les développements de cette logique stoïcienne, il faillit s'y égarer, et ne l'abandonna cependant qu'à son grand regret. Découragé (tant il est dangereux d'appliquer les jeunes gens à des sciences au-dessus de leur âge), il déserta l'étude et fut dix-huit mois sans s'y livrer. Je n'adopterai pas ici la fiction que Descartes n'a si adroitement insinuée dans sa *Méthode*, au sujet de ses études, que pour élever sa philosophie et ses mathématiques sur les ruines de toute autre science divine et humaine; mais avec l'ingénuité et la franchise qui sied à l'historien, j'exposerai l'ordre et la succession de toutes les études de Vico, pour mieux indiquer comment sa destinée littéraire fut telle, et non pas autre.

Grâce à cette heureuse direction imprimée d'abord à sa jeunesse, il était comme un coursier généreux qu'on laisserait, après l'avoir dressé pour le combat, paître librement dans les prairies. S'il entend le son de la trompette guerrière, sa belliqueuse ardeur se réveille; il appelle le cavalier prêt à s'élancer vers le champ de bataille; ainsi, à l'occasion d'une célèbre académie *degli Infuriati*, rétablie après plusieurs années à San-Lorenzo, et où plusieurs savants distingués vivaient dans une communauté scientifique avec les premiers avocats, les sénateurs et les nobles de la ville, Vico, cédant à son génie, reprit une carrière interrompue et rentra dans l'arène. Tel est le précieux avantage que procurent aux états ces sociétés. Les jeunes gens, dont l'âge n'est qu'ardeur et confiance, se passionnent ainsi pour l'étude, avides des éloges et de la gloire qui, dans un âge où l'esprit plus mûr recherche le solide et l'utile, sera la digne récompense de leur mérite réel. Vico reprit ensuite, avec plus de zèle que jamais, l'étude de la philosophie sous le Père Giuseppe Ricci, autre jésuite, homme d'un esprit pénétrant, scotiste, mais au fond zénoniste. Il aimait à lui entendre dire que les substances abstraites ont plus de réalité que les modes de Balzo le nominal, laissant ainsi prévoir qu'il aurait à son tour une prédilection marquée pour la philosophie de Platon, dont

Scot a le plus approché parmi les scolastiques, et qu'il traiterait des *points* de Zénon d'après une tout autre doctrine que celle des interprètes infidèles d'Aristote : c'est ce qu'a prouvé sa métaphysique. Il trouvait cependant que Ricci expliquait trop minutieusement la différence de l'être et de la substance dans l'ordre de leur gradation métaphysique. Aussi, toujours avide de nouvelles connaissances, apprenant que le Père Suarez traitait avec la supériorité d'un vrai métaphysicien de tout ce qu'on peut savoir en philosophie ; qu'en outre son exposition était claire et facile, il quitta de nouveau l'école et s'enferma chez lui une année entière pour étudier cet auteur.

Une seule fois il se permit d'aller à l'université royale, et, par une heureuse inspiration, il entra dans la classe de D. Felice Aquadies, premier lecteur en droit, au moment où ce professeur distingué portait sur Vulteius le jugement suivant : qu'il était le meilleur commentateur des *Institutes*. Ces paroles, que Vico grava dans sa mémoire, déterminèrent dans ses études un ordre meilleur. En effet, son père ayant bientôt résolu de l'appliquer à l'étude du droit, le voisinage et la célébrité du professeur firent tomber son choix sur D. Francesco Verde ; mais Vico ne suivit que deux mois ses leçons, qui toutes roulaient sur la pratique la plus minutieuse du droit civil et du droit canonique, et comme il ne pouvait en saisir les principes, habitué déjà par la métaphysique à généraliser, à ne juger des particularités qu'à l'aide d'axiomes ou de maximes, il déclara à son père qu'il suspendrait ses leçons, persuadé que Verde ne lui apprenait rien, et, mettant à profit les paroles d'Aquadies, il le pria de demander une copie de Vulteius à Nicolao Maria Giannattasio, docteur en droit peu connu au barreau, mais très versé dans la bonne jurisprudence, et qui, à force de temps et de soins, s'était fait en ce genre une bibliothèque très précieuse de livres d'érudition. Prévenu par l'immense réputation dont Verde jouissait dans le public, le père de Vico fut fort surpris; mais, en homme sage, il voulut complaire à son fils : il demanda le Vulteius à Giannattasio, auquel il se souvint d'en avoir livré anciennement un exemplaire (le père de Vico était libraire). Giannattasio voulut apprendre du fils le motif de cette demande, et, sur la réponse de Vico, que les leçons de Verde n'étaient qu'un exercice de mémoire, et que l'esprit souffrait d'être condamné à l'inaction, le digne homme, bon juge en cette matière, fut si charmé de trouver dans un jeune homme cette raison virile, qu'il osa prédire les succès de Vico, et ne lui prêta pas, mais lui donna et le Vulteius et les *Institutions canoniques* d'Henricus Canisius. Ce dernier auteur paraissait à Giannattasio le meilleur interprète du droit canonique. Ainsi, Aquadies et Giannattasio, une bonne parole et une bonne action firent entrer Vico dans la route du droit civil et ecclésiastique.

Lors donc qu'il eut étudié les institutes du droit civil et canonique, d'après ces textes mêmes, et sans s'inquiéter du programme légal des cinq années de droit, il voulut pratiquer le barreau. Pour seconder ses vues, le sénateur D. Carlo Antonio de Rosa, homme d'une probité reconnue, l'adressa à un honnête avocat, Gabrizio del Vecchio, qui mourut pauvre dans un âge avancé. Comme Vico cherchait l'occasion de se faire aux formes juridiques, le hasard voulut qu'un procès fût intenté à son père dans le Sacré Conseil. Vico, à l'âge de seize ans, sut le conduire, et, avec l'assistance de Fabrizio del Vecchio, il le soutint en cour de Rote avec tant de succès qu'il gagna sa cause et mérita les éloges de Pier Antonio Cœvari, savant jurisconsulte, conseiller de Rote ; même, au sortir de l'audience, il fut embrassé par Francesco Antonio Aquilante, vieil avocat attaché à ce tribunal et qu'il avait eu pour adversaire.

Mais il arrive souvent que des hommes bien dirigés dans le reste s'égarent misérablement dans certaines études, faute d'un esprit de méthode générale et systématique, tournent à certains égards dans un cercle vicieux, pour n'être point dirigés par un esprit de méthode générale dont les rapports soient toujours constants. Ainsi, Vico présenta d'abord ses idées sous une forme incertaine, dans son livre *De nostri temporis studiorum ratione*, et leur donna plus tard un développement complet dans l'ouvrage *De universi juris uno principio*, etc., dont le *De constantia jurisprudentis* n'est qu'un appendice. Son esprit, d'une trempe toute métaphysique, cherchait à saisir la vérité dans son expression la plus générale, et, par une transition graduée du genre à l'espèce, la poursuivait ainsi jusque dans ses dernières divisions. Mais alors cet esprit, jeune encore, répandait en quelque sorte sa végétation luxuriante dans toutes les divagations de la poésie moderne, donnait dans les écarts les plus exagérés de cette littérature, qui n'aime que l'absurde et le faux. Une visite rendue au P. Giacomo Lubrano, jésuite d'une immense érudition, et prédicateur en vogue à cette époque de décadence, fortifia chez lui ce mauvais goût. Pour savoir s'il avait fait des progrès en poésie, Vico soumit à sa critique une canzone sur la rose. Cette pièce plut tellement au jésuite, du reste homme de cœur et de mérite, que, malgré la gravité de son âge et sa haute réputation d'éloquence, il ne put s'empêcher de réciter à son tour à un jeune homme qu'il voyait pour la première fois une de ses idylles sur le même sujet. L'application aux subtilités de l'école avait engendré chez Vico l'amour de cette poésie, amie du faux qui se plaît ridiculement à le mettre en saillie pour produire un effet de surprise, et qui, par cela même, déplaît aux esprits graves, et séduit les jeunes et faibles imaginations. L'on pourrait même dire que c'est une distraction presque nécessaire à des jeunes gens, dont l'esprit glacé par l'étude de la métaphysique a besoin, pour ne pas s'engourdir et se dessécher entièrement, de se réchauffer et de prendre l'essor, de peur que la froide sévérité d'une raison trop précoce ne les rende incapables de produire.

Le tempérament de Vico, assez délicat, était menacé d'étisie, et la modicité de sa fortune ne lui permettait pas de satisfaire un désir ardent de vaquer à ses études; il avait surtout en horreur le tumulte du barreau, lorsqu'une heureuse circonstance lui fit rencontrer dans une bibliothèque Mgr l'évêque d'Ischia, G.-B. Rocca, jurisconsulte des plus distingués, comme on le voit par ses ouvrages. Il eut avec lui, sur la bonne méthode à suivre pour l'enseignement du droit, un entretien dont monseigneur fut si charmé qu'il l'engagea à diriger ses neveux dans cette étude. Ils habitaient, sous un ciel pur, un château délicieusement situé sur les terres d'un de ses frères, D. Domenico Rocca (passionné pour ce même genre de poésie, et qui fut plus tard pour lui un généreux Mécène); il serait traité comme son propre fils, le bon air du pays rétablirait bientôt sa santé, et il aurait tout le loisir nécessaire pour se livrer à ses goûts.

C'est ce qui arriva. Un séjour de neuf années lui permit de terminer en partie ses études, et de pénétrer surtout dans les sources des institutions civiles et religieuses. A l'occasion du droit canonique, il s'engagea dans la discussion du dogme, et se trouva pour ainsi dire dans le cœur de la doctrine catholique sur les matières de la grâce, guidé précisément par le livre de Richard, théologien de Sorbonne, qu'il avait heureusement apporté de la librairie de son père. Par une démonstration géométrique, la doctrine de saint Augustin s'y trouve placée comme terme moyen entre deux extrêmes, Calvin et Pélage.

La manie de faire des vers lui était toujours d'un grand préjudice, lorsque, dans une bibliothèque du château où se trouvaient recueillies les œuvres des Mineurs de l'observance, il lui tomba heureusement sous la main un livre à la fin duquel se trouvait une critique ou apologie d'une épigramme, d'un chanoine de l'ordre, homme de mérite, du nom de Massa. Il y traitait des nombres poétiques les plus heureux dont Virgile s'était servi de préférence. Vico fut saisi d'une telle admiration qu'il se passionna pour l'étude de la poésie latine en commençant par ce prince des poètes. Dès lors son genre de versification moderne venant à lui déplaire, il se mit à étudier la langue toscane dans les premiers auteurs : Boccace pour la prose, Dante et Pétrarque pour la poésie. Il lisait alternativement

Cicéron et Boccace, Dante et Virgile, Horace et Pétrarque, curieux de juger impartialement en quoi ils diffèrent et de combien la langue latine l'emporte sur l'italienne. Les meilleurs ouvrages étaient lus aussi trois fois : la première pour en saisir l'unité, la seconde pour en observer la liaison et la suite, la troisième pour noter les idées noblement conçues et les expressions remarquables ; ce qu'il faisait sur le livre même, sans se créer un répertoire de lieux communs et de phraséologie. Il croyait qu'une telle méthode facilitait l'emploi de ces formes, lorsqu'on se les rappelait à propos, et que c'était l'unique moyen de bien imaginer et de bien rendre.

Lisant ensuite dans l'*Art poétique* d'Horace que la philosophie morale ouvre à la poésie la source de richesse la plus abondante, il fit une étude sérieuse des anciens moralistes grecs, choisissant d'abord Aristote qu'il avait vu cité le plus souvent dans ses livres élémentaires de droit. Dans cette étude, il observa bientôt que la jurisprudence romaine n'est qu'un art d'enseigner l'équité par une foule de préceptes minutieux sur l'application du droit naturel, préceptes que les jurisconsultes tiraient des motifs de la loi et de l'intention du législateur ; mais la science du juste, enseignée par les moralistes, repose sur un petit nombre de vérités éternelles, expression métaphysique d'une justice idéale qui, dans les travaux de la cité dont elle est comme l'architecte, ordonne aux deux justices particulières (la commutative et la distributive) la dispensation de l'utile selon deux mesures invariables, l'arithmétique et la géométrique. Il comprit dès lors qu'on n'apprend dans les écoles que la moitié de la science du droit. Aussi dut-il se livrer de nouveau aux recherches métaphysiques; et les principes d'Aristote qu'il avait puisés dans Suarez ne lui étant d'aucun profit, sans qu'il pût en pénétrer le motif, il se mit à lire Platon, sur sa réputation de prince des philosophes. Fortifié par cette lecture, il comprit alors pourquoi la métaphysique d'Aristote ne lui avait pas plus servi pour appuyer la morale qu'elle n'avait servi à Averroès, dont le commentaire ne rendit les Arabes ni plus humains ni plus policés. Elle conduit en effet à reconnaître un principe physique qui est la matière, d'où se tirent les formes particulières, et assimile Dieu à un potier qui travaille en dehors de lui. Mais Platon ramène à un principe physique, à l'idée éternelle qui tire d'elle-même et crée la matière, et ressemble à un germe qui produit de lui-même l'œuf de la génération. Conformément à cette métaphysique, Platon donne pour base à sa morale l'idéal de la justice, et c'est de là qu'il part pour fonder sa république, sa législation idéales. Aussi, mécontent d'Aristote qui ne lui était d'aucun secours pour l'intelligence de la morale, Vico chercha à se pénétrer des principes de Platon, et dès lors s'éveilla dans son esprit, et presque à son insu, la première conception d'un droit idéal éternel, en vigueur dans la cité universelle, cité renfermée dans la pensée de Dieu, et dans la forme de laquelle sont instituées les cités de tous les temps et de tous les pays. Voilà la république que Platon devait déduire de sa métaphysique; mais il ne le pouvait pas, ignorant la chute du premier homme.

Les ouvrages philosophiques de Platon, d'Aristote et de Cicéron, dont le but est de diriger l'homme social, lui inspirèrent peu de goût pour la morale des stoïciens et des épicuriens, qui lui parut une morale de solitaire : les seconds, en effet, se renferment dans la molle oisiveté des jardins d'Épicure, et les premiers, tout entiers dans leurs théories, se proposent l'impossible. Vico s'occupa bientôt après de la physique d'Aristote, de celle d'Épicure, et enfin de celle de René Descartes. Cette étude lui fit goûter la physique de Timée, adoptée par Platon, et qui explique le monde par une combinaison numérique ; en même temps il se garda bien de mépriser la physique des stoïciens qui se compose de points ; ces deux systèmes ne diffèrent point en substance, comme il chercha plus tard à le prouver, dans son livre *De antiquissima Italorum sapientia;* mais il ne put admettre ni comme hypothèse, ni comme système, la physique mécanique d'Épicure ni celle de Descartes, toutes deux essentiellement fausses.

Observant ensuite qu'Aristote et Platon appuyaient souvent de preuves mathématiques les assertions de la philosophie, il voulut étudier la géométrie, et alla jusqu'à la cinquième proposition d'Euclide. Mais Vico trouvait plus facile d'embrasser dans un même genre métaphysique l'ensemble des vérités particulières que de saisir partiellement toutes ces quantités géométriques. Il apprit ainsi à ses dépens que les intelligences élevées à l'universalité de la métaphysique réussissent difficilement dans une étude qui ne convient qu'aux esprits minutieux. Il cessa donc de s'y livrer, et chercha plutôt dans la lecture assidue des orateurs, des historiens et des poëtes d'heureux rapprochements qui pussent lier entre eux les faits les plus éloignés. C'est là tout le secret de l'éloquence.

C'est avec raison que les anciens regardaient la géométrie comme une étude propre aux enfants, une logique qui leur convient dans un âge où ils ont d'autant moins de peine à saisir les particularités et à les disposer dans un ordre successif qu'ils en ont davantage à s'élever aux généralités. Et quoiqu'Aristote lui-même eût déduit le syllogisme de la méthode géométrique, il convient et même affirme que l'on doit enseigner aux enfants les langues, l'histoire et la géométrie, comme plus propres à exercer leur mémoire, leur imagination et leur esprit. D'où l'on peut facilement comprendre quel pernicieux effet, quel désordre doivent produire aujourd'hui dans l'enseignement de la jeunesse ces deux méthodes suivies quelquefois sans discernement. D'abord les jeunes gens sont à peine sortis de la classe de grammaire, que la philosophie s'ouvre pour eux par l'étude de la *Logique*, dite d'Arnauld, où se traitent avec rigueur les questions les plus ardues des sciences supérieures, tellement au-dessus de ces jeunes intelligences. Leurs facultés devraient plutôt être spécialement développées par différents exercices : la mémoire, par l'étude des langues; l'imagination, par la lecture des poètes, des historiens et des orateurs ; le jugement, par la géométrie linéaire, espèce de peinture dont les nombreux éléments fortifient la mémoire, dont les figures délicates embellissent l'imagination, et qui enfin exerce le jugement, forcé de parcourir toutes ces lignes et de choisir les seules nécessaires à l'expression d'une grandeur voulue. Ces exercices divers produiraient dans l'âge de la raison une sagesse parlante, un esprit vif et pénétrant. La logique moderne au contraire fait que les jeunes gens se livrent trop tôt à la critique, c'est-à-dire, qu'ils jugent avant d'apprendre, contre la marche naturelle de l'esprit qui apprend d'abord, juge ensuite, et enfin raisonne; aussi l'aridité et la sécheresse règnent dans leurs discours; ils veulent toujours juger sans jamais produire. Que si dans la jeunesse, lorsque l'imagination est plus active, ils suivaient l'exemple de Vico, qui, sur le conseil de Cicéron, se mit à étudier les topiques, s'ils s'adonnaient à cet art de l'invention, ils prépareraient ainsi tout ce qui doit servir plus tard à appuyer le jugement : car on ne peut juger d'une chose si on ne connait d'abord tout ce qu'elle contient; or, c'est de la topique qu'il faut l'apprendre. Par ce moyen naturel, les jeunes gens deviendraient des philosophes et des orateurs.

L'autre méthode se sert de l'algèbre pour leur donner une connaissance élémentaire des grandeurs; elle comprime ainsi leurs nobles élans, glace leur imagination, épuise leur mémoire, rend l'esprit paresseux et ralentit le jugement; ces quatre facultés sont cependant très nécessaires au perfectionnement de ce que l'humanité a de plus précieux : l'imagination pour la peinture, la sculpture, l'architecture, la musique, la poésie, l'éloquence; la mémoire pour l'étude des langues et de l'histoire; le génie pour l'invention, et le jugement pour la prudence. Or, cette algèbre me paraît une invention des Arabes pour ramener à volonté les signes naturels des grandeurs à de certains chiffres devenus les signes des nombres; ces signes qui, chez les Grecs et les Romains, étaient des lettres, et offraient chez ces deux peuples, lorsque du moins ils se servaient des majuscules, certaines lignes géométriquement régulières, les Arabes les ont réduits à des chiffres très petits. L'algèbre borne les vues de l'esprit, qui ne voit alors que ce qui est immédiatement sous ses yeux ; elle trouble la mémoire qui, attentive au nouveau chiffre, ne s'occupe plus du premier ; elle appauvrit l'imagination devenue inactive, et rend le jugement incapable de deviner. Aussi, les jeunes gens qui ont consacré beaucoup de temps à cette étude, s'aperçoivent à leur grand regret qu'ils ont perdu de leur aptitude pour les usages de la vie pratique. Pour être de quelque utilité, et n'offrir aucun de ces inconvénients, l'algèbre devrait servir de complément aux mathématiques, et n'être mise en usage qu'avec la sobriété des Romains qui, dans les nombres, n'avaient recours au point que pour l'expression des sommes immenses. Alors si, dans la recherche d'une quantité demandée, l'esprit fatigué désespérait d'arriver par la synthèse, on pourrait recourir aux oracles de l'analyse. En effet, quelle que puisse être la justesse de ses procédés, mieux vaut s'habituer à l'analyse métaphysique, et dans chaque question remonter aux sources du vrai absolu. Descendant ensuite graduellement d'un genre à l'autre, ayant soin de rejeter tout ce qui, dans chaque espèce, n'offre point la chose elle-même, on arrive enfin à une dernière différence qui offre essentiellement ce que l'on désirait connaître. Mais revenons à notre sujet.

Vico vit bientôt que tout le secret de la méthode géométrique consiste à bien définir d'abord tous les termes dont on doit se servir dans la démonstration, à établir ensuite quelques axiomes que soit obligé d'admettre celui avec qui l'on raisonne, à obtenir de lui, s'il est besoin, mais toujours avec discrétion, quelques concessions naturelles pour en déduire des conséquences auxquelles on ne pourrait autrement arriver, et, à l'aide de ces données, procéder successivement des vérités les plus simples et les mieux prouvées aux vérités plus composées, en ayant soin de n'affirmer aucune de ces dernières avant de lui avoir fait subir une complète analyse. Il crut que cette connaissance des procédés géométriques lui servirait simplement à savoir les employer s'il avait jamais besoin de recourir à ce mode de démonstration, et c'est ce qu'il fit en effet d'une manière rigoureuse dans son ouvrage *De universi juris uno principio*, ouvrage qui parut au signor Jean Leclerc composé avec l'enchaînement sévère de la méthode mathématique, comme on le dira en son lieu.

Pour constater avec ordre les progrès de Vico dans la philosophie, il est besoin de se reporter en arrière. Lorsqu'il partit de Naples, on commençait à étudier Épicure dans le système de Gassendi ; et deux ans après il apprit que la jeunesse embrassait cette doctrine avec enthousiasme. Il voulut donc l'étudier dans le poème de Lucrèce, et cette lecture lui apprit qu'Épicure, niant que l'esprit soit d'une autre substance que le corps, et bornant ainsi ses idées par ce défaut de bonne métaphysique, avait dû admettre comme principe de sa philosophie le corps organisé et divisé en parties multiformes, qui se composaient elles-mêmes d'autres parties entre lesquelles il n'existait point de vide, et que, pour cette raison, il supposait indivisibles (atomes) : philosophie tout au plus bonne pour les enfants et les femmelettes. Tout ignorant qu'il est en géométrie, Épicure arrive par une assez bonne méthode à bâtir sur cette physique mécanique une métaphysique toute sensuelle, telle précisément que pourrait être celle de Locke, et une morale fondée sur le plaisir, propre uniquement à des hommes qui vivraient dans la solitude, comme il le recommande en effet à ses sectateurs. Enfin, pour rendre justice entière à Épicure, Vico, en suivant ses principes, voyait avec quelque plaisir le développement des formes dans le monde du corps; mais il ne pouvait se défendre d'un sentiment de pitié, en voyant la dure nécessité que s'était imposée ce philosophe de tomber dans les absurdités les plus grossières, pour expliquer la marche et les actes de l'entendement humain. Ce lui fut un puissant motif de se rattacher encore plus à la doctrine de Platon qui, de la forme même de notre esprit, et sans hypothèse aucune, s'élève à l'idée éternelle et l'établit comme principe des choses, s'appuyant sur la conscience que nous avons de certaines vérités immuables qui, déposées dans notre intelligence, ne peuvent être méconnues ou niées, et conséquemment ne viennent point de nous. Du reste, nous sentons en nous la liberté d'agir, nous déterminons par la pensée tout acte du corps, et par suite nous agissons dans le temps, c'est-à-dire quand nous voulons, nous agissons avec connaissance de cause, et nous avons en nous les motifs de nos actions. Ainsi, l'esprit contient les images, la mémoire garde les souvenirs, et le cœur enfante les désirs, cette source de passions et de sensations : odeurs, saveurs, couleurs, sons, toucher, toutes choses contenues en nous; mais pour les vérités éternelles, qui ne viennent point de nous et ne sont point dans la dépendance du corps, nous devons les rapporter au même principe qui a tout produit, à l'idée éternelle, incorporelle, qui connaît, veut et crée tout dans le temps, et qui contient en elle et soutient tout ce qu'elle crée. Sur ce principe de philosophie Platon établit en métaphysique que les substances abstraites ont plus de réalité que les substances corporelles, et il en déduit une morale favorable aux progrès de la civilisation. L'école de Socrate, d'où sortirent les plus grandes lumières de la Grèce dans les arts de la guerre et de la paix, applaudit à la physique de Timée qui, à l'exemple de Pythagore, compose le monde de nombres, abstraction plus élevée que les points dont Zénon se servit pour expliquer la formation de l'univers. C'est ce que Vico a prouvé dans sa métaphysique ainsi qu'on pourra le voir.

Il apprit bientôt après que la physique expérimentale était à la mode, et que partout on parlait de Robert Boyle. Elle lui parut devoir être utile à la médecine, mais il se garda bien de s'occuper d'une science qui ne servait de rien à la philosophie de l'homme, et dont la langue était barbare. Il se livra de préférence à l'étude de la jurisprudence romaine qui se fonde sur la philosophie des mœurs et sur la connaissance de la langue et du gouvernement de Rome, dont les auteurs latins peuvent seuls donner l'intelligence.

Vers la fin du temps qu'il passa dans la solitude, et qui dura bien neuf années, il sut que la physique de Descartes avait fait oublier tout autre système. Il brûlait du désir de la connaître : déjà, il en avait pris une idée dans la *Philosophie naturelle* de Regius, que, parmi d'autres livres, il avait emportée avec lui de la librairie de son père. Sous ce faux titre, Descartes avait commencé à publier son système à Utrecht. Vico étudia cet ouvrage après son Lucrèce. Regius était médecin, philosophe et sans autre connaissance que celle des mathématiques, et Vico le supposa en métaphysique aussi ignorant qu'Épicure, qui n'avait jamais voulu apprendre les mathématiques. Regius, en effet, part d'un faux principe en admettant des corps tout formés, et il ne diffère en ce point du philosophe grec que par la divisibilité dont les bornes sont dans les atomes chez ce dernier, tandis que Descartes fait ses trois éléments divisibles à l'infini. Épicure met le mouvement dans le vide, et Descartes dans le plein. Le premier commence la formation de ses mondes infinis en supposant que les atomes ont décliné accidentellement du mouvement de haut en bas, que leur imprimait leur poids et gravité. Le second commence à former ses innombrables tourbillons par l'impulsion communiquée à une masse de matière inerte qui n'est point encore divisée, mais que cette impulsion divise en une infinité de cubes et force à se mouvoir en ligne droite, tandis que sa masse la sollicite au repos; elle ne peut cependant se mouvoir dans son entier, mais bien dans ses cubes qui tournent chacun sur eux-mêmes. De même que la déclinaison accidentelle des atomes d'Épicure livre le monde au hasard, il semblait aussi à Vico que la nécessité où sont les molécules primitives de Descartes de se mouvoir en ligne droite, offrait un système favorable aux fatalistes. Il se félicita de son sentiment, lorsque rendu à Naples, il apprit que la physique de Regius était de Descartes, et que l'on avait commencé à étudier les *Méditations* métaphysiques de ce dernier. Descartes, en effet, était très avide de gloire. D'abord, bâtissant une physique sur un plan semblable à celui d'Épicure, il en fit professer les principes dans une des plus célèbres universités, celle d'Utrecht, et cela par un médecin, de manière à se faire une réputation parmi les professeurs de médecine. Ensuite il traça les quelques premières lignes d'une métaphysique platonicienne, où il s'efforce d'établir deux genres de substances, l'une étendue, l'autre intelligente, soumettant ainsi la matière à un agent supérieur qui ne soit point matériel, tel que le Dieu de Platon. Son intention était d'établir un jour son empire dans les cloîtres où depuis le onzième siècle on avait introduit la métaphysique d'Aristote, bien qu'elle eût servi aux impies sectateurs d'Averroès ; mais comme elle dérivait de celle de Platon, le christianisme la plia facilement au sens religieux de ce dernier, et dirigea les esprits par ses principes comme il les avait dirigés jusqu'au onzième siècle par ceux de Platon.

Vico revint à Naples au moment où la physique de Descartes était prônée avec le plus de chaleur, particulièrement par le signor Gregorio Calo Preso, ardent cartésien qui aimait beaucoup Vico. Cependant la philosophie de Descartes ne présente pas dans ses diverses parties l'unité d'un système. Sa physique demanderait une métaphysique qui n'admit qu'un seul genre de substance, substance corporelle, agissant par nécessité, comme celle d'Épicure agit par hasard. Aussi bien Descartes s'accorde à dire avec Épicure que les formes innombrables et variées des corps n'ont aucune réalité substantielle, mais ne sont que des modifications de la substance. Sa métaphysique n'a produit aucune morale favorable à la religion chrétienne; le peu qu'il a écrit à ce sujet ne pouvant en constituer une. Son *Traité des passions* se rattache moins à la morale qu'à la médecine. Le P. Malebranche lui-même n'a pu déduire des principes de Descartes un système de morale chrétienne, et les *Pensées* de Pascal ne sont que des lumières éparses. Sa métaphysique n'a pas non plus fondé de logique particulière, celle d'Arnauld étant disposée sur le plan d'Aristote. Enfin, elle n'a servi de rien à la médecine, car l'anatomie n'a point trouvé dans la nature l'homme de Descartes. Ainsi comparativement la philosophie d'Épicure, lequel ne savait rien en mathématiques, est plus propre que celle de Descartes à être systématisée. D'après ces observations, Vico sentait avec plaisir que si la lecture de Lucrèce avait déterminé son goût pour la métaphysique de Platon, celle de Regius le fortifiait.

Ces diverses physiques servaient en quelque sorte de distraction à Vico, lorsqu'il avait sérieusement médité la métaphysique platonicienne. Elles fournissaient carrière à son imagination poétique, qu'il exerçait souvent aussi à composer des canzoni. Fidèle à sa première habitude d'écrire en italien, il cherchait de plus à emprunter aux Latins leurs traits les plus brillants, avec l'art des meilleurs poètes de la Toscane. C'est ainsi qu'à l'imitation du panégyrique du grand Pompée, placé par Cicéron dans son discours *Pro lege Manilia*, le plus noble de tous les discours latins de ce genre, il composa, dans le genre de Pétrarque, un panégyrique en trois canzoni à la louange de l'électeur Maximilien de Bavière ; ces canzoni ont été recueillis dans la *Scelta di poeti italiani del signor Lippi*, imprimée à Lucques en 1709. Dans celui du signor Acampora *De poeti napolitani*, imprimé à Naples en 1701, se trouve un autre canzone sur le mariage de la signora D. Ippolita Cantelmi de Duchi di Popoli avec D. Vinnezzo Carafa, duc de Bruzzano, et maintenant prince de Rocella ; il l'avait composé sur le modèle de la charmante élégie de Catulle :

Vesper adest, etc.

Il lui ensuite que Torquato Tasso avait aussi imité cette pièce, dans un canzone sur le même sujet, et il se félicita de ne l'avoir pas su plus tôt : car, dans sa vénération pour un si grand poète, il n'aurait jamais osé se livrer à cette composition et n'y aurait pris aucun plaisir. De plus, sur l'idée de la grande année de Platon, d'où Virgile avait tiré sa brillante églogue :

Sicelides musæ, etc.

Vico composa un autre canzone sur le mariage du duc de Bavière avec la princesse Thérèse de Pologne : il est inséré dans le premier volume de la *Scelta de poeti napolitani*, du signor Albano, imprimée à Naples en 1723.

Avec cette direction d'idées et ces connaissances, Vico revint à Naples, comme étranger dans sa propre patrie, au moment où les hommes de lettres les plus distingués prônaient avec chaleur la physique de Descartes. Celle d'Aristote, par suite de ses défauts et des altérations excessives que lui avaient fait subir les scolastiques, n'était plus qu'une sorte de roman. La métaphysique qui, dans le seizième siècle, avait élevé si haut les Ficin, Pic de la Mirandole, les deux augustins Nifo et Steuco, les Giacopi Mazzoni, les Alexandri Piccolomini, les Mattéo Acquavive, les Franceschi Patrizi, et qui avait secondé la poésie, l'histoire et l'éloquence, au point que la Grèce, avec toute sa science et sa faconde, paraissait renaître en Italie, cette métaphysique ne semblait plus bonne qu'à se renfermer dans les cloîtres. On empruntait simplement à Platon quelques traits pour les adapter à la poésie ou pour faire preuve d'une mémoire érudite. L'on condamnait la scolastique, et l'on se plaisait à lui substituer les éléments d'Euclide; les fréquentes variations des systèmes de physique avaient réduit la médecine au scepticisme. Les médecins commençaient à avouer l'acatalepsie ou l'impossibilité absolue de saisir la véritable nature des maladies; ils s'en tenaient à la médecine expectante, sans déterminer les caractères ni appliquer les remèdes efficaces. La doctrine de Galien, qui, étudiée conjointement avec la langue et la philosophie grecques, avait produit tant de médecins incomparables, était alors tombée dans un souverain mépris, par l'ignorance de ses partisans. Les anciens interprètes du droit civil étaient déchus dans nos académies de leur haute réputation, dont semblaient avoir hérité les critiques modernes, et cela ne tournait qu'au détriment du barreau; car, si ceux-ci sont nécessaires pour la critique des lois romaines, les premiers le sont aussi pour la topique légale dans les causes douteuses. Le très savant signor D. Carlo

Buragna avait bien remis en honneur la bonne poésie mais il l'avait resserrée dans des limites trop étroites, se bornant à imiter Giovanni della Casa, sans puiser la délicatesse ou la force aux sources grecques ou latines, aux limpides ruisseaux de Pétrarque ou au torrent profond de Dante. Le très érudit signor Lionardo de Capoue avait restauré la belle langue toscane dans sa grâce et son élégance ; mais malgré ces deux qualités, on n'avait point de discours animé par l'art des Grecs, par leur habileté à caractériser les mœurs, ou empreint de la grandeur et du pathétique romains. Enfin, le signor Tommaso Cornelio, savant latiniste, avait, par la pureté de ses progymnases, frappé d'étonnement l'esprit de la jeunesse, plutôt qu'il n'avait ranimé son zèle pour l'étude de la langue latine. Aussi Vico bénit le ciel de n'avoir point encore eu à jurer sur la parole du maître, et rendit grâce à ses forêts où, guidé par son bon génie, il avait, sans préférence d'école, presque achevé le cours de ses études, loin des villes où le goût littéraire change comme les modes, tous les deux ou trois ans. Chacun négligeait alors l'étude de la bonne prose latine. Vico résolut de s'y livrer avec d'autant plus d'ardeur. Apprenant que Cornelio n'était pas fort en grec, qu'il n'avait pas travaillé la langue toscane, et qu'il n'aimait que peu ou point la critique ; ayant en outre observé que les polyglottes, par cela même qu'ils savent plusieurs langues, n'en parlent aucune avec pureté ; que les critiques ne peuvent jamais connaître les beautés, habitués qu'ils sont à noter plutôt les défauts, il se détermina à abandonner le grec et la langue toscane, il ne voulut jamais apprendre le français, et il se concentra uniquement dans le latin. Comme il avait déjà remarqué que la publication des lexiques et des commentaires avait contribué à la décadence de la langue latine, il évita de se servir jamais de ces livres, ne se permettant que le *Nomenclateur* de Junius, pour l'intelligence des mots techniques, et il lut les auteurs latins sans le secours des notes, cherchant à en pénétrer le sens avec une critique philosophique; à l'exemple des auteurs latins du seizième siècle, parmi lesquels il admirait Paul Jove pour son éloquence, Navagero pour la délicatesse qui caractérise le peu qui nous reste de lui, et pour le goût et l'élégance exquise qui nous fait tant regretter la perte de son histoire.

Ainsi Vico vivait non seulement étranger, mais inconnu dans sa patrie. Ces idées, ces habitudes d'un solitaire, ne l'empêchaient pas de révérer de loin comme les dieux de la sagesse les vétérans illustres de la littérature, et de porter une noble et généreuse envie aux jeunes gens assez heureux pour pouvoir s'entretenir avec eux. Il fit connaissance de deux hommes de marque. Le premier fut le frère des signori Francesco et Gennajo, hommes immortels, D. Gaetano di Andrea, théatin, depuis évêque et mort en odeur de sainteté. A la suite d'un entretien que, dans une bibliothèque, Vico eut avec lui sur l'histoire de la collection des canons, le Père lui demanda s'il était marié. Vico lui dit qu'il ne l'était pas; Gaetano lui demanda encore s'il voulait se faire théatin, et Vico répondit qu'il n'était point de noble origine. Qu'importe? dit le Père, on obtiendra la dispense de Rome. Alors Vico, craignant de se lier, se tira d'embarras en avouant que ses parents étaient vieux et pauvres, qu'il était leur unique espoir ; mais le Père ayant objecté que les hommes de lettres étaient plutôt à charge qu'utiles à leurs familles, Vico finit par dire qu'il en serait tout autrement de lui ; d'où le Père conclut que ce n'était point la vocation de Vico.

L'autre personne fut le signor D. Giuseppe Lucina, homme d'une immense érudition grecque, latine, toscane, et très versé dans toutes les sciences humaines et divines. Ayant apprécié le mérite du jeune Vico, il s'affligeait gracieusement de ce que la ville ne savait point le mettre à profit, lorsqu'il s'offrit à lui une occasion de le pousser. Le signor D. Nicolo Caravita, qui, par la pénétration de son esprit, la sévérité de son jugement et la pureté de son style, était le premier avocat du barreau et se montrait un zélé protecteur des lettres, voulut publier un recueil de pièces à la louange du seigneur comte de S. Stefano, vice-roi de Naples, et à l'occasion de son départ ; ce recueil, le premier de ce genre qui, de nos jours, ait paru à Naples, devait être imprimé en peu de jours. Lucina, qui était en haute réputation, lui proposa Vico pour le discours qui devait être mis en tête de cet ouvrage. La proposition acceptée, il vint trouver Vico et lui fit sentir tout l'avantage qu'il y aurait pour lui à avoir un titre auprès de ce protecteur des lettres, qui bientôt en effet en fut un très zélé pour Vico. Celui-ci ne demandait pas mieux, et comme il avait renoncé à la langue toscane, il composa pour ce recueil un discours latin dont l'impression fut confiée aux soins de Giuseppe Roselli, en 1696. Il commença ainsi à se créer une réputation littéraire. Le signor Gregorio Calapreso, dont nous avons déjà fait une mention honorable, avait coutume de l'appeler, comme on nommait autrefois Épicure, αυτοδίδασκαλος, le maître de soi-même. Plus tard, à l'occasion de la pompe funèbre de D. Caterina d'Aragon, mère du signor duc de Medina-Cœli, vice-roi de Naples, trois oraisons funèbres devant être prononcées, le très érudit signor Carlo Rossi composa la première en grec; D. Emmanuel Gicatelli, célèbre orateur sacré, la seconde en italien, et Vico composa en latin la troisième, imprimée, avec les autres pièces, dans un volume in-folio, en 1697.

Peu de temps après, la mort du professeur rendit vacante la chaire de rhétorique. Elle rapportait annuellement cent scudi; de plus un petit casuel, produit des droits que percevait le professeur sur les certificats attestant l'aptitude des élèves à l'étude du droit. Le signor Caravita l'engagea à concourir, et Vico s'y refusant parce qu'il avait échoué quelques mois auparavant dans une demande de secrétaire de la ville, Caravita lui reprocha avec bienveillance son peu d'esprit (il en manquait en effet pour tout ce qui touchait aux intérêts de la vie), et lui dit de se préparer à l'examen, que pour lui il se chargerait de la demande. Vico se présenta au concours et choisit pour son texte les premières lignes de Quintilien sur le chapitre si étendu *De statibus causarum*, et, se renfermant dans l'étymologie et la distinction de la nature des causes, il fit preuve de critique et d'une grande érudition grecque et latine, et remporta ainsi la majorité des suffrages.

Cependant le seigneur duc de Medina-Cœli, vice-roi de Naples, avait rendu aux lettres l'éclat qu'elles avaient perdu depuis le règne d'Alfonse d'Aragon ; il avait réussi à fonder une académie, où se trouvait réunie la fleur des hommes de lettres; on y était admis sur la proposition de D. Federico Pappacoda, chevalier napolitain, littérateur d'un goût exquis et excellent appréciateur des gens de lettres, et sur celle de D. Nicolo Caravita. Ainsi la belle littérature commençait à être en honneur parmi la noblesse. Jaloux d'être compté au nombre de ces académiciens, Vico s'adonna entièrement à la culture des lettres.

On dit que la fortune est l'amie de la jeunesse. En effet, les jeunes gens choisissent, à leur gré, les arts et les professions qui fleurissent lorsqu'ils entrent dans le monde. Mais le monde, de sa nature, aime à varier ses goûts d'année en année, et les jeunes gens vieillissent riches d'un savoir qui n'est plus de mode ni d'usage. Aussi, tout à coup, s'opéra-t-il dans Naples un changement complet dans les lettres, et lorsque l'on croyait voir rétablie pour longtemps la bonne littérature du seizième siècle, le départ du vice-roi amena un nouvel ordre de choses qui, contre toute attente, ruina cette littérature. Les écrivains les plus distingués qui, deux ou trois ans auparavant, soutenaient que la métaphysique devait être confinée dans les cloîtres, se prirent de passion pour elle, l'étudiant, non plus dans Platon, avec le secours des Ficin, auteurs dont le seizième siècle avait tiré tant de fruit, mais dans les *Méditations* de Descartes, d'où est sorti son livre de la *Méthode*. Dans ce livre, il blâme l'étude des langues, celle des orateurs, des historiens et des poètes; il leur préfère sa métaphysique, sa physique et ses mathématiques, et réduit ainsi la littérature aux connaissances des Arabes. Quelque savants, quelque profonds que pussent être ceux qui s'étaient longtemps occupés de physique atomistique, d'expériences et de machines, les *Méditations* de Descartes durent leur sembler trop obscures pour que leur esprit, peu dégagé des sens, pût approfondir cet ouvrage. Aussi était-ce un éloge que de dire d'un philosophe : « Il entend les *Méditations* de Descartes. » A cette époque, Vico voyait souvent le signor D. Paolo Doria, chez le signor Caravita, dont la maison était le rendez-vous des gens de lettres. Ce Doria, aussi distingué comme homme du monde que comme philosophe, était le seul avec lequel Vico pût parler métaphysique, et ce que Doria admirait dans Descartes de sublime, de grand, de nouveau, paraissait à Vico vieux et commun chez les platoniciens. Mais dans les raisonnements de Doria il apercevait un esprit qui brillait souvent de l'éclat divin de Platon, et, dès ce moment, ils furent unis par les liens d'une confiante et noble amitié.

Jusqu'alors Vico avait admiré sur tous les autres auteurs Platon et Tacite. Le second, doué d'une singulière pénétration métaphysique, contemple l'homme tel qu'il est ; le premier, tel qu'il doit être. Platon, avec son universalité scientifique, embrasse toutes les formes de la vertu qui composent l'idéal de la sagesse humaine. Tacite descend au détail de toutes les règles de l'utilité pratique, de sorte que l'homme honnête se puisse toujours diriger vers le bien, à travers toutes les chances du hasard et de la perversité humaine. Cette admiration, cette manière d'envisager ces deux grands auteurs était dans l'esprit de Vico comme l'idée première du plan sur lequel il devait composer une histoire idéale et éternelle, dont les phases servissent de types aux révolutions de l'histoire universelle de tous les temps. Se réglant sur certains caractères éternels que présente le mouvement social dans la naissance, l'établissement et la décadence des peuples, il se créait le sage de Platon et celui de Tacite, dont l'un aurait la sagesse spéculative et l'autre la sagesse pratique.

Alors seulement il vint à connaître les ouvrages de Bacon, homme vraiment incomparable, qui réunissait les deux sagesses, la théorique et la pratique, comme profond philosophe et grand ministre d'État. Et pour ne point parler des ouvrages dans lesquels il a été égalé ou surpassé, son livre *De augmentis scientiarum* nous le montre si grand que, s'il est vrai de dire que Platon est le prince des philosophes grecs, et que les Grecs n'ont pas de Tacite, on peut ajouter qu'il manquait aux Grecs et aux Latins un Bacon, un homme qui pût voir ce qui reste à faire, qui indiquât les défauts de ce qui est fait, qui enfin rendit justice à toutes les sciences, leur conseillant de déposer chacune leur tribut dans le trésor commun de la république des lettres. Or, Vico ayant résolu d'avoir toujours devant les yeux ces trois auteurs, soit qu'il méditât ou qu'il écrivît, arriva peu à peu à dégager les idées qui se produisirent dans le livre *De universi juris uno principio*, etc.

De là vint que, dans ses discours d'ouverture à l'Université royale, il traita habituellement des sujets généraux empruntés à la métaphysique et appliqués aux usages de la vie civile. Dans les cinq premiers il parlait du but des études, dans le sixième et dans le septième, de la méthode qu'on doit y suivre. Les trois premiers traitaient des fins de l'homme, les deux autres surtout des fins du citoyen, et le sixième, des fins du chrétien.

Le premier Discours, prononcé le 18 octobre 1699, est une exhortation à développer, à exercer toutes les facultés de l'intelligence divine qui est en nous, en méditant cette maxime : *Suam ipsius cognitionem ad omnem doctrinarum orbem brevi absolvendum maximo cuique esse incitamento.* Il prouve que l'intelligence est proportionnellement le dieu de l'homme, comme Dieu est l'intelligence du monde; il fait voir les merveilles de nos facultés, sensation, imagination, mémoire, esprit de constitution. Il montre comment, à l'aide de forces divines, promptitude, facilité, efficacité, elles accomplissent au même moment des choses très diverses et très nombreuses. Il observe aussi que les enfants bien organisés et sans vices ont déjà, à trois ou quatre ans, tout en balbutiant, appris le vocabulaire complet de leur langue maternelle; que Socrate fit moins descendre la morale du ciel qu'il ne nous y éleva; que le génie de tant d'inventeurs mis au rang des dieux n'est autre que celui de chacun de nous; qu'on doit s'étonner qu'il y ait tant d'ignorants, car la fumée n'est pas plus contraire aux yeux que l'ignorance et l'erreur à l'esprit; que l'on doit surtout blâmer la négligence, car chacun pouvant s'instruire de tout, sa volonté seule l'en empêche, puisqu'il est vrai que, dans l'élan d'une volonté forte, nous faisons des choses que nous admirons ensuite, non comme notre ouvrage, mais comme celui d'un dieu; d'où il conclut que, si en peu d'années un jeune homme n'a point parcouru tout le cercle des sciences, c'est, ou qu'il n'a point voulu, ou qu'il a échoué, faute de maître ou de bonne méthode, ou qu'enfin il ne s'est point proposé pour but de ses études de cultiver son âme comme une espèce de divinité.

Le second Discours, prononcé en 1700, porte que nous devons former notre âme à la vertu, selon les vérités contenues dans l'intelligence. Le texte est le suivant : *Hostem hosti infensiorem infestiorèmque, quam stultum sibi, esse neminem.* Il nous montre l'univers comme une grande cité, où Dieu condamne les insensés à se déclarer eux-mêmes la guerre en vertu d'une loi ainsi conçue : « Cette loi contient autant de titres tracés par le doigt de Dieu qu'il y a de classes d'êtres. Lisons le titre qui concerne l'homme : Le corps de l'homme sera mortel; son âme sera immortelle. L'homme naîtra pour la vérité et la vertu, c'est-à-dire pour moi. L'esprit discernera le vrai d'avec le faux; les sens ne le séduiront pas; la raison protégera, dirigera, commandera; les passions obéiront; l'homme ne devra l'estime qu'à ses bonnes qualités et le bonheur qu'à ses vertus et à sa constance. Si quelque insensé, par corruption, par négligence ou par légèreté, enfreint cette loi, coupable au premier chef, qu'il se fasse à lui-même une guerre cruelle. » Puis vient la description pathétique de cette guerre intérieure. On voit par là qu'il méditait depuis longtemps la thèse qu'il devait soutenir plus tard sur le droit universel.

Le troisième Discours, prononcé en 1701, sert comme d'appendice aux deux premiers, et a pour texte : « Tout artifice, toute intrigue, doivent être bannis de la république des lettres, si l'on veut acquérir des connaissances véritables et non factices, solides et non pas vaines. »

Le quatrième Discours, prononcé en 1704, a pour texte : « Quiconque veut trouver dans l'étude le profit et l'honneur, doit travailler pour la gloire, c'est-à-dire pour le bien général. » Il attaque les faux savants, qui ne cherchent que l'intérêt, veulent paraître ce qu'ils ne sont pas, et, une fois satisfaits dans leur égoïsme, se relâchent et mettent tout en œuvre pour conserver la réputation de savants. Vico avait déjà prononcé la moitié de son discours, lorsqu'arriva le signor D. Felice Lanzina Ulloa, président du Sacré Conseil et le Caton des ministres espagnols. Vico, pour lui faire honneur, donna un tour nouveau à son discours, et il sut, en le résumant, le rattacher à ce qui lui restait à dire, avec la même vivacité d'esprit dont fit preuve Clément XI, lorsque, n'étant que simple abbé, et parlant en italien dans l'académie *degli Umoristi*, il changea de texte pour rendre hommage au cardinal d'Estrées son protecteur, et commença près d'Innocent XII cette haute fortune qui devait l'élever au pontificat.

Dans le cinquième Discours, prononcé en 1705, Vico établit que les époques de gloire et de puissance pour les sociétés ont été celles où fleurirent les lettres. Il le prouve ensuite par de fortes raisons, et le confirme par une suite d'exemples. Dans l'Assyrie, les Chaldéens furent les premiers savants du monde, et ce fut là que s'éleva la première monarchie puissante. Lorsque les lettres étaient plus florissantes que jamais dans la Grèce, la monarchie des Perses s'écroula sous Alexandre. Rome affermit l'empire du monde par la ruine de Carthage sous les auspices de Scipion, dont les profondes études en philosophie, en éloquence et en poésie sont prouvées par les inimitables comédies qu'il composa de concert avec son ami Lélius, et qu'il fit publier sous le nom de Térence qui, sans doute, y avait mis quelque peu du sien. Sous Auguste s'établit la monarchie romaine, lorsque la langue latine prêtait la dignité de ses formes à la littérature grecque. L'époque la plus brillante pour les Goths, en Italie, fut le règne de Théodoric, dirigé par son ministre, le savant Cassiodore. Sous Charlemagne se releva l'empire romain en Allemagne, lorsque les lettres, entièrement éteintes dans les cours de l'Occident, se ranimèrent avec les Alcuin. Homère fit Alexandre, qui brûlait d'égaler la valeur d'Achille, et Jules César s'enhardit aux grandes entreprises, animé par l'exemple d'Alexandre. Ainsi ces deux grands capitaines, qui ont laissé entre eux la supériorité indécise, sont deux élèves d'un héros d'Homère. Deux cardinaux à la fois grands philosophes et théologiens, et dont l'un fut en outre grand orateur sacré, Ximénès et Richelieu, affermirent le premier la monarchie d'Espagne, l'autre celle de France. Le Turc a établi sa puissance sur les barbares en écoutant un savant moine, l'impie Sergius, qui dicta au stupide Mahomet la loi de cet empire. Tandis que les Grecs se répandaient dans l'Asie et dans toutes les contrées barbares, les Arabes cultivaient la métaphysique, les mathématiques, l'astronomie, la médecine, et avec tout ce savoir, qui n'était cependant pas le produit de la civilisation la plus raffinée, ils élevèrent à la gloire des conquêtes les fiers et sauvages Almanzor. Les Turcs étendirent bientôt sur les Arabes un empire d'où les lettres étaient bannies, et qui se serait ainsi écroulé de lui-même, si les perfides chrétiens de la Grèce, et plus tard ceux de l'Italie, ne les eussent instruits de temps à autre dans la tactique et la discipline militaires.

Dans le sixième Discours, prononcé en 1707, Vico traita à la fois et du but et de l'ordre des études. La connaissance de notre nature déchue doit nous exciter à embrasser dans nos études, dit-il, l'universalité des arts et des sciences, et nous indiquer l'ordre naturel dans lequel nous les devons apprendre. Il fait rentrer son auditeur en lui-même, observant que l'homme, en punition du péché, est divisé avec lui-même de langue, d'esprit et de cœur. En effet, la langue ne seconde pas toujours, et trahit souvent les idées, au moyen desquelles l'homme veut et ne peut communiquer avec ses semblables ; l'esprit enfante mille opinions différentes, nées de la diversité des goûts et des sentiments qui empêche les hommes de s'accorder ; et enfin, par suite de la corruption du cœur, l'uniformité des vices est loin de pouvoir concilier les hommes. Il prouve donc que l'on doit guérir cette corruption par la vertu, la science et l'éloquence, trois choses qui établissent l'identité de sentiment parmi les hommes. — Il examine ensuite l'ordre que l'on doit suivre dans les études, et prouve que si les langues ont contribué le plus puissamment à former la société, nos études doivent commencer par elles ; car elles sont du ressort de la mémoire, faculté spéciale de l'enfance ; que les enfants, inhabiles à se diriger par le raisonnement, doivent se régler sur des exemples qui les excitent, et dont puisse s'empreindre leur vive imagination, autre faculté prodigieuse à leur âge. Il faut ensuite leur faire étudier l'histoire fabuleuse et la véritable : car les enfants, sans être privés du raisonnement, manquent de matières pour l'exercer : qu'ils l'exercent donc en l'appliquant à la science des mesures ; elles exigent de la mémoire et de l'imagination, et épuisent la trop grande activité de cette dernière faculté, dont l'excès est la première source de nos erreurs et de nos misères. Dans la première jeunesse les sens dominent, ils entraînent la raison ; il faut donc les appliquer aux sciences physiques qui portent à la contemplation de l'univers, et doivent s'aider des mathématiques pour l'explication du système du monde. Ainsi les vastes idées des corps physiques et les idées plus délicates des lignes et des nombres, les disposent par les notions de l'être et de l'unité à comprendre l'infini abstrait de la métaphysique ; et par l'étude des facultés de leur intelligence, ils se préparent à la connaissance de l'âme. Éclairés par les vérités éternelles, ils en aperçoivent la corruption, et cherchent à la guérir dans un âge où ils ont déjà reconnu les excès de leurs jeunes passions. Lorsqu'ils sentent que la morale païenne est naturellement insuffisante, bien qu'elle affaiblisse et dompte l'amour-propre (φιλαυτία), lorsque la métaphysique leur a appris en outre que l'infini est plus certain que le fini, l'esprit que le corps, Dieu que l'homme, car l'homme ignore comment il se meut, comment il sent et connaît, ils doivent alors se disposer à recevoir avec humilité les révélations de la théologie, d'où dérive toute la morale ; purifiés par elle, ils peuvent se livrer enfin à l'étude de la jurisprudence chrétienne.

On voit par le premier discours de Vico, par ceux qui suivirent, et surtout par le dernier, qu'il méditait un grand et nouveau système propre à unir dans un seul principe toutes les sciences humaines et divines. Or, les sujets qu'il avait traités s'éloignaient trop de ce but. Il se félicita donc de n'avoir pas fait paraître ses discours, persuadé qu'il ne fallait pas surcharger de nouveaux livres la république des lettres déjà accablée, et que l'on ne devait publier que les ouvrages remplis d'importantes découvertes et d'utiles inventions. Mais, en 1708, l'Université royale ayant résolu de célébrer publiquement, et d'une manière solennelle, l'ouverture des études, et d'en faire hommage au roi par un discours qui fût prononcé en présence du cardinal Grimani, vice-roi de Naples, Vico eut l'heureuse idée d'exprimer à cette occasion un vœu digne de figurer parmi tous ceux qu'a émis Bacon dans son *Novum Organum*. Il traita des avantages et des inconvénients de notre manière d'étudier, en la comparant à celle des anciens dans toutes les parties de la science : il dit par quels moyens on pourrait parer aux inconvénients de la nôtre, ou, lorsqu'il serait impossible de le faire, comment on pourrait les compenser par les avantages que présenterait la méthode des anciens, si bien qu'une université de nos jours fût, comme un seul Platon, riche de toutes les connaissances que nous avons de plus que les anciens. Ainsi, toutes les sciences humaines et divines, identiques dans leur esprit et dans leurs rapports, présenteraient un ensemble systématique, et se donneraient la main sans que l'une fît tort à l'autre. Cette dissertation sortit in-12 la même année des presses de Felice

Mosca. Le sujet est une esquisse de l'ouvrage qu'il composa plus tard, *De universi juris uno principio;* le livre *De constantia jurisprudentis* en est un appendice.

Vico, ayant pour but de se créer un titre auprès de l'Université dans l'enseignement de la jurisprudence, ne se contentait pas d'en donner des leçons aux jeunes gens; il cherchait aussi à dévoiler le secret des anciens jurisconsultes romains, et il donna l'essai d'un système de jurisprudence pour interpréter les lois civiles selon l'esprit du gouvernement romain. A ce sujet, Mgr Vincenzo Vidania, préfet royal des études, homme très versé dans les antiquités romaines, surtout en ce qui concerne les lois, lequel était alors à Barcelone, combattit dans une dissertation, très honorable pour Vico, l'assertion de ce dernier que les jurisconsultes romains avaient tous été patriciens. Vico lui répondit d'abord personnellement et le fit de nouveau par-devant le public dans son ouvrage *De universi juris,* etc., à la fin duquel se trouve la dissertation du très illustre Vidania et la réponse de Vico. Mais Henri Brenckman, savant jurisconsulte hollandais, lut avec plaisir les considérations de Vico sur la jurisprudence; et pendant le séjour qu'il fit à Florence pour y prendre connaissance du manuscrit des Pandectes, il en parla d'une manière honorable au signor Antonio di Rinaldo de Naples, venu à Florence pour y plaider la cause d'un grand seigneur napolitain. Cette dissertation de Vico, publiée et augmentée de tout ce qu'il n'avait pu dire en présence du cardinal, afin de ne pas abuser d'un temps si précieux pour les princes, lui valut une invitation du signor Domenico d'Aulisio, premier lecteur en droit à la classe du soir, homme universel dans les langues et les sciences. Il avait toujours vu Vico de mauvais œil, non qu'il l'eût mérité, mais parce qu'il n'aimait pas les hommes de lettres qui avaient pris contre lui le parti de Capoa, dans une grande dispute littéraire élevée à Naples longtemps auparavant, et qu'il est inutile de rapporter ici. A un concours des aspirants aux chaires de droit, il appela Vico, le fit asseoir auprès de lui, et lui dit qu'il avait lu sa petite brochure (une dispute de préséance avec le premier lecteur en droit canon l'empêchait d'assister aux ouvertures), ajoutant qu'il le croyait homme dont chaque page donnerait matière à de gros volumes. Cette politesse et cette bienveillance d'un homme d'ailleurs si rude dans ses manières et si sobre de louanges, firent comprendre à Vico toute la magnanimité d'Aulisio à son égard, et il se lia dès lors avec ce savant distingué d'une étroite amitié, qui dura toute leur vie.

Cependant la lecture du livre de Bacon *De sapientia veterum*, traité plus ingénieux et savant que vrai, le porta à rechercher les principes de la science dans les fables des poètes; il avait en outre l'autorité de Platon qui, dans son *Cratyle*, a recherché les mêmes principes dans les origines de la langue grecque. Mécontent des étymologies des grammairiens, il s'appliqua à tirer les siennes des origines des mots latins. En effet, la science italique fleurit de bonne heure dans l'école de Pythagore, plus profonde que celles qui s'établirent plus tard dans la Grèce même. Un jour que dans la maison du signor D. Lucio di Sangro Vico parlait de ses principes physiques avec le signor Doria, il fit remarquer que les physiciens, en admirant les singulières propriétés de l'aimant, ne réfléchissaient point que nous les retrouvons ordinairement dans le feu : en effet, les trois propriétés les plus surprenantes de l'aimant sont : d'attirer le fer, de lui communiquer sa vertu magnétique, et de se diriger vers le pôle. Or, rien n'est plus commun que de voir les matières inflammables prendre feu à distance, le feu en tournoyant produire la flamme qui nous donne la lumière, et la flamme se diriger vers son zénith ; de sorte que si l'aimant était aussi rare que la flamme, et la flamme aussi dense que l'aimant, l'aimant ne se dirigerait pas vers le pôle, mais vers son zénith, et la flamme non plus vers son zénith, mais vers le pôle : que serait-ce si l'aimant ne se dirigeait vers le pôle que parce qu'il est la partie la plus élevée du ciel vers laquelle il puisse tendre? On peut même l'observer dans les pointes magnétiques placées au bout de quelques aiguilles un peu longues : tandis qu'elles se dirigent vers le pôle, on les voit s'efforcer vers leur zénith, si bien que sous ce rapport déterminé par les voyageurs en différents lieux où cette élévation serait plus forte, l'aimant pourrait donner une juste appréciation des latitudes, recherche si précieuse pour porter la géographie à sa perfection.

Cette idée plut beaucoup au signor Doria, et Vico la poussa plus loin pour l'appliquer à la médecine. Ces mêmes Égyptiens qui désignaient la nature par la pyramide, adoptèrent la théorie médico-mécanique du rare et du dense, théorie que le savant Prosper Alpino a enrichie des trésors de son érudition. D'autre part, Vico s'apercevait que personne n'avait fait usage de la théorie du chaud et du froid, tels que les définit

Descartes, le froid comme un mouvement du dehors en dedans, et le chaud de dedans en dehors. Pour établir un système de médecine d'après ce système, il croyait que les fièvres ardentes pouvaient être produites par le mouvement de l'air dans les veines du centre du cœur à la périphérie, mouvement qui s'opposait à la juste dilatation des vaisseaux sanguins, couverts du côté opposé au dehors ; tandis que les fièvres malignes seraient occasionnées par le mouvement de l'air dans les vaisseaux sanguins du dehors en dedans, mouvement qui dilaterait d'une manière disproportionnée ces vaisseaux couverts du côté opposé au dedans : de sorte que le cœur, centre du corps dans l'animal, venant à manquer de l'air si nécessaire au mouvement et à la santé de ce corps, concentrerait le sang, cause première des fièvres malignes. C'est là le *quid divini* qu'Hippocrate disait occasionner ces sortes de fièvres. Toute la nature fournit à l'appui la matière de conjectures raisonnables : en effet, le froid et le chaud concourent également à la génération des choses : le froid fait germer le blé ensemencé, fait naître les vers dans les cadavres et d'autres petits insectes dans les lieux humides et obscurs ; enfin, un froid ou une chaleur excessive produisent également des gangrènes, mal que l'on guérit en Suède avec de la glace. On a aussi remarqué dans les fièvres malignes que le corps était froid au toucher et que des sueurs coliquatives donnaient une trop grande dilatation aux vaisseaux excrétoires. Dans les fièvres ardentes, le corps est au contraire brûlant et âpre au toucher, preuve que les vaisseaux sont extérieurement contractés. Ne serait-ce pas pour cette raison que les Latins auraient réduit toutes leurs maladies à ce dernier terme *ruptum*, et qu'il y aurait eu en Italie un ancien système médical attribuant tous les maux à un vice des solides qui aurait enfin abouti à ce qu'ils appellent eux-mêmes *corruptum?*

S'appuyant ensuite sur les raisons exposées dans cette brochure, qu'il ne publia pas, Vico chercha à établir cette physique sur une métaphysique analogue, et guidé par les origines des mots latins, il dégagea les points de Zénon des altérations du péripatétisme, soutenant que ces points sont la seule hypothèse possible pour descendre de l'abstrait au corps, comme la géométrie est le seul moyen scientifique pour s'élever du corps à l'abstrait. Et après avoir établi que le point n'a pas de parties, ce qui était créer le principe infini de l'extension abstraite, il en conclut que si le point sans étendue forme la ligne par son prolongement, il y a aussi une substance infinie qui, par son prolongement, c'est-à-dire la génération, produit tous les êtres finis. Ainsi Pythagore voulut que le monde fût formé des nombres (qui sont encore plus abstraits que les lignes), mais l'unité n'est pas un nombre, elle engendre le nombre et se trouve indivisible dans tous les impairs : ce qui a fait dire à Aristote que l'essence est indivisible comme les nombres, et que la diviser c'est la détruire ; il en est de même du point qui se trouve contenu également dans des lignes d'une étendue inégale : ainsi, par exemple, la diagonale et la latérale d'un carré, lignes d'ailleurs incommensurables, sont coupées (*par des parallèles*) en même nombre de points correspondants, et représentent l'hypothèse d'une substance inétendue qui se trouve contenue également dans des corps d'une grandeur inégale. A cette métaphysique ferait suite la logique des stoïciens, laquelle, dans ses raisonnements, s'appuyait du sorite, sorte d'argumentation qui offre assez de rapports avec la méthode géométrique. Et si la physique, qui établit le coin comme principe de toutes les formes corporelles, produit en géométrie le triangle pour première figure composée, et pour première figure simple le cercle, symbole de la perfection de Dieu, il serait facile d'en déduire la physique des Égyptiens, qui désignèrent la nature par une pyramide solide, à quatre faces triangulaires ; l'on y rattacherait même la théorie médicale du rare et du dense des Égyptiens, sur laquelle Vico a écrit une brochure de quelques feuilles sous ce titre : *De æquilibrio corporis animantis*, en l'adressant au signor Domenico d'Aulisio, un des hommes les plus instruits en médecine. Il a même plus d'une fois traité ce sujet avec le signor Lucantonio Porzio. Ces discussions le mirent en crédit auprès de ce dernier, et lui valurent une amitié qu'il cultiva jusqu'à la mort de ce philosophe italien, le dernier de l'école de Galilée. Porzio avait coutume de dire à ses amis que les idées de Vico exerçaient sur lui une sorte de tyrannie.

Des deux parties, la métaphysique seule fut imprimée in-12 à Naples, en 1710, par Felice Mosca ; elle était dédiée au signor D. Paolo Doria, comme premier livre *De antiquissimâ Italorum sapientia ex linguæ latinæ originibus eruenda*. Vico mentionne dans cet ouvrage la dispute élevée entre les journalistes de Venise et l'auteur. En 1711, il en fut publié à Naples une réponse, et en 1712 une réplique, par ce même Mosca. Au reste cette dispute, soutenue des deux côtés honorablement, fut loyalement terminée. L'éloignement que Vico avait déjà éprouvé pour les étymologies des grammairiens, était un signe que dans ses derniers ouvrages il trouverait l'origine des langues en les rattachant à un principe commun, principe d'où il tira une *Étymologique universelle* pour toutes les langues anciennes et modernes. Le peu de plaisir qu'il prenait à la lecture de Bacon, qui cherche la sagesse des anciens dans les fictions des poètes, fut un autre signe que Vico trouverait à la poésie d'autres principes que ceux que les Grecs, les Latins et bien d'autres encore lui avaient jusqu'alors supposés. De là sortirent d'autres principes mythologiques qui font de ces fables l'expression historique des premières et antiques républiques grecques ; il en déduit toute l'histoire fabuleuse des républiques héroïques.

Peu de temps après, le signor D. Adriano Carafa, duc de Traetto, qui pendant plusieurs années l'avait employé pour ses travaux littéraires, le pria, d'une manière honorable, d'écrire la vie du maréchal Antonio Carafa, son oncle, et Vico, ami de la vérité, voulut bien y consentir après avoir reçu une copie excellente des mémoires véridiques que le duc avait conservés. Ses occupations journalières ne lui laissaient que la nuit pour travailler à cet ouvrage. Il y consacra deux années, une à mettre en ordre des matériaux épars et confus, l'autre à composer l'histoire. Pendant tout ce temps il fut cruellement affecté de spasmes dans le bras gauche. Le soir, ainsi que chacun pouvait le voir, il n'avait sur sa table que ces mémoires, comme s'il eût écrit dans sa langue maternelle. Il composait au milieu du bruit de la maison, souvent même en conversant avec ses amis. Toutefois il sut concilier la dignité du sujet avec le respect dû au prince et celui que réclame la vérité. L'ouvrage sortit des presses de Felice Mosca en un superbe volume in-4°, et ce fut aussi le premier livre qui fut imprimé à Naples dans le goût de la typographie hollandaise. Le pape Clément XI, à qui le duc en avait envoyé un exemplaire, qualifia l'ouvrage du nom d'histoire immortelle dans un bref qu'il écrivit au duc pour le remercier. Le même livre concilia à Vico l'estime et l'amitié d'un littérateur très distingué, le signor Gian Vincenzo Gravina, dans l'intimité duquel il vécut toujours.

Pour se disposer à écrire cette vie, Vico fut obligé de lire le traité de Grotius *De jure belli et pacis*, et il reconnut alors qu'il devait ajouter cet auteur aux trois autres qu'il s'était proposés. Platon fait servir la sagesse vulgaire d'Homère à orner plutôt qu'à fortifier sa philosophie ; Tacite fait de la métaphysique, de la morale, de la politique, à l'occasion des faits, tels qu'ils lui arrivent à travers les temps, épars, confus et sans système. Bacon voit que les sciences humaines et divines ont besoin de pousser plus loin leurs investigations, et que le peu de découvertes qu'elles ont faites doit encore être corrigé ; mais, pour ce qui concerne les lois, il n'embrasse point assez dans ses Canons tout l'ensemble de la cité, toute l'étendue des temps et la généralité des nations. Mais Grotius a réuni dans un système de droit universel toute la philosophie, et appuyé sa théologie sur l'histoire des faits, ou fabuleux ou certains, et sur celle des trois langues hébraïque, grecque et latine, les seules des langues savantes de l'antiquité qui nous aient été transmises par la religion chrétienne. Vico fit une étude bien plus approfondie de cet ouvrage de Grotius, après qu'on lui eut demandé quelques notes pour une nouvelle édition du *Droit de la guerre et de la paix*, et Vico les donna moins pour expliquer Grotius que pour réfuter les commentaires que Gronovius avait écrits pour complaire à un gouvernement républicain, et non par amour de la justice. Il avait déjà écrit ses notes sur le premier livre et la moitié du second, lorsqu'il s'arrêta, réfléchissant qu'il convenait peu à un chrétien d'orner de notes l'ouvrage d'un hérétique.

Avec ces études, ces connaissances et ces quatre auteurs qu'il admirait plus que tous, en tâchant de les soumettre à l'esprit de la religion catholique, Vico comprit enfin qu'il n'avait pas encore paru dans la république des lettres un système qui conciliât la meilleure des philosophies, celle de Platon, subordonnée au christianisme, avec une philologie qui obligeât à l'étude des deux histoires, celle des langues et celle des faits, de manière que l'histoire des langues tirât sa certitude de l'histoire des faits, et qu'un tel système pût mettre en harmonie et les maximes des sages des académies, et les actions des sages des républiques; et alors se présenta tout à coup à lui ce qu'il avait cherché dans ses premiers discours d'ouverture, ébauché dans sa dissertation *De nostri temporis studiorum ratione*, et déjà poli dans sa métaphysique. Enfin, en 1719, à une ouverture publique et solennelle des études, il se proposa de traiter ce sujet : « Tous les éléments du savoir divin et humain se réduisent à trois : connaître, vouloir, pouvoir : leur principe unique est l'esprit; l'œil de l'esprit est la raison qui reçoit de Dieu la lumière du vrai éternel. » Ensuite il divisa ainsi sa proposition : « Ces trois éléments dont nous pouvons affirmer l'existence avec autant de certitude que nous pouvons affirmer la nôtre, nous les expliquerons par la pensée, seule chose dont nous ne puissions douter. Pour plus grande facilité, je diviserai en trois parties le développement de cette idée : I. Les principes de toute science viennent de Dieu. II. La divine lumière ou le vrai éternel pénètre dans tous les sciences selon les trois modes que nous avons indiqués ; toutes les sciences sont étroitement liées, leurs rapports sont intimes, et toutes ramènent à Dieu, leur principe commun. III. Tout ce qui dans le monde a pu jamais être dit ou écrit sur les principes des sciences humaines et divines sera vrai, s'il se rapporte à ces principes ; faux, si ce rapport n'existe pas. Or, toute connaissance des choses divines ou humaines porte sur deux points, leur origine, leur marche et leur essence ; et je montrerai que toute origine vient de Dieu, que toute marche ramène à Dieu, que toute essence est en Dieu, et que tout enfin, hors Dieu, n'est que ténèbres et erreur. » Il parla plus d'une heure sur ce sujet; mais beaucoup de gens trouvèrent que la troisième partie de la proposition semblait promettre plus que tenir ; c'était, disait-on, promettre plus que Pic de la Mirandole lorsqu'il afficha ses thèses *De omni scibili*, puisqu'il en exclut une partie de la philologie, et la plus importante, celle qui traite des religions, des langues, des lois, des mœurs, des pouvoirs, du commerce, des empires, des gouvernements, des ordres, etc. Vico, pour démontrer la possibilité d'un pareil système et en donner une idée, publia à ce sujet (1720) quelques notions préliminaires que tous les savants de l'Italie et de l'étranger eurent dans les mains, et que plusieurs ultramontains jugèrent d'une manière défavorable. Je ne parlerai point des censeurs qui, lorsque l'ouvrage parut au milieu des applaudissements, finirent par se joindre aux autres pour en faire l'éloge. Il signor Anton. Salvini, l'ornement de l'Italie, adressa à Vico quelques objections philologiques dans une lettre qu'il écrivit au signor Francesco Valletta, savant distingué et digne héritier de la célèbre bibliothèque Vallettiana laissée par le signor Giuseppe, son oncle. Vico y répondit avec politesse dans son ouvrage de la *Costanza della filosofia*. D'autres objections philosophiques de Ulric Uber et de Christian Thomasius, savants distingués de l'Allemagne, lui furent transmises par Louis, baron de Gheminghen; mais il y avait répondu d'avance, comme on peut le voir à la fin de l'ouvrage *De constantia jurisprudentis*.

Lorsque, en 1720, parut, sous le titre *De uno universi juris principio et fine uno* (imprimé in-4°, chez Felice Mosca), le premier ouvrage à l'appui de sa dissertation, Vico apprit que quelques inconnus avaient fait des objections orales, et qu'une autre personne en avait fait aussi dans le secret. Mais aucune d'elles ne détruisait le système; toutes, portant sur de simples particularités, étaient une conséquence des vieilles opinions qu'il attaquait. Vico, qui ne voulait point avoir l'air de se créer des ennemis pour avoir le plaisir de les battre, répondit à ces critiques sans les nommer dans son livre publié plus tard *De constantia jurisprudentis* : ainsi inconnus, si jamais le livre leur tombait entre les mains, ils auraient compris, seuls et dans le secret, qu'une réponse leur avait été faite. L'année suivante (1721) sortit in-4° des presses du même Mosca, l'autre volume *De constantia jurisprudentis*, où il donne des preuves plus détaillées de la troisième partie de sa dissertation, la divisant en deux parties : *De constantia philosophiæ*, *De constantia philologiæ*; cette seconde partie contient un chapitre où l'on cherche à ramener la philologie à des principes scientifiques, et dont le titre, *Nova scientia tentatur*, déplut à quelques personnes. Mais comme la promesse faite par Vico dans la troisième partie de sa dissertation n'était vaine ni sous le rapport philosophique ni sous le rapport philologique; qu'en outre, le système était appuyé par plusieurs découvertes importantes de choses nouvelles, et contraires à l'opinion des savants de tous les temps, l'ouvrage fut simplement accusé de manquer d'harmonie. Mais cette harmonie fut attestée au monde par le témoignage public des savants les plus distingués de la ville qui tous l'approuvèrent; leurs éloges peuvent être lus à la fin de l'ouvrage même.

Cependant Jean Leclerc écrivit à Vico la lettre suivante : « Illustre écrivain, le noble magistrat, comte Wildestein, m'a transmis, il y a quelques jours, votre ouvrage *De origine juris et philologiæ*. J'étais à Utrecht, et j'ai pu à peine le parcourir. Forcé par quelques affaires de retourner à Amsterdam, je n'ai pas eu le temps de plonger à plaisir dans cette source limpide. Cependant, quoique à la hâte, mon œil a pu saisir mille traits d'une philosophie et d'une philologie admirables, qui me fourniront l'occasion de prouver à nos savants du Nord que l'on trouve chez les Italiens, aussi bien que chez eux, et la pénétration et la doctrine ; que les vôtres découvrent même dans la science plus de vérités sublimes que les habitants de nos climats glacés. Demain je reviendrai à Utrecht pour y rester quelques semaines, et me rassasier de votre ouvrage, dans cette retraite où je suis moins dérangé qu'à Amsterdam. Lorsque j'aurai bien saisi l'esprit de ce livre, je prouverai, dans la deuxième partie du dix-huitième volume de ma *Bibliothèque ancienne et moderne*, tout le cas que l'on doit en faire. Salut, illustre auteur, comptez-moi au nombre des dignes admirateurs de votre profonde érudition. Écrit à la hâte à Amsterdam, le 8 septembre 1722. »

Si cette lettre fit plaisir aux hommes distingués qui avaient bien présumé de l'ouvrage de Vico, elle déplut singulièrement à ceux qui en avaient jugé d'une manière différente. Ils se flattaient que ce n'était là qu'un éloge secret de Leclerc, et que, lorsqu'il en porterait un jugement public dans sa *Bibliothèque*, il opinerait comme eux. Ils ajoutaient qu'il était impossible que cet ouvrage de Vico eût forcé Leclerc à chanter la palinodie, à dire le contraire de ce qu'il répétait depuis cinquante ans : qu'on ne fait point en Italie des ouvrages qui, pour l'esprit et l'érudition, puissent être comparés à ceux de l'étranger.

Cependant, Vico, pour prouver qu'il tenait à l'estime des gens distingués, sans toutefois se la proposer pour but de ses travaux, lut les deux poèmes d'Homère pour y faire une application de ses principes de philologie ; et, à l'aide de quelques formules mythologiques qu'il s'était créées, il leur donna un aspect bien différent de celui sous lequel on les avait envisagés jusqu'alors. Il les montre comme un double tissu divin qui contient deux sujets, deux groupes d'histoire grecque conforme à la division de Varron : l'histoire des temps obscurs et celle des temps héroïques. En 1722, ces observations sur Homère et ces formules sortirent, in-4°, des presses de Mosca sous ce titre : *Jo. Baptistæ Vici notæ in duos libros, alterum De universi juris principio, alterum De constantia jurisprudentis*.

Peu de temps après, la chaire du premier lecteur en droit, du matin, devint vacante ; moins importante que celle du soir, elle ne rapportait que six cents scudi. Vico crut pouvoir l'obtenir. Il se fondait sur ses titres en matière de jurisprudence, titres que nous venons de rapporter, et sur les services rendus à l'Université dont il était le membre le plus ancien, car il tenait sa chaire de Charles II. D'ailleurs, comment avait-il vécu dans sa patrie? les travaux de son esprit avaient honoré ses compatriotes, il avait été utile à plusieurs et n'avait fait de tort à personne. La veille, selon l'usage, on ouvrit l'ancien digeste où se tiraient au sort les questions de droit ; les trois suivantes échurent à Vico : *De rei vindicatione, De peculio* et *De præscriptis verbis*. Or, comme ces trois textes fournissaient de nombreux développements, Vico, pour faire preuve de promptitude et de facilité, quoiqu'il n'eût jamais professé le droit, pria monsignor Vidania, préfet des études, de vouloir bien lui en désigner un sur lequel il se proposait de faire sa leçon au bout de vingt-quatre heures. Le préfet s'en excusa ; alors Vico choisit la dernière loi, parce que, disait-il, elle était de Papinien, celui de tous les jurisconsultes qui avait le plus grand sens. Il fallait définir le nom des lois, l'un des points les plus difficiles en matière de droit; il sentait du moins qu'il y aurait de l'audace et de l'ignorance à l'accuser d'avoir fait un tel choix ; ce sujet est si difficile, que Cujas, en définissant les noms des lois, s'enorgueillit à juste titre, en disant : Venez apprendre auprès de moi ; et il estime Papinien le premier des jurisconsultes romains, par cela seul qu'il a mieux que personne donné d'excellentes et nombreuses définitions. Les concurrents comptaient bien sur quatre difficultés, quatre écueils contre lesquels devait échouer Vico ; tous étaient persuadés qu'il commencerait par une longue et pompeuse énumération de ses services envers l'Université ; quelques-uns, qui connaissaient sa portée, s'attendaient à ce qu'il développât son texte d'après ses principes de droit universel et qu'il excitât les murmures de l'assemblée en s'écartant des lois établies pour le concours. Le plus grand nombre, qui regardaient les professeurs de droit comme les seuls maîtres en cette faculté, sachant que la loi en question avait été traitée par Hotman, avec une érudition profonde, s'imaginaient que Vico suivrait Hotman dans sa leçon, ou que Fabrot ayant attaqué les commentaires des premiers interprètes de cette loi, sans que personne lui eût répondu, Vico aurait suivi la même marche sans oser la combattre. Mais la dissertation de Vico réussit au delà de toute attente : car après une courte, grave et touchante invocation, il récita aussitôt le premier paragraphe de la loi, dans lequel il renferma sa glose ; et après cet énoncé sommaire, après une division aussi nouvelle dans ces sortes de discussions qu'elle était familière aux jurisconsultes romains (qui vont toujours répétant : *Ait lex, Ait senatus consultum,*

Ait prætor), Vico fit usage d'une semblable formule, *Ait jurisconsultus*, et interpréta une à une et successivement toutes les paroles de la loi, pour qu'on ne pût l'accuser, ce qui arrive souvent dans ces sortes de concours, de s'être écarté du texte. Il aurait fallu être tout à fait ignorant pour chercher à déprécier son discours sous prétexte qu'il avait choisi le commencement d'un chapitre, car les lois dans les Pandectes ne sont point disposées dans l'ordre classique des Institutes; et comme il avait d'abord cité Papinien, il aurait bien pu citer encore d'autres jurisconsultes qui, dans un autre sens et d'autres termes, auraient donné la définition de l'action dont il s'agissait. Ensuite, par l'interprétation des paroles, il explique la définition de Papinien, l'éclaircit par les citations de Cujas, et la montre conforme à celle des interprètes grecs. Immédiatement après il s'attaque à Fabrot, et prouve combien sont légères et subtiles ses accusations contre Paolo di Castro, contre les anciens interprètes étrangers, enfin contre Alciat. Dans l'ordre de ces accusations intentées par Fabrot, ayant d'abord nommé Hotman avant Cujas, il l'abandonna ensuite pour défendre Alciat, et après lui Cujas. Averti de son erreur, il se hâta de dire : Ma mémoire en défaut m'a fait nommer Cujas avant Hotman, mais Cujas une fois absout, je passerai à la défense d'Hotman. Il s'était bien promis de faire servir Hotman à ce concours! mais au moment où il allait entamer cette défense, l'heure sonna pour la fin de la leçon.

Il l'avait préparée, cette leçon, la veille jusqu'à cinq heures du soir, s'entretenant avec ses amis et au milieu du bruit que faisaient ses enfants, car c'était ainsi sa coutume de lire, d'écrire et de méditer. Il l'avait résumée en un sommaire d'une page. Il l'exposa avec la même facilité que s'il eût professé le droit toute sa vie, avec une telle abondance de paroles qu'un autre aurait eu pour deux heures à parler, se servant toujours des mots les plus fleuris d'une jurisprudence élégante, des termes techniques grecs, et pour les expressions consacrées par l'école, préférant toujours le mot grec au barbare. Une seule fois la difficulté du mot προςεζραηηένων le fit hésiter; mais il ajouta : Ne soyez point surpris de cette hésitation; l'ἀντιτυπία du mot m'a seul arrêté; de sorte que cette hésitation même parut à beaucoup de personnes d'un bel effet; puisqu'il l'avait rachetée par un autre mot grec si expressif et si élégant. Le lendemain il écrivit son discours tel qu'il l'avait prononcé, et en distribua des exemplaires, entre autres personnes, au signor D. Domenico Caravita, premier avocat des cours suprêmes, et digne fils du signor D. Nicolo : il n'avait pu assister au concours.

Vico pouvait agir ainsi en conséquence de ses services et du mérite de sa leçon qui, applaudie universellement, lui avait fait espérer d'obtenir la chaire. Mais lorsqu'il eut appris le fâcheux événement, pour qu'on ne pût l'accuser de fierté ou de fausse délicatesse, s'il ne faisait aucune démarche, s'il ne sollicitait point, et ne remplissait les autres devoirs que la bienséance exige des candidats; il céda aux conseils et à l'autorité du signor D. Domenico Caravita, homme sage, et pour lui très bienveillant, lequel lui conseilla de se retirer. Et, en effet, Vico alla déclarer avec noblesse qu'il se désistait de ses prétentions.

Cet échec ne permettait plus à Vico d'espérer une place convenable dans sa patrie; mais il en fut consolé par le jugement de Jean Leclerc qui, dans la seconde partie du dix-huitième volume de sa *Bibliothèque ancienne et moderne*, écrit à l'article 8, comme s'il avait entendu les reproches que quelques-uns adressaient à Vico :

[Suit l'article de Leclerc.]

Vico répondit ainsi à la lettre particulière de Leclerc et au jugement inséré par ce savant dans son journal.

« A l'illustre Jean Leclerc, Jean-Baptiste Vico, S. P. D.

« Savant illustre, les bruits qui couraient sur la lettre que vous m'avez fait l'honneur de m'adresser l'année dernière, ont fait à Naples diverses impressions. Les honnêtes et savants littérateurs qui applaudissaient à nos recherches sur les origines de la civilisation ont été charmés de voir appuyer le sentiment qu'ils avaient émis sur le livre en question, par un homme qui, de l'aveu de tous, est le chef de la république des lettres. En France, en Allemagne, en Italie, plusieurs critiques, chacun, selon l'objet de ses études, mettent en commun leurs travaux pour rédiger leurs gazettes scientifiques; seul, vous les éclipsez, tout en vous délassant des fatigues d'une érudition plus laborieuse. Les nôtres étaient certains que le jugement favorable émis par vous, dans la lettre que vous nous aviez adressée, se trouverait confirmé dans votre *Bibliothèque ancienne et moderne.*

« Pour nos demi-savants et les hommes de rien qui sont incapables de vous apprécier, mais qui respectent votre réputation et sont obligés de lui rendre hommage, ils se consolaient d'avoir émis de faux jugements sur notre système, se flattant que la précipitation avait seule dicté les vôtres; et qu'ensuite découvrant que mes principes étaient ou futiles, ou faux, ou seulement spécieux, vous apprendriez sans doute au monde savant qu'ils n'avaient que peu ou point de valeur. De ce nombre étaient les philologues qui n'ont étudié la philosophie que pour faire preuve de mémoire; ceux-là vous refuseraient le savoir qu'ils s'arrogent, plutôt que de souffrir qu'un seul mot des anciens fût soupçonné d'être faux ou corrompu par la tradition. A ces philologues sont naturellement opposés les philosophes qui, croyant par les règles de la méthode, pouvoir connaître toute vérité, négligent, abhorrent même la philologie, et qui, sous le nom de philosophes, vrais Scythes, vrais Arabes, proscrivent dans leur barbarie la science que nous ont léguée les anciens et que l'étude a remise en honneur. Enfin tiennent le milieu entre ces deux extrêmes ces légistes, ces avocats bavards qui ignorent ou la philologie ou la philosophie, et souvent l'une et l'autre. Les premiers ont une érudition assez variée, mais ne connaissent rien à la métaphysique qui circule dans toutes les parties de notre ouvrage, comme la vie dans les organes; par défaut de nature et par défaut d'études géométriques, ils sont inhabiles à suivre les longs raisonnements qui en forment en quelque sorte le tissu. Les seconds, au contraire, métaphysiciens subtils, peuvent avoir assez de méthode géométrique, mais ils n'ont rien de l'érudition qui nous a fourni les éléments du système. Pour les derniers, privés du secours de la philologie et de la philosophie, fiers de leur intelligence, et ayant mauvaise opinion de la mienne, lorsqu'après boire, et presque endormis, ils prenaient dédaigneusement nos livres, ils n'y comprenaient rien ou n'y lisaient que des choses nouvelles pour leur ignorance. Aussi ne manquaient-ils pas de m'accuser, l'un de renverser audacieusement les règles de la grammaire, l'autre de lier maladroitement les principes de la science humaine et ceux de la religion du Christ, plusieurs de sophistiquer, d'innover dans les principes du droit, tous d'être obscur et impénétrable.

« Enfin, est arrivée ici la deuxième partie du dix-huitième volume de votre *Bibliothèque ancienne et moderne*, où vous donnez une analyse simple et générale de notre système, émettant un jugement favorable et donnant à ceux qui peuvent lire cet ouvrage quatre conseils bien sages : de lire attentivement, de lire sans interruption, et plusieurs fois, puis de réfléchir. Ce qui nous a été le plus agréable, c'est que vous qualifiez du titre d'érudits ceux qui nous ont prodigué leurs éloges; et certes, cet honneur est partagé par plusieurs de nos concitoyens et des savants les plus distingués de l'Italie. Jugez d'après tout ceci avec quelle effusion de cœur je dois vous rendre grâces, à vous qui, m'assurant l'immortalité, proclamez σοφοὺς mes nobles admirateurs et comptez mes détracteurs au nombre des sots. Je vous envoie les notes écrites pour mes deux ouvrages où sont expliqués les deux poèmes d'Homère d'après nos principes, enfin quelques formules mythologiques que je crois utiles à l'interprétation des anciens poètes et des commencements fabuleux des histoires grecque et romaine. Si elles sont utiles en effet, c'est ce que votre jugement m'apprendra. Salut, digne ornement de la république des lettres et mon plus ferme appui... Écrit à Naples, le 15 octobre 1723. » — A cette lettre Vico joignit les notes sur son livre du *Droit universel*, et il les envoya par un vaisseau hollandais, qui se trouvait dans la rade de Naples, et qui devait partir pour Amsterdam; mais il ne put savoir si elles avaient été remises.

Voici maintenant qui fera mieux comprendre que Vico était né pour la gloire de sa patrie, de l'Italie, puisque c'est là, et non à Maroc, qu'il est né. Tout autre après le revers dont on a parlé, aurait pour toujours renoncé aux lettres; lui, il ne se repentit jamais de les avoir cultivées, il ne cessa point de travailler à d'autres ouvrages, et il en avait déjà composé un en deux livres, qui auraient fourni la matière de deux volumes in-4°. Dans le premier, il recherchait les principes du droit naturel des gens dans ceux de la civilisation des peuples; il y était déterminé par les invraisemblances, les erreurs et l'absurdité des systèmes que d'autres avant lui avaient plutôt conçus que raisonnés : par une suite nécessaire, il expliquait le développement des usages et de la civilisation par une certaine chronologie rationnelle des temps obscurs et des temps fabuleux des Grecs, qui nous ont laissé tout ce que nous avons de l'antiquité païenne. Déjà l'ouvrage avait été revu par le signor D. Julio Torno, savant théologien de l'église de Naples, lorsqu'il réfléchit que si ces preuves négatives plaisent à l'imagination, elles n'ont aucun attrait pour l'intelligence, puisqu'elles ne servent en rien au développement de l'esprit humain. D'ailleurs un revers de fortune ne lui permettant plus de les faire imprimer, et s'y croyant toutefois obligé par un point d'honneur, puisqu'il en avait annoncé la publication, il concentra son esprit dans de profondes méditations pour créer une méthode positive, dont la concision produirait encore plus d'effet.

A la fin de 1725, il fit imprimer à Naples, par Felice Mosca, un livre in-12, petit-texte, de douze feuilles seulement, sous ce titre : *Principj di una scienza nuova d'intorno alla natura delle nazioni, per li quali si ritrovano altri principj del diritto naturale delle genti*. Et il l'adressa aux universités de l'Europe par une épître dédicatoire. Il y développa, dans toute son étendue, ce principe que dans ses ouvrages précédents il n'avait fait qu'indiquer d'une manière confuse; il y prouvait en même temps qu'il est nécessaire, même dans une critique toute humaine, de commencer la recherche de ces origines par celles de l'histoire sacrée; puisque les philosophes et les philologues ont démontré qu'il était impossible d'en constater le progrès dans les premiers auteurs des nations païennes. Il sut mettre grandement à profit ce jugement que Jean Leclerc avait porté sur son ouvrage précédent : « Dans les principales époques que l'auteur indique succinctement depuis le déluge jusqu'à la guerre de Troie, tout en parcourant les événements divers qui se succédèrent pendant cet espace de temps, il fait plusieurs observations sur un grand nombre de matières, et rectifie quelques erreurs vulgaires qui avaient échappé aux plus habiles. » En effet, Vico découvre dans son nouvel ouvrage une science nouvelle, qui, à l'aide d'une nouvelle critique, lui sert à connaître et juger les auteurs et fondateurs des nations, d'après les traditions vulgaires des nations qu'ils ont fondées; et ce n'est que mille ans après qu'arrivent les écrivains dont la critique ordinaire fait usage. Au flambeau de sa nouvelle critique, Vico découvre, bien différentes de ce qu'on les a supposées jusqu'ici, les origines de tous les principes des sciences et des arts, origines dont la connaissance est indispensable pour raisonner avec clarté et parler avec propriété du droit naturel des gens. Il divise ensuite ces principes, principes des idées, principes des langues, et les premiers lui servent à découvrir d'autres principes historiques d'astronomie et de chronologie, ces deux yeux de l'histoire. De là découlent enfin les principes de l'histoire universelle qui nous avaient manqué jusqu'ici. Il découvre encore d'autres principes historiques de la philosophie : et d'abord, une métaphysique du genre humain, c'est-à-dire une théologie naturelle de toutes les nations, en vertu de laquelle chaque peuple s'est créé lui-même naturellement ses premiers dieux par un certain instinct naturel que l'homme a de la divinité. La crainte de la divinité porta les fondateurs des nations à s'unir pour la vie avec certaines femmes. Ce fut la première société humaine, celle des mariages. Voilà le grand principe de la théologie des gentils, celui de la poésie des poètes théologiens, les premiers de tous, et celui enfin de toute la civilisation païenne. Cette métaphysique lui révéla une morale, et par suite, une politique commune à toutes les nations. Il fonda sur cette politique la jurisprudence du genre humain, laquelle est variée en de certaines périodes. En effet, comme les nations vont toujours développant les idées qui sont propres à leur nature, par suite de ce développement les gouvernements changent aussi ; Vico prouve que leur dernière forme est la monarchie, au sein de laquelle se reposent enfin les nations. C'est ainsi qu'il remplit le vide immense qui existe dans les commencements de l'histoire universelle, qu'on ne fait partir que de Ninus, fondateur de la monarchie assyrienne.

Dans la partie des langues, il découvre d'autres principes de la poésie, du chant et des vers, et il démontre que tout a dû naître par la nécessité d'une nature uniforme chez toutes les nations primitives. A l'aide de ces principes, il découvre la véritable origine des images héroïques (armoiries, etc.); c'est la langue muette de toutes les nations primitives, une poésie en langage non articulé. Il découvre ensuite d'autres principes de la science du blason, qu'il trouve être les mêmes que ceux de la numismatique. C'est ainsi que dans une succession de quatre mille ans d'une souveraineté non interrompue, il observe les origines héroïques des maisons d'Autriche et de France. L'un des résultats de cette découverte de l'origine des langues, c'est de leur trouver certains principes qui leur sont communs à toutes; pour donner un exemple, il indique les vraies *causes de la langue latine*, et il laisse aux érudits le soin d'appliquer cette méthode à toutes les langues. Il donne l'idée d'une Étymologique commune à toutes les langues naturelles ; d'une autre Étymologique des mots d'origine étrangère, pour développer enfin l'idée d'une Étymologique universelle de la langue du droit naturel des gens. Au moyen de ces principes des idées et des langues, j'ai presque dit de la philosophie et de la philologie du genre humain, il déroule le tableau d'une histoire idéale, éternelle, conforme à l'idée de la Providence, idée qui, comme tout l'ouvrage le démontre, a dominé la formation du droit des gens. C'est dans le cadre de cette histoire éternelle que viennent se placer successivement toutes les histoires particulières des nations, dans l'ordre de leur naissance, de leur progrès, de leur force, de leur décadence et de leur fin.

Les Égyptiens, qui reprochaient aux Grecs d'ignorer l'antiquité, leur disant qu'ils étaient toujours dans l'enfance, fournissent à Vico les deux grandes divisions des temps anciens, subdivisées, l'une en trois époques, l'âge des dieux, l'âge des héros, l'âge des hommes ; l'autre de même en trois parties, séparées par autant de siècles et dans lesquelles se parlèrent trois langues, la langue divine et muette des hiéroglyphes ou caractères sacrés, la langue symbolique ou métaphorique des héros, et la langue littérale, langue de convention accommodée aux besoins de la vie. Il prouve ainsi que la première époque et la première langue doivent se rapporter à la famille, qui chez toutes les nations dut nécessairement exister avant la cité ; les pères, sous le gouvernement des dieux, étaient les souverains qui réglaient toutes les choses humaines par le moyen des auspices. Les mythes des Grecs fournissent à Vico l'explication simple et naturelle de l'histoire de cet âge. Il y observe que les dieux de l'Orient, comptés depuis par les Chaldéens au nombre des constellations, passèrent de Phénicie en Grèce, ce qui arriva selon lui après les temps d'Homère, et trouvèrent chez les Grecs, comme plus tard chez les Latins, les noms des dieux prêts à les accueillir.

Ensuite il démontre que cet état de choses, quoiqu'à des époques et sous des noms différents, se représente chez les Latins, chez les Grecs et chez les Assyriens.

Il prouve ensuite que la seconde époque, dans laquelle se parlait la langue symbolique, fut celle des premiers gouvernements civils, qu'il identifie aux règnes héroïques des nobles, appelés par les anciens Héraclides, et à qui les premiers peuples attribuaient une origine divine, tandis que ces nobles attribuaient aux peuples une origine bestiale. Il montre sans peine que cette histoire nous a été exposée par les Grecs dans le caractère de leur Hercule de Thèbes, sans contredit le plus grand de tous les héros grecs : de lui descendent les Héraclides, qui gouvernent le royaume de Sparte, royaume aristocratique, à n'en point douter, et soumis à deux rois. Or, les Égyptiens et les Grecs ont également observé un Hercule chez tous les peuples, comme Varron put lui-même en compter quarante environ chez les Latins. Vico prouve ainsi qu'après les dieux les héros ont régné chez toutes les nations païennes pendant une longue période de l'antiquité grecque, lorsque les Curètes sortirent de ce pays pour aller en Crète, dans la Saturnie ou Italie, et enfin en Asie ; ces Curètes étaient les Quirites latins, au nombre desquels étaient les Quirites romains ; ce nom signifie « hommes armés de lances dans les assemblées » : Ainsi le droit des Quirites fut le droit de toutes les nations héroïques. Après avoir démontré ce qu'il y a d'invraisemblable à ce que la loi des Douze Tables soit venue d'Athènes, il prouve que trois principes de droit naturel des nations héroïques du Latium, introduits et observés dans Rome, et consacrés plus tard par la loi des Douze Tables, garantissaient les deux mobiles du gouvernement romain, la vertu et la justice, en temps de paix dans les lois, en temps de guerre dans les conquêtes; sans quoi, l'histoire romaine des temps antiques, envisagée avec les idées actuelles, serait encore plus incroyable que l'histoire fabuleuse des Grecs. Telle est la méthode qui lui fait découvrir les vrais principes de la jurisprudence romaine.

Il démontre enfin que la troisième époque, l'âge des hommes et des langues vulgaires, vient dans un temps où les idées humaines sont développées; elle est uniforme chez tous les peuples. La civilisation se produit alors sous la forme des gouvernements humains, c'est-à-dire, comme il le prouve, du gouvernement populaire et du gouvernement monarchique. A cette époque appartiennent les jurisconsultes romains sous les empereurs. Il fait voir ainsi que les monarchies sont les derniers gouvernements dans lesquels se reposent les nations. Les sociétés n'ont pu commencer par des rois *monarques*, tels que ceux d'aujourd'hui, pas plus que la fraude et la force n'ont pu fonder les nations, comme on l'a supposé jusqu'ici. A l'aide de ces découvertes et d'autres moins importantes, mais très nombreuses, il explique la formation du droit des gens, et désigne les époques certaines et le mode régulier dans lesquels se formèrent les usages générateurs de ce droit : religions, langues, dominations, commerce, ordres, empires, lois, armes, jugements, peines, guerres, paix, alliances, et, s'appuyant sur ces époques et sur ce mode de formation, il en explique l'éternelle propriété, en vertu de laquelle l'époque et le mode devaient être tels et non pas autres. Il observe toujours des différences essentielles entre les Hébreux et les païens : les Hébreux, dès le principe, adoptèrent les pratiques d'une justice éternelle, et y restèrent formellement attachés. Mais les nations païennes, dirigées par les décrets absolus d'une Providence divine, ont parcouru avec une constante uniformité les trois espèces de droit qui correspondent aux trois époques et aux trois langues distinguées par les Égyptiens : le droit divin sous le gouvernement du vrai Dieu chez les Hébreux, et des faux dieux chez les païens; le droit héroïque ou le droit des héros, qui tiennent le milieu entre les dieux et les hommes; et le droit humain, ou le droit de la nature humaine entièrement développée et reconnue égale dans tous. C'est sous le régime de ce dernier droit que peuvent naître les philosophes qui, par leurs raisonnements, l'établissent sur les maximes d'une justice éternelle.

C'est en cela qu'ont erré Grotius, Selden et Puffendorf, qui, faute d'appliquer une critique éclairée aux auteurs et fondateurs des nations, leur ont attribué une sagesse métaphysique, sans s'apercevoir qu'un maître divin, la Providence, avait appris aux Gentils la sagesse vulgaire, devenue plusieurs siècles après la source de la sagesse métaphysique; ils ont ainsi confondu le droit naturel des nations, droit sorti de leurs usages mêmes, avec le droit naturel des philosophes qui l'ont fondé sur le raisonnement, sans distinction du peuple élu de Dieu. Ce même défaut de critique avait porté les interprètes érudits du droit romain à s'appuyer sur la fiction des lois venues d'Athènes, pour introduire dans la jurisprudence romaine, et contre l'esprit de cette même jurisprudence, celui des philosophes, principalement des stoïciens et des épicuriens, dont les principes sont contraires et à la jurisprudence et à la civilisation humaine.

Cet ouvrage de Vico, si glorieux pour la religion catholique, procura à l'Italie l'avantage de ne point envier à la Hollande, à l'Angleterre, à l'Allemagne protestante, les trois principes de cette science qui, de nos jours, et dans le sein de la véritable Église, ont été reconnus comme les principes de toute l'érudition humaine et divine des païens. Aussi Vico fut-il assez heureux pour voir son livre accueilli par l'éminentissime cardinal Lorenzo Corsini, auquel il l'avait dédié; il en reçut même cet éloge éminent : « Ouvrage qui, pour la dignité antique du style et la solidité de la doctrine, fait seul connaître dans les parties les plus difficiles de la science qu'en Italie vivent toujours et le génie de l'éloquence et l'heureuse hardiesse de l'invention. Je m'en réjouis, j'en félicite la noble patrie de l'auteur. »

Dès que la *Scienza nuova* eut été publiée, l'auteur s'empressa de l'envoyer à Jean Leclerc par la voie plus sûre de Livourne; il y joignit une lettre et en fit un paquet pour être expédié à Joseph Attias, un de ses amis qu'il avait connu à Naples. C'était un juif qui passait pour être fort instruit dans la langue sainte, comme le prouve son édition de l'*Ancien Testament*, qui est très estimée dans le monde savant. Attias se chargea gracieusement de la commission, et répondit à Vico :

« Je ne saurais vous exprimer tout le plaisir que

m'a fait éprouver la réception de votre affectueuse lettre; elle me rappelle mon heureux séjour dans cette ville délicieuse. Il suffira de dire que j'y ai toujours été comblé d'obligeance et de grâce par les savants les plus distingués, par vous surtout, qui avez poussé la courtoisie jusqu'à me faire part de vos précieux et sublimes ouvrages. Aussi, n'ai-je pas manqué de m'en vanter et à mes amis et aux gens de lettres que j'ai fréquentés dans mes voyages en Italie et en France. J'enverrai le paquet et la lettre de Jean Leclerc à un de mes amis à Amsterdam, qui les lui remettra en mains propres. Je m'acquitterai d'un devoir en remplissant la commission dont vous me chargez. Je vous remercie de votre attention délicate pour l'exemplaire que vous me donnez. Je l'ai lu dans une société d'amis, et nous avons admiré la sublimité du sujet et l'originalité des idées qui, selon l'expression de Leclerc, outre le charme et l'utilité qu'elles offrent au lecteur attentif, suggèrent à l'esprit une foule de pensées étranges et sublimes. » Vico n'eut point de réponse à sa lettre, soit que Leclerc fût mort, soit que la vieillesse l'eût fait renoncer à toute correspondance littéraire.

Au milieu de ces études sévères, Vico eut plus d'une occasion de s'exercer dans des genres moins sérieux. A l'arrivée du roi Philippe V à Naples, le signor Seraphino Biscardi, d'abord excellent avocat et depuis grand chancelier, le chargea, de la part du duc d'Ascalona, de composer, en sa qualité de professeur royal d'éloquence, un discours pour féliciter le roi sur sa venue. A peine en fut-il averti huit jours d'avance, et il se vit ainsi obligé de l'écrire et de le faire imprimer presque en même temps. C'est un volume in-12, portant le titre de : *Panegyricus Philippo V Hispaniarum regi inscriptus*. Le royaume étant rentré sous la domination autrichienne, le comte Wirrigo de Daun, généralissime des armées impériales en Italie, lui adressa par cette lettre flatteuse la demande suivante :

« Très illustre signor Jean-Baptiste Vico, professeur titulaire des études royales de Naples, S. M. catholique (D. G.) m'ayant ordonné de faire célébrer les funérailles des signori D. Giuseppe Capece et D. Carlo di Sangro, avec une pompe digne de sa royale magnificence et de l'éminent mérite des chevaliers défunts; le P. D. Benedetto Laudatti, prieur bénédictin, a été chargé de composer les oraisons funèbres. Quant aux inscriptions funéraires, j'ai cru ne pouvoir mieux faire que de les confier à votre talent reconnu. Outre l'honneur que vous acquerra cette œuvre importante, je puis vous assurer de ma vive reconnaissance pour vos nobles efforts. Je désire vous être utile en toute occasion, et j'espère que le ciel vous favorisera... Je suis de V. S., très illustre signor, l'affectionné serviteur comte de Daun. Au palais de Naples, le 11 octobre 1707. »

Ainsi Vico composa les inscriptions, les emblèmes, les sentences et la relation de ces funérailles. Le P. prieur Laudatti, homme de mœurs antiques et très versé dans la théologie et le droit canon, récita les oraisons funèbres. Elles furent imprimées, en un magnifique in-folio, aux dépens du trésor royal, sous le titre de : *Acta funeris Caroli Sangrii et Josephi Capycii*. Peu de temps après, Vico fut chargé par le comte Charles Borromée, vice-roi, de composer d'autres inscriptions, à l'occasion des funérailles célébrées dans la chapelle royale à la mort de l'empereur Joseph. Sa mauvaise fortune voulut que sa réputation littéraire fût alors attaquée ; mais cette attaque non méritée lui valut un honneur qu'il est du moins permis au sujet d'une monarchie de désirer. Le cardinal Wolfang de Scratembac, vice-roi, le chargea, à l'occasion des funérailles de l'impératrice Éléonore, de composer les inscriptions suivantes. Et il les conçut avec un art si admirable que chacune d'elles, prise séparément, offre un sens complet, et que toutes ensemble forment une oraison funèbre. Celle qui devait s'inscrire sur le côté extérieur de la porte de la chapelle royale, est une espèce d'exorde. La première des quatre qui devaient être inscrites sur les quatre côtés intérieurs de la chapelle, contient l'éloge. La seconde fait sentir la grandeur de la perte. La troisième éveille la douleur. La quatrième et dernière offre la consolation. [*Suivent les inscriptions.*]

On ne fit point usage de ces inscriptions ; mais à peine le premier jour des funérailles était-il écoulé, que Vico reçut un message du signor D. Nicolo d'Afflitto, noble chevalier napolitain (d'abord éloquent avocat, et alors auditeur de l'armée, qui, honoré de l'estime et de la confiance intime du cardinal, mourut regretté de tous les gens de bien et victime d'un zèle infatigable). Il priait Vico de se trouver chez lui le soir pour qu'il pût lui rendre une visite. Il lui dit : J'ai interrompu, pour venir ici, une affaire très importante que je traitais avec le vice-roi, et je rentrerai immédiatement au palais pour la reprendre. Pendant la conversation, qui fut très courte, il ajouta : Le cardinal m'a témoigné combien il était affligé d'une disgrâce que vous aviez si peu méritée. Vico lui répondit : Je rends mille grâces au cardinal de cette générosité, noble caractère des grands; elle honore un sujet dont la plus grande gloire est d'obéir à son prince.

Après toutes ces occasions de deuil, une joyeuse circonstance s'offrit à lui dans le mariage du signor Giambattista Filomarino, chevalier aussi distingué par sa piété et sa générosité que par la gravité de ses mœurs et son esprit cultivé, avec dona Maria-Vittoria Caracciolo, de la famille des marquis de S. Eramo. Dans le recueil des pièces faites à cette occasion, et imprimées in-4°, se trouve un épithalame de Vico dont l'idée est neuve, et un monologue dramatique intitulé *Junon à la danse*. Junon, déesse des mariages, y parle seule, et invite les grands dieux à danser. Vico, sans s'écarter du sujet, y expose quelques principes de la mythologie historique si bien développée dans la *Scienza nuova*.

Sur ces mêmes principes, il composa une canzone pindarique en vers libres; il y trace l'histoire de la poésie depuis son origine jusqu'à nos jours. Cette pièce est dédiée à la haute et respectable dame Marina della Torre, noble génoise, duchesse de Carignan. Alors, quoique interrompue pendant tant d'années, l'étude qu'il avait faite étant jeune des écrivains vulgaires lui permit, dans un âge plus avancé, de composer deux discours en leur langue, et de déployer toute la magnificence de cette langue dans la *Scienza nuova*. Le premier des deux discours fut l'oraison funèbre d'Anna d'Aspramonte, comtesse d'Althan, mère du vice-roi cardinal d'Althan. Il la composa en mémoire d'un bienfait qu'il avait reçu du signor D. Francesco Santoro, alors secrétaire du royaume. Il était juge de la lieutenance civile, et commissaire dans la cause d'un gendre de Vico, cause qui devait se plaider à la Rota, chambres assemblées. Le mercredi de deux semaines successives, le signor D. Antonio Caracciolo, marquis del Amorosa, alors président de la lieutenance, et qui, par son intégrité et sa prudence dans l'administration de la cité, mérita de plaire à quatre vice-rois, se transporta à la Rota, pour y favoriser Vico. Le signor Santoro exposa la cause avec tant de clarté et d'exactitude, qu'il épargna à Vico un développement des faits qui eût ralenti la marche du procès, et eût permis à la partie adverse de l'embrouiller encore. Vico improvisa un plaidoyer abondant, et sut trouver, dans un acte d'un notaire vivant, trente-six présomptions de fausseté; il les réduisit à certains chefs, les disposa avec ordre, pour mieux les retenir, et en fit un exposé si passionné que tous les juges (telle fut leur extrême bonté) n'ouvrirent pas la bouche, et ne levèrent même pas les yeux pendant tout le temps qu'il parla. A la fin du plaidoyer, le président se sentit vivement ému, et cherchant à couvrir cette émotion par la gravité naturelle à un si grand magistrat, il laissa cependant percer sa compassion pour l'accusé et son mépris pour l'accusateur; de sorte que le tribunal acquitta l'accusé sans que la fausseté de l'accusation eût été juridiquement prouvée. Telle fut l'occasion de ce discours de Vico; il se trouve dans le recueil que le signor Santoro fit imprimer lui-même, in-4°.

Dans ce discours, à propos des deux fils de cette sainte princesse qui combattirent dans la guerre de la succession d'Espagne, il fait une digression moitié prosaïque, moitié poétique. Tel en effet doit être le style de l'historien, d'après le sentiment que Cicéron a émis dans ses courtes et substantielles observations sur la manière d'écrire l'histoire; elle doit, dit-il, employer *verba ferme poetarum*, sans doute afin de maintenir les historiens dans cette antique possession qui leur est pleinement assurée par la *Scienza Nuova*, où Vico prouve que les premiers historiens des nations furent les poètes. Dans ce discours, il embrasse toute la guerre de la succession d'Espagne : les causes, les conseils, les occasions, les faits, les conséquences, et dans chacun de ces points il la compare à la seconde guerre punique, la plus grande qui ait jamais été faite. Le prince D. Giuseppe Caracciolo, de la famille des marquis de S. Eramo, chevalier de très bonnes manières, de beaucoup de sagesse et d'un goût exquis, disait fort gracieusement, en parlant de cette digression, qu'il voulait l'enfermer dans un grand volume de papier blanc qui porterait ce titre au dos : *Historia della guerra dell' Europa fatta per la monarchia d'Ispagna.*

L'autre discours fut l'oraison funèbre de donna Angiola Cimini, marquise de la Petrella, femme aussi spirituelle que sage, dont la noble conduite, dont les conversations, pleines de dignité avec les savants, respiraient et inspiraient, pour ainsi parler, le sentiment des vertus morales et civiles; ceux qui conversaient avec elle étaient portés naturellement, et sans s'en apercevoir, à la respecter avec amour et à l'aimer avec respect. Vico développa ce texte : « Elle a enseigné par l'exemple de sa vie la douce austérité de la vertu. »

Dans ce discours, Vico voulut éprouver si la délicatesse des Grecs pouvait s'allier à la pompe latine, et si l'italien était susceptible de ces deux qualités. On le trouve dans un recueil in-4°. Les premières lettres y sont gravées sur cuivre avec des emblèmes de l'invention de Vico, et qui font allusion au sujet. L'introduction a été faite par le P. D. Roberto Sostegni, chanoine florentin de Latran, homme dont les connaissances littéraires et les manières aimables firent les délices de Florence ; mais il était d'une humeur très colérique qui lui occasionna de fréquentes maladies, et il mourut enfin d'un dépôt de bile formé dans le flanc droit. Il fut regretté de tous ceux qui l'avaient connu. Il savait si bien se modérer qu'on l'aurait cru naturellement très doux. Élève de l'illustre abbé Anton Maria Salvini, il avait appris les langues orientales et le grec ; il était très fort en latin, surtout en poésie latine : s'il écrivait en toscan, son style était nerveux comme celui de del Casa ; en fait de langues vivantes, il connaissait, indépendamment du français, devenu presque la langue commune, l'anglais, l'allemand, et même un peu le turc. Il y avait dans sa prose de l'enchaînement et de l'élégance. Telle était sa bonté pour Vico qu'il disait publiquement que la lecture du livre *De uno juris principio* l'avait déterminé à venir à Naples. Vico fut le premier qu'il voulut y connaître, et il a entretenu avec lui des rapports très intimes.

Vers ce temps, le comte Gianartico di Portia, frère du cardinal Leandro di Portia, aussi distingué par ses talents que par sa noblesse, eut l'idée de faire connaître à la jeunesse, pour la diriger dans ses études, la vie littéraire des hommes célèbres ; il daigna compter Vico au nombre des huit Napolitains jugés dignes de cet honneur ; nous ne nommerons pas ces huit, pour ne pas offenser les autres savants que le comte a négligés, n'ayant pas eu, sans doute, occasion de les connaître. De Venise, par la voie de Rome et l'entremise de l'abbé Giuseppe Luigi Esperti, il écrivit une lettre très honorable au signor Lorenzo Cicarelli, le priant de lui procurer la vie de cet auteur. Vico, prétextant son humble position, eut la modestie de se refuser plusieurs fois à l'écrire ; mais il s'y disposa enfin, vaincu par les manières aimables et les vives instances de Cicarelli, et, comme on le voit, il l'écrivit en philosophe, réfléchissant sur les causes naturelles et morales, sur l'influence de la fortune et sur les inclinations ou les aversions qu'il eut dans sa jeunesse pour telle étude plutôt que pour telle autre. Il apprécia les heureuses et les fâcheuses circonstances qui avancèrent ou retardèrent ses progrès, et ses efforts pour se créer les principes de droit qui devaient plus tard fournir les idées de son dernier ouvrage, la *Scienza nuova*. Il prouve ainsi que telle et non pas autre avait dû être sa destinée littéraire.

Cependant la *Scienza nuova* acquit de la célébrité par toute l'Italie, et surtout à Venise. L'ambassadeur de cette ville à Naples avait retiré tous les exemplaires qui restaient chez Felice Mosca, et avait recommandé à ce dernier de lui porter tous ceux qu'il pourrait se procurer encore, à cause des nombreuses demandes que lui faisait Venise. Cet ouvrage y était si rare que le petit volume in-12 de douze feuilles se vendit deux écus, et même plus.

Trois ans après cette publication, Vico sut qu'à la

poste où il n'allait jamais, étaient trois lettres à son adresse. L'une du P. Carlo Lodoli des Mineurs de l'observance, théologien de la sérénissime république de Venise; elle était datée du 15 janvier 1728, et sept courriers étaient partis depuis qu'elle se trouvait à la poste. Cette lettre l'invitait à publier une seconde édition de cet ouvrage à Venise. En voici la teneur.

« Votre livre si profond des *Principj d'una Scienza nuova*, etc., est ici dans toutes les mains; plus on le lit, plus est grande l'admiration et l'estime que l'on professe pour son auteur. Il se répand, on le loue, et sa réputation toujours croissante le fait rechercher davantage. Comme on ne le trouve plus ici, on en fait venir de Naples quelque nouvel exemplaire; mais l'éloignement rend la chose difficile, et quelques personnes ont résolu de le faire imprimer à Venise. Je suis aussi de cet avis, et j'ai cru qu'il serait d'abord convenable de m'entendre avec vous, monsieur, pour savoir si cela vous serait agréable, et si vous n'auriez pas quelques additions ou changements à y faire. Dans ce cas, je vous prierais de vouloir me les communiquer. »

Le Père appuya sa demande d'une autre lettre de l'abbé Antonio Conti, noble vénitien très versé dans la physique et les mathématiques. Il possédait une vaste érudition; ses voyages, entrepris dans le but d'étendre ses connaissances, l'avaient mis en haute réputation de savoir auprès de Newton, de Leibnitz et d'autres savants de nos jours; enfin, sa tragédie de *César* l'avait rendu fameux en Italie, en France et en Angleterre. Ce Conti, avec une affabilité égale à sa noblesse et à ses talents, lui écrivit, en date du 3 janvier 1729 :

« Vous ne pouvez, monsieur, trouver un correspondant plus versé dans tous les genres d'études que le très révérend P. Lododi, qui s'offre à faire imprimer votre livre. J'ai été un des premiers à goûter le projet, et à le faire goûter à mes amis. Tous conviennent que nous n'avons en italien aucun livre qui contienne plus d'érudition et de philosophie, aucun plus original. J'en ai fait passer en France un petit extrait, pour apprendre aux Français qu'on peut ajouter et changer beaucoup aux idées que l'on a sur la chronologie, la mythologie, la morale et la jurisprudence, que ce peuple a surtout étudiée. Les Anglais seront obligés au même aveu, en lisant votre livre. Une nouvelle impression et un caractère plus facile rendront cet ouvrage universel. Il est temps, monsieur, que vous y ajoutiez tout ce que vous croirez propre à en fortifier l'érudition, ou à en développer des idées qui ne sont qu'indiquées. Je vous conseillerais de mettre en tête une préface qui, en exposant vos principes, offrirait le système harmonique qui en dérive, et qui peut s'étendre même aux choses futures, toutes dépendantes des lois de l'histoire éternelle, dont l'idée est si sublime et si féconde. »

L'autre lettre, restée à la poste, était du comte Gio. Artilo di Portia, dont nous avons parlé, et frère du cardinal Leandro di Portia, aussi illustre par sa noblesse que par ses connaissances en littérature. Il lui écrivait dans le même sens à la date du 14 décembre 1724.

Vico se mit avec ardeur à écrire ses notes et ses commentaires. Pendant deux années environ que dura ce travail, il arriva que le comte de Portia lui écrivit son projet de publier la vie littéraire des savants les plus distingués de l'Italie. Son intention, comme nous l'avons déjà dit, était de découvrir ainsi une méthode plus sûre et plus propre à hâter les progrès de la jeunesse. Vico avait été prié d'y ajouter la sienne comme modèle (et le comte l'avait déjà) ; de toutes celles qu'il avait reçues, elle était la seule qui eût entièrement cadré avec son dessein. Vico, qui lui avait recommandé en la lui envoyant de la mettre à la fin de ce glorieux recueil, le conjura de ne pas l'imprimer séparément, lui faisant observer qu'il n'atteindrait pas son but, et que l'auteur, sans l'avoir mérité, serait en butte aux traits de l'envie. Le comte persista dans son projet. Vico, après une première protestation adressée à Rome, en adressa une seconde à Venise par le P. Lododi. Mais le comte lui-même avait appris à ce dernier que l'impression avançait, il l'avait aussi appris au P. Calogera, qui a également imprimé cette vie dans le premier tome de sa *Raccolta degli opusculi eruditi*.

Vers la même époque, on lui fit, au sujet de la *Scienza nuova*, une injustice qui se trouve consignée dans les *Nouvelles littéraires des actes de Leipsick*, du mois d'août 1727. On y tait le vrai titre du livre (ce qui est manquer au devoir le plus important d'un nouvelliste littéraire), car on dit simplement *Scienza nuova*, sans expliquer de quelle matière traite cette science. On l'annonce faussement sous un format in-8°, tandis que l'ouvrage est en in-12. Le critique ment encore au sujet de l'auteur, en disant qu'un Italien de ses amis lui a certifié que c'est un abbé de Casa Vico, qui a des fils, des filles, et même des petits-fils ; qu'il a fait un système ou plutôt un roman du droit naturel des gens ;

ainsi le critique confond le droit (*historique*) des gens dont il s'agit avec celui des philosophes dont traitent nos théologiens moralistes. Ce qu'il donne ainsi pour le sujet de la *Scienza nuova* n'en est qu'un corollaire. Il prétend que l'auteur est parti de principes différents de ceux qu'ont jusqu'ici reconnus les philosophes, en quoi il dit vrai sans le vouloir; car ce ne serait pas, sans cela, une science nouvelle. Il fait remarquer que l'ouvrage est accommodé à l'esprit de l'Église catholique romaine, comme si l'idée de la Providence divine qui lui sert de base, n'appartenait point à la religion chrétienne et même à toute religion ; le critique s'accuse ainsi lui-même d'épicuréisme ou de spinosisme, et ne voit pas qu'il donne à Vico le plus bel éloge, celui d'être homme religieux. Il observe que l'auteur s'efforce d'attaquer la doctrine de Grotius, de Puffendorf, et il ne parle pas du troisième chef de cette doctrine, de Selden, apparemment parce que, selon lui, l'hébraïsant Selden vise plus à l'esprit qu'à la vérité. Il termine en disant que les Italiens ont accueilli avec plus de tiédeur que d'enthousiasme un ouvrage qui cependant, à trois années de sa publication, était devenu rare, et dont les exemplaires, si on en trouvait, étaient vendus très cher, comme nous l'avons déjà dit. C'était un Italien qui, par un mensonge impie, voulait ainsi faire croire à des hommes de lettres, à des protestants de Leipsick, que l'Italie ne goûtait point un livre conforme à la doctrine catholique. Vico répondit par un petit in-12, intitulé *Notæ in acta Lipsiensia*, au moment même où, par suite d'un ulcère gangreneux à la gorge (mal qu'il avait ignoré jusqu'alors), il était contraint par le signor Domenico Vitolo, médecin très habile, de risquer à soixante ans la cure périlleuse des fumigations de cinabre, qui, si par malheur elles attaquent les nerfs, déterminent l'apoplexie même chez les jeunes gens. Dans sa réponse, Vico s'appuie d'une foule de raisons péremptoires pour traiter de *vagabond inconnu* celui qui avait ourdi cette imposture. Vico traite les journalistes de Leipsick avec politesse, comme on doit traiter les littérateurs d'une nation si célèbre; et il les avertit de se garder de ce faux ami qui perd ceux dont il a surpris l'estime, en les mettant dans le cas d'avouer qu'ils insèrent des critiques sans ouvrir les livres critiqués. Il exhorte celui qui traite ainsi ses amis plus mal que ses ennemis, qui diffame son pays et trahit les nations étrangères, à ne plus vivre avec les hommes, mais avec les bêtes féroces de l'Afrique. Il avait résolu d'envoyer à Leipsick un exemplaire de la *Scienza* avec cette lettre adressée au signor Burchard Menkenius, directeur du journal et premier ministre du roi actuel de Pologne. Mais bien que cette lettre eût été écrite avec tous les égards possibles, Vico, réfléchissant que c'était reprocher en face à ces savants d'avoir manqué à leurs devoirs, puisqu'ils achètent journellement les livres sortis de toutes les presses de l'Europe, et doivent par conséquent bien les connaître, Vico eut la politesse de ne pas l'envoyer.

Comme en répondant aux journalistes de Leipsick Vico devait leur parler de la réimpression qui se faisait de son ouvrage à Venise, il écrivit au P. Lododi pour en obtenir la permission. Ce fut alors que les imprimeurs de Venise, comme savants et amateurs, lui firent demander, par son imprimeur Mosca, tous ses ouvrages publiés et inédits, sous prétexte d'en enrichir leur musée, comme ils disaient; mais en effet pour en faire une édition dont ils espéraient que la *Scienza nuova* assurerait le débit. Vico, pour leur faire comprendre qu'il les connaissait, leur écrivit que, de toutes les faibles productions de son génie fatigué, la *Scienza nuova* était la seule qu'il eût voulu laisser au monde, et qu'ils ne devaient pas ignorer qu'on la réimprimait à Venise.

Enfin, au mois d'octobre 1729, le P. Lododi reçut à Venise les corrections, les annotations et les commentaires faits pour la *Scienza nuova*; ils étaient entièrement terminés et formaient un manuscrit d'environ trois cents pages. Or, la presse ayant deux fois annoncé que la *Scienza nuova* se réimprimait à Venise avec les additions, celui qui trafiquait de cette réimpression voulut traiter avec Vico comme avec un homme qui devait nécessairement imprimer chez lui. Vico, par un sentiment de fierté personnelle, réclama tout ce qu'il avait envoyé à Venise, et cette restitution eut enfin lieu six mois après, lorsqu'on avait déjà imprimé la moitié de l'ouvrage.

Ne trouvant ni à Naples, ni ailleurs, personne qui voulût l'imprimer à ses frais, Vico suivit un nouveau plan, le plus convenable de tous, et que pourtant il n'eût pas trouvé sans cette nécessité. On verra qu'il était entièrement opposé au premier, si on le compare au livre qui avait déjà paru. En effet, tout ce que les premières annotations offraient de vague et de diffus, par la nécessité où l'on s'était mis de suivre pas à pas la marche de l'ouvrage, se trouve ici présenté d'une manière plus complète, avec ordre et unité dans les vues, ce qui, joint au mérite d'une expression laconique, fait que le livre avec les additions n'offre qu'une augmentation de trois feuilles.

Ainsi, en très peu de temps, Vico seul, et tout accablé d'infirmités, se vit dans l'obligation de méditer et de faire imprimer cet ouvrage avec des améliorations et additions auxquelles il ajouta d'autres encore, pour de louables motifs qui sont exprimés dans la lettre suivante :

Lettre à S. E. D. Francesco Spinelli, prince de Scala.

« Je rends mille grâces à Votre Excellence, car à peine depuis trois jours lui ai-je fait tenir, par mon fils, un exemplaire de la *Scienza nuova*, nouvellement imprimée, que Votre Excellence en a déjà achevé la lecture, y consacrant le temps si précieux qu'elle donne aux sublimes méditations de la philosophie ou à l'étude des meilleurs écrivains et surtout des écrivains de la Grèce. Telle est la merveilleuse pénétration de votre esprit : l'avoir lue d'une seule haleine, c'est pour Votre Excellence l'avoir pénétrée dans toute sa profondeur, l'avoir embrassée dans toute son étendue. Ma modestie passera sous silence les jugements favorables que Votre Excellence, avec cette grandeur d'âme si familière aux personnes de son rang, a portés sur cet ouvrage. Je me tiendrai singulièrement honoré de la bonté avec laquelle elle a daigné m'indiquer les endroits où elle avait observé des erreurs; que, pour me rassurer, elle dit être échappées à ma mémoire, et ne pouvoir nuire en rien au but proposé », etc.

Dans le temps où Vico préparait et publiait la seconde édition de la *Scienza nuova*, on élut un nouveau pape, le cardinal Corsini, auquel, avant sa promotion, avait été dédiée la première édition de ce livre ; il était naturel que l'auteur lui fit de même hommage de la seconde ; Sa Sainteté la reçut, et comme on lui écrivit que son neveu, le cardinal Neri Corsini, allait remercier l'auteur pour l'exemplaire qu'il leur a envoyé sans y joindre de lettre, elle voulut qu'il fût répondu en son nom à Vico par la lettre suivante : « Très illustre signor, votre première édition des *Principj d'una Nuova Scienza* avait déjà obtenu tous les éloges de notre auguste seigneur, alors cardinal. Aujourd'hui qu'elle reparaît brillante d'un nouvel éclat et de toute l'érudition dont l'a enrichie votre sublime esprit, Sa très clémente Sainteté lui fait le meilleur accueil ; elle a voulu vous honorer de ces lignes, en apprenant que je me disposais moi-même à vous remercier pour le livre que vous m'avez fait offrir et que j'estime autant qu'il le mérite. Agréez mes offres de service en toute circonstance, et que Dieu vous protége. De Votre Seigneurie l'affectionné Neri cardinal Corsini. — Rome, 6 janvier 1731. »

Comblé de tant d'honneurs, Vico n'avait plus rien à espérer au monde. Accablé par l'âge et les fatigues, usé par les chagrins domestiques, tourmenté par des douleurs convulsives dans les bras et dans les jambes, en proie à un mal rongeur qui lui a déjà dévoré une partie considérable de la tête, il renonce entièrement aux études et envoie au P. Louis-Dominique, si recommandable par sa bonté et par son talent dans la poésie élégiaque, le manuscrit des notes sur la première édition de la *Scienza nuova*, avec l'inscription suivante :

AU TIBULLE CHRÉTIEN,
AU PÈRE LOUIS-DOMINIQUE,
JEAN-BAPTISTE VICO,
POURSUIVI ET BATTU
PAR LES ORAGES CONTINUELS D'UNE FORTUNE ENNEMIE,
ENVOIE CES DÉBRIS INFORTUNÉS DE LA SCIENCE NOUVELLE;
PUISSENT-ILS TROUVER CHEZ LUI AU PORT UN LIEU DE REPOS.

Dans son enseignement, Vico s'intéressait vivement aux progrès de la jeunesse, et pour la désabuser ou l'empêcher de tomber dans les erreurs des faux docteurs, il ne craignit pas de s'exposer à la haine des savants. Il ne parlait jamais de l'éloquence sans l'appuyer des préceptes de la sagesse, dont elle n'est, disait-il, que l'expression. Il ajoutait que son enseignement, en dirigeant les esprits, devait tendre à les rendre universels. En s'exprimant sur tel sujet particulier, il savait si bien conduire son discours qu'il paraissait animé de l'esprit de toutes les sciences qui avaient quelque rapport à son objet. C'est dans ce sens qu'il avait dit dans son discours *De Ratione studiorum* qu'un Platon (pour citer un illustre exemple) était chez les anciens, comme une de nos universités, dirigée par un seul système. Ainsi il parlait tous les jours avec autant d'éclat, avec une érudition aussi profonde et un esprit aussi varié que si des savants étrangers eussent assisté à son cours. Il était porté à la colère, et il fit tous ses efforts pour ne pas s'y livrer en écrivant, et il avouait publiquement que son défaut était de s'emporter, par suite d'une sensibilité excessive, contre les erreurs d'esprit ou de système, ou contre les mauvais procédés de ses rivaux en littérature, tandis qu'il aurait dû en vrai philosophe, en chrétien, les dissimuler et y compatir.

Du reste, s'il eut de l'aigreur contre ceux qui cherchaient à le diffamer, il témoigna toujours de l'obligeance à ceux qui professaient une juste estime pour sa personne et pour ses ouvrages, et c'étaient les plus honnêtes gens et les plus instruits de la ville. Les demi-savants, les faux savants, le traitaient de fou, ou, avec plus de politesse, d'extravagant, d'esprit obscur et paradoxal. La malignité l'accablait d'éloges. Les uns prétendaient que Vico était bon à instruire la jeunesse, lorsqu'elle avait terminé ses études, comme si Quintilien avait tort de désirer que les Alexandres fussent dès le berceau confiés à un Aristote. D'autres lui prodiguaient un éloge qui, pour être plus flatteur, n'en était pas moins nuisible : c'est qu'il était capable de diriger plutôt les maîtres. Vico bénissait ces adversités qui le ramenaient à ses études. Retiré dans sa solitude comme dans un fort inexpugnable, il méditait, il écrivait quelque nouvel ouvrage, et tirait une noble vengeance de ses détracteurs. C'est ainsi qu'il en vint à trouver la *Scienza nuova*. Depuis ce moment il crut n'avoir rien à envier à ce Socrate au sujet duquel le bon Phèdre exprime ce vœu magnanime :

> Cujus non fugio mortem, si famam assequar,
> Et cedo invidiæ, dummodo absolvar cinis.

« Que l'on m'assure sa gloire, et j'accepte sa mort. Que l'envie me condamne vivant, pourvu qu'on absolve ma cendre. »

APPENDICE

DE LA VIE DE VICO

Vico avait dit lui-même à un ami *que le malheur le poursuivrait jusqu'au tombeau*. Cette triste prophétie fut réalisée. A sa mort, les professeurs de l'Université s'étaient rassemblés chez lui, selon l'usage, pour accompagner leur collègue à sa dernière demeure. La confrérie de Sainte-Sophie, à laquelle tenait Vico, devait porter le corps. Il était déjà descendu dans la cour et exposé. Alors commença une vive altercation entre les membres de la congrégation et les professeurs, qui prétendaient également au droit de porter les coins du drap mortuaire. Les deux partis s'obstinant, la congrégation se retira et laissa le cadavre. Les professeurs ne pouvant l'enterrer seuls, il fallut le remonter dans la maison. Son malheureux fils, l'âme navrée, s'adressa au chapitre de l'église métropolitaine, et le fit enterrer enfin dans l'église des Pères de l'Oratoire (*detta de' Gerolamini*), qu'il fréquentait de son vivant, et qu'il avait choisie lui-même pour le lieu de sa sépulture.

Les restes de Vico demeurèrent négligés et ignorés jusqu'en 1789. Alors son fils Gennaro lui fit graver, dans un coin écarté de l'église, une simple épitaphe. L'Arcadie de Rome, dont Vico était membre, lui avait érigé un monument. Le possesseur actuel du château de Cilento, a mis une inscription à sa mémoire dans une bibliothèque peu considérable du couvent de Sainte-Marie-de-la-Pitié, où il travaillait ordinairement pendant son séjour à Vatolla.

Nous avons parlé du peu d'impression que produisit sur le public l'apparition du système de Vico. Lorsque parurent les livres *De uno juris principio* et *De constantia jurisprudentis*, l'ouvrage, dit-il lui-même, n'éprouva qu'une critique, c'est qu'on ne le comprenait pas.

Lorsque la *Science nouvelle* parut en 1725, elle fut attaquée par les protestants et par les catholiques. Tandis qu'un Damiano Romano accusait le système de Vico d'être contraire à la religion, le journal de Leipsick insérait un article envoyé par un autre compatriote de Vico, dans lequel on lui reprochait d'avoir approprié son système au goût de l'Église romaine. Vico accepte ce dernier reproche, mais il ajoute un mot remarquable : *N'est-ce pas un caractère commun à toute religion chrétienne, et même à toute religion, d'être fondée sur le dogme de la Providence ?* (Recueil des *Opuscules*, t. I, p. 141.) — L'accusation de Damiano a été reproduite en 1821, par M. Colangelo[1].

On a vu comment Vico abandonna la méthode analytique qu'il avait suivie d'abord pour donner à son livre une forme synthétique. Dans la seconde édition (1730), il part souvent des idées de la première comme de principes établis, et les exprime en formules qu'il emploie ensuite sans les expliquer.

1. Damiano Romano. *Défense historique des lois grecques venues à Rome* contre l'opinion moderne de M. Vico, 1736, in-4°. — Quatorze Lettres sur le troisième principe de la *Scienza nuova*, relatif à l'origine du langage; ouvrage dans lequel on montre, par des preuves tirées tant de la philosophie que de l'histoire sacrée et profane, que toutes les conséquences de ce principe sont fausses et erronées, 1749. — Dans la préface de son premier ouvrage, il reconnaît que Vico a mérité l'immortalité; dans le second, fait après la mort de Vico, il l'appelle plagiaire, etc. Il croit prouver d'abord que le système de Vico n'est pas nouveau, et dans cette partie, malgré la diffusion et le pédantisme, l'ouvrage est assez curieux, en ce qu'il rapproche de Vico les auteurs qui ont pu le mettre sur la voie. — Il soutient ensuite que ce système est erroné, et particulièrement contraire à la religion chrétienne. Le critique bienveillant rappelle à cette occasion l'hérésie d'un Alméricus (p. 139), dont on jeta les cendres au vent.

M. Colangelo. *Essai de quelques considérations sur la Science nouvelle*, dédiée à M. Louis de Médici, ministre des finances, 1821.

Quelques admirateurs de Vico ont appuyé ces injustes accusations, qu'ils regardaient comme autant d'éloges. Dans le désir d'ajouter Vico à la liste des philosophes du dix-huitième siècle, ils ont prétendu qu'il avait obscurci son livre à dessein, pour le faire passer à la censure. Cette tradition, dont on rapporte l'origine à Genovesi, a passé de lui à Galanti son biographe, et ensuite à M. de Angelis. Les personnes qui ont le plus étudié Vico, MM. de Angelis et Jannelli, n'y ajoutent aucune foi, et la lecture du livre suffit pour la réfuter.

Dans la dernière édition (1744), l'obscurité et la confusion augmentent. On ne peut s'en étonner lorsqu'on sait comment elle fut publiée. L'auteur arrivait au terme de sa vie et de ses malheurs ; depuis plusieurs mois il avait perdu connaissance. Il paraît que son fils, Gennaro Vico, rassembla les notes qu'il avait pu dicter depuis l'édition de 1730, et les intercala à la suite des passages auxquels elles se rapportaient le mieux, sans entreprendre de les fondre avec le texte, auquel il n'osait toucher.

La plupart des retranchements que nous nous sommes permis, portent sur ces additions.

Quoique nous n'ayons point traduit le morceau considérable intitulé *Idée de l'ouvrage*, et que nous ayons abrégé de moitié la *Table chronologique*, nous n'avons réellement rien retranché du livre Ier. Tout ce que nous avons passé dans la table, se trouve placé ailleurs, et plus convenablement. Quant à l'*Idée de l'ouvrage*, Vico avoue lui-même, en tête de l'édition de 1730, qu'il y avait mis d'abord une sorte de préface qu'il supprima, et qu'il écrivit cette explication du frontispice pour remplir exactement le même nombre de pages.

C'est sur le second livre que portent les principaux retranchements. Le plus considérable des morceaux que nous n'avons pas cru devoir traduire, est une explication historique de la mythologie grecque et latine. Il comprend, dans le deuxième volume de l'édition de Milan (1803), les pages 101-107, 120-138, 147-156, 159, 165-171, 179, 182-185, 216-223, 235-238, 239-240, 254-268. Nous en avons rejeté l'extrait à la fin de la traduction. Pour ne point juger cette partie du système avec une injuste sévérité, il faut rappeler qu'au temps de Vico la science mythologique était encore frappée de stérilité par l'opinion ancienne qui ne voyait que des démons dans les dieux du paganisme, ou renfermée dans le système presque aussi infécond de l'apothéose. Vico est un des premiers qui aient considéré des divinités comme autant de symboles d'idées abstraites.

Les autres retranchements du livre II comprennent les pages 7-12, 40-46, 49, 69-71, 90-92, 188-192, 210, et en grande partie 286-288. Ceux des derniers livres ne portent que sur les pages 78-9, 81-2, 84, 133, 138-140, 143-4.

Vico mentionne, dans la bibliographie qu'on vient de lire, à l'époque de leur publication, tous ses ouvrages importants : 1708. *De nostri temporis studiorum Ratione*. — 1710. *De antiquissima Italorum sapientia ex originibus linguæ latinæ eruenda* ; trad. en italien, 1816, Milan. — 1716. *Vita di Maresciallo Antonio*

Carafa. — 1721. *De uno juris universi principio. De constantia jurisprudentis.* — Enfin les trois éditions de la *Scienza nuova*, 1725, 1730, 1744. La première a été réimprimée en 1817, à Naples, par les soins de M. Salvatore Galotti. La dernière l'a été, en 1801, à Milan; à Naples, en 1811 et en 1816, ou 1818? 1821? Elle a été traduite en allemand par M. W.-E. Weber, Leipsick, 1822. — Pour compléter cette liste, nous n'aurons qu'à suivre l'éditeur des *Opuscules* de Vico. M. Carlantonio de Rosa, marquis de Villa-Rosa, les a recueillis en quatre volumes in-8° (Naples, 1818). Nous avons trouvé quelques omissions dans ce recueil : entre autres celle de quelques notes faites par Vico sur l'*Art poétique* d'Horace. Ces notes peu remarquables ne portent point de date. Elles ont été publiées récemment. — Les pièces inédites publiées en 1818, par M. Antonio Giordano, se trouvent dans le recueil de Rosa.

Le premier volume du Recueil des *Opuscules* contient plusieurs écrits en prose italienne. Le plus curieux est le mémoire de Vico sur sa vie. L'estimable éditeur, descendant d'un protecteur de Vico, y a joint une addition de l'auteur qu'il a retrouvée dans ses papiers, et a complété la vie de Vico d'après les détails que lui a transmis le fils même du grand homme. Rien de plus touchant que les pages xv et 158-168 de ce volume. Nous en avons donné un extrait. Les autres pièces sont moins importantes. — 1715. *Discours sur les somptueux repas des Romains*, prononcé en présence du duc de Medina-Cœli, vice-roi. — *Oraison funèbre d'Anne-Marie d'Aspremont, comtesse d'Althan*, mère du vice-roi. Beaucoup d'originalité. Comparaison remarquable entre la guerre de la succession d'Espagne et la seconde guerre punique. — 1727. *Oraison funèbre d'Angiola Cimini, marquise de la Petrella.* L'argument est très beau : *Elle a enseigné par l'exemple de sa vie la douceur et l'austérité* (il soave austero) *de la vertu.*

Le second volume renferme quelques opuscules et un grand nombre de lettres, en italien. Le principal opuscule est la *Réponse à un article du journal littéraire d'Italie.* C'est là qu'il juge Descartes avec l'impartialité que nous avons admirée plus haut. Dans deux lettres que contient aussi ce volume (au P. de Vitré, 1726, et à D. Francesco Solla, 1729), il attaque la réforme cartésienne, et l'esprit du dix-huitième siècle, souvent avec humeur, mais toujours d'une manière éloquente. Deux morceaux sur Dante ne sont pas moins curieux. On y trouve l'opinion, reproduite depuis par Monti, que l'auteur de la *Divine Comédie* est plus admirable encore dans le *Purgatoire* et le *Paradis* que dans l'*Enfer* si exclusivement admiré. — 1730. *Pourquoi les orateurs réussissent mal dans la poésie. — De la grammaire.* — 1720. *Remerciement à un défenseur de son système.* Dans cette lettre curieuse, Vico explique le peu de succès de la *Scienza nuova*. On y trouve le passage suivant : « Je suis né dans cette ville, et j'ai eu affaire à bien des gens pour mes besoins. Me connaissant dès ma première jeunesse, ils se rappellent mes faiblesses et mes erreurs. Comme le mal que nous voyons dans les autres nous frappe vivement, et nous reste profondément gravé dans la mémoire, il devient une règle d'après laquelle nous jugeons toujours ce qu'ils peuvent faire ensuite de beau et de bon. D'ailleurs je n'ai ni richesses ni dignité; comment pourrais-je me concilier l'estime de la multitude? » etc. — 1725. Lettre dans laquelle il se félicite de n'avoir pas obtenu la chaire de droit, ce qui lui a donné le loisir de composer la *Science nouvelle*. — Lettre fort belle sur un ouvrage qui traitait de la morale chrétienne, à Mgr Muzio Gaëta. — Lettre au même, dans laquelle il donne une idée de son livre *De antiqua sapientia Italorum.* « Il y a quelques années que j'ai travaillé à un système complet de métaphysique. J'essayais d'y démontrer que l'homme est Dieu dans le monde des grandeurs abstraites, et que Dieu est géomètre dans le monde des grandeurs concrètes, c'est-à-dire dans celui de la nature et des corps. En effet, dans la géométrie l'esprit humain part du point, chose qui n'a point de parties, et qui, par conséquent, est infinie; ce qui faisait dire à Galilée que quand nous sommes réduits au point, il n'y a plus lieu ni à l'augmentation, ni à la diminution, ni à l'égalité... Non seulement dans les problèmes, mais aussi dans les théorèmes, connaître et faire, c'est la même chose pour le géomètre comme pour Dieu. »

Les réponses des hommes de lettres auxquels écrit Vico, donnent une haute idée du public philosophique de l'Italie à cette époque. Les principaux sont Muzio Gaëta, archevêque de Bari; un prédicateur célèbre, Michelangelo, capucin; Nicolo Concina, de l'ordre des Prêcheurs, professeur de philosophie et de droit naturel, à Padoue, qui enseignait plusieurs parties de la doctrine de Vico; Tommaso Maria Alfani, du même ordre, qui assure avoir été comme ressuscité, après une longue maladie, par la lecture d'un nouvel ouvrage de Vico; le duc de Lorenzano, auteur d'un ouvrage sur le bon usage des passions humaines; enfin l'abbé Antonio Conti, noble vénitien, auteur d'une tragédie de *César*, et qui était lié avec Leibnitz et Newton. Vico était aussi en correspondance avec le célèbre Gravina, avec Paolo Doria, philosophe cartésien; avec

Aulisio, professeur de droit à Naples, qui savait neuf langues, et qui écrivit sur la médecine, sur l'art militaire et sur l'histoire. D'abord ennemi de Vico, Aulisio se réconcilia avec lui après la lecture du discours *De nostri temporis studiorum Ratione*. Nous n'avons ni les lettres qu'il écrivit à ces trois derniers, ni leurs réponses.

Dans le troisième volume des *Opuscules*, Vico offre une preuve nouvelle que le génie philosophique n'exclut point celui de la poésie. Ainsi sont dérangées sans cesse les classifications rigoureuses des modernes. Quoi de plus subtil, et en même temps de plus poétique que le génie de Platon? Vico présente aussi, par ce double caractère, une analogie remarquable avec l'auteur de la *Divine Comédie*.

Mais c'est dans sa prose, c'est dans son grand poème philosophique de la *Scienza nuova*, que Vico rappelle la profondeur et la sublimité de Dante. Dans ses poésies proprement dites il a trop souvent sacrifié au goût de son siècle. Trop souvent son génie a été resserré par l'insignifiance des sujets officiels qu'il traitait. Cependant plusieurs de ces pièces se font remarquer par une grande et noble facture. Voyez particulièrement l'*Exaltation de Clément XII*, le *Panégyrique de l'électeur de Bavière, Maximilien Emmanuel*; la *Mort d'Angela Cimini*; plusieurs sonnets, pages 7, 9, 190, 195; enfin, un épithalame dans lequel il met plusieurs des idées de la *Scienza nuova* dans la bouche de Junon.

Nous ne nous arrêterons que sur les poésies où Vico a exprimé un sentiment personnel. La première est une élégie qu'il composa à l'âge de vingt-cinq ans (1693); elle est intitulée *Pensées de mélancolie*. A travers les *concetti* ordinaires aux poètes de cette époque, on y démêle un sentiment vrai : « Douces images du « bonheur, venez encore aggraver ma peine! Vie pure et tran- « quille, plaisirs honnêtes et modérés, gloire et trésors acquis par « le mérite, paix céleste de l'âme (et ce qui est plus poignant à « mon cœur), amour dont l'amour est le prix, douce réciprocité « d'une foi sincère!... » Longtemps après, sans doute de 1720 à 1730, il répond par un sonnet à un ami qui déplorait l'ingratitude de la patrie de Vico. « Ma chère patrie m'a tout refusé!... Je la « respecte et la révère. Utile et sans récompense, j'ai trouvé déjà « dans cette pensée une noble consolation. Une mère sévère ne « caresse point son fils, ne le presse point sur son sein, et n'en est « pas moins honorée... » La pièce suivante, la dernière du recueil

de ses poésies, présente une idée analogue à celle du dernier morceau qu'il a écrit en prose. (Voy. la fin du *Discours*.) C'est une réponse au cardinal Filippo Pirelli, qui avait loué la *Scienza nuova* dans un sonnet. « Le destin s'est armé contre un misé-
« rable, a réuni sur lui seul tous les maux qu'il partage entre les
« autres hommes, et abreuvé son corps et ses sens des plus cruels
« poisons. Mais la Providence ne permet pas que l'âme qui est à
« elle soit abandonnée à un joug étranger. Elle l'a conduit, par des
« routes écartées, à découvrir son œuvre admirable du monde
« social, à pénétrer dans l'abîme de sa sagesse les lois éternelles
« par lesquelles elle gouverne l'humanité. Et grâce à vos louanges,
« ô noble poète, déjà fameux, déjà *antique* de son vivant, il vivra
« aux âges futurs, l'infortuné Vico ! »

Le quatrième volume renferme ce que Vico a écrit en latin. La vigueur et l'originalité avec lesquelles il écrivait en cette langue, eussent fait la gloire d'un savant ordinaire.

1696. *Pro auspicatissimo in Hispaniam reditu Francisci Benavidii S. Stephani comitis atque in regno Neap. Pro rege oratio.* — 1697. *In funere Catharinæ Aragoniæ Segorbiensium ducis oratio.* — 1702. *Pro felici in Neapolitanum solium aditu Philippi V, Hispaniarum novique orbis monarchæ, oratio.* — 1708. *De nostri temporis studiorum Ratione oratio ad litterarum studiosam juventutem, habita in R. Neap. Academia.* — 1708. *In Caroli et Mariæ Amaliæ utriusque Siciliæ regum nuptiis oratio.* — *Oratiuncula pro adsequenda laurea in utroque jure.* — *Carolo Borbonio utriusque Siciliæ Regi R. Neap. Academia.* — *Carolo Borbonio utriusque Siciliæ Regi epistola.*

1729. *Vici vindiciæ sive notæ in acta eruditorum Lipsiensia mensis augusti A.* — 1727, *ubi inter nova litteraria unum extat de ejus libro, cui titulus : Principj d'una scienza nuova d'intorno alla commune natura delle nazioni.* Cet article, où l'on reproche à Vico d'avoir *approprié son système au goût de l'Église romaine*, avait été envoyé par un Napolitain. La violence avec laquelle Vico répond à un adversaire obscur ferait quelquefois sourire, si l'on ne connaissait la position cruelle où se trouvait alors l'auteur. « Lecteur impartial, dit-il en terminant, il est bon que tu
« saches que j'ai dicté cet opuscule au milieu des douleurs d'une
« maladie mortelle, et lorsque je courais les chances d'un remède
« cruel, qui, chez les vieillards, détermine souvent l'apoplexie. Il
« est bon que tu saches que depuis vingt ans j'ai fermé tous les

« livres, afin de porter plus d'originalité dans mes recherches sur
« le droit des gens ; le seul livre où j'ai voulu lire c'est le sens
« commun de l'humanité. » Ce qui rend cet opuscule précieux,
c'est qu'en plusieurs endroits Vico déclare que le sujet propre de la
Scienza nuova, c'est *la nature commune aux nations*, et que
son système du droit des gens n'en est que le principal corollaire.

1708. *Oratio cujus argumentum, hostem hosti infensiorem
infestioremque quam stultum sibi esse nominem* : Nul n'a
d'ennemi plus cruel et plus acharné que l'insensé ne l'est de
lui-même. — 1732. *De mente heroica oratio habita in R. Neap.
Academia.* L'héroïsme dont parle Vico est celui d'une grande âme,
d'un génie courageux qui ne craint point d'embrasser dans ses
études l'universalité des connaissances, et qui veut donner à sa
nature le plus haut développement qu'elle comporte. Nulle part il
ne s'est plus abandonné à l'enthousiasme qu'inspire la science considérée dans son ensemble et dans son harmonie. Cet ouvrage, qui
semble porter l'empreinte d'une composition très rapide, est surtout remarquable par la chaleur et la poésie du style. (Voy. plus
bas). L'auteur avait cependant soixante-quatre ans.

Ajoutez à cette liste des ouvrages latins de Vico un grand nombre de belles inscriptions. Voici l'indication des plus considérables :
Inscriptions funéraires en l'honneur de D. Joseph Capece et D. Carlo
de Sangro, 1707, faites par ordre du comte de Daun, général des
armées impériales dans le royaume de Naples. — Autre en l'honneur de l'empereur Joseph, 1711, faite par ordre du vice-roi,
Charles Borromée.—Autre en l'honneur de l'impératrice Éléonore,
faite par ordre du cardinal Wolfang de Scratembac, vice-roi.

Nous avons déjà nommé la plupart des auteurs qui ont mentionné Vico : *Journal de Trévoux*, 1726, septembre, page 1742. —
Journal de Leipsick, 1727, août, page 383. — *Bibliothèque
ancienne et moderne* de Leclerc, tome XVIII, partie II, page 426.—
Damiano Romano. — Duni?, *Governo civile.* — Cesarotti (sur
Homère). — Parini (dans ses cours à Milan). — Joseph de Cesare,
Pensées de Vico sur... 18...? — Signorelli. — Romagnosi (de
Parme).—L'abbé Talia, *Lettres sur la philosophie morale*, 1817,
Padoue. — Colangelo, *Biblioteca analitica, passim.* — Joignez-y
Herder, dans ses *Opuscules*, et Wolf dans son *Musée des sciences
de l'antiquité* (tome I, page 555). Ce dernier n'a extrait que la
partie de la *Scienza nuova* relative à Homère. — Aucun Anglais,
aucun Écossais, que je sache, n'a fait mention de Vico, si ce n'est
l'auteur d'une brochure récemment publiée sur l'état des études en

Allemagne et en Italie.—En France, M. Salfi est le premier qui ait appelé l'attention du public sur la *Scienza nuova*, dans son *Éloge de Filangieri*, et dans plusieurs numéros de la *Revue encyclopédique*, t. II, page 540; t. VI, page 364; t. VII, page 343. — Voy. aussi *Mémoires du comte Orloff sur Naples*, 1821, t. IV, page 439, et t. V, page 7.

Vico n'a point laissé d'école; aucun philosophe italien n'a saisi son esprit dans tout le siècle dernier; mais un assez grand nombre d'écrivains ont développé quelques-unes de ses idées. Nous donnons ici la liste des principaux.

Genovesi (né en 1712, mort en 1769). N'ayant pu me procurer que deux des nombreux ouvrages de ce disciple illustre de Vico (les *Institutions* et la *Dicéosina*), je donne les titres de tous les livres qu'il a faits, en faveur de ceux qui seraient à même de faire de plus amples recherches.—*Leçons d'économie politique et commerciale.* — *Méditations philosophiques* (sur la religion et la morale), 1758.—*Institutions de métaphysique* à l'usage des commençants. — *Lettre académique* (sur l'utilité des sciences, contre le paradoxe de J.-J. Rousseau), 1764. — *Logique* à l'usage des jeunes gens, 1766 (divisée en cinq parties : *emendatrice, inventrice, giudicatrice, ragionatrice, ordonatrice.* On estime le dernier chapitre (*Considérations sur les sciences et les arts*).— *Traité des sciences métaphysiques*, 1764 (divisé en *Cosmologie, Théologie, Anthropologie*). — *Dicéosine, ou science des droits et des devoirs de l'homme*, 1767; ouvrage inachevé. C'est surtout dans le troisième volume de la *Dicéosine* que Genovesi expose des idées analogues à celles de Vico.

Filangieri (né en 1752, mort en 1788). — Quoique cet homme célèbre n'ait rien écrit qui se rattache au système de Vico, nous croyons devoir le placer dans cette liste. A l'époque de sa mort prématurée, il méditait deux ouvrages; le premier eût été intitulé : *Nouvelle science des sciences;* le second : *Histoire civile, universelle et perpétuelle.* Il n'est resté qu'un fragment très court du premier, et rien du second. J'ai cherché inutilement ce fragment.

Cuoco (mort en 1822), *Voyage de Platon en Italie.* Ouvrage très superficiel et qui exagère tous les défauts du *Voyage d'Anacharsis.* Les hypothèses historiques de Vico ont souvent chez Cuoco un air plus paradoxal encore, parce qu'on n'y voit plus les principes dont elles dérivent. Ce sont à peu près les mêmes idées sur l'Histoire éternelle, sur l'Histoire romaine en particulier, sur les Douze Tables, sur l'âge et la patrie d'Homère, etc. Au moment où les persécutions égarèrent la raison du malheureux Cuoco, il détruisit un travail fort remarquable, dit-on, sur le système de la *Science nouvelle*.

L'infortuné Mario Pagano (né en 1750, mort en 1800) est de tous les publicistes celui qui a suivi de plus près les traces de Vico. Mais, quel que soit son talent, on peut dire que, dans ses *Saggi politici*, les idées de Vico ont autant perdu en originalité que gagné en clarté. Il ne fait point marcher de front, comme Vico, l'histoire des religions, des gouvernements, des lois, des mœurs, de la poésie, etc. Le caractère religieux de la *Science nouvelle* a disparu. Les explications physiologiques qu'il donne à plusieurs phénomènes sociaux ôtent au système sa grandeur et sa poésie, sans l'appuyer sur une base plus solide. Néanmoins les *Essais politiques* sont encore le meilleur commentaire de la *Science nouvelle*. Voici les points principaux dans lesquels il s'en écarte. 1° Il pense avec raison que la *seconde barbarie*, celle du moyen âge, n'a pas été aussi semblable à la première que Vico paraît le croire. 2° Il estime davantage la sagesse orientale. 3° Il ne croit pas que *tous* les hommes après le déluge soient tombés dans un état de brutalité complète. 4° Il explique l'origine des mariages, non par un sentiment religieux, mais par la jalousie. Les plus forts auraient enlevé les plus belles, auraient ainsi formé les premières familles et fondé la première noblesse. 5° Il croit qu'à l'origine de la société les hommes furent, non pas agriculteurs, comme l'ont cru Vico et Rousseau, mais chasseurs et pasteurs.

Chez tous les écrivains que nous venons d'énumérer, les idées de Vico sont plus ou moins modifiées par l'esprit français du dernier siècle. Un philosophe de nos jours me semble mieux mériter le titre de disciple légitime de Vico. C'est M. Cataldo Jannelli, employé à la bibliothèque royale de Naples, qui a publié, en 1817, un ouvrage intitulé : *Essai sur la nature et la nécessité de la science des choses et histoires humaines*. Nous n'entreprendrons pas de juger ce livre remarquable. Nous observerons seulement que l'auteur ne semble pas tenir assez de compte de la perfectibilité de l'homme. Il compare trop rigoureusement l'humanité à un individu, et croit qu'elle aura sa vieillesse comme sa jeunesse et sa virilité (page 58).

Il ne nous reste qu'à donner la liste des principaux auteurs français, anglais et allemands qui ont écrit sur la philosophie de l'histoire. Lorsque nous n'étions pas sûr d'indiquer avec exactitude le titre de l'ouvrage, nous avons rapporté seulement le nom de l'auteur.

FRANCE. Bossuet. *Discours sur l'histoire universelle*, 1681. — Voltaire. *Philosophie de l'histoire. Essai sur l'esprit et les mœurs des nations*, commencé en 1740, imprimé en 1765. — Turgot. *Discours sur les avantages que l'établissement du christianisme a procurés au genre humain. Autre sur les progrès de l'esprit humain. Essais sur la géographie politique. Plan d'histoire universelle. Progrès et décadences alternatives des sciences et des arts. Pensées détachées.* Ces divers morceaux sont ce que nous avons de plus original et de plus profond sur la philosophie de l'histoire. L'auteur les a écrits à l'âge de vingt-cinq ans, lorsqu'il était au séminaire, de 1750 à 1754. Voy. le second volume des *Œuvres complètes*, 1810. — Condorcet. *Esquisse d'un tableau historique des progrès de l'esprit humain*; écrit en 1793, publié en 1799. — Mme de Staël, passim, et surtout dans son ouvrage sur la *Littérature considérée dans ses rapports avec les institutions politiques*. — Walckenaër. *Essai sur l'histoire de l'espèce humaine.* — Cousin. *De la philosophie de l'histoire*, dans ses *Fragments philosophiques*, écrit en 1818, imprimé en 1826. — Michelet, *Introduction à l'histoire universelle*, etc.

ANGLETERRE. Ferguson. *Essai sur l'histoire de la société civile.* 1767 ; trad. — Millar. *Observations sur les distinctions de rang dans la société.* 1771. — Kames. *Essais sur l'histoire de l'homme*, 1773. — Dunbar. *Essais sur l'histoire de l'humanité*, — Price... 1787. — Priestley. *Discours sur l'histoire*; traduits.

ALLEMAGNE. Iselin. *Histoire du genre humain*, 1764. — Herder. *Idées philosophiques sur l'histoire de l'humanité*. 1772 (traduit par Edgar Quinet, 1827). — Kant. *Idée de ce que pourrait être une histoire universelle*, considérée dans les vues d'un citoyen du monde (traduit par Villiers dans le *Conservateur*, tome II, an VIII). Autres opuscules du même, sur l'identité de la race humaine, sur le commencement de l'histoire du genre humain, sur la théorie de la pure religion morale, etc. (traduits dans le même volume du *Conservateur*, ou dans les *Archives philosophiques et littéraires*, tome VIII). — Lessing. *Éducation du genre humain*, 1786. — Meiners. *Histoire de l'humanité*, 1786. — Voyez aussi ses autres ouvrages, passim. — Carus. *Idées pour servir à l'histoire du genre humain* — Ancillon. *Essais philosophiques, ou nouveaux mélanges*, etc., 1817. Voy. *Philosophie de l'histoire*, dans le premier volume; *Perfectibilité*, dans le second (écrit en français).

Ajoutez à cette liste un nombre infini d'ouvrages dont le sujet est moins général, mais qui n'en sont pas moins propres à éclairer la philosophie de l'histoire; tels que l'*Histoire de la culture et de la littérature en Europe*, par Eichorn; la *Symbolique* de Creuzer, trad. par Guigniaut, etc.

EXTRAITS
DE
DIVERS OPUSCULES
OU
LETTRES DE VICO

Après la *Science nouvelle* et les trois Traités de Vico dont on trouvera plus loin l'extrait ou la traduction, le plus important de ses ouvrages est un discours prononcé à l'ouverture de l'Académie de Naples, en 1708. C'est là qu'il attaque la nouvelle critique dans son application à toutes les sciences. Nulle part il ne l'apprécie avec autant de modération et de justice.

Ce discours est intitulé : de la *Méthode suivie de notre temps dans les études*. L'auteur compare cette méthode à celle des anciens, et balance les inconvénients et les avantages qui sont propres à chacune d'elles.

(De nostri temporis studiorum Ratione, 1708, etc.) — *Après avoir exalté, dans un morceau fort ingénieux, toutes les découvertes des modernes, il entre dans l'examen des inconvénients que leur méthode peut présenter.*

Parlons d'abord de la critique par laquelle commencent aujourd'hui les études; de crainte que la vérité première dont elle fait son point de départ, ne soit mêlée de faux, ou du moins ne soit soupçonnée d'en contenir, elle rejette avec le faux les vérités d'un ordre secondaire, et tout ce qui n'est que vraisemblable. On a tort de commencer ainsi par la critique; c'est le sens commun que l'on doit former en premier lieu chez les jeunes gens, de crainte qu'arrivés à la pratique de la vie, ils ne se jettent dans l'extraordinaire et dans le bizarre; or, si la science sort du vrai et l'erreur du faux, c'est du vraisemblable que résulte le sens commun. Le vraisemblable tient comme le milieu entre le vrai et le faux; ordinairement c'est le vrai, le faux rarement. C'est pourquoi il est bien à craindre que le sens commun qu'on devrait développer avec tant de soin chez les jeunes gens, ne soit étouffé en eux par la critique.

En outre, le sens commun est la règle de l'éloquence, comme celle de tout autre genre d'habileté. Il est donc à craindre que notre critique ne rende les jeunes gens peu propres à l'éloquence. — Les critiques modernes placent leur vérité première hors de toutes les images corporelles. Mais pour les jeunes gens un tel précepte est prématuré; leur faculté distinctive, c'est l'imagination, comme la raison est celle des vieillards; on ne doit point étouffer en eux une faculté qui a toujours passé pour l'indice du plus heureux naturel. La mémoire aussi, qui n'est guère que l'imagination, doit être cultivée avec soin dans les enfants, chez lesquels cette faculté seule est déjà puissante. Gardons-nous d'émousser le génie des arts qui s'appuient sur l'imagination ou sur la mémoire, tels que la peinture, la poésie, l'art oratoire, ou la jurisprudence. La critique, instrument commun de tous les arts, de toutes les sciences, ne doit jamais en gêner la culture. Ces inconvénients n'avaient point lieu chez les anciens qui, généralement, faisaient de la géométrie la logique des enfants; s'attachant à suivre la direction de la nature, ils enseignaient aux enfants la science qu'on ne peut bien apprendre sans imagination; de sorte que, par des progrès insensibles, ils habituaient ces jeunes esprits à l'exercice de la raison.

De nos jours la critique est seule cultivée, et la topique (ou art d'inventer), qui devrait la précéder, est négligée entièrement. C'est encore une erreur : l'invention des choses précède naturellement le jugement que l'on porte de leur vérité; la topique doit donc précéder la critique. La première nous habituant à parcourir successivement les *lieux* qui peuvent nous fournir des raisons, nous rend capables d'apercevoir sur-le-champ, dans chaque cause, tous les moyens de persuader. Écoutez nos critiques lorsqu'on leur propose une question douteuse : je verrai, disent-ils, j'examinerai. — [*Mais, dira-t-on, en parcourant tous les moyens de persuasion, on en rencontre de légers, de frivoles.*] — L'éloquence doit se régler sur l'esprit des auditeurs; c'est par ces frivolités que Cicéron régna au barreau, dans le Sénat, surtout à la tribune; et il n'en fut pas moins l'orateur le plus digne de la majesté de l'empire romain. Lequel croire, d'Arnauld qui regarde la topique comme inutile à l'éloquence, ou de Cicéron qui déclare que c'est surtout par la topique qu'il est devenu éloquent. D'autres décideront entre eux; pour nous, juges impartiaux, nous dirons que si la critique donne au discours la vérité, la topique lui donne l'abondance. On peut remarquer dans la philosophie ancienne que les sectes les plus éloignées de la critique moderne exposèrent leurs doctrines avec le plus de développement. Les stoïciens qui, comme nos modernes, font de l'esprit humain la règle du vrai, présentent plus que tous les autres de sécheresse et de maigreur. Les épicuriens, qui rapportent aux sens le jugement du vrai, ont de la clarté et un peu plus de développement. Les anciens académiciens qui disaient, d'après Socrate, *qu'ils savaient pour toute chose qu'ils ne savaient rien*, avaient dans leurs discours l'abondance des neiges, l'impétuosité des torrents. C'est que les stoïciens et les épicuriens soutenaient les uns et les autres un seul côté de la dispute; Platon penchait tour à tour vers le côté qui lui paraissait le plus vraisemblable; et Carnéade défendait tour à tour les deux opinions opposées. — Le vrai est un, les choses vraisemblables sont nombreuses, les fausses infinies en nombre. Aussi, chacune des deux manières, prise exclusivement, est vicieuse : la topique saisit souvent le faux, la critique néglige le vraisemblable. Pour éviter l'un et l'autre défaut, il faudrait, à mon avis, que les jeunes gens apprissent d'abord toutes les sciences et tous les arts pour enrichir les *lieux* de la topique; pendant ce temps ils se fortifieraient par le sens commun en se préparant à l'habileté pratique, et particulièrement à l'éloquence; ils cultiveraient l'imagination et la mémoire au profit des arts qui s'appuient sur ces deux facultés; enfin ils s'occuperaient de la critique, soumettraient à leur jugement tout ce qu'on leur aurait appris, et s'exerceraient à discuter le pour et le contre sur chaque question. Ainsi ils seraient à la fois éclairés par la vérité dans la théorie, habiles dans la pratique, abondants dans l'éloquence, pleins d'imagination pour cultiver la poésie et la peinture, et capables d'appliquer une forte mémoire aux travaux de la jurisprudence. En outre, il n'y aurait pas à craindre qu'ils devinssent légers et téméraires, comme ceux qui discutent les choses en même temps qu'ils les apprennent, et ils n'auraient pas non plus la docilité superstitieuse de ceux qui ne regardent comme vrai que ce que le maître a dit.

Arnauld lui-même, qui réprouve la marche que je viens d'indiquer, peut l'appuyer d'une preuve nouvelle. Il a rempli la *Logique* de Port-Royal d'exemples tirés de toute espèce de connaissances. Comment comprendre ces exemples si l'on n'a longtemps étudié les sciences et les arts d'où ils sont tirés. Ainsi, en enseignant la logique en dernier lieu, on évite encore un autre inconvénient : celui dans lequel tombe Arnauld de donner des exemples, peut-être utiles, mais qu'on ne peut faire comprendre, quant à ceux des partisans d'Aristote, les leurs seraient compris, qu'ils ne resteraient pas moins inutiles.

Vico montre ensuite combien la méthode géométrique appliquée à la physique est capable de la frapper de stérilité. « Les physiciens modernes, *dit-il, et ceci ne peut s'entendre que des cartésiens qui régnaient alors en Italie,* agissent comme des gens qui auraient hérité un palais où tout a été prévu pour la commodité et la magnificence, et où il ne s'agit plus que de bien distribuer le mobilier, et d'y faire de temps en temps quelques changements légers que la mode peut demander... Gardons-nous de nous y tromper; ces méthodes modernes, cet emploi continuel du sorite, qui, dans la géométrie, sont les vrais moyens de démonstration, deviennent vicieux, insidieux même, lorsque les choses ne comportent point de démonstration. C'est le reproche que l'on faisait aux stoïciens qui se servaient de cette arme dans la dispute. Tout ce qu'on nous présente en physique comme des vérités démontrées géométriquement n'est que simple vraisemblance. C'est bien la méthode de la géométrie, mais non plus la même force de démonstration. En géométrie nous démontrons, parce que nous créons. Pour pouvoir démontrer en physique, il faudrait pouvoir créer. C'est en Dieu seul que se trouvent les véritables *formes* des choses auxquelles se rapporte leur *nature*. De plus, cette méthode qui nous habitue à passer d'une idée à celle qui en est la plus voisine, sans laisser d'intermédiaire, rend incapable de saisir des rapprochements entre des choses très éloignées et très différentes.

Quant à l'analyse algébrique, il faut avouer que, grâce à ses applications, et aux énigmes de la géométrie, nos modernes sont devenus autant d'Œdipes. Mais n'oublions pas que la facilité énerve l'esprit, que la difficulté l'aiguise. La géométrie n'arrête l'esprit que pour lui donner plus de force et de vivacité lorsqu'il redescend à la pratique. L'analyse, au contraire, semblable à la sibylle dans laquelle un dieu agit et parle comme à son insu, fait son calcul, et attend si l'équation qu'elle cherche se trouvera obtenue[1]. Si l'analyse

---

1. Rousseau dit en parlant de l'application de l'algèbre à la géométrie : « Je n'aimais point cette manière d'opérer sans voir ce qu'on fait; et il me

est un art de *deviner*, prenons garde que les jeunes gens n'y aient trop souvent recours, comme à une sorte de machine; *nec deus intersit, nisi dignus vindice nodus inciderit.*

La médecine moderne, contraire en cela à celle des anciens, croit connaître les causes des maladies, et néglige d'en observer les symptômes précurseurs. Bacon a reproché aux partisans de Galien d'employer le syllogisme dans leurs pronostics sur les causes des maladies; je n'approuve pas plus le sorite si usité chez les modernes. Ni l'un ni l'autre ne nous apprennent rien de nouveau, puisqu'ils ne font que développer, dans une seconde proposition, ce qui était déjà contenu dans la première. Le principal instrument de la médecine doit être l'induction. Elle ne doit point cultiver exclusivement la thérapeutique des modernes, mais aussi l'hygiène des anciens, qui comprend la gymnastique et la diurétique.

Mais le plus grand inconvénient de nos études modernes, c'est qu'elles cultivent les sciences naturelles aux dépens des sciences morales, et qu'elles négligent surtout la partie de la morale qui nous fait connaître les affections de l'âme humaine, les caractères propres aux vices, aux vertus, et la diversité des mœurs, selon l'âge, le sexe, la condition, la fortune, la famille, ou la patrie des individus; étude difficile, mais également utile pour former à la pratique des affaires et à l'éloquence. Aussi, avons-nous presque abandonné les grandes et nobles études de la politique. Les modernes n'ont qu'un but dans leurs tra-

« semblait que résoudre un problème de géométrie par les équations, c'était
« jouer un air en tournant une manivelle. » *Confessions*, liv. XI. (N. du T.)

vaux, la connaissance de la vérité. Ils cherchent la nature des choses, parce qu'elles semblent certaines ; ils négligent la nature de l'homme, parce qu'elle est incertaine à cause de sa liberté. Mais ce genre d'études rend les jeunes gens également incapables d'agir avec prudence dans la vie civile, de passionner leur style et de le teindre des mœurs qu'ils auraient observées.

La reine des affaires humaines, c'est l'*occasion*; joignez-y le *choix* entre les choses qu'elle présente. Or, quoi de plus incertain ?... On ne peut donc juger des actions des hommes, d'après la règle droite et inflexible de la raison, mais plutôt employer dans ce jugement la règle lesbienne, qui suit la forme sur laquelle on l'applique. C'est en cela que la science diffère de la prudence. Ceux qui excellent dans la science suivent une même cause dans les nombreux effets qu'elle peut avoir dans la nature. Ceux-là sont prudents, qui recherchent les causes nombreuses d'un même fait, pour trouver par conjecture quelle est la véritable. La science considère les vérités les plus hautes et les plus générales; la sagesse, les vérités d'un ordre inférieur. Aussi distingue-t-on les caractères du sot, de l'ignorant habile, du savant inhabile et de l'homme sage. Le sot ne voit dans la vie ni les vérités les plus hautes, ni celles de détail ; l'ignorant habile voit les secondes, mais non les premières; le savant inhabile juge des secondes par les premières; le sage s'élève des vérités de détail aux vérités générales. Les vérités générales sont éternelles ; tout ce qui est particulier peut à chaque instant devenir faux. Les vérités éternelles sont au-dessus de la nature; il n'est rien dans la nature qui ne soit mobile et sujet au changement. Or le bon et l'utile s'accorde avec le vrai ; les effets du second sont ceux du premier.

Le sot qui ne connaît ni les vérités générales ni les particulières, porte immédiatement la peine de son imprudence. L'ignorant habile qui s'attache aux vérités particulières sans connaître le vrai en général, tire aujourd'hui avantage de son adresse et de ses ruses, mais elles lui nuiront demain. Le savant inhabile, qui va des vérités générales droit aux particularités, perce sa route à travers les obstacles et les détours de la vie humaine. Mais le sage qui marche dans ce sentier oblique et incertain, en prenant pour guide le vrai éternel, ne craint point de prendre un circuit, lorsque la ligne droite est impraticable; il cherche dans ses desseins l'utilité la plus lointaine que la nature humaine puisse prévoir. C'est donc à tort qu'on mettrait à l'usage de la prudence la manière de juger qui est propre à la science. On estimerait les actions humaines d'après la droite raison, tandis que les hommes, peu sensés pour la plupart, suivent le caprice ou le hasard, et non la sagesse. Faute d'avoir cultivé le sens commun, indifférents au vraisemblable, s'en tenant au vrai, au vrai seul, ils s'inquiètent peu si le reste des hommes pense de même et voit la vérité où ils la placent.

Mais, dira-t-on, vous voulez donc former des courtisans plutôt que des philosophes ? Vous voulez qu'ils négligent le vrai pour l'apparence ? A Dieu ne plaise ! je veux qu'ils aient égard à ce qui leur semble le vrai, et qu'ils suivent l'honnête ou du moins ce que tous jugent tel.

La nouvelle méthode est plus faite pour les esprits

des Français que pour ceux des Italiens. La langue française, avec ses nombreux substantifs et son défaut d'inversion, manque de flexibilité. La versification française avec ses alexandrins qui vont deux à deux, a peu de majesté et de mouvement. Mais cette langue, si peu propre au style orné et sublime, convient à celui de la philosophie. Abondante en substantifs, et surtout en substantifs qui expriment des abstractions, elle effleure toujours les généralités. Aussi est-elle éminemment propre au genre didactique, parce que les arts et les sciences s'attachent aux généralités les plus élevées. S'il est vrai que les esprits sont formés par les langues, bien plus qu'ils ne les forment, on conviendra que cette nouvelle critique qui semble toute spirituelle, que cette analyse qui dégage de tout caractère corporel le sujet de la science, ne pouvaient prendre naissance que chez le peuple qui parle la plus subtile de toutes les langues, la plus susceptible d'abstraction.

Vico pense que la critique et la physique moderne nuiront peu à la poésie, pourvu qu'on ne les enseigne pas aux enfants de trop bonne heure. En effet, la poésie, comme la philosophie, s'occupe de la recherche du vrai. Le poète ne s'écarte des formes ordinaires du vrai que pour en créer une image plus excellente ; il n'abandonne la nature incertaine que pour suivre la nature constante ; il ne se permet la fiction qu'afin d'être mieux dans la vérité. Ce n'était pas sans raison que les stoïciens regardaient Homère comme leur maître. La géométrie elle-même n'est pas sans rapport avec la poésie : des deux côtés, les données sont imaginaires, la vérité est dans la déduction.

Un des inconvénients de notre système d'études,

c'est que nous avons réduit en art une foule de choses qui devraient être abandonnées à la prudence, à l'habileté pratique. La prudence prend conseil des circonstances qui sont en nombre infini, et qui par conséquent échappent à toute prévoyance. Aussi rien de plus inutile dans la pratique que ces préceptes généraux... Les arts de ce genre, ceux de la rhétorique, de la poésie, de l'histoire, doivent se contenter, comme les hermès que les anciens plaçaient dans les carrefours, de nous indiquer la route et le but ; la route c'est la philosophie, le but c'est la contemplation de la nature dans sa plus haute perfection. Lorsque la philosophie était seule cultivée, et qu'elle renfermait en quelque sorte tous les arts dans son sein, les écrivains les plus illustres ont fleuri dans ces trois genres, chez les Grecs, chez les Latins et chez les modernes.

Pour prouver l'inconvénient de réduire en art les choses qui doivent être abandonnées en grande partie à la prudence, Vico esquisse l'histoire de la jurisprudence romaine. Les idées les plus importantes que présente ce morceau remarquable ont été plus tard reproduites avec plus d'originalité encore au commencement de son opuscule De juris uno principio et fine, *et surtout dans le quatrième livre de la* Science nouvelle. *Dans le discours dont nous donnons ici l'extrait, il rapporte tous les mystères de la jurisprudence romaine à la politique des patriciens. Voyez l'explication bien plus philosophique qu'il en donne ailleurs (*Science nouvelle*, livre IV, chapitre* III, *et* passim*). Il rentre ensuite dans son sujet, en comparant les inconvénients et les avantages de l'ancienne jurisprudence et de la moderne.*

Il était utile sous la république romaine que la jurisprudence fût secrète; il a été utile sous l'empire et chez les modernes qu'elle ne le fût pas. Originairement tous connaissaient le droit public, le droit privé était un mystère; depuis, le contraire a eu lieu. Exercés d'abord dans l'étude du droit public, les jurisconsultes donnaient ensuite leurs consultations sur le droit privé; aujourd'hui on ne consulte sur les affaires publiques que ceux qui auparavant ont été éprouvés dans la jurisprudence. L'étude des trois sortes de droits (sacré, public et privé) était une autrefois; elle s'est divisée selon son objet. Le droit privé ne prévoyait que les cas généraux; maintenant il embrasse les faits les plus minutieux. Autrefois peu de lois, mais d'innombrables privilèges; aujourd'hui des lois tellement particulières qu'elles semblent elles-mêmes des privilèges. La jurisprudence, d'abord générale, inflexible, était appelée avec raison *scientia justi*; aujourd'hui flexible et particulière, elle est devenue *ars æqui*. Les jurisconsultes qui s'attachaient à la lettre, s'attachent maintenant à l'esprit de la loi; sous ce rapport le jurisconsulte fait maintenant ce que faisait autrefois l'orateur.

De cette révolution sont résultés divers avantages, divers inconvénients. C'est un avantage que la jurisprudence, partagée chez les Grecs entre la science du philosophe, l'érudition du légiste et l'art de l'orateur, partagée chez les Romains avant l'Édit perpétuel entre l'orateur et le jurisconsulte, ne forme plus aujourd'hui qu'une même doctrine. Mais c'est un inconvénient que la politique ne fasse plus partie de la jurisprudence, dont elle est la mère, et avant laquelle elle devrait être enseignée; il en était autrement chez les Grecs où les philosophes l'enseignaient, et chez les Romains où on l'apprenait par la pratique même des affaires. — Aujourd'hui il faut moins d'éloquence pour que l'esprit triomphe de la lettre. Mais en récompense, les lois n'ont plus le même caractère de sainteté ; chaque exception que l'on obtient est un coup porté à leur autorité. — Nos jurisconsultes consultent plutôt l'équité que la rigueur du droit, afin de ménager les intérêts particuliers ; les anciens Romains, rigides observateurs du droit, servaient mieux en cela ceux de la république. En faisant éprouver à un seul individu la rigueur du droit, on imprime à tous le respect des lois. — C'est un avantage chez les modernes que l'on passe du droit privé au droit public ; le premier est comme une épreuve où l'on risque moins de nuire à l'État. — C'en est un encore que les fonctions du jurisconsulte et de l'orateur soient réunies chez nous ; nous traitons avec plus de gravité les causes de fait, celles de droit avec plus d'abondance et de développement. En récompense le droit lui-même est divisé. Le droit sacré est traité par les théologiens et les canonistes, le droit public par les conseillers des princes ; les jurisconsultes n'ont conservé que le droit privé. — Mais il est dans le droit moderne un inconvénient qu'aucun avantage, à mon avis, ne peut balancer : c'est le nombre infini des lois qui pour la plupart ont un objet peu important. Leur nombre empêche de les observer ; le peu d'importance de leur objet fait qu'on les méprise aisément, et ce mépris s'étend aux lois qui touchent les plus hauts intérêts. Chez les Romains, au contraire, le petit livre des Douze Tables est la source de toute la jurisprudence, *fons omnis romani juris*. Et qu'on ne dise point que le grand nombre de nos lois est compensé par le grand nombre de privilèges qu'admettait leur législation. Les privilèges ne faisaient point exemple, on *devait* (je ne dis point, on *pouvait*) n'y avoir aucun égard dans les autres cas qui se présentaient. Au contraire, nos lois de détails étendent leur autorité par voie de conséquence.

Vico montre ensuite qu'on doit ne pas se contenter d'étudier le droit romain en lui-même, comme les disciples d'Alciat, encore moins l'appliquer d'une manière forcée à la jurisprudence moderne, comme l'avaient fait auparavant les disciples d'Accurse. Il établit la nécessité de mettre en harmonie le droit avec la constitution politique des monarchies modernes, et indique quel secours le droit peut tirer de l'histoire. Il faut, *dit-il*, chercher la cause politique de chaque loi romaine, et examiner ce que peut en emprunter notre jurisprudence. Il faut comparer la monarchie romaine avec les nôtres... et définir les termes du droit d'une manière conforme à la nature de notre gouvernement. Qu'est-ce que le droit? l'art de protéger l'intérêt public. Qu'est-ce que le droit pris dans le sens du juste ? l'utile. Qu'est-ce que le droit naturel? l'utilité de l'individu. Le droit des gens? l'utilité des nations. Le droit civil? l'utilité de la cité. Pourquoi un droit naturel? pour que l'homme vive. Pourquoi un droit des gens ? pour que l'homme vive avec facilité et sûreté. Pourquoi un droit civil? pour que l'homme vive heureux. Quelle est la loi suprême que l'on doit toujours suivre dans l'interprétation des autres ? la grandeur de la monarchie, le salut du prince, la gloire de l'un et de l'autre.

Après avoir donné les motifs politiques de plusieurs

lois romaines (Voy. la *Science nouvelle*, livre II, et livre IV, *passim*), *il ajoute ce qui suit :* Vous voyez que le temps de la jurisprudence rigoureuse est celui de l'accroissement de la république, qu'elle s'adoucit et se relâche avec la décadence de l'empire. Cet adoucissement fut d'abord l'effet de la politique des empereurs, qui voulaient affermir leur autorité ; puis un remède à l'affaiblissement que cette autorité éprouvait; enfin un mal qui en entraîna la ruine. En effet, la différence des agnats et des cognats étant détruite, le droit de gentilité étant éteint, les familles patriciennes perdirent leur fortune, virent la grandeur de leur nom s'évanouir et s'anéantir leur puissance. Lorsque la loi eut traité si favorablement les esclaves, le sang libre ne tarda pas à se mêler, à se corrompre. Le droit de cité une fois étendu à tous les sujets de l'empire, l'amour de la patrie, l'enthousiasme du nom romain s'éteignirent dans les citoyens indigènes. La jurisprudence étant devenue entièrement favorable au droit privé, les citoyens crurent dès-lors que le droit n'était que l'intérêt individuel, et ne se soucièrent plus de l'utilité publique. Le droit des Romains et des provinciaux ayant été confondu, les provinces devinrent des États presque indépendants, même avant l'invasion des barbares. Auparavant le peuple romain avait la gloire et la force de l'empire, les alliés n'avaient que l'honneur de la fidélité; dès que l'égalité s'établit, la monarchie romaine s'affaiblit peu à peu, se démembra, et enfin fut détruite. Ainsi le relâchement de la jurisprudence fut la principale cause de la corruption de l'éloquence chez les Romains, et de la destruction de leur puissance.

Si le prince veut fortifier la sienne, il fera interpréter les lois romaines d'après les maximes de la politique ; les juges suivront la même règle dans leurs jugements. Les orateurs s'efforcent toujours de donner l'avantage au droit privé sur le droit public ; c'est au contraire le devoir des juges de faire triompher le droit public du droit privé. Par là la politique, qui est la philosophie du droit, sera de nouveau unie à la jurisprudence ; les lois en paraîtront plus graves et plus saintes ; on verra fleurir l'éloquence qui convient à la monarchie, l'éloquence supérieure à celle des orateurs de nos jours autant que le droit public l'emporte sur le droit privé en gravité, en importance, en majesté.

Après ces développements sur l'étude de la jurisprudence, Vico indique les derniers inconvénients que lui présente le système d'études des modernes. Les principaux se trouvent précisément dans les deux choses qui assurent notre supériorité sur les anciens, la multiplicité des modèles en tous genres, et la division du travail intellectuel. Ceux qui nous ont laissé les meilleurs modèles, n'en ont pas eu d'autres que la nature. Leurs imitateurs ne peuvent espérer de les surpasser, ni même de les égaler ; les premiers venus ont pris, chacun dans son genre, ce que la nature présentait de mieux. Si la sculpture a moins réussi chez les modernes que la peinture, ne serait-ce pas parce que nous avons conservé l'Hercule, l'Apollon, et tant d'autres statues antiques, tandis que nous avons perdu la Vénus d'Apelle et l'Ialysus de Protogène ? — L'imprimerie, du reste si utile, a eu l'inconvénient de multiplier indifféremment tous les livres, au lieu qu'auparavant on ne se donnait la peine de copier que les ouvrages excellents.

Pourquoi les anciens qui avaient, dans leurs gymnases, dans leurs thermes, dans leur champ de Mars, des espèces d'universités pour l'éducation du corps, n'en ont-ils pas aussi pour celle de l'âme? C'est que chez les Grecs un philosophe était à lui seul une université complète. Les Romains avaient encore moins besoin d'université, eux qui plaçaient la sagesse dans la seule jurisprudence, et qui apprenaient cette science dans la pratique des affaires publiques. Mais lorsque l'empire succéda à la république, et que la jurisprudence, dévoilant ses mystères, s'étendit et se compliqua par la multitude des écrivains, par la division des sectes, par la variété des opinions, on fonda des académies où elle était enseignée à Rome, à Béryte, à Constantinople. Combien n'avons-nous pas plus besoin encore des universités?... Dans les nôtres, chaque professeur enseigne la science dans laquelle il est le plus versé. Mais cet avantage entraîne avec lui un inconvénient : c'est la division, la scission des arts et des sciences, que la seule philosophie embrassait toutes autrefois, et qu'elle animait d'un même esprit. Les anciens philosophes présentaient une harmonie parfaite entre leurs mœurs, leur doctrine et leur manière de l'exposer. Socrate qui professait *ne rien savoir*, n'avançait rien lui-même, mais pressait les sophistes par une suite de questions, comme s'il eût voulu apprendre d'eux quelque chose; et c'était de leurs réponses qu'il tirait ses inductions. Les Stoïciens, qui faisaient de l'intelligence la règle du vrai, et prétendaient que le sage ne pense rien à la légère (*nihil opinari*), posaient d'abord des vérités incontestables, d'où ils descendaient par une chaîne de vérités secondaires jusqu'aux choses douteuses ; leur arme, c'était le sorite. Aristote, qui établissait le sens et l'intelligence pour juges du vrai, se servait du syllogisme ; il présentait les vérités sous une forme générale, pour en tirer avec certitude les choses spéciales qui étaient en question. Épicure enfin, qui rapportait aux sens la notion du vrai, n'accordait rien, ne demandait rien à ses adversaires, mais exposait les choses dans un style nu et simple. Mais aujourd'hui, nos élèves sont souvent exercés à la dialectique par un partisan d'Aristote, instruits dans la physique par un épicurien, dans la métaphysique par un cartésien. Ils apprennent la théorie de la médecine d'un disciple de Galien, la pratique d'un chimiste. Ils étudient les Institutes d'après Accurse, le Code d'après Alciat, les Pandectes d'après quelque autre jurisconsulte ; nul accord, nulle harmonie dans l'enseignement.

Il termine en s'excusant d'avoir entrepris de traiter un si vaste sujet. Professeur d'éloquence, il a été obligé de jeter un coup d'œil sur tous les arts, sur toutes les sciences. L'éloquence n'est autre chose que la sagesse qui parle d'une manière ornée, abondante et conforme au sens commun de l'humanité.

III. *Extrait d'un discours prononcé en 1707, et cité par l'auteur dans sa* Vie. — C'est la peine du péché : les hommes sont séparés de langue, d'intelligence et de cœur. De langue : elle nous manque souvent, souvent elle trahit les idées par lesquelles l'homme voudrait s'unir à l'homme. D'esprit : telle est la variété des opinions qui naissent de la diversité des goûts, des sens, des sentiments dans lesquels aucun homme ne s'accorde avec son semblable. De cœur : par suite de sa corruption, la conformité même des vices ne peut concilier les hommes entre eux. Le remède à notre corruption, c'est la vertu, la science et l'éloquence; elles seules peuvent ramener les hommes à un sentiment uniforme.

Voilà pour la fin des études. Si l'on cherche maintenant l'ordre que l'on y doit suivre, on trouvera que, comme les langues ont été le plus puissant moyen de rendre stable la société humaine, c'est par les langues que les études doivent commencer. En effet, elles demandent surtout de la mémoire, et la mémoire est la faculté principale des enfants. Cet âge, où le raisonnement est faible encore, ne se règle que par les exemples, et pour faire impression les exemples ont besoin de s'adresser à une imagination vive comme celle des enfants. Occupons-les donc de l'étude de l'histoire, tant véritable que fabuleuse. Leur âge est déjà raisonnable, mais il n'a point de sujet sur lequel il puisse raisonner. Qu'ils apprennent à bien diriger cette faculté dans l'étude de la géométrie, qui demande aussi de la mémoire; qu'ils épuisent dans ses abstractions cette faculté en quelque sorte *matérielle et concrète* de l'imagination, qui, plus tard, ayant acquis toute sa force, devient la mère de toutes nos erreurs et de toutes nos misères. Qu'ils s'appliquent à la physique, et contemplent dans cette science l'univers matériel, en s'aidant des mathématiques pour la connaissance du système du monde. Qu'ensuite, sortant des vastes idées matérielles de la physique, des abstractions délicates des nombres et des lignes, ils se préparent à recevoir de la métaphysique la notion de l'infini abstrait, la science de l'être et de l'unité absolue. La connaissance que les jeunes gens acquièrent alors de l'intelligence, tourne leur attention vers leur âme; ils la voient corrompue, et naturellement cherchent dans la morale le remède à cette corruption, parvenus qu'ils sont déjà à un âge où ils commencent à sentir combien les passions peuvent égarer l'homme. Mais ils trouvent la morale païenne impuissante à réprimer l'amour du moi, et comme ils ont éprouvé dans la métaphysique que l'on comprend mieux l'infini que le fini, l'esprit que le corps, Dieu que l'homme, ils se trouvent préparés à recevoir, avec un esprit humble la théologie révélée, d'où ils descendent à la morale chrétienne qui en dérive. C'est alors que leur âme, étant épurée en quelque sorte par ces études successives, ils peuvent être initiés à la jurisprudence chrétienne.

IV. Réponse à un article d'un journal d'Italie, où l'on attaquait le livre *De antiquissima Italorum sapientia*, etc. — ...Ce que les cartésiens appellent en général la méthode, n'en est qu'une seule espèce, la méthode géométrique. Mais il y a autant de méthodes diverses qu'il peut y avoir de sujets proposés. Au barreau règne la méthode oratoire, la poétique dans les fictions, l'historique dans l'histoire, la géométrique dans la géométrie, dans le raisonnement la dialectique. Si la méthode géométrique est, comme ils le veulent, la quatrième opération de l'esprit, alors, ou le discours public, la fable, l'histoire, doivent suivre cette méthode, ou bien il n'est point d'opération de l'esprit à laquelle on puisse ramener l'art de les ordonner, de les disposer, ou enfin les autres méthodes réclameront contre ce privilège, la méthode oratoire prétendra être la cinquième, la poétique la sixième, l'historique la septième ; puis viendront les méthodes propres à l'architecture, à la tactique, à la politique.

... Tout ce qui n'est ni nombre, ni mesure, ne peut être assujetti à la méthode géométrique. Cette méthode ne procède qu'après avoir préalablement défini les termes, établi ses axiomes, et fait agréer ses postulats. Cependant, en physique, il ne s'agit plus de définir les mots, mais les choses ; on n'avance aucune proposition qui ne soit contredite, et l'on ne peut faire aucune convention hypothétique avec l'inflexible nature.

Il me semble donc que c'est une affectation peu digne d'un philosophe, de dire : *D'après la définition 4, selon le postulat 2, en vertu de l'axiome 3,...* de conclure avec les lettres solennelles Q. E. D. (*quod est demonstratum*) ; et dans la réalité de n'obliger l'esprit à reconnaître aucune vérité, mais de le laisser dans la même liberté de penser tout ce qui lui plaît, où il se trouvait auparavant. La véritable méthode géométrique agit sans se faire remarquer ; lorsqu'elle fait tant de bruit, c'est signe qu'elle ne fait rien. Ainsi, dans un combat, le lâche crie sans frapper, l'homme de cœur se tait et porte des coups mortels. Ces charlatans, qui nous parlent tant de méthode dans les matières où la méthode ne peut forcer l'assentiment, et qui nous disent toujours, *Ceci est un axiome, cette proposition est démontrée*, me font l'effet d'un peintre qui mettrait sous les figures informes qu'il aurait tracées, *Ceci est un homme, un lion, un satyre.*

Avec la même méthode géométrique, Proclus démontre les principes de la physique d'Aristote; Descartes démontre les principes de la sienne, sinon opposés, au moins très différents. Voilà des deux côtés de grands géomètres; on ne dira pas qu'ils n'ont pas su appliquer les règles de cette méthode.

La philosophie n'a jamais servi qu'à rendre les peuples chez lesquels elle fleurissait, plus habiles et plus sages, à les rendre plus pénétrants, plus capables de réflexion; les mathématiques servent à leur faire aimer l'ordre, l'harmonie, à leur donner le goût du beau. Aux mathématiciens, il appartient de chercher le vrai; les philosophes doivent se contenter du probable; c'est une loi fondamentale dans la science. Tant que cette distinction fut observée, la Grèce communiqua au monde les principes des sciences et des arts, et présenta dans les arts et dans la politique tous les prodiges du génie humain. Enfin s'éleva la secte stoïque dont l'ambition, franchissant les anciennes limites de la philosophie, envahit le domaine des mathématiques avec cette orgueilleuse maxime : Le sage ne pense rien que de certain, *sapientem nihil opinari;* et la république des lettres cessa de produire rien d'utile. C'est alors que naquit la secte des sceptiques, la plus inutile à la société humaine. Tout opposée qu'elle est à celle des stoïciens, sa naissance n'en fait pas moins leur honte : les sceptiques ne se mirent à douter de tout que parce qu'ils voyaient les stoïciens affirmer comme le vrai les choses douteuses. Détruite par les barbares, la civilisation se releva en s'appuyant sur le principe indiqué plus haut. Les philosophes cherchèrent le probable, les mathématiciens le vrai, et l'on vit refleurir avec un nouvel éclat tous les arts, toutes les sciences qui font la gloire et la félicité de l'espèce humaine. Mais voilà que l'ordre naturel est troublé de nouveau, et que le probable envahit la place du vrai. Le mot de démonstration, donné légèrement à des raisonnements spécieux ou même manifestement faux, a détruit le saint respect de la vérité.

On voit déjà, et l'on verra mieux encore quels maux entraîne avec soi la manie de prendre le sens individuel pour règle du vrai; remarquons-en un seul ici. C'est qu'on a presque cessé de lire les philosophes anciens, sans songer que l'esprit le plus fécond ne laisse point de devenir stérile avec le temps, s'il n'est pour ainsi dire fertilisé par la lecture. Si l'on en lit encore quelqu'un, c'est dans une traduction. On regarde comme inutile l'étude des langues, sur l'autorité de Descartes. *Savoir le latin*, disait-il, *c'est en savoir autant que la servante de Cicéron*. Et il en pensait autant du grec. Cependant, n'est-ce pas par la lecture de leurs écrivains originaux que la plus grande nation, que la plus éclairée du monde, pouvaient nous communiquer leur esprit?

... Ils imaginent bien de nouvelles méthodes, mais ils ne font point de découvertes. Les faits, il les empruntent aux expérimentalistes, et les adaptent à leurs méthodes. La méthode ne peut rien faire trouver, que dans les choses où elle peut disposer les éléments ; c'est ce qui ne peut avoir lieu que dans les mathématiques, et qui est absolument impossible en physique.

Ce qui est encore pis, c'est qu'il s'est introduit un scepticisme fardé de vérité. Ils font des systèmes de chaque chose particulière, c'est-à-dire qu'il n'y a plus rien en quoi l'on s'accorde, rien à quoi l'on puisse ramener les choses particulières. Aristote remarque que c'est le défaut des esprits bornés de tirer de tout événement particulier des maximes générales pour la vie.

Sans doute nous devons beaucoup à Descartes, qui a établi le sens individuel pour règle du vrai ; c'était un esclavage trop avilissant que de faire tout reposer sur l'autorité. Nous lui devons beaucoup pour avoir voulu soumettre la pensée à la méthode ; l'ordre des scolastiques n'était qu'un désordre. Mais vouloir que le jugement de l'individu règne seul, vouloir tout assujettir à la méthode géométrique, c'est tomber dans l'excès opposé. Il serait temps désormais de prendre un moyen terme : de suivre le jugement individuel, mais avec les égards dus à l'autorité ; d'employer la méthode, mais une méthode diverse selon la nature des choses.

Autrement on s'apercevra trop tard que Descartes a fait comme ceux qui se sont frayé un chemin à la tyrannie en se déclarant les défenseurs de la liberté, et qui, une fois sûrs du pouvoir, ont fait peser sur le peuple une tyrannie plus insupportable que celle qu'ils avaient renversée. Il a fait négliger la lecture des autres philosophes en professant que par les seules lumières naturelles chaque homme peut savoir autant que les autres. Les jeunes gens se laissent facilement séduire à cette doctrine, parce qu'il est bien fatigant de tout lire, et qu'on aime à apprendre beaucoup de choses sous une forme abrégée. Mais Descartes lui-même, qui dissimule sa science avec tant de soin et d'habileté, était très versé dans les matières philosophiques, et l'un des mathématiciens les plus illustres du monde; il vivait caché dans une solitude profonde, et ce qui fait plus que tout le reste, il était doué d'un génie tel que chaque siècle n'en produit pas toujours. Un homme doué de tels avantages peut suivre son sens propre, mais tout autre le peut-il? Qu'ils lisent autant que l'a fait Descartes) Platon, Aristote, saint Augustin, Bacon et Galilée; qu'ils méditent autant que Descartes dans ses longues retraites, et le monde aura des philosophes comparables à Descartes. Mais avec la lecture de Descartes, et le secours de leurs lumières naturelles, ils ne pourront jamais l'égaler; Descartes aura établi sa domination sur eux, en suivant le conseil du machiavélisme : détruire ceux par lesquels on s'est élevé.

1726. — *Lettre de Vico au P. de Vitré de la compagnie de Jésus*, publiée en 1817 dans la première édition de la *Science nouvelle*, réimprimée par les soins de M. Salvator Gallotti. — Vous me demandez des nouvelles littéraires pour vos Pères de Trévoux. Je ne puis vous en donner qu'une de Naples, c'est qu'au jugement des personnes les plus sages, si la Providence, dont les voies sont incompréhensibles, n'y apporte un prompt remède, c'en est fait de la république des lettres. Qui peut songer sans indignation que, malgré l'importance de cette fameuse guerre de la succession d'Espagne, la plus grande peut-être depuis la seconde guerre punique, il ne s'est pas trouvé un souverain qui chargeât quelque plume habile de la consacrer à l'éternité en l'écrivant dans la langue latine, dans la langue de la religion et de la jurisprudence romaine, commune à toute l'Europe? Quelle preuve plus évidente que les princes, loin d'encourager les progrès des lettres, ne leur accordent aucune protection, lors même que l'intérêt de leur gloire le demande? En voulez-vous une autre preuve? Dans la Grèce du siècle, dans votre France, la célèbre bibliothèque du cardinal Dubois n'a pas trouvé un acheteur qui conservât dans son ensemble cette précieuse collection, et il a fallu la vendre divisée à des marchands hollandais.

Dans toutes les sciences le génie des Européens semble épuisé. Les études sévères des langues classiques ont été poussées à leur terme par les écrivains du quinzième siècle, et par les critiques du seizième. L'Église catholique, qui se repose avec raison sur son antiquité et sa perpétuité, ne recommande d'autre traduction de la Bible que la Vulgate, et cette préférence exclusive a assuré aux protestants la gloire des langues orientales. Dans les sciences théologiques, la polémique repose, la dogmatique ne demande plus rien. Les philosophes ont comme engourdi leur génie par la méthode cartésienne; ils s'en tiennent à *la perception claire et distincte*, et sans fatigue, sans dépense, ils y trouvent un équivalent à toutes les bibliothèques du monde. Aussi les systèmes de physique ne sont plus éprouvés par des observations et des expériences ; les sciences morales ne sont plus étudiées ; il suffit, dit-on, de la morale prescrite par l'Évangile. Les sciences politiques le sont encore moins ; c'est une opinion reçue qu'il ne faut qu'une heureuse facilité d'intelligence et de la présence d'esprit pour conduire les affaires avec avantage. Quant au droit romain, la Hollande seule produit sur cette matière quelques ouvrages, et encore sans importance. La médecine, dominée par le scepticisme, s'abstient d'écrire, de peur d'affirmer.

Tel fut le sort des Grecs du Bas-Empire. Leur sagesse finit par se perdre dans l'étude d'une métaphysique inutile et même nuisible à la société, et dans celle d'une géométrie étrangère aux applications de la mécanique. Chez nous, comme autrefois chez eux, il faut que les hommes de lettres, esclaves du goût de leur siècle, abrègent ce que les autres ont pensé, plutôt que de l'approfondir et d'aller au delà. Il faut qu'ils composent des dictionnaires, des bibliothèques, des résumés, comme faisaient au dernier âge de la littérature grecque les Bayle et les Moreri de Constantinople ; car on peut désigner ainsi les Photius, les Stobée et tant d'autres, avec leurs bibliothèques, leurs sylves, leurs choix ou églogues, qui répondent précisément aux résumés de notre époque.

1729. — *Lettre à D. Francesco Solla, publiée avec d'autres pièces inédites par M. Antonio Giordano, 1818, et dans le second volume des* Opuscules. — La foule des savants de nos jours se porte vers les études qu'on regarde comme les seules qui soient sérieuses et graves ; ce ne sont que méthodes, que règles critiques ; mais ces méthodes sont de telle nature, qu'elles divisent et dispersent pour ainsi dire les forces de l'entendement, faculté destinée par la nature à saisir l'ensemble de chaque chose. Or, pour embrasser l'ensemble d'une chose, notre âme doit la considérer sous tous les rapports qu'elle peut jamais avoir avec le reste de l'univers, et saisir du premier coup d'œil la liaison secrète qui existe entre cette chose et celles qui en sont le plus éloignées : en quoi consiste la puissance du génie, père de toutes les inventions. C'est au moyen de la topique que nous pouvons acquérir de cette manière la connaissance de la vérité ; et la topique est repoussée comme inutile par les philosophes du jour. Elle seule pourtant peut nous secourir dans les affaires pressantes qui ne permettent point de délibération ; et comme la perception est une opération antérieure à celle du jugement, seule elle peut nous préparer une critique qui, en proportion de sa certitude, est à la fois utile à la *science*, soit qu'il s'agisse d'expériences sur la nature, ou des inventions des arts ; utile à la *sagesse pratique*, pour former des conjectures sur le jugement des choses faites, ou sur la conduite des choses à faire ; utile enfin à l'*éloquence*, à laquelle elle fournit des preuves plus complètes et d'ingénieux rapprochements. Lorsque les savants ignoraient encore la nouvelle méthode, on a vu naître tout ce qu'il y a de grand et de merveilleux dans notre civilisation. Depuis, l'esprit humain semble stérilisé et frappé d'impuissance ; plus d'invention digne d'être remarquée.

Des deux critiques propres aux modernes, l'une est

la critique métaphysique, dont le point de départ est aussi le terme : à savoir, le scepticisme. Lorsque l'âme des jeunes gens est agitée par les orages des passions, et toute prête à céder à l'impulsion du vice, le scepticisme vient en quelque sorte étourdir leurs scrupules. En vain l'éducation domestique a commencé à pénétrer leurs âmes des préceptes du sens commun, que la sagesse philosophique aurait achevé d'y graver. Et quelle règle plus certaine pour la pratique que d'agir comme font les hommes d'un sens droit ? Le scepticisme qui met en doute la vérité, lien commun de tous les hommes, les dispose à céder au premier motif d'intérêt et de plaisir que le sens propre leur fournira ; et par là, de cet état de communauté sociale où nous vivons, il les rappelle à l'état solitaire, non plus à la solitude des animaux paisibles que leur instinct porte à vivre en troupeaux, mais à l'isolement des animaux féroces qui se tiennent chacun dans leur caverne. La sagesse philosophique des esprits éclairés qui devraient diriger la sagesse vulgaire des peuples, ne fait plus que les pousser plus fortement à leur perte et à leur ruine.

L'autre critique est celle des érudits, incapable de donner la sagesse à ceux qui la cultivent. Mais cette analyse vraiment divine des pensées humaines qui va écartant toutes celles qui n'ont point un enchaînement naturel, qui nous conduit par un étroit sentier de l'une à l'autre, et nous met en main le fil délié qui peut nous guider dans le labyrinthe du cœur de l'homme ; qui nous donne une certitude, différente à la vérité de celle des mathématiques, mais sans laquelle la politique ne peut conduire les hommes, ni l'éloquence les entraîner; cette critique qui nous fait juger de la conduite de l'homme d'après les circonstances où il est placé; cette critique qui porte la certitude dans la chose la plus incertaine, dans les actes de la liberté humaine, et qui par conséquent est si utile à l'homme d'État et au moraliste, elle a été admirablement saisie par les Grecs, mais aujourd'hui elle est entièrement abandonnée; il faudrait pour l'appliquer se livrer à une étude profonde des poëtes, des historiens, des orateurs et des langues grecque et latine. C'est surtout l'autorité de Descartes qui l'a fait abandonner; l'enthousiasme de sa méthode doit désormais tenir lieu de tout le reste. On veut en quelques moments, et avec le moins de fatigue possible, savoir un peu de tout. On ne voit plus que méthodes, qu'abrégés, on n'estime les livres qu'en proportion de la facilité; et pourtant la facilité est aussi propre à affaiblir l'esprit que la difficulté à le fortifier... Ce qui prouve combien ces méthodes mathématiques, transportées dans les autres sciences, ont peu réussi à inspirer l'amour de l'ordre, c'est que l'on s'est mis à faire des dictionnaires des sciences, que dis-je? des dictionnaires de mathématiques; cependant il n'y a point d'étude plus décousue que celle que l'on peut faire dans un dictionnaire... On néglige les langues, qui sont pourtant le véhicule de l'esprit des nations; nous nous approprions cet esprit par l'étude des langues. On réprouve l'étude de la langue latine, qui est celle du droit romain, celle de notre religion. On condamne la lecture des orateurs, qui seuls peuvent nous apprendre comment doit parler la sagesse; la lecture des historiens, en qui seuls les princes peuvent espérer de trouver des conseillers véridiques, exempts de crainte et d'adulation; enfin la lecture des poètes, sous prétexte qu'ils ne disent rien que des fables, et l'on ne réfléchit pas que les fables des grands poètes sont des vérités plus voisines du vrai idéal, c'est-à-dire de la pensée de Dieu, que ne peuvent l'être les vérités racontées par les historiens et souvent altérées par le caprice, par la nécessité, par le hasard; quel personnage historique offre un caractère aussi vrai du général d'armée que le Godefroi de la *Jérusalem?*

Comme si, en sortant des académies, les jeunes gens allaient trouver un monde tout géométrique et tout algébrique, on ne leur parle que d'évidence, de vérités démontrées, et l'on dédaigne le vraisemblable. Cependant le plus souvent le vraisemblable est aussi le vrai, puisque nous y trouvons une des règles du jugement les plus certaines, l'opinion de tous les hommes ou du plus grand nombre. Les politiques n'ont pas de règle plus sûre dans leurs délibérations, les généraux dans leurs entreprises, les orateurs et les juges dans les affaires du barreau, les médecins dans le traitement des maladies du corps, les casuistes dans le traitement de celles de l'âme; c'est enfin la règle sur la certitude de laquelle tout le monde se repose, dans les procès, dans les délibérations, dans les élections; tout s'y décide par l'unanimité, ou par la majorité.

Ce mépris du vraisemblable vient de l'enthousiasme qu'a inspiré le *criterium* du vrai indiqué par Descartes. Ce criterium, qui est la perception claire et distincte, est plus incertain que celui d'Épicure, si l'on n'a soin de le définir; en effet cette confiance dans l'évidence individuelle, que toute passion ne manque pas de produire, conduit aisément au scepticisme. Les sceptiques, méconnaissant les vérités qui naissent en nous, tiennent peu de compte de celles qu'il faut recueillir au dehors, pour arriver à la connaissance du vraisemblable, qui est fondé sur le sens commun, sur l'autorité du genre humain. C'est pour cela qu'ils désapprouvent les études nécessaires à l'acquisition de cette connaissance, celles de l'histoire, des langues, et de la littérature...

(Vico se plaint ensuite amèrement de l'accueil peu favorable que la *Science nouvelle* a trouvé dans le monde savant, et il termine cette lettre remarquable en faisant allusion à des persécutions plus dangereuses que celles des critiques, mais sur lesquelles il ne nous reste aucun détail.) — Vous êtes, dit-il à son protecteur, vous êtes du petit nombre des hommes éclairés qui, dans ce pays, soutiennent la *Science nouvelle* par l'autorité de leurs lumières, et sous la protection desquels l'auteur accablé par la fortune conserve encore la vie, la patrie et la liberté (*ed all' autor oppresso dalla fortuna difendono e la patria, e la vita, e la libertà*).

All' Abbate, poi monsignore Giuseppe Luigi Esperti Prelato domestico nella Corte di Roma, sans date. — Mon livre ne pouvait réussir, dit-il, il prend pour point de départ l'idée de la Providence, pour principe la justice innée au genre humain, et il rappelle les hommes à une sévérité qu'ils haïssent. De nos jours le monde flotte à travers les orages moraux qu'élève le hasard d'Épicure, ou se laisse lier et fixer par la nécessité cartésienne. Pour régler la fortune, pour modérer le pouvoir de la nécessité, il faudrait tous les efforts d'un sage éclectisme. Aussi les hommes n'y songent-ils point. Pour que les livres plaisent, il faut, comme les habits, qu'ils soient conformes à la mode ; et le mien explique l'homme social d'après ses caractères éternels... Ce serait un sujet digne d'occuper un homme bien au courant des affaires de la république des lettres, que *les causes secrètes et bizarres qui ont fait le succès des livres*. Gassendi trouva le public amolli par la lecture des romans, et comme énervé par une morale complaisante, et il s'entendit proclamer de son vivant le restaurateur de la philosophie, pour avoir fait du sens individuel le criterium du vrai, et placé le bonheur de l'homme dans les plaisirs du corps. — La morale chrétienne avait pris en France une rigidité particulière, en haine du probabilisme. Dans le nord voisin de la France et dans une grande partie de l'Allemagne, le sens individuel s'était fait lui-même la règle divine de toute croyance. Descartes saisit l'occasion de mettre à profit ses admirables talents et ses études profondes, et il nous donna une métaphysique soumise à la nécessité ; il établit pour règle du vrai l'idée qui nous vient de Dieu, sans jamais la définir ; ce qui fait qu'entre les cartésiens eux-mêmes l'*idée claire et distincte* pour l'un est souvent pour l'autre obscure et confuse. Par là Descartes obtint de son vivant le renom du plus grand des philosophes. C'est ce qui devait arriver dans un siècle de légèreté dédaigneuse où l'on veut paraître éclairé sans étude, et par un don de la nature. — L'Angleterre incertaine dans ses croyances religieuses, et dans un siècle aussi sévère en théorie que dissolu dans la pratique, a produit, et devait produire ce Locke qui entreprend d'adapter la métaphysique au goût du jour, et de marier l'épicuréisme et le platonisme.

Introduction de l'ouvrage intitutilé : *De l'unité du principe et de la fin du droit universel*. — Toute jurisprudence s'appuie sur la raison et sur l'autorité ; c'est au moyen de ces deux règles qu'elle approprie, qu'elle applique aux faits le droit établi. La raison a son principe dans la nécessité de la nature ; l'autorité, dans la volonté du législateur. La philosophie recherche les causes nécessaires des choses ; l'histoire est comme un témoin qui dépose des actes de la volonté. Ainsi la jurisprudence universelle se compose de trois parties, savoir : philosophie, histoire et, en outre, un art particulier d'approprier le droit aux faits.

Chez les Athéniens, c'étaient les philosophes qui enseignaient les principes du droit, conformément aux dogmes de leurs sectes particulières. Ils dissertaient sur la vertu, sur la justice, sur l'uniformité de principes qui caractérise le sage ; enfin, sur la législation et le gouvernement, c'est-à-dire sur ces parties de la philosophie qu'on appelle morale et politique, et qu'ils comprenaient sous le nom de *choses humaines*, par opposition à la partie de la philosophie qui traite de la nature de Dieu, et de l'intelligence de l'homme, des idées, etc.; notions qu'ils réunissaient sous le titre général de *choses divines*. De la connaissance des *choses divines* et des *choses humaines* résultait la *sagesse;* la sagesse, que Platon appelle *celle qui perfectionne et accomplit l'homme* (*hominis consummatrix*), parce qu'en effet elle donne à la partie intelligente et à la partie morale de l'homme la perfection qui leur est propre, la connaissance de la vérité et la pratique de la vertu ; la première conduit à la seconde ; réunies, elles constituent la *sagesse*.

Ceux que les Grecs appellent Πραγματικοί, praticiens ou légistes, connaissaient les lois, les jugements rendus, l'histoire de tout le droit athénien, et donnaient des renseignements à ceux qui leur en demandaient. Néanmoins la jurisprudence ne faisait point chez les Grecs un art, une profession particulière. La rhétorique en tenait lieu. Les orateurs plaidaient sans autre secours les causes de faits, qui sont les plus oratoires ; pour celles de droit, instruits par les philosophes sur les principes du droit, par les légistes ou praticiens sur les lois et jugements relatifs à chaque affaire, il les plaidaient en consultant surtout les règles de l'art oratoire, et songeaient moins à la vérité et à la justice qu'à l'intérêt particulier de chaque cause.

Il n'en fut pas de même chez les Romains. La magnanimité, résultat naturel de leurs mœurs, suppléait à la connaissance de la morale ; l'usage des affaires, qu'ils acquéraient dans l'exercice de tant de magistratures, compensait leur ignorance des théories politiques ; enfin, la religion tenait chez eux la place que la métaphysique occupait chez les Grecs. La jurisprudence était une doctrine mystérieuse, réservée aux seuls patriciens. Ils réunissaient la connaissance du droit et l'art de l'approprier, de l'appliquer à chaque cause, et le jurisconsulte romain était tout à la fois le philosophe, le légiste et l'orateur des Grecs.

Sous la république, peu de temps avant la première guerre punique, Tiberius Coruncanius commença à enseigner aux jeunes patriciens l'art d'interpréter le droit, et, avec le temps, la jurisprudence devint une science propre aux Romains. Étrangère à l'ambition oratoire, aux séductions de l'éloquence, non moins grave que la philosophie, elle s'attachait à appliquer avec précision les règles de droit aux intérêts particuliers. Aussi, les jurisconsultes furent appelés les *sages* de Rome (Pomponius, *Hist. du Droit*), et la jurisprudence est définie, dans Ulpien, par le mot *sagesse*. Mais alors la sagesse est prise dans un sens tout différent de celui qu'entendaient les Grecs : elle renferme les *choses divines*, c'est-à-dire les rites, les cérémonies religieuses, particulièrement la divination, et les *choses humaines*, c'est-à-dire toutes les choses profanes, soit publiques, soit privées ; en sorte que la jurisprudence est, chez les Romains, la connaissance de tout le droit établi, divin et humain ; de plus, la science du juste et de l'injuste, dans ce sens que le jurisconsulte sait appliquer le droit aux causes particulières.

Les jurisconsultes se sont encore approprié la science des étymologies, l'étude de la propriété des termes ; c'est là le véritable flambeau du *droit fondé sur l'autorité*... Cette étude, chez les Grecs, dépendait de la philosophie, et était guidée par la raison plutôt que par l'autorité. Platon, dans son *Cratyle*, traite des étymologies; Aristote fait de l'interprétation des mots une partie de la logique ; les stoïciens expliquaient souvent la nature des choses par des remarques sur les mots. Mais les grammairiens ont séparé cette science de la philosophie, et l'ont placée dans le domaine de l'autorité, en la considérant comme une histoire de mots; ils la possèdent maintenant par prescription. J'entends ici par *grammairiens* les critiques ou érudits ; c'est le sens de ce mot dans Quintilien. Les continuelles excursions que les grammairiens et les jurisconsultes sont obligés de faire sur leurs domaines respectifs, montrent assez que la science de la signification des mots appartient véritablement à la philosophie du droit.

Le droit civil est ainsi défini dans Ulpien : *Un droit qui ne s'écarte pas en tout du droit naturel des gens, qui ne s'en rapproche pas en tout, mais qui tantôt y ajoute, tantôt en retranche.* Dans les parties où il s'en rapproche, il n'est autre que le droit naturel; dans celles où il s'en éloigne, il est proprement *civil.*

Tirer les principes du droit naturel des écrits des jurisconsultes, c'est ce qu'on ne peut faire sans danger. Même sous l'empire où ils interprétaient les lois d'après les lumières de la raison naturelle, ils y portaient toujours l'esprit de la législation civile. Voilà ce qui explique pourquoi, au lieu de cette clarté qui entoure les principes des autres sciences, on ne trouve que difficultés et contradictions dans les définitions que donnent les jurisconsultes du droit naturel. Tirer les principes de ce droit de quelques doctrines de la philosophie des Grecs, c'est un pur jeu d'esprit. Jamais leurs philosophes ne parlèrent de la justice et des lois d'une manière qui pût s'appliquer à la législation d'Athènes. D'après cela, quand même cette législation aurait été, comme on le veut, transportée dans celle des Douze Tables, on ne peut en inférer que les principes du droit romain doivent être cherchés dans la doctrine de quelque philosophe grec.

Les contradictions que l'on trouve ici entre les jurisconsultes viennent de ce qu'ils ont jusqu'ici appuyé la jurisprudence sur deux principes distincts, la raison et l'autorité, comme si l'autorité naissait du caprice et n'était pas elle-même fondée sur la raison. De là est venu, en général, le divorce de la philologie et de la philosophie; les philosophes n'ont jamais cherché les raisons qui justifient l'autorité, et les philologues considèrent comme de simples faits historiques les doctrines des philosophes.

Les anciens interprètes du droit ne l'ont considéré que sous un aspect philosophique; la philologie était alors ignorée. Par leur habileté à chercher la nature du juste dans les espèces innombrables que les faits leur présentent, ils ont mérité l'éloge de Grotius : *Ils apprennent à faire de bonnes lois, lors même qu'ils en interprètent de mauvaises.*

Les interprètes modernes, tout au contraire, épris des charmes de la littérature, ont éprouvé une sorte d'horreur pour la philosophie. C'est que la philosophie de leur siècle restait étrangère à cette élégance de style dont ils faisaient l'objet de leur prédilection. Aussi leurs études philologiques ont dégagé l'histoire du droit romain de la rouille de la barbarie, l'ont replacée dans le jour de la vérité, mais n'en ont pas éclairé la philosophie.

Le seul Antoine Goveanus avait réuni l'étude de la philosophie et de la philologie ; mais il ne s'est point appliqué sérieusement à la jurisprudence. Grotius, plus grave, ne parle point du droit civil des Romains, il traite du droit des gens ; c'est le *jurisconsulte du genre humain*. Mais si l'on met ses principes à l'épreuve d'une analyse sévère, on trouve les raisonnements sur lesquels il les établit spécieux, mais peut-être loin d'être invincibles.

Aussi entendons-nous répéter encore ce problème de Carnéade : *Existe-t-il une justice au monde ?* Épicure, Machiavel, Hobbes, Spinoza et Bayle, plus récemment, disent toujours : *La mesure du droit, c'est l'utilité; il varie selon le temps et le lieu; — Ce sont les faibles qui veulent qu'il y ait une justice. — Dans le souverain pouvoir, la justice est toujours du parti de la force* (Tacite). De ces maximes, ils concluent que la crainte est le lien de la société humaine, que les lois sont une invention des puissants pour commander à la multitude ignorante.

Pour nous, nous établirons en principe que le droit, c'est la vérité éternelle, immuable en tout temps, en tout lieu. La science éternelle de la vérité est expliquée par la métaphysique, que l'on définit la *critique du vrai*. La métaphysique seule pourrait démontrer le droit de manière à nous ôter la malheureuse facilité d'examiner si le droit est juste. Elle nous donnerait les principes du droit, et concilierait ces principes d'une manière invariable. Nous y trouverions comme une règle éternelle, au moyen de laquelle nous pourrions mesurer combien le droit civil des Romains a ajouté au droit naturel des gens, combien il en a retranché, et ainsi les principes du premier se trouveraient éclaircis.

Ces réflexions m'avaient inspiré un ardent désir d'examiner si les principes de la jurisprudence pourraient être établis par la métaphysique de manière à former un heureux système de démonstrations. En feuilletant saint Augustin, je rencontrai (*Cité de Dieu*, livre IV, ch. xxxi) un passage de Varron dans lequel il dit que s'il eût eu le pouvoir de donner aux Romains les dieux qu'ils devaient adorer, il eût suivi l'idée, la FORMULE *prescrite par la nature elle-même;* il pensait sans doute à l'idée d'un Dieu unique, incorporel, infini. Ce mot fut pour moi un trait de lumière. Je compris que le droit naturel devait être la FORMULE, l'idée du vrai qui nous représente le vrai Dieu. Le vrai Dieu est le principe du vrai droit, de la véritable jurisprudence, comme il est celui de la véritable religion. N'est-ce pas pour cela que la jurisprudence chrétienne contenue dans les constitutions impériales commence par un titre sur la *très sainte Trinité et sur la foi catholique?* La jurisprudence est donc la connaissance véritable des choses divines et humaines. La métaphysique nous enseigne la critique du vrai, en nous donnant une notion véritable de Dieu et de l'homme. En conséquence, j'ai fait en sorte de tirer les principes de la jurisprudence, non des écrits des auteurs païens, mais de la véritable connaissance de la nature humaine, laquelle a son origine dans le vrai Dieu.

Après de longues et sérieuses méditations, j'ai enfin reconnu que les éléments de toute science divine et humaine étaient au nombre de trois : *connaître*, *vouloir*, *pouvoir*, dont le principe unique est l'intelligence ; l'instrument, et comme l'œil de l'intelligence, c'est la raison, à laquelle Dieu fournit la lumière de la vérité éternelle.

Certains de la réalité de ces trois éléments, comme de notre propre existence, développons-les par la pensée, cette seule chose dont nous ne pouvons douter dans le monde. Pour faciliter ce travail, nous diviserons tout le système en trois parties : I. Les principes de toutes les sciences dérivent de Dieu. II. Par les trois éléments dont nous avons parlé, la vérité éternelle, ou lumière divine, pénètre toutes les sciences, les enchaîne de la manière la plus étroite, forme entre elles d'innombrables rapports, et les fait toutes remonter à Dieu, qui en est la source et l'origine. III. Tout ce qu'on a jamais dit ou écrit sur les principes des connaissances divines et humaines est vrai, s'il se rapporte à ces règles infaillibles ; faux s'il s'en écarte, comme nous entreprendrons de le démontrer.

En conséquence, relativement à la connaissance des choses divines et humaines, je traiterai trois points : leur origine, leur retour, leur rapport de situation. Par leur origine, elles sortent toutes de Dieu ; par leur retour, elles remontent toutes vers Dieu ; par leur situation, elles existent toutes en Dieu ; sans Dieu, elles ne sont plus qu'illusion et faiblesse.

J'expliquerai préalablement le sens propre de deux mots : le *vrai* et le *certain* doivent être distingués aussi bien qu'on distingue ordinairement leurs contraires, le faux et le douteux. Le certain est aussi différent du vrai que le douteux l'est du faux. Si ces mots n'étaient pas distincts, beaucoup de vérités qui sont douteuses, seraient à la fois douteuses et certaines, et tant de choses que l'on croit véritables seraient à la fois fausses et vraies.

Ce qui fait le vrai, c'est la conformité de la pensée avec la réalité ; ce qui fait le certain, c'est une croyance exempte de doute. Cette conformité avec l'ordre réel des choses s'appelle et est en effet la raison ; si l'ordre des choses est éternel, la raison l'est aussi, et produit le vrai éternel ; si l'ordre des choses n'est point constant en tout temps, en tout lieu, il y aura dans les choses de la connaisance raison probable, dans celles de l'action raison vraisemblable. De même que le vrai résulte de la raison le certain s'appuie sur l'autorité, soit sur l'autorité de notre expérience personnelle (αὐτοψία), soit sur celle du témoignage des autres hommes, lequel est appelé particulièrement autorité ; de l'une ou de l'autre naît également la persuasion. Mais l'autorité elle-même dépend de la raison : car si le témoignage de nos sens ou des autres hommes n'est point faux, la persuasion sera véritable ; s'il est faux, la persuasion sera fausse également ; les préjugés se rapportent à ce dernier genre de persuasion.

Examinons maintenant si, en partant du principe (*la connaissance de l'Être suprême*) établi par la nouvelle jurisprudence à l'époque où les hommes méditaient avec le plus d'ardeur sur la nature divine ; examinons, dis-je, si nous pourrons commencer, conduire et achever une véritable *Encyclopédie*, c'est-à-dire, comme l'étymologie l'indique, un cercle complet de science (*disciplinam vere rotundam*), une science universelle qui ne présente aucune solution dans la continuité, dans la liaison de ses parties. A cette science répond la jurisprudence selon la définition d'Ulpien, et selon l'interprétation des érudits modernes (Budé). Une telle science doit donner au jurisconsulte romain une constance, une uniformité de principes et de conduite, que le sage des Grecs n'eut jamais au même degré, etc.

Le reste de l'ouvrage présente, au milieu de mille subtilités, un grand nombre d'idées ingénieuses : Page 25 : L'utilité est l'occasion, l'honnêteté (honestas) la cause du droit et de la société humaine. — Page 28 : La société naturelle qui unit les hommes est de deux genres, société ou communauté du vrai, communauté du juste. — P. 31 : Le *vrai* est le principe de tout droit naturel. Dans le langage du droit romain, *verum* se prend pour *æquum bonum*, ou *justum*. *Vere vivere* (Térence) pour vivre d'une manière conforme à la nature, c'est une locution vulgaire chez les Latins, et bien fondée en raison. — Page 43, 52, et *passim* : Possession, tutelle, liberté, voilà les trois éléments du droit politique, comme du droit naturel. De la première dérive la monarchie civile comme la monarchie domestique ; de la seconde et de la troisième, considérées comme états nécessaires à différentes époques de la civilisation, dérivent les gouvernements aristocratiques et les gouvernements populaires. — Page 49 : La raison d'une loi en fait la *vérité*. La vérité est la qualité propre et inséparable du droit *nécessaire ;* la certitude est celle du droit *volontaire* (*du droit où l'on considère la volonté du législateur plus que la justice absolue*); mais elle est fondée elle-même médiatement sur quelque vérité. Dans toutes les fictions légales, lorsqu'elles appartiennent au droit *volontaire*, il y a toujours quelque fondement de vérité. La jurisprudence civile semble quelquefois s'écarter du droit naturel dans l'intérêt de la société; mais en cela même elle y rentre sous quelque rapport. — Page 108 : L'ordre naturel des choses est comme l'esprit de la société; les lois n'en sont que la langue. Autant la pensée est plus vraie que la parole, autant l'ordre naturel des choses est plus raisonnable et plus constant que les lois. Le premier établi par Dieu même dicte toujours ce qui est juste; mais nous altérons nous-mêmes la vérité que Dieu montre à notre intelligence par cette sagesse des sens qui n'est que folie, et l'imperfection du langage empêche souvent la loi de correspondre à l'ordre éternel. — Page 161 : Les préteurs modéraient sans cesse par des fictions légales la rigueur de la loi civile. On pourrait donc dire avec vérité, que de même que le droit civil en général est une imitation du droit des gens (*imitatio et fabula*), le droit des préteurs était au fond le droit naturel sous l'image et le masque du droit civil (*sub juris civilis aliqua persona et imagine*).

DE CONSTANTIA JURISPRUDENTIS (c'est-à-dire de l'uniformité des principes qui caractérise le jurisconsulte, le sage, le philosophe-philologue). Chapitre xxxv de la seconde partie : « *Les Romains ont-ils emprunté quelque partie de la législation athénienne pour l'insérer dans les lois des Douze Tables?* Passons en revue les rapprochements de Samuel Petit, de Saumaise et de Godefroi, entre les lois d'Athènes et celles de Rome. Ire TABLE. *Si les deux parties s'accordent avant le jugement, le préteur ratifiera cet accord.* Une loi semblable de Solon ratifiait les accords, comme on le voit par le discours de Démosthène contre Panthenetus. Mais les Romains avaient-ils besoin d'apprendre de Solon ce que la raison naturelle enseigne à tout le monde ? Rien n'est plus conforme à la raison naturelle, disent elles-mêmes les lois romaines, que de maintenir les accords. — *Le coucher du soleil terminera les jugements et fermera les tribunaux.* Petit observe que, selon la loi d'Athènes, les arbitres siégeaient aussi jusqu'au soleil couchant. Qui ne sait que les Romains comme les Grecs donnaient tout le jour aux affaires sans interruption, et s'occupaient le soir des soins du corps ? — IIe TABLE. *On a le droit de tuer le voleur de jour qui se défend avec une arme, et le voleur de nuit même sans armes.* Même loi dans la législation de Solon (Démosthène contre Timocrate). Une loi semblable existait chez les Hébreux : il faudra donc conclure que Solon l'avait reçue des Hébreux, à une époque où les Grecs ignoraient l'existence des Hébreux, et même celle des empires assyriens, comme nous l'avons démontré. — VIIIe TABLE. *Les confréries et associations peuvent se donner des lois et règlements, pourvu qu'ils ne soient point contraires aux lois de l'État.* Solon fit la même défense, selon la remarque de Saumaise et de Petit. Mais quelle est la société assez grossière, assez barbare pour ne pas faire en sorte que les corporations soient utiles à l'État, loin de combattre l'intérêt public et de s'emparer du pouvoir ? — IXe TABLE. *Point de privi-*

lèges, point de lois particulières. Godefroi prétend que cette loi fut tirée de la législation de Solon, comme si au temps des décemvirs les Romains n'avaient pas appris à leurs dépens que les *privilèges*, ou lois particulières, sont funestes à la république, comme s'ils n'avaient pu se souvenir que Coriolan, sans les prières de sa femme et de sa mère, aurait détruit Rome, pour se venger de la *loi particulière* qui l'avait frappé. »

Peut-on faire venir du pays le plus civilisé du monde ces lois cruelles qui condamnent à mort le juge prévaricateur, qui précipitent le parjure (*de falsis saxo dejiciendis*) de la roche Tarpéienne, qui condamnent au feu l'incendiaire, au gibet celui qui pendant la nuit a coupé les fruits d'un champ, ces lois qui partagent entre les créanciers le corps du débiteur insolvable ? — Est-ce là l'humanité des lois de Solon ? — Reconnaît-on l'esprit athénien dans cette disposition par laquelle le malade appelé en jugement doit venir à cheval au tribunal du préteur? Sent-on le génie des arts qui caractérisait la Grèce dans la formule *ligni juncti*, qui rappelle l'époque où les hommes se construisaient encore des huttes ? — Mais il y a deux titres où l'on dit que les lois de Solon ont été simplement traduites par celles des Douze Tables. Le premier, *de jure sacro*, est mentionné par Cicéron au livre second des *Lois* : « Solon défendit par une loi le luxe des funérailles et les lamentations qui les accompagnaient ; nos décemvirs ont inséré cette loi *presque dans les mêmes termes* dans la X° TABLE ; la disposition relative aux trois robes de deuil, et presque tout le reste appartient à Solon. »

Ce passage indique seulement que les Romains

avaient adopté un genre de funérailles, non pas le même que celui des Athéniens, mais analogue; c'est ce que fait entendre Cicéron lui-même. Il n'y a donc pas à s'étonner si les décemvirs défendirent le luxe des funérailles, non pas dans les mêmes termes que Solon, mais *dans des termes à peu près semblables.* L'autre titre, *de jure prædiatorio*, était, selon Gaius, modelé sur une loi de Solon. Mais Godefroi lui-même montre ici l'ignorance de ceux qui ont transporté littéralement la loi de Solon dans les lois des décemvirs; et nous avons prouvé ailleurs que les Romains avaient tiré du droit des gens leur *jus prædiatorium*. — Mais, dira-t-on, Pline raconte que l'on éleva une statue à Hermodore dans la place des comices. Nous ne nions point l'existence d'Hermodore; nous accordons qu'il a pu *écrire*, rédiger quelques lois romaines (SCRIPSISSE *quasdam leges romanas*. Strabon. — *Fuisse decemviris legum ferendarum auctorem.* Pomponius); nous nions seulement qu'il ait *expliqué* aux Romains les lois de Solon. — Dans les fragments qui nous restent des Douze Tables, loin que nous trouvions rien qui ressemble aux lois d'Athènes, nous y voyons les institutions relatives aux mariages, à la puissance paternelle, toutes particulières aux Romains. Bien différent de celui d'Athènes, leur gouvernement est une aristocratie mixte, etc. — Il est curieux de voir combien les auteurs se partagent sur le lieu d'où les Romains tirèrent des lois étrangères. Tite-Live les fait venir d'Athènes et des autres villes de la Grèce; Denys d'Halicarnasse, des villes de la Grèce, excepté Sparte, et des colonies grecques d'Italie, tandis que Tribonien rapporte aux Spartiates l'origine du droit non écrit; Tacite, pour ne rien hasarder, dit qu'on rassembla les institutions les plus sages que l'on put trouver dans tous les pays (*accitis quæ usquam egregia*). — Ne pourrait-on pas dire que cette députation fut simulée par le sénat pour amuser le peuple, et que ce mensonge, appuyé sur une tradition de deux cent cinquante ans, a été transmis à la postérité par Tite-Live et Denys d'Halicarnasse, tous deux contemporains d'Auguste, car aucun historien antérieur, ni grec ni latin, n'en a fait mention? Denys est un Grec, un étranger, et Tite-Live déclare qu'il n'écrit l'histoire avec certitude que depuis le commencement de la seconde guerre punique. — Il semblerait, d'après l'éloge que Cicéron donne aux Douze Tables, qu'il ne croyait point cette législation dérivée de celle des Grecs. C'est ce passage célèbre du livre *De l'Orateur* où Cicéron parle ainsi sous le nom de Crassus : « Dussé-je révolter tout le monde, je dirai hardiment mon opinion : le petit livre des Douze Tables, source et principe de nos lois, me semble préférable à tous les livres des philosophes, et par son autorité imposante, et par son utilité... Vous trouverez, dans l'étude du droit, le noble plaisir, le juste orgueil de reconnaître la supériorité de nos ancêtres sur toutes les autres nations, en comparant nos lois avec celles de leur Lycurgue, de leur Dracon, de leur Solon. En effet, on a de la peine à se faire une idée de l'incroyable et ridicule désordre qui règne dans toutes les autres législations; et c'est ce que je ne cesse de répéter tous les jours dans nos entretiens, lorsque je veux prouver que les autres nations, et surtout les Grecs, n'approchèrent jamais de la sagesse des Romains. » (Cicéron, *De l'Orateur*, liv. Ier. Édition de M. Leclerc, t. III.)

Jugement sur Dante. (Opuscules, 2ᵉ vol.) — La *Divine Comédie* mérite d'être lue pour trois raisons : c'est l'histoire des temps barbares de l'Italie, la source des plus belles expressions du dialecte toscan, et le modèle de la poésie la plus sublime.

A l'époque où les nations commencent à se civiliser, et toutefois conservent encore l'esprit de franchise qu'ont ordinairement les barbares, par leur défaut de réflexion (la réflexion appliquée au mal est la mère unique du mensonge), alors, dis-je, les poètes ne chantent que des histoires véritables. Ainsi, dans la *Science nouvelle*, nous avons établi qu'Homère est le premier historien du paganisme. Ennius, qui a célébré les guerres puniques, a été incontestablement le premier historien des Romains. De même, notre Dante est le premier, ou l'un des premiers historiens de l'Italie. Dans la *Divine Comédie*, une seule chose est du poète : c'est d'avoir placé les morts selon leurs mérites, dans l'enfer, le purgatoire ou le paradis. Dante est l'Homère, ou, si l'on veut, l'Ennius du christianisme. Ses allégories répondent aux réflexions morales que l'on fait en lisant un historien, pour profiter des exemples d'autrui.

Si nous le considérons maintenant sous le rapport du langage, nous trouverons qu'on n'a pas expliqué d'une manière satisfaisante pourquoi il aurait emprunté des expressions à tous les dialectes de la langue italienne, comme on le croit communément.

Ce préjugé ne peut s'expliquer que d'une manière. Lorsque les savants du quinzième siècle se mirent à étudier la langue toscane telle qu'on l'avait parlée à Florence au treizième siècle, c'est-à-dire au siècle d'or de cette langue, ils remarquèrent dans la *Divine Comédie* une foule d'expressions qu'ils n'avaient point rencontrées chez les autres écrivains toscans. Retrouvant un grand nombre de ces expressions dans la bouche d'autres peuples italiens, ils crurent que Dante les avait recueillies chez ces peuples pour les placer dans son poëme. C'est précisément ce qui était arrivé à Homère, que tous les peuples de la Grèce revendiquèrent comme leur concitoyen, parce que chacun d'eux reconnaissait dans l'*Iliade* ou l'*Odyssée* les expressions particulières qui étaient encore en usage chez lui. Mais cette opinion est fausse pour deux raisons bien graves : la première, c'est qu'au treizième siècle Florence dut se servir, au moins en grande partie, des mêmes expressions que toutes les autres cités d'Italie; autrement la langue italienne n'eût pas été commune aux Florentins. La seconde, c'est que dans ces siècles malheureux où l'on ne trouvait point d'écrivain en langue vulgaire dans les autres cités d'Italie (et en effet il ne nous en est point parvenu), la vie de Dante n'aurait pas suffi à apprendre les langues vulgaires de tant de peuples, pour s'en servir avec facilité dans sa *Divine Comédie*. L'académie de la Crusca devrait envoyer par toute l'Italie une liste de ces mots, de ces expressions, et faire prendre des informations dans les classes inférieures des villes, et surtout chez les paysans qui conservent bien plus fidèlement les mœurs et le langage antiques que les nobles et les gens de cour; on verrait quels sont ceux qu'ils ont conservés, et dans quel sens ils les entendent; ce serait le moyen d'en avoir la véritable intelligence.

Enfin, Dante nous offre le modèle d'un poète sublime. Mais c'est le caractère naturel de la poésie sublime, de ne pouvoir être apprise par aucun art. Homère n'a pas eu de Longin avant lui, pour lui donner les règles du sublime. Pour puiser aux sources que nous indique Longin, il faut avoir reçu un don particulier du Ciel. De ces sources, voici les plus sacrées, les plus profondes : c'est cette hauteur d'âme, qui, n'aimant que la gloire et l'immortalité, foule aux pieds tout ce qu'admirent la cupidité, l'ambition, la mollesse du vulgaire ; c'est l'exercice des vertus publiques, de la magnanimité, de la justice ; ainsi, sans aucun art, et par le seul effet de l'éducation instituée par Lycurgue, les Spartiates, auxquels la loi défendait d'apprendre à lire, laissaient échapper journellement des mots si nobles, si sublimes, que les plus grands poètes s'honoreraient d'en trouver quelques-uns de semblables dans leurs épopées ou leurs tragédies. Mais ce qui explique particulièrement le caractère sublime de Dante, c'est que ce grand génie naquit à l'époque où la barbarie italienne subsistait encore dans son énergie. L'esprit humain est comme la terre qui, lorsqu'elle est restée plusieurs siècles sans culture, étonne par sa fécondité. Voilà pourquoi vers la fin des temps barbares, on vit naître à la fois un Dante dans le genre sublime, un Pétrarque dans le délicat, un Boccace dans le gracieux.

Nous rapprochons de ce jugement un passage d'une lettre où Vico traite le même sujet : — Vous aimez Dante, monsieur, et cela par l'instinct de votre sens poétique, sans que personne vous en ait conseillé la lecture. Tandis que les jeunes gens, par suite de cette humeur enjouée qui est dans le sang à cette heureuse époque de la vie, n'aiment que les fleurs, les grâces légères, les rapprochements ingénieux, vous goûtez avant l'âge, ce poète divin qui semble inculte et grossier à la délicatesse de nos contemporains, et dont l'harmonie sévère choque souvent une oreille efféminée. Dante naquit au milieu de la barbarie la plus farouche du moyen âge, lorsque Florence était ensanglantée par les factions des Blancs et des Noirs, qui, s'étendant avec celles des Guelfes et des Gibelins, embrasèrent toute l'Italie. Après la confusion des langues qui était résultée pendant plusieurs siècles de l'invasion des barbares, et dans laquelle les vainqueurs et les vaincus ne pouvaient s'entendre, au milieu de cette vie solitaire où les hommes nourrissaient des haines inextinguibles qu'ils léguaient à leurs descendants, les communications étaient rares et l'indigence du langage vulgaire dut longtemps forcer les hommes à s'exprimer par des gestes ou d'autres signes matériels. L'Église seule conserva une langue régulière, celle d'Occident dans le latin, celle d'Orient dans le grec... (*D'après les principes de la* Science nouvelle, *il conclut de cette indigence du langage que les poètes durent précéder les prosateurs.*) Voulons-nous nous assurer que telle a dû être l'origine de la poésie? interrogeons le sentiment aussi bien que la réflexion, et songeons que maintenant encore, dans cette abondance du langage vulgaire où nous sommes nés, dès qu'on met son esprit dans les entraves du vers et de la rime, la difficulté de s'exprimer rend le langage poétique ; plus le génie se trouve ainsi resserré, mieux il jaillit en traits sublimes.

Dans sa *Divine Comédie* Dante fut inspiré par la colère. Il a déployé toute son imagination dans son *Enfer*, en chantant des colères implacables, telles que celle d'Achille, qui, à elle seule, remplit l'*Iliade*. Il s'y complait à décrire d'épouvantables tourments, précisément comme au temps où la Grèce était barbare et féroce, Homère peignit dans ses batailles tant d'images affreuses de blessures et de morts. Ce caractère atroce de leurs fables, qui excite la compassion des hommes civilisés, n'était qu'agréable à leurs auditeurs. Maintenant encore les Anglais, moins amollis par la délicatesse du siècle, aiment l'atrocité dans les tragédies; tel fut aussi sans doute, dans les commencements, le goût du théâtre grec, qui présentait aux spectateurs l'affreux repas de Thyeste, ou Médée mettant en pièces son frère ou ses fils.

Dans le *Purgatoire* où les peines les plus douloureuses sont endurées avec une inaltérable patience, dans le *Paradis* où les bienheureux goûtent une paix profonde et des joies infinies, nous admirons moins l'auteur de la *Divine Comédie*, habitués que nous sommes à la paix et à la douceur d'un âge civilisé; et c'est là qu'il est le plus admirable, pour s'être élevé à de telles conceptions dans un âge impatient de l'offense et de la douleur. Nous en dirons autant d'Homère. Nous estimons l'*Iliade* moins que le poème où il célèbre la patience héroïque d'Ulysse.

Discours prononcé en 1700.— Nous laissons ce passage et le suivant en latin, pour qu'on puisse juger de la vigueur avec laquelle Vico maniait cette langue, surtout comme langue du droit.

(Hostem hosti infensiorem quam stultum sibi esse neminem). — « Homo mortali corpore, ait Deus,
« æterno animo esto : ad duas res, verum et honestum,
« sive adeo mihi uni nascitor : mens verum, fal-
« sumque cognoscito : sensus menti ne imponunto :
« ratio vitæ auspicium, ductum, imperiumque habeto :
« cupiditates rationi ancillantor : ne mens de rebus ex
« opinione, sed sui conscia judicato : neve animus ex
« libidine, sed ratione bonum amplectitor : bonis
« animi artibus æternam sibi nominis claritudinem
« parato : virtute, et constantia humanam felicitatem
« indipiscitor : si quis stultus sive per luxum, sive
« per ignaviam, sive adeo per imprudentiam secus
« faxit, perduellionis reus sibi ipse bellum indicito. »
... Talibus stulti oppugnati armis, tanta vi debellati, quam amplissima, et pulcherrima privantur urbe? Ea nimirum, quam non aratro designati ambiunt muri ; sed *flammantia cœli mænia* circumdant : quæ non mutabili lege fundata est; sed æterno regitur jure : in qua non municipale sacrum, sed cœlum, sidereum Dei Opt. Max. templum, reseratur. Ejus urbis civitas non nisi Deo sapientibusque communis est : quando ejus juris communionem non principali beneficio, non liberis, non nave, non militia homines, sed sapientia consequuntur. Etenim (attendite, per vestram fidem) jus, quo hæc maxima civitas fundata est, divina ratio est, toti mundo, et partibus ejus inserta, quæ omnia permeans mundum continet, et tuetur. Hæc in Deo est, et sapientia divina dicitur; a solo sapiente cognoscitur, et sapientia humana appellatur. Quis igitur non,

quod olim Mutius, *Civis romanus sum*, sed, quod multo est grandius, magnificentiusque, *Mundi civis sum*, potest dicere, nisi solus sapiens, qui de rebus superis, inferisque, divinis, humanis, universis vera cogitare, et disserere sciat?

(1732. *De mente heroica*)... — Ne vos incautos iste sive invidus, sive ignavus circumveniat rumor : hoc beatissimo sæculo, quæ in re litteraria effecta dari unquam potuerant, jam omnia absoluta, consummata, perfecta esse, ut in ea nihil ultra desiderandum supersit. Falsus rumor est, qui a pusilli animi litteratis differtur. Mundus enim juvenescit adhuc; nam septingentis non ultra ab hinc annis, quorum tamen quadringentos barbaries percurrit, quot nova inventa? quot novæ artes, quot novæ scientiæ excogitatæ... Quo modo tam repente humani ingenii natura effœta est, ut alia inventa æque egregia sint desperanda? Ne despondeatis animum, generosi auditores; innumera restant adhuc, et forsan his, quæ numeravimus, majora et meliora. In magno enim naturæ sinu, in magno artium imperio ingentia humano generi profutura bona in media posita sunt, quæ hactenus jacent neglecta, quia hactenus ad ea mens heroica animum non advertit. *Magnus Alexander* in Ægyptum delatus uno suo magno oculorum obtutu isthmum vidit, qui Erythræum a mari Mediterraneo dividit, et qua Nilus in Mediterraneum effluit, et Africa Asiaque continentur; et dignum reputavit, ubi suo nomine urbem fundaret Alexandriam; quæ statim et Africæ, et Asiæ, et Europæ, totius Mediterranei maris, et Oceani, Indiarumque commerciis celebratissima fuit. Sub limis *Galilæus* Venerem corniculatam observavit, et de mundano systemate admiranda detexit. Observavit ingens *Cartesius* lapidis funda jacti motum, et novum systema physicum est meditatus. *Christophorus Columbus* ventum ab occidentali Oceano in os sibi adspirantem sensit; et eo Aristotelis argumento, ventos a terra gigni, alias ultra Oceanum esse terras conjecit, et novum terrarum orbem detexit. Magnus *Hugo Grotius*, unum illud Livii dictum *Sunt quædam pacis, et belli jura*, graviter advertit; ac *De jure belli et pacis* admirabiles libros edidit; a quibus si aliqua expunxeris, incomparabiles non immerito dixeris. Quibus illustribus argumentis, quibus exemplis amplissimis, adolescentes ad optima maxima nati, mente heroica, ac proinde magno animo litterarum studiis incumbite; integram sapientiam excolite, rationem humanam universam perficite : divinam fere vestrarum mentium celebrate naturam : æstuate deo, quo pleni estis : sublimi spiritu audite, legite, lucubrate : herculeas subite ærumnas; quibus exantlatis, ab vero Jove Opt. Max, vestrum divinum genus optimo jure probetis : atque adeo vos heroes asserite, aliis genus humanum ingentibus commodis ditaturi. Quæ amplissima in universam humanam societatem merita facili negocio et divitiæ, et opes, et honores, et potentia in hac vestra republica consequentur : quæ tamen si cessaverint, non manebitis : et cum Seneca, æquo animo, hoc est, non elato, si advenerint, excipietis; nec demisso, si abierint, resignabitis stultæ furentique fortunæ : et contenti eritis eo divino, et immortali beneficio, quod Deus Opt. Max., qui nobis, ut principio diximus, in universum genus humanum diligentiam jubet, vestrum aliquos præcipuos delegisset, per quos suam in terris gloriam explicarit.

De Parthenopea conjuratione nono Kalendas octobris anno MDCCI, a J. B. Vico, regio eloquentiæ professore conscripta. — A la mort de Charles II, l'empereur Léopold tenta de faire soulever les Napolitains en faveur de son plus jeune fils l'archiduc Charles. A cet effet il envoya à Rome Charles Sangrio et J. Caraffa pour s'entendre avec quelques nobles napolitains réfugiés dans cette ville. Mais Caraffa se laissa gagner par l'ambassadeur d'Espagne; Sangrio, renonçant à ses desseins, retourna en Autriche. Toutefois, avant de quitter Rome, il fit part à Jérôme et Joseph Capece de ses anciens projets; Joseph Capece, homme plein de courage et d'audace, haïssait mortellement les Espagnols. Il avait été longtemps enfermé en punition d'un meurtre qu'il avait commis en présence même du viceroi, et dans sa prison il avait appris l'allemand; il partait pour la Belgique quand les ouvertures de Sangrio le firent retourner à Naples. Ces nobles essayèrent de soulever, par la promesse de l'abolition des dîmes, la populace de Naples, qui les soutint quelque temps, et finit par les abandonner.

Ce petit ouvrage manuscrit de Vico, dont nous devons la communication à l'obligeance de M. Ballanche, présente moins d'intérêt que n'en promet le nom de l'auteur. C'est une laborieuse imitation des formes oratoires de Tite-Live. Nulle émotion patriotique.

Notæ in acta eruditorum Lipsiensia. — On rendit compte de la manière suivante de la *Scienza nuova* dans les *Acta eruditorum* de Leipsick (août 1727) :

« Il a paru à Naples un livre intitulé : *Principj d'una Scienza nuova*, in-8°. Quoique l'auteur cache son nom aux érudits, cependant nous avons su, par un Italien de nos amis que c'est un abbé napolitain, appelé Vico. L'auteur a mis en avant dans ce livre un nouveau système de droit naturel, ou plutôt une fiction tirée de principes tout différents de ceux que les philosophes ont admis jusqu'à ce jour, et plus accommodée à l'esprit de l'Église romaine. Il a pris beaucoup de peine pour combattre les doctrines de Grotius et de Puffendorf; cependant il donne plus à son imagination qu'à la vérité; il succombe sous la masse des hypothèses qu'il entasse. Aussi a-t-il été reçu des Italiens même avec plus de froideur que d'applaudissements. »

Vico publia deux ans après une réponse à cet article, intitulée : *Notæ in acta eruditorum Lipsiensia*, avec cette épigraphe tirée de Tacite : *Quibus unus metus si intelligere viderentur*. Il traite le critique anonyme, qu'il désigne ailleurs comme un Italien, du nom de *vagabond inconnu* (ignotus erro).

« Le sujet propre de la *Scienza nuova*, qui est la nature des nations, est laissé dans un *vaste silence*... Ce n'est pas le Droit naturel qui est le premier sujet de cette science, comme le croit le critique, c'est la *Nature commune des nations;* d'où sort et se répand également chez tous les peuples une connaissance constante et universelle des choses divines et humaines; de là se découvre un nouveau système de droit naturel qui est *un des principaux corollaires de cette science.*

« Pourquoi dit-il que je m'écarte des principes reçus de tous les philosophes? Serait-ce que *Grotius* et *Puffendorf*, en y ajoutant *Selden*, lui paraissent les seuls philosophes du monde, parce qu'aucun d'eux n'est catholique romain? Est-ce pour faire entendre que je ne suis point philosophe? Si c'est là sa pensée, il montre qu'il sait bien que je ne suis pas professeur de philosophie, mais de philologie, d'éloquence, et qu'il croit, avec le vulgaire, que l'éloquence est chose toute séparée de la philosophie; ou bien encore il n'aura pas ouvert mon livre; car le but de ce livre c'est l'entreprise toute nouvelle de soumettre à la *philosophie* la *philologie*, la connaissance de toutes les choses qui dépendent du libre arbitre, telles que langues, mœurs, actes de la paix et de la guerre, et de réduire la philologie, par des principes sûrs de philosophie, à la forme déterminée d'une science. M'attaque-t-il parce que dans mon système j'appuie le droit monarchique d'arguments nouveaux pour les philosophes; ou parce que j'ai fondé mon système sur le principe de la divine Providence? C'est ce que n'a pas fait Grotius, lui qui dit hautement que lors même qu'on supprimerait toute connaissance de Dieu, son système n'en subsisterait pas moins. Puffendorf reconnait la Providence, mais avec l'hypothèse épicurienne d'un homme jeté dans ce monde sans aucune assistance divine. Accusé sur ce point par des hommes aussi doctes que pieux, il fut obligé de plaider sa cause dans une dissertation spéciale. Moi, je joins au dogme de la divine Providence cet autre principe que l'homme a le libre choix du bien et du mal; principes de philosophie sans lesquels il est impossible de parler de justice et de loi. Si c'est pour cela que *mon censeur* dit que je suis sorti de la route ordinaire des philosophes, Platon, qui établit toujours dans ses doctrines la divine Providence et revendique pour l'homme le libre arbitre, Platon, ce philosophe divin, sera, par une licence qui approche du délire, rayé de la liste des philosophes.

« Que s'il en est ainsi, le censeur se trahit lui-même. Tout autre qu'un protestant ne ferait pas un reproche à notre système d'être *accommodé à l'esprit de l'Église romaine;* ce ne peut être qu'un disciple de Luther ou de Calvin, qui introduit les idées stoïciennes et le *fatum* dans la philosophie chrétienne et qui veut que dans le serf-arbitre de l'homme la nécessité domine et opprime tout... — Et pourquoi n'accommoderais-je pas mon système à cette Église qui montre au doigt la vérité à ceux qui professent sa croyance ? Elle m'a aidé à fonder un système accommodé à tout le genre humain; car elle m'a enseigné deux dogmes, celui de la divine Providence et celui du libre arbitre, que reconnaît tout le genre humain. Mais il est interdit aux sectateurs de Luther ou de Calvin de prendre la parole contre ces vérités. C'est ce qui arriva une fois à Théodore de Bèze en Suisse, où il remplaça Calvin. Comme il avait prononcé un discours qui faisait perdre le cœur à tous ses auditeurs pour toute œuvre chrétienne, les magistrats défendirent de prêcher à l'avenir contre ces dogmes catholiques.

« Pourquoi n'a-t-il pas nommé Selden, le troisième des principaux auteurs qui aient traité de ces matières, lui

dont je combats aussi les doctrines et les principes?...
Je comprends. Selden ne lui semble pas philosophe, parce que d'après le saint livre de la Genèse il suppose une Providence. Pour lui, Cicéron non plus ne sera pas philosophe, puisqu'il déclare qu'il ne peut parler sur les Lois avec Atticus, si celui-ci ne lui accorde que le sens commun persuade au genre humain que tout nous est dispensé avec justice par la Providence. Que Grotius voie, après un tel aveu de Cicéron, si son système peut subsister indépendamment de toute connaissance de la divinité! Que les savants interprètes du droit romain voient s'ils ont raison d'appeler malgré elles les sectes stoïcienne et épicurienne à la jurisprudence romaine, lorsque cette jurisprudence définit le droit naturel des gens : le *droit établi par la Providence divine*.

« Comment ose-t-il donc déclarer une guerre impie à la Providence, en refusant de compter parmi les philosophes et Cicéron qui veut qu'on la considère d'après le sentiment unanime des nations comme un Dieu qui voit toutes les choses humaines, et Platon qui arrive par la raison à la définir l'ordre intelligent et libre de la nature. »

Vico termine cette violente réponse par les paroles suivantes, qui en expliquent l'amertume :

« Sache, lecteur impartial, que je languissais dans une étuve, atteint d'une maladie mortelle et rapide, et sous le coup d'un remède dangereux qui peut produire l'apoplexie chez les vieillards, lorsque j'ai écrit cet opuscule; sache de plus que depuis près de vingt ans j'avais dit adieu à tous les livres pour travailler selon mes faibles moyens à la science du droit naturel des gens; pour cette science je voulus m'ensevelir dans la profonde et vaste bibliothèque du sens universel de l'humanité, pour y fouilleter les plus antiques auteurs des nations qui ont précédé les écrivains de plus de mille ans. *Hobbes* a voulu en faire autant, lui qui se vantait auprès des lettrés, ses amis, d'avoir formé de cette manière sa doctrine du *Prince;* c'était, disait-il, dans ce trésor qu'il avait puisé sa philosophie. Il se trompait cependant, n'ayant pas tenu compte de la divine Providence, qui seule pouvait lui donner un flambeau pour parcourir ces sombres origines des choses humaines; il erre donc avec l'aveugle *hasard d'Épicure* dans la nuit ténébreuse de l'antiquité. Je combats dès l'abord ses doctrines et ses principes. »

Nous donnerons aussi un passage où Vico réfute ce reproche que lui avait adressé le critique : *ingenio magis indulget quam veritati.* Il soutient d'abord, en reproduisant des idées déjà exposées dans le *De antiquissima Italorum sapientia,* qu'on ne peut arriver à la vérité sans l'*ingenium* et sans l'*ingenii acumen.*

« ..... Aristote nous donne la raison pour laquelle nous prenons plaisir aux *acuta dicta;* c'est que l'âme qui, par sa nature, a faim et soif du vrai, apprend beaucoup de choses en un instant. Au contraire, les *arguta dicta* sont le produit d'une faible et pauvre imagination, qui ne fournit que les noms vides des choses ou de simples surfaces, et ne les recompose pas tout entières; ou encore qui présente tout à coup à l'esprit des choses absurdes et ineptes, lorsqu'il n'attendait rien que de raisonnable et de convenable.

Il est alors joué et déçu dans son attente; les fibres du cerveau, préparées à recevoir quelque chose de convenable et de juste, se troublent et se confondent, et elles propagent ce mouvement tumultueux dans toutes les ramifications des nerfs; mouvement qui ébranle tout le corps et fait sortir l'homme de son assiette ordinaire. De là vient que les bêtes ne rient point, parce que leur sens est tout particulier et singulier, et que par conséquent elles ne peuvent porter leur attention que sur des objets isolés et singuliers, dont chacun est chassé et détruit par le premier qui vient se présenter. D'où l'on peut faire voir clairement que, par cela seul que la nature a refusé aux bêtes le sens du rire, elles sont privées de toute raison. C'est uniquement ceci qui constitue, chez le rieur, ce sentiment secret dont il ne se rend pas compte lorsqu'il accueille par le rire des choses sérieuses ; il lui semble qu'alors il se sent homme. Mais le rire ne vient que de la faible nature de l'homme :

..... Decipimur specie recti.

Car d'après la nature du rire, telle que nous l'avons expliquée, ceux qui rient tiennent comme le milieu entre les hommes sérieux et graves, et les bêtes brutes. Je parle ici de ceux qui rient à tout propos et qu'on appelle *rieurs*, comme aussi de ceux qui excitent les autres à rire, et que l'on nomme railleurs (*derisores*). Les gens sérieux ne rient point, parce qu'ils considèrent mûrement une chose, et ne se laissent pas détourner par une autre; les bêtes ne rient point, parce qu'elles ne font aussi attention qu'à une chose; dès qu'une autre vient les toucher, elles s'y tournent tout entières. Au contraire, les rieurs ne considérant que légèrement une chose, s'en laissent facilement détourner par une autre. Les railleurs sont ceux qui s'éloignent le plus des hommes graves, et sont le plus rapprochés des bêtes, puisqu'ils défigurent l'apparence du vrai, et non seulement la défigurent, mais la bouleversent, par une violence qu'ils se font à eux-mêmes et à leur intelligence et à la vérité; c'est de cela que parle le parasite Gnathon de la comédie :

..... *Postremo imperavi egomet mihi*
Omnia attentari.

Ce qui est un en soi, ils le détournent et le plient à une autre chose ; c'est une vérité que les poètes ont déposée dans leurs fables; pour nous montrer que de telles gens sont comme intermédiaires entre l'homme et la bête, ils ont imaginé leurs satyres rieurs. La nature perverse des railleurs les laisse toujours pauvres du vrai divin, elle leur ferme toujours les trésors de la vérité ; et lorsqu'ils s'applaudissent de leurs dérisions sur les choses sérieuses, alors s'applique à eux le mot de la sagesse divine : *Si sapiens fueris; tibi ipse fueris; si derisor, tu solus damnum portabis.*

Cette explication de la nature du rire nous fait voir pourquoi les personnages ridicules dans les comédies nous causent un plus vif plaisir lorsqu'ils font sérieusement leurs sottises, et pourquoi la plaisanterie est souvent si froide, quand c'est en riant qu'on veut faire rire les spectateurs. Et certes jamais une farce n'est plus plaisante que lorsque les mimes imitent, par leur physionomie, leur démarche et leurs gestes, des hommes sérieux et graves, et les livrent ainsi à la risée. Tout cela revient à dire enfin que le rire vient d'un piège qui est tendu à l'esprit humain, toujours avide du vrai, et il éclate d'autant plus que l'imitation de la vérité est plus parfaite. C'est de là que Cicéron dit, avec autant d'élégance que de vérité : *Risus sedem esse subturpe*.

DE
L'ANTIQUE SAGESSE DE L'ITALIE

RETROUVÉE

DANS LES ORIGINES DE LA LANGUE LATINE.

PRÉFACE

Tandis que je méditais les origines de la langue latine, j'en observai de si savantes dans un grand nombre d'expressions, qu'elles ne semblaient pas être le résultat de l'usage vulgaire, mais le signe de quelque doctrine intime et mystérieuse. Et certes, il est naturel, qu'une langue soit riche en locutions philosophiques, si la philosophie est en honneur chez la nation qui la parle. Je pourrais rappeler moi-même, que de notre temps, lorsque la philosophie d'Aristote et la médecine de Galien étaient à la mode, les hommes les moins lettrés n'avaient à la bouche qu'*horreur du vide*, *antipathies* et *sympathies naturelles*, les *quatre humeurs* et leurs *qualités*, et cent expressions de cette espèce; puis, lorsque prévalut la physique moderne et que la médecine fut traitée comme un art empirique, on n'entendait parler que de circulation du sang, de coagulation, de *drogues* utiles et nuisibles, de pression atmosphérique, etc. Avant l'empereur Adrien, les mots d'*ens*, être, *essentia*, essence, *substantia*, substance, *accidens*, accident, étaient inusités chez les Latins, parce qu'on ne connaissait pas la métaphysique d'Aristote. Depuis cette époque, elle attira l'attention des savants, et ces termes devinrent vulgaires. Ainsi, ayant remarqué que la langue latine abondait en locutions philosophiques, et, que d'un autre côté, l'histoire nous atteste que les anciens Romains, jusqu'au temps de Pyrrhus, ne songèrent qu'à l'agriculture et à la guerre, j'en induisais qu'ils avaient reçu ces termes de quelque autre nation éclairée, et qu'ils s'en servaient à l'aveugle. De ces nations éclairées dont ils auraient pu les recevoir, je n'en trouvais que deux, les Ioniens et les Étrusques. Quant à la science ionienne, il est inutile d'en parler longuement; l'on sait de quel éclat brilla l'école Italique. La science des Étrusques est attestée par leur profonde connaissance des cérémonies religieuses. Car la culture de la théologie civile annonce toujours la culture de la théologie naturelle; les rites sont toujours plus augustes là où l'on a conçu les idées les plus justes de la divinité; ainsi c'est dans le christiainisme que les cérémonies sont le plus saintes, parce que c'est là qu'on trouve la doctrine la plus pure sur la nature de Dieu. L'architecture des Étrusques, la plus simple que l'on connaisse, fournit une preuve très forte qu'ils devancèrent les Grecs dans la géométrie. Qu'une bonne et grande partie de la langue ionienne ait été importée chez les Latins, c'est ce dont témoignent les étymologies;

il est constant que les Romains reçurent de l'Étrurie les cérémonies du culte des dieux, et en même temps les formules sacrées et les paroles pontificales. Je crois donc pouvoir conclure avec assurance que c'est chez ces deux nations qu'il faut chercher l'origine des expressions philosophiques des Latins; et j'ai résolu de retrouver, dans les origines de la langue latine, la sagesse antique de l'Italie : travail que personne, autant que je sache, n'a encore entrepris, mais qui mérite peut-être d'avoir provoqué le regret de Bacon. Platon, dans le *Cratyle*, essaya de retrouver, par la même voie, la sagesse antique des Grecs. Ainsi ce qu'ont fait Varron dans ses *Origines;* Jules Scaliger, dans son *Traité des causes de la langue latine;* François Sanctius, dans la *Minerve*, et Gaspard Scioppius, dans les notes qu'il y a jointes; tout cela est très différent de notre entreprise. Ces savants se sont proposé de tirer de la philosophie dans laquelle ils étaient très versés, une explication des *causes* de la langue et de tout l'ensemble de son système : mais nous, sans nous assujettir aux opinions d'aucune école, nous rechercherons dans les origines mêmes des mots quelle a été la philosophie de l'Italie antique.

LIVRE PREMIER OU LIVRE MÉTAPHYSIQUE

Dédié au seigneur Paolo Matteo Doria.

Je veux traiter, dans ce livre, des locutions qui me donnent lieu de retrouver par conjecture les opinions des anciens sages de l'Italie sur la vérité première, sur Dieu et sur l'âme humaine. J'ai résolu de vous le dédier, seigneur Paolo Dória, ou plutôt de traiter ici, sous vos auspices, de la métaphysique, puisque, comme il convient à un philosophe si haut placé par son rang et par sa science, vous vous plaisez à ces hautes études, et que vous les cultivez avec autant de magnanimité que de sagesse. En effet, c'est une grande âme, celle qui, tout en admirant les pensées des autres philosophes, se confie encore plus en soi, et justifie cette confiance. D'autre part, c'est un signe de sagesse que d'avoir, seul de tous les modernes, appliqué la vérité première aux usages de la vie humaine, en la faisant descendre, d'une part à la mécanique, et de l'autre à la science politique. Vous formez un prince pur de tous les artifices dans lesquels Tacite et Machiavel avaient élevé le leur ; quoi de plus en harmonie avec la loi chrétienne, de plus désirable pour la prospérité de la chose publique ! Ce sont là vos titres à la reconnaissance de tout homme à qui arrivera la seule renommée de votre illustre nom. J'y joins ce dont je vous suis seul redevable : la faveur avec laquelle vous m'avez toujours accueilli, les encouragements que j'ai reçus de vous plus que de tout autre, pour les études dont il s'agit ici. L'année dernière, j'avais tenu chez vous, après souper, quelques discours où, m'appuyant sur les origines mêmes de la langue latine, je faisais voir la nature dans un mouvement qui entraînait chaque chose, *per vim cunei*, suivant le rayon vers le centre du mouvement, et, par une force contraire, la repoussant du centre à la circonférence ; je montrais que toutes choses naissent et meurent par une sorte de *systole* et de *diastole*. Alors, vous et d'autres savants de cette ville : Augustinus, Arianus, Hyacinthe de Christoforo et Nicolas Galitia, vous me donnâtes le conseil d'entreprendre cette démonstration par son principe, de sorte qu'elle apparût dans un ordre légitime et systématique. C'est pourquoi, entrant dans la voie des origines latines, j'ai élaboré cette métaphysique que je vous dédie à ce titre. Plus tard, je consacrerai à ces trois illustres personnages le fruit d'autres travaux, en témoignage de l'estime singulière que je leur porte.

CHAPITRE PREMIER

Du vrai et du fait.

Les mots *verum* et *factum*, le *vrai* et le *fait*, se mettent l'un pour l'autre chez les Latins, ou, comme dit l'école, se convertissent entre eux. Pour les Latins, *intelligere*, comprendre, est même chose que lire clairement et connaître avec évidence. Ils appelaient *cogitare* ce qui se dit en Italien *pensare* et *andar raccogliendo; ratio*, raison, désignait chez eux une collection d'éléments numériques, et ce don propre à l'homme qui le distingue des brutes et constitue sa supériorité; ils appelaient ordinairement l'homme un animal *qui participe à la raison (rationis particeps)*, et qui par conséquent ne la possède pas absolument. De même que les mots sont les signes des idées, les idées sont les signes et les représentations des choses. Ainsi comme lire, *legere*, c'est rassembler les éléments de l'écriture, dont se forment les mots, l'intelligence (*intelligere*) consiste à assembler tous les éléments d'une chose, d'où ressort l'idée parfaite. On peut donc conjecturer que les anciens Italiens admettaient la doctrine suivante sur le vrai : Le vrai est le fait même, et par conséquent Dieu est la vérité première, parce qu'il est le premier *faiseur (factor)*; la vérité infinie, parce qu'il a fait toutes choses; la vérité absolue, puisqu'il représente tous les éléments des choses, tant externes qu'internes, car il les contient. Savoir, c'est assembler les éléments des choses, d'où il suit que la pensée (*cogitatio*) est propre à l'esprit humain, et l'intelligence à l'esprit divin; car Dieu réunit tous les éléments des choses, tant externes qu'internes, puisqu'il les contient et que c'est lui qui les dispose; tandis que l'esprit humain, limité comme il l'est, et en dehors de tout ce qui n'est pas lui-même, peut rapprocher les points extrêmes, mais ne peut jamais tout réunir, en sorte qu'il peut bien penser sur les choses mais non les *comprendre;* voilà pourquoi il participe à la raison, mais ne la possède pas. Pour éclaircir ces idées par une comparaison, le vrai divin est une image solide des choses, comme une figure plastique ; le vrai humain est une image plane et sans profondeur, et telle qu'une peinture. Et de même que le vrai divin est parce que Dieu, dans l'acte même de sa connaissance, dispose et produit, de même le vrai humain est pour les choses où l'homme, dans la connaissance, dispose et crée pareillement. Ainsi la science est la connaissance de la manière dont la chose se fait, connaissance dans laquelle l'esprit fait lui-même l'objet, puisqu'il en recompose les éléments ; l'objet est un solide relativement à Dieu qui comprend toutes choses, une surface pour l'homme qui ne comprend que les dehors. Ces points établis, pour les faire accorder plus aisément avec notre religion, il faut savoir que les anciens philosophes de l'Italie identifiaient le vrai et le fait, parce qu'ils croyaient le monde éternel ; par suite les philosophes païens honorèrent un Dieu qui agissait toujours *du dehors*, ce que rejette notre théologie. C'est pourquoi dans notre religion où nous professons que le monde a été créé de rien dans le temps, il est nécessaire d'établir une distinction, en identifiant le vrai créé avec le *fait*, et le vrai incréé avec l'*engendré* (genito). Ainsi l'Écriture sainte, avec une élégance vraiment divine, appelle *verbe* la sagesse de Dieu, qui contient en soi les idées de toutes choses et les éléments des idées elles-mêmes ; dans ce verbe le vrai est la compréhension même de tous les éléments de cet univers, laquelle pourrait former des mondes infinis ; c'est de ces éléments connus et contenus dans la toute-puissance divine que se forme le verbe réel, absolu, connu de toute éternité par le Père, et engendré par lui de toute éternité.

§ I. — De l'origine et de la vérité des sciences.

De ces idées des anciens sages de l'Italie touchant le vrai, et de la distinction qu'établit notre religion entre le *fait* et l'*engendré*, nous tirons d'abord cette conséquence, que si la parfaite vérité est en Dieu seul, nous devons tenir pour complètement vrai ce qui nous est révélé de Dieu, et ne pas chercher comment peut être vrai ce que nous ne pouvons comprendre en aucune manière. Ensuite nous pouvons remonter à l'origine des sciences humaines et enfin obtenir une règle pour reconnaître celles qui sont vraies. Dieu sait tout, parce qu'il contient en soi les éléments dont il fait toutes choses; l'homme les divise pour les savoir; aussi la science humaine est comme une anatomie des ouvrages de la nature. En effet, si nous voulons prendre des exemples, elle a partagé l'homme en corps et âme, et l'âme en intelligence et volonté; elle a distingué du corps, ou, comme on dit, abstrait la figure et le mouvement, et de ces propriétés comme de toutes choses, elle a tiré l'être et l'un. La métaphysique considère l'être, l'arithmétique l'un et sa multiplication, la géométrie la figure et ses dimensions, la mécanique le mouvement du dehors, la physique le mouvement qui part du centre, la médecine étudie le corps, la logique, la raison, la morale, la volonté. Il est arrivé de cette anatomie des sciences comme de celle qui s'exerce journellement sur le corps humain : les anatomistes difficiles à contenter conservent bien des doutes sur la situation, la structure et les fonctions des parties, et craignent que la mort solidifiant les liquides, interrompant le mouvement, que le scalpel altérant ce qu'il divise, le véritable état des organes ne soit plus observable non plus que leurs fonctions. Cet être, cette unité, cette figure, ce mouvement, ce corps, cette intelligence, cette volonté, sont autres en Dieu où ils ne font qu'un, autres dans l'homme où ils sont divisés. Ils vivent en Dieu, et dans l'homme ils sont morts. Car si Dieu est éminemment toutes choses, comme parlent les théologiens chrétiens, et si la génération et la corruption perpétuelle des êtres ne le changent en rien, puisqu'elles ne l'augmentent ni ne le diminuent, les êtres finis et créés sont des modifications et des dispositions de l'être infini et éternel, en sorte que Dieu seul est vraiment l'*être*, et que tout le reste est de l'*être* à proprement parler.

Aussi Platon, lorsqu'il parle de l'être d'une manière absolue, veut faire entendre la Divinité. Mais qu'est-il besoin du témoignage de Platon, quand Dieu s'est défini lui-même : *Je suis celui qui suis, celui qui est*, tout le reste n'étant rien auprès de lui. Nos ascètes, nos métaphysiciens chrétiens proclament de même que les plus grands d'entre nous, quelle que soit la cause de leur grandeur, ne sont rien devant Dieu. Et comme Dieu est la seule véritable unité, parce qu'il est infini et que l'infini ne peut se multiplier, l'unité créée s'anéantit devant lui; et le corps comme tout le reste, parce que l'immense ne souffre point de mesure; le mouvement, qui est déterminé par le lieu, périt avec le corps; car c'est le corps qui remplit le lieu ; notre raison humaine périt ; car, puisque Dieu a en lui-même les objets de sa pensée, et qu'il a tout présent, ce qui est en nous raisonnement est œuvre en Dieu ; enfin notre volonté fléchit ; mais comme Dieu ne se propose d'autre fin que lui-même, et comme il est parfaitement bon, sa volonté est irrésistible.

Nous trouvons la trace de ces opinions dans des locutions latines ; car le mot même *minuere* exprime à la fois diminution et division, pour dire que les choses divisées ne sont plus les mêmes qu'à l'état de composition, mais qu'elles sont amoindries, altérées, corrompues. Est-ce par cette raison que la méthode analytique, comme on l'appelle, qui procède par genres universaux et par syllogismes, et dont se servent les aristotéliciens, est convaincue d'impuissance ; que la méthode des nombres qu'enseigne l'algèbre est une méthode de divination ; que la méthode qui agit par le feu et la décomposition, celle de la chimie, est une méthode d'essai ? L'homme, marchant par ces voies à la découverte de la nature, s'aperçut enfin qu'il ne pouvait y atteindre, parce qu'il n'avait pas en lui les éléments dont les choses sont formées, et cela par suite des limites étroites de son esprit, pour qui toute chose est en dehors et au delà ; il sut alors utiliser ce défaut de son esprit, et par l'abstraction, comme on dit, il se créa deux éléments : un point qui pût se représenter, et une unité susceptible de multiplication. Deux fictions. Car le point, si on le figure, n'est plus un point, et l'unité qu'on multiplie n'est plus une unité. En outre, il partit de ces bases, comme il en avait le droit, pour aller jusqu'à l'infini, prolongeant les lignes dans l'immensité et poussant dans l'innombrable la multiplication de l'unité. De cette manière, il se construisit un monde de formes et de nombres qu'il pût embrasser tout entier. En prolongeant, divisant ou assemblant des lignes, en ajoutant, retranchant et combinant des nombres, il produit des choses infinies, parce qu'il connaît en lui-même des vérités infinies. Il faut de l'action, non pour les problèmes seuls, mais pour les théorèmes eux-mêmes, que l'on croit vulgairement appartenir à la contemplation pure. En effet, puisque l'esprit rassemble les éléments du vrai qu'il contemple, il est impossible qu'il ne fasse pas le vrai qu'il connaît. Or, comme le physicien ne peut définir les choses selon la vérité, c'est-à-dire assigner à chaque chose sa nature et la faire selon le vrai (ce qui est le privilège de Dieu), il définit les mots, et, à l'exemple de la divinité, il crée sans matière (comme Dieu crée de rien) le point, la ligne, la surface. Il désigne par le mot de point ce qui n'a pas de parties, par celui de ligne la marche et la trace du point, ou la longueur sans largeur et sans profondeur; il appelle surface la rencontre de deux différentes lignes, qui font une largeur accompagnée de longueur sans profondeur. Ainsi, comme il lui est refusé de saisir les éléments dont les choses tirent leur réalité, il se crée des éléments nominaux, d'où sortent les idées par une déduction inattaquable.

Cela n'a pas échappé aux sages auteurs de la langue latine; nous savons que les Romains disaient indifféremment *quæstio nominis* et *definitionis*, question de nom et de définition; ils pensaient chercher la définition lorsqu'ils cherchaient ce que le mot réveillait dans l'esprit de tous. On voit par là qu'il en a été de la science humaine comme de la chimie. De même que celle-ci, en poursuivant un but frivole, a enfanté, sans le vouloir, un art très utile à l'humanité, de même la curiosité humaine, en s'attachant à la recherche d'un vrai qui lui est interdit, a produit deux sciences très utiles à la société : l'arithmétique et la géométrie, qui lui ont donné à leur tour la mécanique, la mère de tous les arts nécessaires à l'espèce humaine. La science humaine est donc née du défaut de l'esprit humain, qui, dans son extrême limitation, reste en dehors de toutes choses, ne contient rien de ce qu'il veut connaître, et par conséquent ne peut faire la vérité à laquelle il aspire. Les sciences les plus certaines sont celles qui expient le vice de leur origine, et s'assimilent comme création à la science divine, c'est-à-dire celles où le vrai et le fait sont mutuellement convertibles.

De tout ce qui précède on peut conclure que le *criterium* du vrai, et la règle pour le reconnaître, c'est de l'avoir fait; par conséquent, l'idée claire et distincte que nous avons de notre esprit n'est pas un *criterium* du vrai, et elle n'est pas même un *criterium* de notre esprit; car en se connaissant, l'âme ne se fait point, et puisqu'elle ne se fait point, elle ne sait pas la manière dont elle se connaît. Comme la science humaine a pour base l'abstraction, les sciences sont d'autant moins certaines qu'elles sont plus engagées dans la matière corporelle. Ainsi la mécanique est moins certaine que la géométrie et l'arithmétique, parce qu'elle considère le mouvement, mais réalisé dans des machines; la physique est moins certaine que la mécanique, parce que la mécanique considère le mouvement externe des circonférences, et la physique le mouvement interne des centres. La morale est moins certaine encore que la physique, parce que celle-ci considère les mouvements internes des corps, qui ont leur origine dans la nature, laquelle est certaine et constante, tandis que la morale scrute les mouvements des âmes, qui se passent à de grandes profondeurs, et qui proviennent le plus souvent du caprice, lequel est infini. En outre, en physique, les théories sont reçues pour vérités, du moment qu'on peut faire quelque chose qui s'y rapporte. C'est pour cela que les théories sur la nature passent pour les plus importantes, et sont accueillies de tout le monde avec la plus grande faveur, si on y ajoute des expériences qui offrent une imitation de la nature.

Pour tout dire en un mot, le vrai est convertible avec le bon, si ce qui est connu comme vrai tient son être de l'esprit par lequel il est connu, et que la science humaine imite ainsi la science divine, par laquelle Dieu, en connaissant le vrai, l'engendre *à l'intérieur* dans l'éternité, et le fait *à l'extérieur* dans le temps. Quant au *criterium* du vrai, c'est pour Dieu de communiquer la bonté aux objets de sa pensée (*vidit Deus, quod essent bona*), de même c'est pour les hommes d'avoir fait le vrai qu'ils connaissent. Mais pour fortifier ces principes, il faut les assurer contre les attaques des dogmatiques et des sceptiques.

§ II. — De la vérité première selon les *Méditations* de René Descartes.

Les dogmatiques de notre temps révoquent en doute, avant d'entrer dans la métaphysique, toutes les vérités, non seulement celles qui sont relatives à la vie pratique, comme les vérités de la morale et de la mécanique, mais aussi les vérités physiques et même mathématiques. Ils enseignent que la seule métaphysique est celle qui nous donne une vérité indubitable, et que c'est de là que dérivent, comme de leur source, les vérités secondes par lesquelles se forment les autres sciences. Nulle de ces vérités qui appartiennent aux autres sciences ne peut se démontrer soi-même, et dans ces vérités secondes, autre chose est l'âme, autre chose le corps; elles ne savent rien avec certitude des sujets dont elles traitent. Ils estiment donc que la métaphysique donne aux autres sciences le fonds qui leur est propre. Aussi le grand *méditateur*[1] de cette philosophie veut que celui qui prétend être initié à ses mystères, se purifie avant d'approcher, non seulement des croyances apprises, ou, comme on dit, des préjugés que, depuis l'enfance, il a conçus par les sens, mais encore de toutes les vérités que les autres sciences lui ont enseignées; et puisqu'il n'est pas en notre pouvoir d'oublier, il faut que son esprit soit, sinon comme une table rase, au moins comme un livre fermé qu'il ouvrira à un séjour plus sûr. Ainsi la limite qui sépare les dogmatiques des sceptiques, ce sera la vérité première que doit nous découvrir la métaphysique de Descartes. Et voici comment ce grand philosophe nous l'enseigne. L'homme peut révoquer en doute s'il sent, s'il vit, s'il est étendu, et enfin s'il est : pour le prouver, il a recours à l'hypothèse d'un génie trompeur qui pour-

---

1. Allusion aux *Méditations* de Descartes.

rait nous décevoir, de même que dans les *Académiques* de Cicéron un stoïcien, pour prouver la même chose, a recours à une machine et suppose un songe envoyé par les dieux. Mais il est absolument impossible que personne n'ait conscience qu'il pense, et que de cette conscience il ne tire pas la certitude qu'il est. C'est pourquoi Descartes nous fait voir la vérité première dans ceci : *Je pense, donc je suis*. Remarquons que le Sosie de Plaute est ainsi amené par Mercure, qui avait pris sa forme, comme le génie trompeur de Descartes, ou le songe du stoïcien, à douter de sa propre existence, et ses méditations le conduisent également à acquiescer à cette vérité première :
« Certes, quand je l'envisage et que je reconnais ma
« figure, c'est comme il m'est arrivé souvent de
« regarder dans un miroir, il est bien semblable à
« moi ; même chapeau, même habit, tout pareil à moi ;
« jambe, pied, taille, cheveux, yeux, nez, dents,
« lèvres, mâchoires, menton, barbe, cou, tout en un
« mot ; si le dos est couvert de cicatrices, c'est la plus
« ressemblante des ressemblances ; mais pourtant
« quand je pense, je suis bien certainement comme
« j'ai toujours été. »

Mais le sceptique ne doute pas qu'il pense, il avoue même si bien la certitude de ce qui lui apparaît qu'il la défend par des chicanes ou des plaisanteries ; il ne doute pas qu'il soit, et c'est dans l'intérêt de son bien-être qu'il suspend son assentiment, de crainte d'ajouter aux maux de la réalité les maux de l'opinion. Mais s'il est certain de penser, il soutient que ce n'est que conscience et non pas science ; rien autre chose qu'une connaissance vulgaire qui appartient au plus ignorant, à un Sosie, et non pas ce vrai rare et exquis dont la découverte exige tant de méditations d'un si grand philosophe. Savoir, c'est connaître la manière, la forme selon laquelle une chose se fait ; or la conscience a pour objet ce dont nous ne pouvons démontrer la forme, si bien que dans la pratique de la vie, quand il s'agit de choses dont nous ne pouvons donner aucun signe, aucune preuve, nous donnons le témoignage de la conscience. Mais quoique le sceptique ait conscience qu'il pense, il ignore cependant les causes de la pensée, ou de quelle manière la pensée se fait ; et il professerait aujourd'hui cette ignorance plus hautement encore, puisque dans notre religion on professe la séparation de l'âme humaine de toute corporéité. De là, ces ronces et ces épines où s'embarrassent et dont se blessent mutuellement les plus subtils métaphysiciens de notre temps, quand ils cherchent à découvrir comment l'esprit humain agit sur le corps et le corps sur l'esprit, attendu qu'il ne peut y avoir contact qu'entre des corps. Ces difficultés les forcent de recourir (toujours *ex machina*) à une loi occulte de Dieu par laquelle les nerfs excitent la pensée lorsqu'ils sont mis en mouvement par les objets externes, et la pensée tend les nerfs lorsqu'il lui plaît d'agir. Ils imaginent donc l'âme humaine comme une araignée, immobile au centre de sa toile ; dès que le moindre fil s'ébranle, l'araignée le ressent ; dès que l'araignée, sans que la toile remue, pressent la tempête qui approche, elle met en mouvement tous les fils de la toile. Cette loi occulte, ils l'imaginent parce qu'ils ignorent la manière dont la pensée se fait : d'où le sceptique se confirmera dans sa croyance qu'il n'y a point de science de la pensée. Le dogmatique répliquera que le sceptique acquiert par la conscience de sa pensée la science de l'être, puisque de la conscience de la pensée naît la certitude inébranlable de l'existence. Et nul ne peut être certain qu'il est, s'il ne fait son être d'une chose dont il ne puisse douter. C'est pourquoi le sceptique n'est pas certain qu'il est, parce qu'il ne tire pas cela d'une chose absolument indubitable. Le sceptique répondra en niant que la conscience de la pensée puisse donner la science de l'être. Car il soutient que savoir, c'est connaître les causes dont une chose naît ; mais moi qui pense, je suis esprit et corps, et si la pensée était la cause qui me fait être, la pensée serait la cause du corps ; or le corps c'est ce qui ne pense point. Que dis-je ! c'est parce que je suis composé de corps et d'esprit, c'est pour cela que je pense, en sorte que c'est le corps et l'esprit réunis qui sont cause de la pensée ; si je n'étais rien que corps, je ne penserais pas ; si je n'étais qu'esprit, j'aurais l'intelligence proprement dite ; car la pensée n'est pas la cause qui fait que je suis esprit, ce n'en est que le signe ; or un signe n'est pas une cause ; car un brave sceptique ne nierait point la certitude des signes, mais il nierait celle des causes.

§ III. — Contre les sceptiques.

Le seul moyen de renverser le scepticisme, c'est que nous prenions pour *criterium* de la vérité : *On est sûr du vrai qu'on a fait soi-même.* Les sceptiques vont répétant toujours que les choses leur semblent, mais qu'ils ignorent ce qu'elles sont réellement; ils avouent les effets, et par conséquent ils accordent que ces effets ont leurs causes; mais ils nient de savoir les causes, parce qu'ils ignorent le genre ou la forme selon laquelle les choses se font. Admettez ces propositions, et rétorquez-les ainsi contre eux. Cette compréhension des causes, qui contient tous les genres ou toutes les formes sous lesquelles sont donnés tous les effets dont le sceptique confesse voir les apparences, mais dont il nie savoir l'essence réelle, cette compréhension des causes, c'est le premier vrai qui les comprend toutes, et où elles sont contenues jusqu'aux dernières, et puisqu'il les comprend toutes, il est infini et n'en exclut aucune; et puisqu'il les comprend toutes, il a la priorité sur le corps, qui n'est qu'un effet; par conséquent ce vrai est quelque chose de spirituel; autrement dit, c'est Dieu, le Dieu que nous confessons, nous autres chrétiens. C'est là le vrai sur lequel nous devons mesurer le vrai humain; puisque le vrai humain, c'est ce dont nous avons nous-mêmes ordonné les éléments, ce que nous contenons en nous, ce que nous pouvons, par la vertu de certains postulats, prolonger et poursuivre à l'infini. En ordonnant ces vérités, nous les connaissons et les faisons en même temps; voilà pourquoi nous possédons en ce cas le genre, ou la forme selon laquelle nous faisons.

CHAPITRE II

Des genres ou des idées.

Lorsque les Latins disent *genus*, ils entendent forme ; lorsqu'ils disent *species*, ils y attachent deux sens, celui d'*individu*, comme dit l'École, et celui d'apparence, *apparenza*. Quant aux genres, tous les philosophes pensent qu'ils sont infinis. Les anciens philosophes de l'Italie ont nécessairement dû croire que les genres sont des formes infinies, non pas en grandeur, mais en perfection, et que, comme infinis, ils ne résident qu'en Dieu ; mais que les espèces, ou choses particulières, sont des images de ces formes. Et si pour l'ancienne philosophie italique le vrai était la même chose que le fait, les genres ne devaient pas être pour elle les universaux de l'École, mais les formes mêmes. J'entends les formes métaphysiques, qui diffèrent autant des formes physiques que les formes plastiques diffèrent des formes séminales. La forme plastique, tandis qu'on forme quelque chose à son image, reste la même, et est toujours plus parfaite que ce qui est formé ; mais la forme séminale, en se développant chaque jour, change et se perfectionne ; en sorte que les formes physiques et séminales sont formées sur les formes métaphysiques et plastiques.

Qu'on doive considérer les genres comme infinis, non pas en étendue, mais en perfection, c'est ce qui ressort de la comparaison de ces deux sortes de genres. La géométrie, que l'on enseigne par une méthode synthétique, c'est-à-dire par des formes, est parfaitement certaine dans ses opérations et dans ses résultats : partant des propositions les plus simples pour s'avancer à l'infini sur la foi de ses axiomes, elle enseigne la manière de combiner les éléments dont se forme le vrai qu'elle démontre ; et si elle enseigne la manière de combiner les éléments, c'est que l'homme a en lui-même les éléments qu'elle enseigne. L'analyse, au contraire de la géométrie, quoiqu'elle donne un résultat certain, est cependant incertaine dans ses opérations, parce qu'elle part de l'infini, et descend de là aux choses les plus simples ; or, dans l'infini il n'est rien qu'on ne puisse trouver ; mais par quelle voie trouve-t-on, c'est ce qu'on ignore. Les arts qui enseignent le genre, ou la manière selon laquelle les choses se font, comme la peinture, la sculpture, la plastique, l'architecture, arrivent avec plus de certitude à leur fin que ceux qui n'enseignent pas ce genre et cette manière, comme sont tous les arts qui procèdent par conjecture, rhétorique, politique, médecine, etc. Les premiers enseignent leur méthode de création, parce qu'ils ont pour objet des prototypes que l'esprit humain contient en soi ; les seconds ne l'enseignent pas, parce que l'homme n'a pas en lui la forme des choses qu'il n'atteint que par conjecture. Et comme les formes sont indivisibles[1], il s'ensuit que plus les sciences ou les arts s'élèvent au-dessus des genres[2], plus ils confondent les formes, et que plus ils s'enflent et se font magnifiques, moins ils sont utiles. Voilà

---

1. Une ligne plus ou moins longue, plus ou moins large, plus ou moins profonde, déforme une figure au point d'en faire méconnaître l'identité.
2. Je ne parle pas de ceux de Platon, mais de ceux d'Aristote.

pourquoi la physique d'Aristote est aujourd'hui en mauvais renom comme trop *générale*, aujourd'hui que la physique tire de l'emploi du feu et des machines tant d'effets semblables aux ouvrages *particuliers* de la nature. De même, on ne considère pas comme jurisconsulte celui qui garde fidèlement dans sa mémoire le droit positif, ou l'ensemble et la généralité des règles, mais celui qui discerne dans les causes, avec un jugement pénétrant, les circonstances spéciales des faits, les cas d'exception où doit intervenir l'équité. Les meilleurs orateurs ne sont pas ceux qui divaguent à travers les lieux communs; ce sont, au jugement de Cicéron, et pour me servir de ses termes, ceux *qui hærent in propriis*. Les vrais historiens, ce ne sont pas ceux qui racontent les faits en gros en se bornant aux causes générales, mais ceux qui poursuivent les faits dans leurs dernières circonstances, et dévoilent les causes particulières. Dans les arts d'imitation, comme la peinture, la sculpture, la plastique, la poésie, la perfection c'est d'ajouter au type que l'on a pris dans la nature vulgaire, non pas de vulgaires circonstances, mais de nouvelles et de surprenantes; ou bien encore on emprunte le sujet à un autre artiste, pour l'embellir de traits nouveaux et plus poétiques, et de cette manière on le fait sien. Or, on peut imaginer ces archétypes comme meilleurs les uns que les autres; les platoniciens ont pu construire leur échelle d'idées, et remonter de degrés en degrés, par des idées de plus en plus parfaites, jusqu'au Dieu très bon, qui contient en soi les très bonnes. Enfin la sagesse elle-même n'est autre chose qu'un art du beau et convenable (*solertia decori*), un art par lequel le sage parle et agit de telle manière, dans toute occurrence, que rien autre, pris d'ailleurs, n'y conviendrait aussi bien. Le sage discipline en quelque sorte sa propre pensée par un long et fréquent usage de l'honnête et de l'utile, de manière à recevoir telles qu'elles sont en elles-mêmes, les images des choses qui se présentent à lui pour la première fois ; ainsi il est également prêt, selon l'occasion, à parler et agir en toutes choses avec dignité, son âme est toujours préparée contre toute terreur inattendue. Or ces choses nouvelles, surprenantes, inattendues, les genres et les universaux ne les font pas prévoir. A cela revient assez bien le langage des écoles qui appellent les genres *matière métaphysique*, si on entend par là que l'esprit devient par les genres comme un sujet sans forme qui en recevra d'autant plus aisément les formes spécifiques ; en effet, celui qui possède les genres, ou idées simples des choses, perçoit plus aisément les faits que celui qui s'est meublé l'esprit de formes particulières et qui s'en sert pour en juger d'autres également particulières ; une chose à forme déterminée ne peut guère s'appliquer à une autre pareillement déterminée. Aussi c'est une méthode dangereuse que de prendre des exemples pour règle de ses jugements ou de ses délibérations ; il n'arrive jamais ou presque jamais que les circonstances coïncident en tout point. Voici donc en quoi consiste la différence entre la matière physique et la matière métaphysique. Quelque forme que revête la matière physique, elle revêt toujours la meilleure possible, puisque, par le chemin qu'elle suit, c'était la seule qu'elle pût rencontrer. Mais pour la matière métaphysique, puisque les formes particulières sont toutes imparfaites, c'est comme genre et idée qu'elle contient la meilleure.

Nous avons vu les avantages des formes ; passons maintenant aux inconvénients des universaux.

Parler en termes très généraux, c'est le propre des enfants ou des barbares. Dans la jurisprudence c'est en suivant le droit positif même, c'est-à-dire l'autorité des règles, que l'on commet le plus d'erreurs. Dans la médecine, ceux qui vont droit en avant, en procédant par thèses, ont plus de souci de leur système que de leurs malades. Dans la pratique de la vie, en combien de fautes ne tombent pas ceux qui se font un système arrêté ? Notre langue a emprunté l'expression grecque pour désigner ces hommes : *thematici*. Toutes les erreurs en philosophie viennent de l'homonymie, ou, selon le terme vulgaire, de l'équivoque ; des équivoques, ce sont des noms communs à plusieurs choses ; mais sans le genre il n'y aurait pas d'équivoques : car les hommes ont une aversion naturelle pour l'homonymie. Dites à un enfant d'appeler Titius sans vous expliquer davantage, quoiqu'il y ait deux personnages de ce nom ; l'enfant par l'instinct de la nature qui cherche le particulier, demandera aussitôt : Lequel des deux Titius voulez-vous que j'appelle ? Aussi je ne sais en vérité si les genres n'ont pas été cause d'autant d'erreurs pour les philosophes que les sens l'ont été pour le vulgaire d'opinions fausses et de préjugés. Les genres, comme nous l'avons dit, confondent les formes, ou, comme on dit, rendent les idées confuses autant que les préjugés les obscurcissent. Toutes les disputes des écoles en philosophie, en médecine, en jurisprudence, toutes les contestations et les querelles dans la vie pratique, tout cela est sorti des genres, parce que des genres dérivent les équivoques qui sont, comme on dit, *ab errore*. En physique, ce sont les noms génériques de matière et de forme; en jurisprudence, le mot *juste*, avec sa largeur et son extension indéfinie; en médecine, les termes le *sain* et le *corrompu*, dont le sens a trop d'extension; dans la vie pratique, le mot *utile*, qui n'est pas défini. C'était aussi le sentiment des anciens philosophes de l'Italie; on en retrouve la trace dans la langue latine : *certum* a deux sens, ce qui est *prouvé* et *indubitable*, et celui de *propre*, qui s'oppose à *commun*, de manière à faire entendre que le particulier est certain, et le général douteux. Pour eux vérité et équité, *verum* et *æquum*, étaient synonymes. En effet l'équité se fait voir dans les circonstances spéciales du fait, comme la justice dans le genre même; d'où l'on voit que ce qui est exclusivement général est faux, et que le vrai c'est la dernière, la plus spécifique détermination des choses.

Les genres comme dénominations sont infinis; or l'homme n'est ni rien ni tout; il ne peut donc penser au néant que par négation du réel, et à l'infini que par négation du fini. Mais, dira-t-on, tout triangle a la somme de ses angles égale à deux angles droits; n'est-ce pas là une vérité infinie? Sans doute, mais elle ne l'est pas pour moi; si elle l'est, c'est en ce sens que j'ai dans l'esprit la forme d'un triangle auquel je reconnais cette propriété, et que cette forme me sert d'archétype pour toutes les autres. Que si l'on prétend que c'est là un genre infini, parce qu'à cet archétype de triangle se peuvent assimiler un nombre indéfini de triangles; je le veux bien, je leur abandonnerai volontiers le mot pourvu qu'ils m'accordent la chose. Mais c'est mal s'exprimer que de dire qu'une toise est infinie, parce qu'on peut s'en servir pour mesurer toutes les étendues.

CHAPITRE III

Des causes.

Les Latins confondent *caussa* avec *negotium*, cause avec opération, et ce qui naît de la cause, ils l'appellent effet, *effectus*. Ces locutions semblent s'accorder avec ce que nous avons établi sur le fait et le vrai. Car si le vrai, c'est ce qui est fait, prouver par les causes, c'est faire, et ainsi *caussa* et *negotium*, cause et opération, sont identiques, le fait et le vrai c'est même chose, savoir un effet. Les causes dont on s'occupe le plus en physique sont la matière et la forme; dans la morale c'est la cause finale, dans la métaphysique la cause efficiente. Il est donc vraisemblable que les anciens philosophes de l'Italie pensèrent que c'est prouver par les causes que d'introduire l'ordre dans la matière, dans les éléments indigestes d'une chose, et de les faire passer de la dispersion à l'unité; ordre et union d'où résulte une forme certaine qui impose à la matière une nature spéciale et propre. Si cela est vrai, l'arithmétique et la géométrie, que l'on considère comme ne recourant jamais aux causes dans leurs démonstrations, prouvent véritablement par les causes. Et pourquoi ces sciences démontrent-elles par les causes? C'est qu'ici l'esprit humain contient les éléments des vérités, qu'il peut ordonner et harmoniser, et de l'arrangement desquels sort le vrai qu'il démontre ; en sorte que la démonstration est une opération créatrice, et que le vrai est identique avec le fait. Et si nous ne pouvons prouver la physique par les causes, c'est que les éléments des choses de la nature sont hors de nous. Car, tout finis qu'ils sont, il n'en faut pas moins un pouvoir infini pour les disposer, les ordonner et en faire sortir leur effet. Si nous considérons la cause première, il ne faut pas moins de puissance pour produire une fourmi que pour créer tout cet univers, parce que pour la création de la fourmi comme pour la formation du monde il faut également du mouvement ; le mouvement tire le monde du néant et la fourmi de la matière.

Souvent dans leurs livres ascétiques les sages de notre religion, c'est-à-dire ceux qui se sont illustrés par leur connaissance de la Divinité comme par la sainteté de leur vie, ces sages remontent de la contemplation d'une fleur à la pensée de Dieu ; parce qu'ils reconnaissent dans la formation de cette créature la puissance infinie. C'est ainsi que nous avons dit dans notre *Dissertation sur la méthode d'études suivie de notre temps :* « Nous démontrons les propositions géo-
« métriques parce que nous les faisons ; si nous pou-
« vions démontrer la physique, nous la ferions. » Il faut donc stigmatiser comme coupables d'une curiosité téméraire et impie ceux qui essaient de prouver *a priori* le Dieu très bon et très grand. Ce n'est rien moins que se faire le Dieu de Dieu, et nier le Dieu qu'on cherche. La clarté du vrai métaphysique est comme celle de la lumière, que nous ne connaissons

que par l'obscurité. Regardez longtemps et attentivement une fenêtre grillée, qui laisse arriver la lumière dans la chambre; puis tournez les yeux vers un corps absolument opaque, il ne vous semblera plus voir la lumière, mais un grillage lumineux. De même le vrai métaphysique est absolument clair, il n'a point de limite, et point de forme qui le détermine, parce qu'il est le principe infini de toutes les formes; les choses physiques sont opaques, c'est-à-dire qu'elles ont une forme et des limites, et c'est en ces choses que nous voyons la lumière du vrai métaphysique.

CHAPITRE IV

Des essences ou des vertus.

Ce que l'École nomme essence (*essentia*), les Latins l'appellent force, *vis*, et puissance, *potestas*. Tous les philosophes considèrent les essences comme éternelles et immuables. Aristote les regarde comme indivises; or, comme parle l'École, il les fait consister dans l'indivisible. D'un autre côté, Platon pense, après Pythagore, que la science a pour objet l'éternel et l'immuable. On peut en tirer cette conjecture que les anciens philosophes de l'Italie pensèrent que les essences sont indivises, et que ce sont les vertus éternelles et infinies de toutes choses; le vulgaire des Latins les appelait dieux immortels, les sages en faisaient un dieu souverain et unique. La métaphysique était la vraie science parce qu'elle traitait des vertus éternelles. Maintenant on peut se demander si de même qu'il y a du mouvement et de l'effort (ou vertu de mouvement), il n'y a pas aussi de l'étendue et une vertu d'extension ; et si de même que le corps et le mouvement sont le sujet propre de la physique, de même l'effort et la vertu d'extension n'est pas la matière spéciale de la métaphysique. En cela, illustre Paolo, c'est vous qui êtes mon premier guide, vous qui pensez que ce qui est acte dans la physique, est vertu dans la métaphysique.

§ 1er. — Du point métaphysique ou de l'effort.

Chez les Latins *punctum* et *momentum* avaient le même sens ; or, *momentum*, c'est ce qui meut, et le point comme le *momentum* était pour les Latins quelque chose d'indivisible. Les anciens sages de l'Italie auraient-ils pensé qu'il y a une vertu indivisible d'extension et de mouvement ? Cette doctrine aurait-elle passé, comme beaucoup d'autres, d'Italie en Grèce, où Zénon l'a prise et modifiée ? Il ne semble pas que personne ait jamais eu d'idée plus juste de cette vertu indivisible d'extension et de mouvement que les stoïciens, qui y ont appliqué l'hypothèse du point métaphysique. D'abord il est incontestable que la géométrie et l'arithmétique sont bien plus vraies, ou du moins présentent une bien plus haute apparence de vérité, que toutes les sciences qu'on appelle subalternes ; et d'un autre côté, il est très vrai que la métaphysique est la source unique du vrai, qui descend de là aux autres sciences. Or, chacun sait que les géomètres font partir du point leurs méthodes synthétiques, que de là ils marchent à la contemplation de l'infini, à l'aide de fréquents postulats qui leur permettent de prolonger des lignes à l'infini. Si l'on demande par quelle voie ce vrai ou cette espèce de vrai passe de la métaphysique dans la géométrie, cette voie n'est autre que celle où ce point nous donne un étroit accès. Car la géométrie emprunte à la métaphysique la vertu d'extension, vertu qui étant celle de l'objet étendu, le précède, et est par conséquent inétendue. De même que l'arithmétique prend dans la métaphysique la vertu du nombre, c'est-à-dire l'unité, qui, étant la vertu du nombre, n'est pas le nombre ; ainsi que l'unité qui n'est pas le nombre, engendre le nombre, de même le point, qui est inétendu, engendre l'étendue. En effet, lorsque le géomètre définit le point ce qui n'a pas de parties, ce n'est qu'une définition de mot ; il n'y a point de chose qui n'ait point de parties et qu'on puisse cependant représenter soit mentalement, soit graphiquement ; la définition de l'unité, en arithmétique, n'est pareillement que la définition d'un mot, puisqu'on suppose une unité susceptible de multiplication, ce qui ne peut convenir à une unité réelle. Mais l'école de Zénon considère cette définition du point comme très réelle, en tant que le point a son type dans ce que l'esprit humain peut penser de la vertu indivisible d'extension et de mouvement. Aussi est-ce une erreur que cette opinion vulgaire selon laquelle la géométrie tire son sujet de la matière, et, comme dit l'École, l'en abstrait. Zénon pensait qu'aucune science ne traite de la matière avec plus d'exactitude et de justesse que la géométrie, mais de cette matière que lui fournit la métaphysique, c'est-à-dire de la vertu d'extension. Les démonstrations d'Aristote contre l'école de Zénon touchant les points métaphysiques, n'auraient pas tant d'autorité auprès des sectateurs du premier, si le point géométrique n'était pas pour les stoïciens un signe du point métaphysique, et le point métaphysique la vertu même du corps physique. On peut en dire autant pour Pythagore et ses disciples, de l'un desquels Platon nous a transmis les doctrines dans son *Timée* ; lorsqu'ils appliquaient la théorie des nombres aux choses de la nature, ils ne voulaient pas dire que la nature fût véritablement faite de nombres ; mais ils cherchaient à expliquer le monde extérieur par le monde qu'ils contenaient en eux. Il en est de même de Zénon et de sa secte, qui considérèrent les points comme les principes des choses.

On peut partager les philosophes de tous les temps en quatre classes : les premiers, géomètres illustres, qui déduisirent les principes physiques d'hypothèses mathématiques, Pythagore est de ce nombre ; les seconds, savants en géométrie et appliqués à l'étude de la métaphysique, qui considérèrent les principes de la nature sans recourir à aucune hypothèse et qui parlèrent des choses de la nature en métaphysiciens, parmi eux est Aristote ; les troisièmes, ignorants en géométrie et ennemis de la métaphysique, imaginèrent pour former la matière le corps simple étendu ; ceux-ci bronchent dès leurs premiers pas dans l'explication des principes, mais ils ont été plus heureux dans les idées de détail sur les phénomènes particuliers de la nature ; Épicure appartient à cette classe ; d'autres enfin ont pris pour principe des choses le

corps doué de quantité et de qualité; tels sont les
anciens qui ont donné comme tels la terre, l'eau,
l'air, le feu, soit un seul élément, soit deux, soit tous
les quatre ensemble; tels aussi parmi les modernes
sont les chimistes. Mais ceux-ci ne disent sur les principes rien qui soit digne du sujet; de leurs principes
ils ne parviennent guère à tirer des explications satisfaisantes des phénomènes particuliers, si ce n'est dans
un très petit nombre de cas, où l'empirisme les a
mieux guidés que la réflexion.

Zénon, grand métaphysicien, fit usage des hypothèses des géomètres; il expliqua par le point les principes des choses, comme Pythagore les expliquait par
le nombre Descartes, aussi grand géomètre que grand
métaphysicien, s'est pourtant rapproché d'Épicure ; les
fautes qu'il commet, dès les principes, sur le mouvement et la formation des éléments, sur le plein universel, comme Épicure sur le vide et la déclinaison
des atomes, il les rachète par l'explication heureuse
des phénomènes particuliers de la nature. Ceci résulte-t-il de ce qu'ils ne voient tous deux dans la
nature que figure et lois mécaniques, et que les effets
particuliers de la nature sont tous donnés sous la condition de la forme et du mouvement? D'autre part, ils
devaient naturellement méconnaître les principes et
les vertus essentielles, parce qu'il n'y a pas de figure
dans l'immatériel, et rien de mécanique dans l'indéfini. Nous en avons assez dit pour faire comprendre
la pensée de Zénon et lui donner quelque gravité.
Entrons maintenant dans le fond même du sujet. La
moindre parcelle d'étendue peut se diviser à l'infini,
c'est ce qu'Aristote prouve par une démonstration

géométrique. Mais Zénon n'en est pas ébranlé, et s'en sert au contraire pour soutenir ses points métaphysiques. En effet, il faut que la vertu de cette chose physique nous soit donnée dans la métaphysique ; autrement, comment Dieu serait-il le comble de toutes les perfections? L'étendue est dans la nature ; or, attribuer de l'étendue à Dieu, c'est blasphème, car nous mesurons l'étendue, et l'infini ne souffre pas de mesure. Mais que la vertu de l'étendue soit contenue en Dieu *éminemment*, comme parlent nos théologiens, c'est ce qu'on peut très bien affirmer. Ainsi de même que l'effort est la vertu qui produit le mouvement, et qu'en Dieu, auteur de toutes choses, l'effort est repos ; de même aussi, la matière première est la vertu d'extension, qui en Dieu, créateur de la matière, n'est rien que pur esprit. Il y a donc dans la métaphysique une substance qui est la vertu de divisibilité indéfinie de l'étendue. La division est une chose physique ; la divisibilité, une vertu métaphysique : car la division est l'état actuel des corps ; mais l'essence du corps, comme de toutes choses, consiste dans l'indivisible ; et c'est ce qu'Aristote doit avouer, puisqu'il l'enseigne lui-même. Il me semble donc que les coups qu'Aristote adresse à Zénon portent à faux, et que leurs doctrines s'accordent au fond. Le premier parle de l'acte, le second de la virtualité. Lorsqu'Aristote prouve la division des parties à l'infini par l'exemple de la diagonale qui se couperait aux mêmes points que la ligne latérale, quoique tous deux soient incommensurables, ce n'est pas le point qu'il divise, mais quelque chose d'étendu, puisqu'il le représente. Cette démonstration, comme celle des cercles concentriques que les rayons couperaient dans tous leurs points, celle des parallèles obliques à l'horizon qui couperaient une perpendiculaire sans jamais la diviser tout entière, toutes ces démonstrations, en un mot, sont fondées sur cette définition du point : *ce qui n'a point de parties*. Et toutes ces merveilles ne nous sont pas démontrées par une géométrie qui définisse le point, « une petite parcelle divisible à l'infini, » mais par une géométrie qui suppose l'indivisibilité du point, et part du point ainsi défini pour arriver à ces démonstrations surprenantes. C'est pourquoi Zénon ne trouve dans ces arguments qu'une confirmation de son opinion, bien loin qu'elle en soit ébranlée. Car de même que dans ce monde de formes que l'homme se fait à lui-même et dont l'homme est comme le dieu, ce nom, sujet d'une définition, cette chose imaginaire qui n'a point de parties, se trouve en égale quantité dans des étendues inégales, de même dans le monde véritable, dont Dieu est l'auteur, il y a une vertu indivisible d'extension qui, par cela même qu'elle est indivisible, existe également sous des étendues inégales. Ces vertus sont indéfinies, et, puisqu'elles sont indéfinies, il ne peut être question pour elles de quantité ; on n'y peut concevoir pluralité ou minorité ; elles ne souffrent pas le plus ni le moins.

Les démonstrations même qui établissent ces vérités, prouvent aussi que l'effort, ou la vertu motrice, chose métaphysique, est égale pour des mouvements inégaux. D'abord il est plus digne de la souveraine facilité d'exécution qui est dans le Tout-Puissant, qu'il ait créé une matière qui fût à la fois puissance d'extension et mouvement, que de créer purement par une double opération, la matière et le mouvement. La bonne métaphysique est favorable à cette opinion ; car comme l'effort n'est pas quelque chose, mais un mode de quelque chose, je veux dire d'une matière, il faut qu'il ait été créé d'une même création avec cette matière. Cette idée est aussi d'accord avec la physique : car dès qu'il y a nature, ou, comme dit l'École, *être en fait*, tout se meut ; auparavant tout reposait en Dieu ; la nature a donc commencé d'être par l'effort, ou la nature de l'effort consiste, comme dit l'École, dans le *devenir*. Car l'effort est intermédiaire entre le repos et le mouvement. Dans la nature sont les choses étendues ; avant toute nature, la chose qui n'admet aucune étendue, Dieu ; donc entre Dieu et les objets étendus est une chose intermédiaire, inétendue, mais capable d'extension : c'est le point métaphysique. C'est là que ces choses trouvent leur mesure commune, ou, comme on dit, la *proportion* qui les exprime : repos, effort, mouvement ; Dieu, matière, et corps étendu. Dieu, moteur de toutes choses, reste immobile en soi ; la matière fait effort ; les corps étendus sont mus ; et de même que le mouvement est un mode du corps, le repos un attribut de Dieu, ainsi l'effort est la propriété du point métaphysique, et de même que le point métaphysique est une vertu indéfinie d'extension, qui est égale pour des étendues inégales, ainsi l'effort est une vertu motrice indéfinie, qui, sans sortir de l'égalité, donne lieu à des mouvements inégaux.

Descartes pose comme base de ses belles idées sur la réflexion et la réfraction des mouvements, que le mouvement diffère de ce qui le détermine, en sorte qu'il peut y avoir plus de mouvement pour un même mode de détermination ou quantité. D'où il conclut qu'il y a plus de mouvement dans les déterminations obliques que dans les déterminations directes. Par là il explique pourquoi un corps en mouvement oblique obéit dans le même temps à deux causes : l'une, sa pesanteur, qui le pousse directement de haut en bas ; l'autre, sa direction, qui le fait tendre obliquement à l'horizon ; ainsi, s'il tombe sur un plan impénétrable, il donne dans un même moment la résultante de deux causes, et réfléchit son mouvement suivant un angle égal à l'angle d'incidence ; si au contraire il tombe sur un plan pénétrable, son mouvement se réfracte, et, selon la densité plus ou moins grande du milieu à travers lequel il passe, il s'écarte plus ou moins de la perpendiculaire qu'il décrirait s'il traversait un milieu d'une pénétrabilité uniforme. Descartes a donc aperçu cette vérité, que sous un même mode de détermination il peut y avoir plus ou moins de mouvement ; mais il en a dissimulé la raison, parce qu'il est de l'avis d'Aristote contre Zénon ; il dissimule, dis-je, que comme pour la diagonale et la latérale il y a une égale vertu d'extension, ainsi il y a une égale vertu motrice pour le mouvement perpendiculaire ou oblique à l'horizon.

La raison de tout ce que nous avons établi jusqu'ici, c'est, si je ne me trompe, qu'il y a des points et des efforts par où les choses commencent à poindre de leur néant, et que le plus petit et le plus grand sont à égale distance du rien. Par cette raison la géométrie tire sa vérité de la métaphysique, puis la réfléchit sur la métaphysique elle-même, c'est-à-dire qu'elle forme la science humaine sur le modèle de la science divine, et confirme ensuite la divine par l'humaine. Comme tout s'accorde avec ces vérités! le temps se divise, l'éternité est toute dans l'indivisible. S'il n'y avait point de mouvement, on n'aurait rien pour mesurer le repos. Tous les troubles de l'âme croissent et décroissent, le calme ne connaît pas de degrés. Des objets étendus se corrompent ; les êtres immortels sont essentiellement indivisibles ; le corps souffre la division ; l'esprit n'admet pas le partage. Dans le point réside l'opportun ; tout autour est répandu l'accident et le hasard. Le vrai est un et précis ; le faux se présente partout ; car la science ne se divise pas, et l'opinion engendre les sectes. La vertu n'est ni en deçà ni au delà, le vice divague sans limite ; le juste est un, l'injuste innombrable ; le bien par excellence dans toute chose est toujours placé dans l'indivisible. Ainsi, le monde physique est composé de choses imparfaites et divisibles à l'infini ; le monde métaphysique est un monde d'idées, de choses parfaites, qui ont une efficace indéfinie.

Il y a donc dans la métaphysique un genre de choses à la fois inétendu et capable d'extension. C'est ce que ne voit pas Descartes, parce que, par une méthode analytique, il pose la matière comme créée, puis la divise. C'est ce que vit Zénon ; il part synthétiquement pour venir à parler du monde des formes que l'homme se crée avec les points, du monde des solides, qui est l'ouvrage de Dieu. C'est ce que ne vit pas Aristote, parce qu'il transporte d'emblée la métaphysique dans la physique ; aussi parle-t-il de la nature en langage métaphysique, par puissance et facultés. Descartes ne pouvait le voir davantage, lui qui porte d'emblée la physique dans la métaphysique, et parle de métaphysique en physicien, par actes et par formes. Il faut rejeter l'une et l'autre méthode; car si définir, c'est déterminer les limites des choses, et que les limites soient les extrémités de ce qui a forme, si tous les objets qui ont forme sont tirés de la matière par mouvement, et par conséquent doivent être rapportés à une nature existant antérieurement; et si c'est mal agir, lorsqu'il y a une nature qui déjà nous offre l'acte, de définir les choses par les virtualités, c'est un tort aussi de caractériser les choses par des actes avant que la nature existe et que les choses aient des formes. La métaphysique dépasse la physique, parce qu'elle traite des vertus et de l'infini; la physique est une partie de la métaphysique, parce qu'elle considère les formes et le limité. Mais comment cet infini peut-il descendre dans ce fini? lors même que Dieu nous l'enseignerait, nous ne pourrions le comprendre; si c'est le vrai de l'intelligence divine, c'est qu'elle le fait et le sait en même temps. L'esprit humain a des limites et une forme; par conséquent, il ne peut avoir l'intelligence de ce qui est sans limite et sans forme, il peut seulement le penser : c'est ce que nous dirions ainsi en italien : *Può andarle raccogliendo, ma non già raccorle tutte.* Mais cette pensée même, c'est un aveu de ce que les objets de la pensée n'ont pas de forme et sont sans limites. Ainsi donc connaître distinctement, c'est un défaut plutôt qu'une qualité : car c'est connaître les limites des choses. L'esprit divin voit les choses dans le soleil de sa vérité; c'est-à-dire que tandis qu'il voit les choses, il connaît une infinité de choses avec celle qu'il voit; l'esprit humain voit l'objet qu'il connaît distinctement, comme on voit la nuit à la lueur d'une lanterne, et en le voyant, il perd de vue tout ce qui l'environne. Ainsi je souffre sans reconnaître aucune forme de douleur; je ne connais pas la limite du malaise de l'âme; c'est une connaissance indéfinie, et par conséquent convenable à la nature de l'homme : l'idée de la douleur est pourtant vive et claire autant que rien au monde. Mais cette clarté du vrai métaphysique est semblable à la clarté de la lumière que nous ne voyons que par les corps opaques. Les vérités métaphysiques sont claires, parce qu'elles ne peuvent être renfermées dans aucune limite et distinguées par aucune forme; les vérités physiques sont les corps opaques qui nous font distinguer la lumière. Cette lumière métaphysique, ou, selon le langage de l'École, ce passage de la virtualité à l'acte, est produite par un véritable effort, c'est-à-dire par une vertu motrice indéfinie, égale pour des mouvements inégaux; ce qui est le caractère du point, ou vertu indéfinie d'extension, égale pour des étendues inégales.

§ II. — Que les étendus ne font pas effort (*extensa non conari*).

Les étendus ne semblent avoir aucune puissance d'effort, soit que tout soit plein de corps du même genre qui se font mutuellement résistance avec une force égale, et que dans ce plein absolu aucune vertu motrice ne puisse se produire; soit que tout soit plein de corps de natures différentes, dont les uns résistent et les autres cèdent, car c'est ici qu'a lieu le véritable mouvement. Essayer de percer un mur avec le bras, ce n'est pas proprement un effort, mais c'est un mouvement des nerfs qui, de relâchés, deviennent tendus; de même le poisson se meut, lorsqu'il se serre contre la rive pour résister au courant. Cette tension est produite par les esprits animaux qui arrivent et se succèdent sans interruption ; c'est donc un vrai mouvement qui ne cesse qu'au moment où les esprits animaux cessant d'affluer, les nerfs défaillent et se relâchent. En général, si l'effort est la vertu motrice des étendus, cette vertu peut-elle, lorsqu'il y a obstacle, et lors même que l'obstacle est très grand, peut-elle se développer encore, ou ne peut-elle jamais, et en aucun cas, se développer ? Si elle se développe en quelque manière, c'est un véritable mouvement; si elle ne peut se développer, qu'est-ce que cette force toujours impuissante? Il ne peut y avoir de force qui ne se développe au moment même où elle est; à tout acte de force répond une tension ou un mouvement égal. Aussi, si nous parcourons tous les phénomènes de la nature, nous trouverons qu'ils naissent du mouvement et non pas de l'effort. La lumière même, qui semble se propager en un instant, se produit cependant, selon les meilleurs physiciens, d'une manière successive et par un véritable mouvement. Et plût à Dieu que la lumière se fît en un instant, pour que nous pussions montrer le plus brillant des ouvrages de la nature naissant du point même. Car si la lumière se produit en un instant, il faudra qu'on nous accorde qu'il y a dans la nature des effets du point, puisqu'un instant ne diffère pas d'un point. Si donc la lumière est une émission de globules qui se fait en un instant, les globules ne peuvent se propager sur une seule ligne qui ait de l'étendue, car les étendues sont déterminées par leurs extrémités, et les extrémités séparées par les intermédiaires ; or les extrêmes et les intermédiaires se parcourent dans le temps et par un véritable mouvement. Ainsi, pour que la lumière se produisît par un pur effort et dans un seul instant, les globules devraient se propager en des points sans parties. Voilà donc une chose dans la nature qui n'aurait aucune étendue. Mais ces points où l'on dit que se répand la lumière et que naissent les ténèbres, sont très corporels, ils ne sont pas assez réduits pour le génie délié de la géométrie, ils ne sont pas assez dépouillés d'étendue pour la subtilité métaphysique.

Ainsi, dans la nature telle qu'elle est en sa réalité, où se trouvent des objets étendus de différents genres, impénétrables ou pénétrables, il n'y a pas d'efforts, mais de véritables mouvements. Les phénomènes de la nature réelle ne doivent donc pas s'expliquer par vertus et puissances. Aujourd'hui ces explications par *sympathies* et *aversions naturelles*, par *desseins mystérieux de la nature* ou *qualités occultes*, tout cela, dis-je, est expulsé des écoles de physique. Il reste encore de la métaphysique le mot *effort*. Pour donner la dernière perfection au langage des choses naturelles, il faut renvoyer ce mot, comme le reste, aux écoles des métaphysiciens.

Pour nous résumer : La nature est mouvement ; la vertu motrice indéfinie qui produit ce mouvement, c'est l'effort ; l'effort est produit par l'intelligence infinie, immobile en soi, Dieu. Les œuvres de la nature se font par le mouvement, elles commencent d'être par l'effort ; en sorte que la formation des choses est le produit du mouvement, le mouvement de l'effort, et l'effort de Dieu.

§ III. — Que tous les mouvements sont composés.

Tout mode d'une chose composée est nécessairement composé ; car si le mode est la chose même dans tel état, et si la chose étendue a des parties, le mode d'une chose étendue n'est que plusieurs choses disposées de telle ou telle manière.

La figure est un mode composé, car elle est formée de trois lignes au moins ; le lieu est un mode composé, car il a au moins trois dimensions ; la situation est un mode composé, car c'est le rapport de plusieurs lieux ; le temps est un mode composé, car ce sont deux lieux dont l'un est en repos et l'autre se meut. C'est ce qu'ont bien reconnu les créateurs de la langue latine, qui emploient indifféremment les particules qui expriment le temps et celles qui expriment le lieu : *ibi* pour *tunc*, *inde* pour *postea*, *usquam*, *nusquam* pour *unquam* et *nunquam*, etc. Il en est de même pour le mouvement, car il a pour éléments l'*unde*, le *qua* et le *quo*. En outre, comme tous les mouvements de l'air se font par rayonnement (*circumpulsa*), ils ne peuvent être simples et directs. Et bien que les corps, soit qu'ils tombent à travers l'atmosphère, soit qu'ils avancent sur la surface de la terre ou de la mer, paraissent décrire une ligne droite, elle n'est pas droite cependant ; car le *droit*, le *même* sont des choses métaphysiques.

Je m'apparais comme étant toujours le *même ;* mais augmenté et diminué à chaque instant, recevant et perdant tour à tour, je suis autre à chaque moment. De même le mouvement qui paraît droit, est à chaque instant tortueux. Mais si l'on prend son point de vue dans la géométrie, on accordera facilement la métaphysique avec la physique ; car c'est le seul légitime intermédiaire pour passer de l'une à l'autre de ces deux sciences. De même que les lignes brisées se composent de droites, ce qui fait que les lignes circulaires sont composées d'une infinité de droites, parce qu'elles contiennent une infinité de points ; de même les mouvements composés des étendues sont composés des efforts simples des points. Il n'y a, dans la nature, rien d'irrégulier ou d'imparfait ; le droit est au-dessus de la nature pour servir de règle à l'irrégulier. Mais ce qui prouve l'effort des étendus pour accomplir un mouvement en ligne droite, c'est que si le corps se mouvait librement, c'est-à-dire dans un milieu sans résistance, il décrirait une ligne droite à l'infini. Mais c'est une hypothèse inadmissible, parce que, tout en l'admettant, on ne peut définir le mouvement que comme changement de la proximité relative des corps. Or, quelle proximité peut-il y avoir dans le vide? On dira peut-être qu'il faut considérer la proximité du lieu d'où le corps est parti ; mais alors que devient cet infini dont on parle ? Est-ce qu'il y a dans l'infini des différences de proximité et de longueur ? Si on l'admet, c'est faire comme ce scolastique qui admet des *espaces imaginaires.* Car c'est une idée pareille d'imaginer un espace vide depuis le plus haut point du ciel, et de se figurer qu'à partir de son point de départ le corps avance de plus en plus loin dans le vide infini. Ensuite, c'est une fiction que la nature même ne souffre point. En effet, les corps ne sont solides que parce qu'ils se meuvent dans le plein, et ils sont plus ou moins solides selon qu'ils résistent plus ou moins aux autres corps, et qu'ils en éprouvent plus ou moins de résistance. Si cette résistance n'avait pas lieu, ils ne pourraient se mouvoir ni en ligne droite, ni à l'infini; mais de même que si on ôtait d'un lieu tout l'air qui y est contenu, les parois de ce lieu viendraient se choquer l'une contre l'autre, de même aussi un corps amené dans le vide s'y dissiperait. Les sages créateurs de la langue latine ont bien connu cette vérité, qu'il n'y a de droit qu'en métaphysique, et en physique que de l'irrégulier; les Latins, dans la superstitieuse exactitude de leur langage, opposaient *nihil* à *recte;* ce qui fait entendre qu'au rien s'oppose le droit, le parfait, l'accompli, l'infini ; et que le fini, l'irrégulier, l'imparfait n'est quasi rien.

§ IV. — Que les étendus ne sont jamais en repos.

Le repos est chose métaphysique, le mouvement chose physique. La physique ne permet pas d'imaginer un corps laissé à lui-même, ou, comme on dit, indifférent au mouvement et au repos. Car on ne peut imaginer quelque chose dans la nature et hors de la nature en même temps. Or la nature est un mouvement par lequel les choses se forment, vivent, et se dissolvent, et à tout moment une chose se compose avec nous et une autre s'en sépare. Être composé, c'est être en mouvement. Le mouvement est un changement de distance, ou de situation, et il n'est point de moment où les corps voisins les uns des autres ne changent de situation ; c'est un flux et un afflux continuel ; la vie des choses est semblable à un fleuve qui paraît toujours le même, et roule sans cesse des eaux nouvelles. Il n'est donc rien dans la nature qui soit un seul instant dans les mêmes rapports de distance et conserve la même situation. Cette idée que les choses gardent toujours la forme dont elles ont été douées une fois, c'est une idée digne de l'École qui compte, parmi les causes des choses naturelles, ces desseins conservateurs de la nature. Quelle peut être la forme propre d'aucune chose dans la nature, puisqu'il n'est pas de moment où toute chose ne perde ou ne gagne ? Ainsi la forme physique n'est qu'un changement perpétuel. Le repos absolu doit donc être entièrement banni de la physique.

§ V. — Que le mouvement est incommunicable.

Le mouvement n'est autre chose qu'un corps qui se meut ; et si nous voulons nous exprimer avec la sévérité du langage métaphysique, ce n'est pas tant un *quid* qu'un *cujus;* c'est un mode du corps, qui ne peut se séparer, même en pensée, de la chose dont il est le mode. Ainsi, autant vaudrait parler de pénétration des corps que de communication du mouvement. Cette doctrine que le mouvement se communique de corps à corps, ne paraît pas moins répréhensible que cette autre sur les attractions et les mouvements, que l'horreur du vide a fait admettre dans les écoles. Dire que le projectile emporte avec lui toute l'impulsion de la main qui l'a lancé, cela me semble tout aussi absurde que de penser que l'air épuisé par la pompe attire l'eau après lui. Déjà une plus saine physique a établi par de mémorables expériences que ces prétendues attractions sont de véritables pressions de l'air, et on soutient comme irrécusable que tout mouvement naît d'une impulsion. Voilà les écueils où viennent se briser ceux qui pensent qu'il y a des corps en repos. Mais celui qui croit que tout se meut d'un mouvement perpétuel, et qu'il n'y a point de repos dans la nature, celui-là, lorsqu'un corps lui paraît en repos, ne croit pas sans doute qu'une main lui ait donné impulsion, mais il sait qu'il est en mouvement de quelque autre manière ; qu'il n'est pas en notre puissance de rien mouvoir, mais que Dieu est l'auteur de tout mouvement, qu'il produit tout effort ; or, c'est l'effort qui commence le mouvement ; le mouvement en nous, c'est la détermination. Autres machines, autres déterminations. La machine commune de tous les mouvements est l'air, dont l'impulsion est donnée par la main de Dieu qui agit dans le monde sensible et qui meut toutes choses ; le mouvement propre et différent de chaque chose lui est donné par une machine spéciale. Si tout mouvement a lieu dans l'espace et naît d'une impulsion, nous n'admettrons aucune différence entre le mouvement par lequel l'eau s'élève dans un syphon où elle est indubitablement poussée par l'air, et le mouvement par lequel un projectile est lancé à travers l'air libre. Bien plus, nous ne ferons pas de distinction entre les mouvements des projectiles et celui par lequel le feu flamboie, la plante croît et l'animal bondit dans les prés. Ce sont toujours des impulsions de l'air, et de même que le mouvement général de l'air devient par le secours de machines particulières le mouvement propre de la flamme, de la plante et de la bête, de même se détermine le mouvement propre des projectiles. Certainement la chaleur qu'une balle acquiert en se mouvant, ne lui est pas communiquée par une main, et pourtant il est certain de toute certitude que cette chaleur lui est propre. Or, qu'est-ce que la chaleur, sinon du mouvement? La main est donc la machine propre du jet, par laquelle les nerfs sont déterminés à mouvoir le projectile; et l'impulsion de l'air, cette machine universelle, devient la machine propre du projectile; la chaleur lui est donc propre, et souvent le feu.

CHAPITRE V

Animus et Anima.

Ces deux expressions *animus* et *anima* (anima vivimus, animo sentimus) ont tant de justesse et d'élégance, que Lucrèce les revendique comme nées dans les jardins d'Épicure. Mais il faut remarquer que les Latins disent aussi *anima* pour *air*, la chose la plus mobile qui soit; et nous avons dit plus haut que c'est la seule chose qui se meut du mouvement commun à tous les corps, et que l'intervention de machines particulières rend ensuite propre à chacun. On peut donc conjecturer que les anciens philosophes de l'Italie définissaient l'*animus* et l'*anima* par le mouvement de l'air. Et, en effet, le véhicule de la vie c'est bien l'air, qui, inspiré et *transpiré*, meut le cœur et les artères, et dans le cœur et les artères le sang; ce mouvement du sang, c'est la vie même. Le véhicule de la sensation, c'est encore l'air, qui, s'insinuant dans les nerfs, en agite les fluides, en distend, gonfle et ébranle les fibres. Maintenant l'air qui meut le sang dans le cœur et les artères s'appelle dans l'École *esprits vitaux;* et celui qui meut les nerfs, leur suc et leurs fibres, s'appelle *esprits animaux*. Or, le mouvement de l'esprit vital est bien plus rapide que celui de l'esprit animal; car dès que vous le voulez, vous levez le doigt; tandis qu'il faut beaucoup de temps, au moins le tiers d'une heure, comme quelques médecins l'ont prouvé, pour que le sang parvienne du cœur au doigt par la circulation du sang. De plus, les nerfs contractent les muscles du cœur et les dilatent tour à tour, systole et diastole qui entretiennent le mouvement perpétuel du sang; en sorte que c'est aux nerfs que le sang est redevable de son mouvement. Ainsi, ce mouvement mâle et actif de l'air qui se fait par les nerfs, c'est l'*animus;* ce mouvement efféminé du sang, et pour ainsi dire succube, c'est l'*anima*. Lorsque les Latins parlaient d'immortalité, ils l'attribuaient à l'*animus* et non à l'*anima*. Faut-il chercher l'origine de cette locution, en ce que ceux qui l'ont formée considéraient les mouvements de l'*animus* comme libres et volontaires, tandis qu'ils voyaient que les mouvements de l'*anima* ne peuvent se passer de cet instrument corruptible du corps, et que l'*animus*, ayant ses mouvements libres, aspire à l'infini et par conséquent à l'immortalité ? C'est une considération de si haute importance, que les métaphysiciens chrétiens trouvent aussi dans le libre arbitre le caractère qui distingue l'homme de la brute. Du moins, c'est dans cette tendance que les Pères de l'Église reconnaissent que l'homme est doué d'une âme immortelle, et que c'est par un Dieu immortel qu'il a été créé.

§ I. — De l'âme des bêtes.

Avec ce que nous avons dit s'accorde cette locution des Latins, qui appelle *brutes* les animaux dépourvus de raison ; or, *brutum* était pour eux synonyme d'immobile, et cependant ils voyaient les brutes se mouvoir. Il faut donc nécessairement que les anciens philosophes d'Italie aient pensé que les brutes sont immobiles en tant qu'elles ne sont mises en mouvement que par des objets présents, comme se meut une machine ; tandis que les hommes ont un principe interne du mouvement, c'est-à-dire l'*animus*, qui se meut librement.

§ II. — Du siège de l'âme.

L'ancienne philosophie italique plaça dans le cœur le siège et la demeure de l'âme. Car on disait vulgairement chez les Latins que la prudence est placée dans le cœur, que c'est dans le cœur qu'habitent les résolutions et les soins, que c'est du cœur que sort la pointe pénétrante de l'invention (acumen), *e pectore acetum*, pour dire comme Plaute. Remarquons aussi ces locutions, *cor hominis*, *excors* pour stupide, *vecors* pour l'homme en démence, *socors* pour esprit lent et paresseux, et au contraire, *cordatus* pour sage; c'est de là que P. Scipion Nasica reçut le nom de *Corculum*, parce que l'oracle le déclara le plus sage des Romains. Serait-ce que l'école italique aurait admis avec toute l'antiquité que les nerfs prennent naissance dans le cœur? et de plus, qu'il nous semble que nous pensons dans la tête, parce que dans la tête sont les organes de deux sens, dont l'un, je veux dire l'ouïe, est le plus disciplinable de tous, et l'autre est le plus actif. Mais l'opinion qui fait naître les nerfs dans le cœur a été trouvée fausse par l'anatomie moderne; on a vu qu'ils se ramifient à partir du cerveau pour se distribuer dans tout le corps. Aussi les cartésiens placent l'âme comme en sentinelle dans la glande pinéale; c'est là, suivant eux, que tous les mouvements du corps lui sont transmis par les nerfs, et que par ces mouvements elle aperçoit les objets. Cependant on a vu des hommes, après une extraction du cerveau, vivre, se mouvoir et bien user de leur raison. Il n'est pas non plus vraisemblable que l'âme ait pour siège celle de toutes les parties du corps où il y a le plus de mucus et le moins de sang, et qui est par conséquent paresseuse et engourdie. La mécanique nous enseigne que dans une horloge les roues que le moteur touche de plus près, sont les plus délicates et les plus mobiles; dans les plantes le siège de la vie est dans la semence, et c'est de là qu'elle se répand par le tronc dans les branches, et par la souche dans les racines. Serait-ce que les philosophes de l'Italie auraient observé que le cœur est dans la génération des animaux la première partie qui apparaisse et qu'on voit battre, et dans la mort la dernière qu'abandonnent la chaleur et le mouvement? Est-ce parce que c'est dans le cœur qu'est la plus ardente flamme de la vie? est-ce parce que dans l'évanouissement, défaillance du cœur que nous appelons en italien *svenimento di cuore*, ils voyaient se suspendre non seulement le mouvement des nerfs, mais encore celui du sang, et disaient du malade *animo deficere* et *animo male habere?* et qu'ils plaçaient dans le cœur le principe de l'*anima* ou de la vie, et aussi celui de l'*animus* ou de la raison? est-ce parce que le sage est celui qui pense le vrai et veut la justice, qu'ils placèrent dans les affections l'*animus*, et dans l'*animus* le *mens*, l'intelligence, *mens animi?* Certainement les deux foyers de toutes les émotions violentes de l'âme, ou des affections, sont l'appétit concupiscible et l'appétit irascible, et le sang paraît être le véhicule du premier, et la bile celui du second; l'un et l'autre de ces liquides ont leur siège principal dans les viscères. Ils pensaient donc que le *mens* dépend de l'*animus*, parce que chacun pense selon qu'il est bien ou mal *animatus*; car les sentiments diffèrent sur des sujets identiques selon la diversité des dispositions. Aussi se dépouiller de ses passions, c'est une préparation plus sûre encore pour la méditation du vrai que de se dépouiller de ses préjugés; car vous ne détruirez jamais les préjugés tant que la passion restera; mais si la passion est éteinte, le masque que nous avions mis sur les objets tombe de lui-même, et les choses restent ce qu'elles sont.

§ III. — **Formules sceptiques du droit romain.**

Lorsque les Romains énonçaient leur sentence dans ces termes, *il semble, il paraît* (videri, parere) et prononçaient les serments sous la formule *ex animi sui sententia*, voulaient-ils faire entendre qu'ils ne pensaient pas que personne pût s'affranchir entièrement de toute espèce de passion, et n'employaient-ils pas ces formules scrupuleuses, dans leurs jugements et leurs serments, de peur que, si les choses étaient autrement, ils ne se trouvassent parjures ?

CHAPITRE VI

Du *mens*.

Mens est pour les Latins ce qu'est pour nous *pensiere*; et ils disaient que le *mens* est *donné* aux hommes, *dari, indi, immitti*. Il faut donc que ceux qui ont imaginé ces locutions, aient cru que les idées sont créées et éveillées par Dieu dans l'*animus* des hommes ; c'est pour cela qu'ils disaient *animi mens*, et qu'ils rapportaient à Dieu notre libre arbitre et notre empire sur les mouvements de l'âme, d'où cet adage : Chacun a pour dieu son plaisir, *libido est suus cuique deus*. Ce dieu propre à chaque homme, semblerait être l'*intelligence active* des aristotéliciens, le *sens éthéré* des stoïciens, et le *démon* socratique. C'est ce qui a fourni le sujet de beaucoup de discussions très ingénieuses aux plus subtils métaphysiciens de ce siècle. Mais si Malebranche, cet esprit si pénétrant, tient cette doctrine pour bonne, je m'étonne qu'il s'accorde avec Descartes sur la vérité première : *Je pense, donc je suis;* puisque d'après ce dogme, que Dieu crée les idées en moi, il devrait plutôt dire : Quelque chose pense en moi ; donc ce quelque chose est ; or, dans la pensée je ne reconnais aucune idée de corps ; donc ce qui pense en moi est le plus pur esprit, c'est-à-dire Dieu. Ou peut-être l'âme est faite de telle sorte qu'une fois parvenue en partant de l'indubitable à la connaissance de Dieu, très bon, très grand, elle reconnait pour faux cela même qu'elle avait cru hors de doute. Par suite, et en général, toutes les idées sur les créatures seraient comme fausses relativement à l'idée de l'Être suprême ; parce qu'elles ont pour objets des choses qui, comparées à Dieu, ne semblent plus fondées sur le vrai, tandis que Dieu seul est l'objet d'une idée vraie, étant seul selon le vrai. En sorte que Malebranche, s'il eût voulu être conséquent dans sa doctrine, aurait dû enseigner que l'esprit humain (*mens*) reçoit de Dieu non seulement la connaissance du corps auquel cet esprit est lié, mais la connaissance de soi-même ; en sorte qu'il ne se pourrait connaître lui-même, s'il ne se connaissait en Dieu. En effet l'esprit se manifeste en pensant ; or, Dieu pense en moi ; donc je connais en Dieu mon propre esprit. Telle devrait être la doctrine de Malebranche pour être conséquente à elle-même. Pour nous, ce que nous admettons, c'est que Dieu est le premier auteur de tous les mouvements, soit des corps, soit des âmes.

Mais voici les syrtes et les écueils. Comment Dieu peut-il être le moteur de l'âme humaine? Tant de choses mauvaises, tant de turpitudes, tant de faussetés, tant de vices ! Comment accorder en Dieu la science souverainement vraie et absolue, et dans l'homme le libre choix de ses actes? Nous savons avec certitude que Dieu a la toute-puissance, l'omniscience, la bonté suprême ; pour lui, penser est le vrai, vouloir est le bien ; sa pensée est parfaitement simple et toujours présente; sa volonté, stable et irrésistible. Bien plus, comme nous l'enseigne la sainte Écriture, nul de nous ne peut aller *au Père, si le Père ne l'y traîne*. Et comment sommes-nous traînés, si c'est volontairement? Écoutons saint Augustin. « Nous voulons être entraînés, nous le voulons de grand cœur ; c'est par le plaisir qu'il entraîne. » Quoi de mieux en harmonie et avec la volonté divine, toujours conséquente à elle-même, et avec la liberté de l'homme? C'est ce qui fait que dans nos erreurs mêmes nous ne perdons pas Dieu de vue, car ce qui nous attire dans le faux, c'est l'apparence du vrai, et dans le mal le semblant du bien. Nous ne voyons que du fini, nous nous sentons finis; mais c'est à l'infini que nous pensons. Il nous semble voir que le mouvement est produit par les corps, et transmis par les corps jusqu'à nous; mais ces productions mêmes et ces communications de mouvement nous montrent et nous prouvent que c'est Dieu, et Dieu esprit qui est l'auteur du mouvement. Nous voyons droit le tortu, un le multiple, identique le différent, immobile le mobile; mais comme ni le droit, ni l'un, ni l'identique, ni l'immobile ne sont dans la nature, se tromper en tout cela, c'est par défaut d'attention, par illusion sur les créatures, contempler sans le savoir dans des copies imparfaites le Dieu très bon, très grand. — Ainsi, la métaphysique traite du vrai indubitable, parce qu'elle a pour objet ce dont on est toujours certain, même lorsqu'on doute, qu'on se trompe ou qu'on est trompé.

CHAPITRE VII

De la faculté.

Facultas, c'est *facultias*, d'où est dérivé *facilitas*, facilité ; ce qui signifie la puissance, la capacité de faire sans peine et sans hésitation. C'est donc cette facilité, par laquelle la vertu passe à l'acte. L'*anima* est une vertu ; la vision un acte, le sens de la vue une faculté. Aussi la classification de l'École n'est pas sans élégance ; elle appelle le sens, l'imagination, la mémoire, l'intelligence, *des facultés de l'âme* (animæ), Mais cette élégance est gâtée quand l'École place dans les choses les couleurs, les saveurs, les sons, le tact. Car si les sens sont des facultés, dans l'acte de la vision nous faisons les couleurs, dans celui du goût les saveurs, dans ceux de l'ouïe et du tact les sons, la chaleur et le froid. C'était le sentiment des anciens philosophes de l'Italie ; la trace en est visible dans les mots *olere* et *olfacere* ; la chose sentie est dite *olere*, et le sujet sentant *olfacere*, parce que le sujet (*animans*) crée l'odeur par l'odorat. L'imagination est la plus certaine des facultés, parce qu'en l'exerçant nous créons les images des choses. De même le sens interne ; c'est en remarquant la blessure, au sortir du combat, que l'on sent la douleur. Pareillement le véritable intellect est une faculté par laquelle, en comprenant quelque chose, nous la faisons vraie. Aussi l'arithmétique, la géométrie et leur fille la mécanique résident dans une faculté de l'homme ; nous y démontrons le vrai parce que nous le faisons. Mais les choses physiques sont dans la faculté du Dieu tout-puissant, en qui seul la faculté est vraie, parce qu'elle est parfaitement libre, aisée et rapide ; de sorte que ce qui est faculté en l'homme, est simple acte en Dieu ; il suit de ce qui précède, que de même que l'homme en dirigeant sa pensée sur un objet engendre les modes des choses et leurs images, c'est-à-dire le vrai humain, de même Dieu engendre par sa pensée le vrai divin, et fait le vrai créé. Si nous disons improprement en italien que les statues et les peintures sont les *pensées de leurs auteurs* (pensieri degli autori), on peut dire proprement que *tous les êtres sont des pensées de Dieu* (pensieri di Dio.)

§ 1. — Du sens.

Les Latins désignaient par *sensus* non seulement les sens externes, comme par exemple la vue, et le sens interne qui se nommait *animi sensus*, comme la douleur, le plaisir, la tristesse, mais aussi les jugements, les délibérations et même les vœux. *Ita sentio*, c'est ainsi que je juge ; *stat sententia*, cela est résolu ; *ex sententia evenit*, selon mon désir ; et dans les formules :

ex animi tui sententia. Serait-ce que les anciens philosophes de l'Italie auraient pensé avec les aristotéliciens que l'esprit humain ne perçoit rien que par les sens ? ou avec la secte d'Épicure qu'il n'est rien que sens ; ou avec les platoniciens et les stoïciens que la raison est un sens éthéré et très pur ? Et en effet, il n'y a aucune école païenne qui ait cru l'âme humaine pure de toute corporéité. Voilà pourquoi l'antiquité pensait que toute œuvre de l'esprit était sens ; c'est-à-dire que tout ce que l'esprit peut faire ou souffrir n'est qu'un tact des corps. Mais notre religion nous apprend que l'esprit est absolument incorporel, et nos métaphysiciens prouvent à l'appui que, quand les organes corporels des sens sont mus par des corps, c'est Dieu qui, à cette occasion, les met en mouvement.

§ II. — Memoria et phantasia.

Les Latins appellent la mémoire *memoria* lorsqu'elle garde les perceptions des sens, et *reminiscentia* quand elle les rend. Mais ils désignaient de même la faculté par laquelle nous formons des images, et qui s'appelle chez les Grecs *phantasia*, et chez nous *imaginativa;* car ce que nous disons vulgairement *imaginer*, les Latins le disaient *memorare*. Est-ce parce que nous ne pouvons imaginer que ce que nous nous rappelons, et nous ne nous rappelons que ce que nous avons perçu par les sens ? Il n'y a pas de peintre qui ait jamais peint aucune espèce de plantes ou d'animaux qui ne se trouve dans la nature ; les hippogriffes et les centaures ne sont que des êtres véritables mêlés en un tout fabuleux. Les poètes n'imaginent pas non plus une vertu qui ne soit dans les choses humaines ; mais après l'avoir prise dans la réalité, ils l'exaltent jusqu'à l'incroyable pour en faire un type sur lequel ils forment leurs héros. Aussi les Grecs disent-ils dans leur mythologie que les Muses, les vertus de l'imagination, sont les filles de Mémoire.

§ III. — De l'*ingenium*.

L'*ingenium* est la faculté d'amener à l'unité ce qui est séparé et divers : les Latins y joignent les épithètes d'*acutum* et *obtusum*; deux expressions tirées du sanctuaire de la géométrie : l'aigu pénètre plus promptement et rapproche la diversité, puisqu'il unit deux lignes en un point sous un angle plus petit qu'un droit ; mais l'obtus a plus de peine à entrer dans les choses, et laisse les choses diverses très éloignées sur la base, comme les deux lignes qu'il unit en un point hors de l'angle droit. L'esprit sera donc *obtusum* quand il unit avec lenteur, *acutum* quand il unit rapidement. Les Latins prennent l'un pour l'autre *ingenium* et *natura*. Est-ce parce que l'esprit humain est la nature de l'homme, ou parce que la fonction de l'*ingenium* c'est de saisir les relations des choses, de voir ce qui est convenable, décent, beau ou honteux, faculté qui est refusée aux brutes ? est-ce parce que de même que la nature engendre les choses physiques, de même l'*ingenium* humain engendre les choses mécaniques ? en sorte que Dieu est l'artisan de la nature, et l'homme le dieu de l'artificiel ? Là où est la science, là est aussi le *scitum*, que les Italiens rendent avec non moins d'élégance par *ben' intenso et aggiustato*. Est-ce parce que la science consiste à faire que les choses se correspondent dans de belles proportions, ce qui n'est au pouvoir que des *ingeniosi?* C'est pour cela que la géométrie et l'arithmétique qui en enseignent les moyens, sont les plus éprouvées de toutes les sciences, et que ceux qui y excellent sont appelés en italien *ingegnieri*, ingénieurs.

§ IV. — De la faculté certaine du savoir.

Ces réflexions nous donnent occasion de rechercher quelle est dans l'homme la faculté propre de savoir; car l'homme perçoit, juge, raisonne, mais souvent il a des perceptions fausses, il porte des jugements aveugles; il raisonne de travers. La philosophie grecque donna l'énumération suivante des facultés de savoir qui ont été données à l'homme, et des arts par lesquels chacune se gouverne : faculté de percevoir dirigée par la topique, de juger par la critique, de raisonner par la méthode. Pour la méthode, ils n'en ont pas donné les préceptes dans leurs ouvrages de dialectique, parce que les enfants l'apprenaient aisément en étudiant la géométrie. Hors de la sphère de la géométrie, l'antiquité pensait que l'ordre doit être confié à la prudence, qui ne se dirige par aucun art et qui est prudence par cela même. Les artisans seuls vous prescrivent de placer ceci dans un lieu, cela dans un autre, cela encore dans un troisième, manière d'agir moins propre à former un homme prudent qu'un ouvrier. Et si vous transportez la méthode géométrique dans la vie pratique : ..... *Nihilo plus agas, quam si des operam ut cum ratione insanias* (C'est vouloir déraisonner avec la raison). Et comme si l'on ne voyait pas régner dans les choses humaines le caprice, le fortuit, l'occasion, le hasard, vouloir marcher droit à travers les anfractuosités de la vie, vouloir dans un discours politique suivre la méthode des géomètres, c'est vouloir n'y rien mettre d'*acutum*, ne rien dire que ce qui se trouve sous les pas de chacun, c'est traiter ses auditeurs comme des enfants à qui on ne donne point d'aliment qui ne soit mâché d'avance; c'est faire le pédagogue et non pas l'orateur.

Certes, je m'étonne de voir ceux qui vantent si fort la méthode géométrique dans l'éloquence civile, ne proposer pour modèle que Démosthène. Bientôt, s'il plaît à Dieu, Cicéron ne sera que confusion, désordre, chaos; Cicéron, en qui les doctes ont jusqu'à ce jour admiré tant d'ordre, tant de soin de l'arrangement et de l'harmonie, lui, dont les paroles se succèdent et s'enchaînent, si bien que ce qu'il dit en second lieu semble sortir de ce qu'il a dit d'abord plutôt que venir de l'orateur. Mais Démosthène procède-t-il autrement que par hyperbate comme le lui reproche Longin, le plus judicieux de tous les rhéteurs? J'ajouterai que c'est dans ce désordre même que la force de son éloquence, toute en enthymèmes, se bande comme une catapulte. Son habitude est de mettre d'abord le sujet en avant pour avertir ses auditeurs de ce dont il s'agit; bientôt il se jette à côté dans une chose qui semble n'avoir rien de commun avec la question pour distraire et fourvoyer ses auditeurs; à la fin, il rétablit le rapport entre ce qu'il vient de dire et le sujet qu'il s'est proposé ; de sorte que les foudres de son éloquence tombent avec d'autant plus de puissance qu'on y est moins préparé. Il ne faut pas croire que toute l'antiquité se soit servie d'une méthode incomplète, parce qu'ils n'ont pas reconnu cette *quatrième* opération de l'esprit, pour compter comme on fait aujourd'hui. En réalité, ce n'est pas une quatrième opération, mais l'art qui s'applique à la troisième, l'art par lequel on ordonne les raisonnements. Aussi toute la dialectique, dans l'antiquité, se divisait en art d'inventer et art de juger. Les académiciens se renfermaient tout entiers dans l'invention et les stoïciens dans le jugement. Les uns et les autres avaient tort, car il n'y a pas d'invention sans jugement, ni de jugement sûr sans invention.

En effet, comment l'idée claire et distincte de notre esprit sera-t-elle le *criterium* du vrai, s'il ne voit tout ce qui est dans la chose, tous ses attributs ? Et comment peut-on être certain d'avoir tout vu, si l'on n'a pas discuté toutes les questions qui peuvent s'élever sur le sujet ? Il faut d'abord examiner si la chose est, pour ne pas discourir sur un néant ; ensuite, ce qu'elle est, pour ne pas disputer sur un nom ; puis, quelle est sa quantité, soit en étendue, soit en poids, soit en nombre ; sa qualité, et ici considérer la couleur, la saveur, la mollesse, la dureté et autres qualités tangibles ; en outre il faut se demander quand la chose naît, combien elle dure, et en quels éléments elle se résout par la corruption ; il faut y appliquer de même les autres catégories, et la comparer à toutes les choses avec lesquelles elle a quelque rapport, avec les causes dont elle naît, avec les effets qu'elle produit, avec les résultats de ses opérations, avec ce qui lui est semblable ou dissemblable ou contraire, avec ce qui est plus grand ou plus petit ou qui lui est égal. Aussi les catégories d'Aristote et les topiques sont entièrement inutiles. Si on y veut trouver du nouveau, on deviendra un lulliste ou un kirkérien, un homme qui connaît les lettres, mais qui ne sait point épeler pour lire dans le grand livre de la nature. Mais si on les considère comme des index, des tables de ce qu'il faut examiner sur un sujet pour en avoir une vue claire, rien de plus fécond pour l'invention; et c'est une source d'où peuvent sortir la faconde oratoire et l'observation profonde. Réciproquement si l'on se fie pour voir les choses à l'*idée claire et distincte*, on sera facilement trompé, et l'on croira souvent connaître distinctement ce dont on n'aura qu'une notion confuse, parce qu'on n'aura pas connu tout ce qui est dans l'objet et qui le distingue des autres choses. Mais si l'on parcourt avec le flambeau de la critique tous les *lieux* de la topique, alors on sera sûr de connaître l'objet d'une manière claire et distincte ; parce qu'on l'aura soumis à toutes les questions que l'on peut élever sur l'objet proposé, et dans cet examen successif la topique même est critique. En effet les arts sont en quelque sorte les lois de la cité de l'intelligence (*reipublicæ litterariæ*). Ce sont les observations des savants sur la nature, qui se sont converties en règles de méthode. Celui qui fait une chose selon l'art, celui-là est sûr d'avoir pour lui le sentiment de tous les doctes ; celui qui opère sans art se trompe, parce qu'il ne se fie qu'à sa nature personnelle.

Toi aussi, sage Paolo, tu es dans cette opinion, toi qui, en formant ton Prince, ne lui prescris pas de s'engager tout d'abord dans la critique, mais qui as voulu qu'il fût longtemps imbu de bons exemples, avant d'apprendre à les juger. Et pourquoi cela, sinon afin que son génie s'épanouisse d'abord, et qu'on le cultive ensuite par l'art de penser et juger ? Le divorce de l'invention et du jugement chez les Grecs n'est venu que du défaut de réflexion sur la faculté propre de savoir. Cette faculté est l'*ingenium*, par lequel l'homme a la capacité de contempler et de faire des objets semblables à ceux de sa contemplation. La première faculté qui se montre chez les enfants où la nature est plus entière et moins altérée par la persuasion ou le préjugé, c'est celle de faire le semblable ; ils appellent tous les hommes pères et toutes les femmes mères, et se plaisent à imiter :

> Ædificare casas, plaustello adjungere mures,
> Ludere par impar, equitare in arundine longa.

Or c'est la similitude des mœurs qui engendre chez les nations le sens commun. Et ceux qui ont écrit sur les inventeurs, nous apprennent que tous les arts et toutes les commodités dont le travail a enrichi le genre humain ont été trouvés ou par hasard, ou par quelque similitude qu'indiquaient les animaux, ou qu'imaginait l'industrie des hommes. — Tout ce que nous venons de dire, la philosophie italique le connaissait, la langue nous l'atteste ; ce qu'on appelle dans l'École *moyen terme*, ils l'appelaient *argumen* ou *argumentum*. *Argumen* vient de la même racine qu'*argutum* ou *acu-*

minatum. Or ceux-là sont *arguti* qui démêlent dans des choses très diverses quelque rapport commun par lequel elles s'unissent; ils franchissent ce qui se trouve sous leurs pas, et vont chercher au loin des relations qui conviennent à leur sujet, ce qui est une preuve d'*ingenium*, et s'appelle *acumen*. Il faut donc de l'*ingenium* pour inventer, puisqu'en général trouver des choses nouvelles, c'est l'œuvre et l'opération du seul *ingenium*, du génie. — Ainsi on peut conjecturer que les anciens philosophes de l'Italie faisaient peu du cas du syllogisme et du sorite, et se servaient dans leurs recherches de l'induction par analogie. C'est ce que confirme l'histoire; car la plus ancienne dialectique était l'induction et la comparaison des semblables, dont Socrate fut le dernier à faire usage; Aristote adopta ensuite le syllogisme, et Zénon le sorite. Celui qui se sert du syllogisme ne réunit pas des choses diverses, il tire plutôt une espèce subordonnée à un genre du sein même de ce genre; celui qui emploie le sorite, rapproche les causes des causes en liant chacune à celle qui lui est la plus prochaine; se servir de l'une ou de l'autre de ces deux méthodes, ce n'est pas unir deux lignes en un angle plus petit qu'un droit, ce n'est que prolonger une seule ligne; c'est plutôt de la subtilité que de l'*acuité*; remarquons cependant que l'emploi du sorite est aussi supérieur en subtilité à celui du syllogisme, que les genres sont grossiers en comparaison des causes particulières.

Au sorite des stoïciens répond la méthode géométrique de Descartes; méthode utile en géométrie, où l'on peut définir des noms et poser des postulats comme possibles ; mais dès qu'elle sort des trois dimensions et des nombres, elle ne peut guère servir à faire des découvertes, mais seulement à mettre en ordre ce qu'on a découvert. Votre exemple, docte Paolo, me confirmerait dans ce sentiment. Car pourquoi tant d'autres sont-ils si experts dans cette méthode, et ne peuvent-ils trouver les belles pensées auxquelles vous arrivez ? Vous, c'est dans un âge avancé que vous avez pénétré dans ce que les lettres ont de plus intime ; votre vie s'était passée dans des procès relatifs à la grande fortune que vous disputaient des princes et des hommes puissants de votre famille. Vous remplissez tout office libéral dans un siècle où la vie en est accablée, vous satisfaites à tout et le jour et souvent bien avant dans la nuit ; et vous avez bientôt fait autant de progrès dans ces études, qu'un autre en aurait fait qui s'y serait toujours tenu renfermé. Et que votre modestie ne rapporte pas à la méthode ce qui est le don de votre divin génie.

Concluons que ce n'est point la méthode géométrique qu'il faut introduire dans la physique, mais la démonstration elle-même. Les grands géomètres ont appliqué à la considération des principes physiques les principes mathématiques, comme parmi les anciens Pythagore et Platon, et parmi les modernes Galilée.

Ainsi on peut expliquer des phénomènes particuliers de la nature par des expériences particulières qui soient des opérations particulières de géométrie. C'est à quoi se sont appliqués dans notre Italie le grand Galilée et d'autres illustres physiciens, qui, avant qu'on introduisit la méthode géométrique dans la physique, expliquèrent de cette manière d'innombrables et très importants phénomènes de la nature. C'est là ce qui préoccupe uniquement les Anglais; aussi défendent-ils d'enseigner publiquement la physique par la méthode géométrique; et c'est ainsi qu'on peut faire avancer la physique. J'ai indiqué dans ma Dissertation sur les études de notre temps, comment on peut obvier par la culture du génie naturel aux inconvénients de la physique; ce qui a peut-être fort étonné les gens préoccupés de la méthode. Car la méthode entrave le génie en se proposant pour but la facilité; elle assure la vérité, mais elle tue la curiosité. La géométrie n'aiguise pas le génie lorsqu'on enseigne selon la méthode, mais lorsque la force du génie lui fait traverser des régions tout autres, toutes différentes, montueuses, inégales. Aussi j'exprimais les désir qu'on l'enseignât par la synthèse et non par l'analyse, afin qu'on démontrât en construisant, c'est-à-dire qu'au lieu de trouver le vrai, nous le fissions. Car trouver c'est du hasard, faire c'est de l'industrie; aussi voulais-je qu'on enseignât cette science non par nombres et espèces, mais par figures, afin que si l'esprit recevait moins de culture de cet enseignement, du moins l'imagination s'affermît; l'imagination est l'œil du génie naturel, comme le jugement est l'œil de l'intelligence. Et les cartésiens qui ne sont cartésiens, comme vous le dites très bien, Paolo, que selon la lettre et non selon l'esprit, pourraient remarquer qu'ils professent en réalité ce que nous venons d'avancer, bien qu'ils le nient de bouche; car à l'exception de ce premier vrai qu'ils demandent à la conscience (*je pense*, *donc je suis*), ils empruntent uniquement les vérités qui leur servent de règle pour le reste à l'arithmétique et à la géométrie, c'est-à-dire au vrai que nous faisons ; ils répètent sans cesse : « Que le vrai soit comme ces propositions, *trois et quatre font sept, la somme de deux côtés d'un triangle est toujours plus grande que la troisième;* » c'est-à dire qu'il faut voir la physique du point de vue géométrique ; or, cet axiome ne revient-il pas à celui-ci : « *La physique sera vraie pour moi, quand je l'aurai faite; de même que la géométrie est vraie pour les hommes, parce qu'ils la font?* »

CHAPITRE VIII

De l'ouvrier suprême.

Avec ce que nous avons dit du *vrai* et du *fait*, avec ces propositions, que le vrai est la collection de tous les éléments de l'objet, de tous en Dieu, et dans l'homme des éléments externes ; que le verbe de l'intelligence est propre en Dieu et impropre dans l'homme, et que la faculté se rapporte à ce que nous faisons bien et facilement, s'accordent ces quatre expressions latines, *Numen, Fatum, Casus* et *Fortuna*.

§ I. — Numen.

Ils appelaient *Numen* la volonté des dieux, ce qui donne à entendre que le Dieu très bon et très grand exprime sa volonté par le fait même, et l'exprime avec autant de célérité et d'aisance qu'il y en a dans un

clin d'œil. Longin admire Moïse pour la manière digne
et grande dont il parle de Dieu : *Dixit et facta sunt.*
Les Latins exprimaient ces deux idées par un seul
mot. En effet, la bonté divine n'a qu'à vouloir pour
faire les choses qu'elle veut; et telle est la facilité de
cette création que ces choses semblent naître d'elles-
mêmes. Plutarque nous raconte que les Grecs admiraient la poésie d'Homère et les peintures de Nico-
maque, parce qu'elles semblaient nées d'elles-mêmes
plutôt que formées par l'art; je pense que c'est cette
faculté créatrice qui a fait appeler divins les poètes et
les peintres. Ainsi, cette divine facilité à faire est la
nature; et dans l'homme, c'est cette vertu rare et
précieuse, aussi difficile que vantée, que nous appelons *naturalezza;* ce que Cicéron tournerait par *genus
sua sponte fusum, et quodammodo naturale.*

§ II. — Fatum et Casus.

Dictum se prend chez les Latins pour *certum; certum* signifie déterminé ; or, *fatum* est la même chose
que *dictum;* et *factum* et *verum* ont aussi pour synonyme *verbum*. Les Latins eux-mêmes, pour exprimer
un fait accompli rapidement, disaient *dictum factum*,
aussitôt dit que fait. En outre, ils appelaient *casus* la
manière dont tournent et finissent les choses et les
mots. Aussi les sages Italiens qui imaginèrent les
premiers ces expressions, désignèrent l'ordre éternel
des causes par le mot de *fatum*, et le résultat de cet
ordre éternel par *casus;* ainsi les faits seraient des
paroles de Dieu, et les événements les cas des mots

avec lesquels Dieu parle; *fatum* serait la même chose que le fait; voilà pourquoi ils regardèrent le destin comme inexorable, parce que les faits ne peuvent pas ne pas être faits.

§ III. — Fortuna.

Les Latins disaient de la Fortune qu'elle était favorable ou contraire; et cependant *fortuna* vient de l'ancien mot *fortus*, qui signifiait bon. Aussi, par la suite, pour distinguer l'une de l'autre, ils disaient *fors fortuna*. Or, la fortune est un Dieu qui opère par des causes déterminées, indépendamment de notre attente. L'ancienne philosophie italique aurait-elle donc pensé que tout ce que Dieu fait est bon, et que tout vrai, ou tout fait, est bon, et que nous, par notre injustice qui nous fait tourner les yeux sur nous-mêmes au lieu de les porter sur l'ensemble de l'univers, nous considérons comme un mal ce qui nous est contraire, mais bon dans son rapport au monde entier? Le monde sera donc une république naturelle, où Dieu, comme un monarque, a en vue le bien commun, où chacun, comme particulier, pense à son bien propre, et où le mal privé sera le bien public; et de même que dans une république fondée par les hommes le salut du peuple est la loi suprême, de même dans cet univers établi par Dieu, la reine de toutes choses sera la fortune, ou la volonté de Dieu, en ce sens que, toujours attentive au salut de l'ensemble, elle domine le bien privé, les natures particulières; et de même que le salut des particuliers doit céder au salut public, ainsi le bien de chacun sera subordonné au bien de l'univers; et de cette manière les choses qui semblent adverses dans la nature seront encore des biens.

CONCLUSION

Voilà, très sage Paolo Doria, une métaphysique convenable à la faiblesse humaine, qui n'accorde pas à l'homme toutes les vérités, et qui ne les lui refuse pas toutes, mais quelques-unes seulement; une métaphysique en harmonie avec la piété chrétienne, qui distingue le vrai divin du vrai humain, et ne propose pas la science humaine pour règle à la divine, mais qui règle l'humain sur le divin; une métaphysique qui seconde la physique expérimentale que l'on cultive maintenant avec tant de fruit pour l'humanité; car cette métaphysique nous apprend à tenir pour vrai dans la nature ce que nous reproduisons par des expériences.

Verare et *facere*, c'est la même chose (chap. I, § 1); d'où il suit que Dieu sait les choses physiques et l'homme les choses mathématiques (§ II), et par conséquent il est également faux que les dogmatiques sachent tout, et que les sceptiques ne sachent rien (§ III). Les genres sont les idées parfaites par lesquelles Dieu crée absolument, et les imparfaites, au moyen desquelles l'homme fait le vrai par hypothèse (ch. II). Prouver par les causes au moyen de ces genres, c'est créer (chap. III). Mais comme Dieu déploie une vertu infinie dans la chose la plus petite, et comme l'existence est un acte et une chose physique, l'essence des choses est une vertu et une chose métaphysique, le sujet propre de la métaphysique (chap. IV). Ainsi, il y a dans la métaphysique un genre de choses, qui est une vertu d'extension et de mouvement, et qui est égale pour des étendues et des mouvements inégaux ; et cette vertu, c'est le point métaphysique, c'est-à-dire une chose que nous considérons par l'hypothèse du point géométrique (§ I); du sanctuaire même de la géométrie se tire la démonstration que Dieu est un esprit pur et infini; qu'inétendu il fait les étendus, produit les efforts (§ II), combine les mouvements (§ III), et, toujours en repos (§ IV), meut cependant toutes choses (§ V). Dans l'*anima* de l'homme règne l'*animus* (chap. V), dans l'*animus* le *mens*, dans le *mens* Dieu (chap. VI). Le *mens*, en faisant attention, est créateur (chap. VII); le *mens* humain fait le vrai par hypothèse, et le *mens* divin le vrai absolu (§ I, II, III). Le génie (*ingenium*) a été donné à l'homme pour savoir, autrement dit, pour faire (§ IV). Enfin vous avez un Dieu qui veut par son signe (chap. VIII) et par le fait même (§ I), qui fait par sa parole, c'est-à-dire par l'ordre éternel des causes, ce que notre ignorance appelle hasard (*casus*) (§ II), et qu'au point de vue de l'intérêt nous nommons fortune (§ III).

Prenez sous votre patronage, je vous prie, ces idées de l'Italie antique sur les choses divines; cela vous appartient, vous, issu d'une si noble famille d'Italie, illustrée par tant d'actions mémorables, vous que vos lumières en métaphysique ont rendu célèbre par toute l'Italie.

PRINCIPES

DE

LA PHILOSOPHIE

DE L'HISTOIRE

(Traduits de la *Scienza nuova*.)

PRÉFACE

DE LA PREMIÈRE ÉDITION.

Les principes de la Philosophie de l'Histoire dont nous donnons une traduction abrégée, ont pour titre original : *Cinq livres sur les principes d'une science nouvelle,* relative à la nature commune des nations, par Jean-Baptiste Vico, ouvrage dédié à S. S. (Clément XII). — Trois éditions ont été faites du vivant de l'auteur, dans les années 1725, 1730 et 1744. La dernière est celle qu'on a réimprimée le plus souvent, et que nous avons suivie.

« Ce livre, disait Monti, est une montagne aride « et sauvage qui recèle des mines d'or. » La comparaison manque de justesse. Si l'on voulait la suivre, on pourrait accuser dans la *Science nouvelle,* non pas l'aridité, mais bien un luxe de végétation. Le génie impétueux de Vico l'a surchargée à chaque édition d'une foule de répétitions sous lesquelles disparaît l'unité du dessein de l'ouvrage. Rendre sensible cette unité, telle devait être la pensée de celui qui, au bout d'un siècle, venait offrir à un public français un livre si éloigné par la singularité de sa forme des idées de ses contemporains. Il ne pouvait atteindre ce but qu'en supprimant, abrégeant ou transposant les passages qui en reproduisaient d'autres sous une forme moins heureuse, ou qui semblaient appelés ailleurs par la liaison des idées. Il a fallu encore écarter quelques paradoxes bizarres, quelques étymologies forcées, qui ont jusqu'ici décrédité les vérités innombrables que contient la *Science nouvelle*. Le jour n'est pas loin sans doute où, le nom de Vico ayant pris enfin la place qui lui est due, un intérêt historique s'étendra sur tout ce qu'il a écrit, et où ses erreurs ne pourront faire tort à sa gloire; mais ce temps n'est pas encore venu.

Plusieurs personnes nous ont prodigué leurs secours et leurs conseils. Nous regrettons qu'il ne nous soit pas permis de les nommer toutes.

M. le chevalier de Angelis, auteur de travaux inédits sur Vico, a bien voulu nous communiquer la plupart des ouvrages italiens que nous avons extraits ou cités; exemple trop rare de cette libéralité d'esprit qui met tout en commun entre ceux qui s'occupent des mêmes matières. On ne peut reconnaître une bonté si désintéressée, mais rien n'en efface le souvenir.

Des avocats distingués, MM. Renouard, Cœuret de Saint-George et Foucart, ont éclairé le traducteur sur plusieurs questions de droit. Mais il a été principalement soutenu dans son travail par M. Poret, professeur au collège de Sainte-Barbe. Si cette première traduction française de la *Scienza nuova* résolvait d'une manière satisfaisante les nombreuses difficultés que présente l'original, elle le devrait en grande partie au zèle infatigable de son amitié.

PRINCIPES DE LA PHILOSOPHIE

DE L'HISTOIRE

LIVRE PREMIER

DES PRINCIPES.

ARGUMENT

On ne peut déterminer quelles lois observe la civilisation dans son développement sans remonter à son origine. L'auteur prouve d'abord la nécessité de suivre dans cette recherche une nouvelle méthode, par l'insuffisance et la contradiction de tout ce qu'on a dit sur l'histoire ancienne jusqu'à la seconde guerre punique (chap. I). — Il expose ensuite, sous la forme d'axiomes, les vérités générales qui font la base de son système (chap. II). — Il indique enfin les trois grands principes d'où part la science nouvelle, et la méthode qui lui est propre (chap. III et IV).

CHAPITRE I. — TABLE CHRONOLOGIQUE. — Vaines prétentions des Égyptiens à une science profonde et à une antiquité exagérée. Le peuple hébreu est le plus ancien de tous. Division de l'histoire des premiers siècles en trois périodes. — 1. Déluge. Géants. Age d'or. Premier Hermès. — 2. Hercule et les Héraclides. Orphée. Second Hermès. Guerre de Troie. Colonies grecques de l'Italie et de la

Sicile. — 3. Jeux olympiques. Fondation de Rome. Pythagore. Servius Tullius. Hésiode. Hippocrate et Hérodote. Thucydide ; guerre du Péloponèse. Xénophon ; Alexandre. Lois Publilia et Petilia. Guerre de Tarente et de Pyrrhus. Seconde guerre punique.

Dans ce chapitre, l'auteur jette en passant les fondements d'une critique nouvelle : 1° La civilisation de chaque peuple a été son propre ouvrage, sans communication du dehors. 2° On a exagéré la sagesse ou la puissance des premiers peuples. 3° On a pris pour des individus des êtres allégoriques ou collectifs (Hercule, Hermès).

Chap. II. — Axiomes. — 1-22. Axiomes généraux. — 23-114. Axiomes particuliers. — 1-4. Réfutation des opinions que l'on s'est formées jusqu'ici sur les commencements de la civilisation. — 5-15. Fondements du *vrai*. Méditer le monde social dans son idée éternelle. — 16-22. Fondements du *certain*. Apercevoir le monde social dans sa réalité. — 23-28. Division des peuples anciens en hébreux et gentils. Déluge universel. Géants. — 28-38. Principe de la théologie poétique. — 31-40. Origine de l'idolâtrie, de la divination, des sacrifices. — 41-46. Principes de la mythologie historique. — 47-62. Poétique. — 47-49. Principe des caractères poétiques. — 50-62. Suite de la poétique. Fable, convenance, pensée, expression, chant, vers. — 63-65. Principes étymologiques. — 66-96. Principes de l'histoire idéale. — 70-84. Origine des sociétés. — 84-96. Ancienne histoire romaine. — 97-103. Migrations des peuples. — 104-114. Principes du droit naturel.

Chap. III. — Trois principes fondamentaux. — Religions et croyance à une providence, mariages et modération des passions, sépultures et croyance à l'immortalité de l'âme.

Chap. IV. — De la méthode. — Le point de départ de la science nouvelle est la première pensée *humaine* que les hommes durent concevoir, à savoir, l'idée d'un Dieu. — Cette science emploie d'abord des preuves *philosophiques*, ensuite des preuves *philologiques*.

Les preuves *philosophiques* elles-mêmes sont ou théologiques ou logiques. La science nouvelle est une *démonstration historique* de la *Providence ;* elle trace le cercle éternel d'une *histoire idéale* dans lequel tourne l'histoire réelle de toutes les nations. Elle s'appuie sur une *critique nouvelle*, dont le *criterium* est le *sens commun du genre humain*. Cette critique est le fondement d'un nouveau système du *droit des gens*.

Preuves philologiques, tirées de l'interprétation des fables, de l'histoire des langues, etc.

CHAPITRE PREMIER

TABLE CHRONOLOGIQUE, OU PRÉPARATION DES MATIÈRES QUE DOIT METTRE EN ŒUVRE LA SCIENCE NOUVELLE.

La table chronologique que l'on a sous les yeux[1] embrasse l'histoire du monde ancien, depuis le déluge jusqu'à la seconde guerre punique, en commençant par les Hébreux, et continuant par les Chaldéens, les Scythes, les Phéniciens, les Égyptiens, les Grecs et les Romains. On y voit figurer des hommes ou des faits célèbres, lesquels sont ordinairement placés par les savants dans d'autres temps, dans d'autres lieux, ou qui même n'ont point existé. En récompense nous y tirons des ténèbres profondes où ils étaient restés ensevelis, des hommes et des faits remarquables, qui ont puissamment influé sur le cours des choses humaines; et nous montrons combien les explications qu'on a données sur *l'origine de la civilisation*, présentent d'incertitude, de frivolité et d'inconséquence.

1. Nous n'avons pas cru devoir la reproduire.

Mais toute étude sur la civilisation païenne doit commencer par un examen sévère des prétentions des nations anciennes, et surtout des Égyptiens, à une antiquité exagérée. Nous tirerons deux utilités de cet examen : celle de savoir à quelle époque, à quels pays il faut rapporter les commencements de cette civilisation ; et celle d'appuyer par des preuves, humaines à la vérité, tout le système de notre religion, laquelle nous apprend d'abord que le premier peuple fut le peuple hébreu, que le premier homme fut Adam, créé en même temps que ce monde par le Dieu véritable.

Notre chronologie se trouve entièrement contraire au système de Marsham, qui veut prouver que les Égyptiens devancèrent toutes les nations dans la religion et dans la politique, de sorte que leurs rites sacrés et leurs règlements civils, transmis aux autres peuples, auraient été reçus des Hébreux avec quelques changements. Avant d'examiner ce qu'on doit croire de cette antiquité, il faut avouer qu'elle ne paraît pas avoir profité beaucoup aux Égyptiens. Nous voyons dans les *Stromates* de saint Clément d'Alexandrie que les livres de leurs prêtres, au nombre de quarante-deux, couraient alors dans le public, et qu'ils contenaient les plus graves erreurs en philosophie et en astronomie. Leur médecine, selon Galien, *De Medicina mercuriali*, était un tissu de puérilités et d'impostures. Leur morale était dissolue, puisqu'elle permettait, qu'elle honorait même la prostitution. Leur théologie n'était que superstitions, prestiges et magie. Les arts du fondeur et du sculpteur restèrent chez eux dans l'enfance ; et quant à la magnificence de leurs pyramides, on peut dire que la grandeur n'est point inconciliable avec la barbarie.

C'est la fameuse Alexandrie qui a ainsi exalté l'antique sagesse des Égyptiens. La cité d'Alexandre unit la subtilité africaine à l'esprit délicat des Grecs, et produisit des philosophes profonds dans les choses divines. Célébrée comme la *mère des sciences*, désignée chez les Grecs par le nom de πόλις, *la ville* par excellence, elle vit son Musée aussi célèbre que l'avaient été à Athènes l'Académie, le Lycée et le Portique. Là s'éleva le grand prêtre Manéthon, qui donna à toute l'histoire de l'Égypte l'interprétation d'une sublime théologie naturelle, précisément comme les philosophes grecs avaient donné à leurs fables nationales un sens tout philosophique. (Voy. le commencement du livre II.) Dans ce grand entrepôt du commerce de la Méditerranée et de l'Orient, un peuple si vaniteux[1], avide de superstitions nouvelles, imbu du préjugé de son antiquité prodigieuse et des vastes conquêtes de ses rois, ignorant enfin que les autres nations païennes avaient pu, sans rien savoir l'une de l'autre, concevoir des idées uniformes sur les dieux et sur les héros, ce peuple, dis-je, ne peut s'empêcher de croire que tous les dieux des navigateurs qui venaient commercer chez lui, étaient d'origine égyptienne. Il voyait que toutes les nations avaient leur Jupiter et leur Hercule ; il décida que son Jupiter Ammon était le plus ancien de tous, que tous les Hercules avaient pris leur nom de l'Hercule égyptien.

Diodore de Sicile, qui vivait du temps d'Auguste, et

---

1. *Gloriæ animalia;* et dans Tacite : *Gens novarum religionum avida.*

qui traite les Égyptiens trop favorablement, ne leur donne que deux mille ans d'antiquité ; encore a-t-il été réfuté victorieusement par Giacomo Capello dans son *Histoire sacrée et égyptienne*. Cette antiquité n'est pas mieux prouvée par le *Pimandre*. Ce livre que l'on a vanté comme contenant la doctrine d'Hermès, est l'œuvre d'une imposture évidente. Casaubon n'y trouve pas une doctrine plus ancienne que le platonisme, et Saumaise ne le considère que comme une compilation indigeste.

L'intelligence humaine, étant infinie de sa nature, exagère les choses qu'elle ignore, bien au delà de la réalité. Enfermez un homme endormi dans un lieu très étroit, mais parfaitement obscur, l'horreur des ténèbres le lui fait croire certainement plus grand qu'il ne le trouvera en touchant les murs qui l'environnent. Voilà ce qui a trompé les Égyptiens sur leur antiquité.

Même erreur chez les Chinois, qui ont fermé leur pays aux étrangers, comme le firent les Égyptiens jusqu'à Psammétique, et les Scythes jusqu'à l'invasion de Darius, fils d'Hystaspe. Quelques jésuites ont vanté l'antiquité de Confucius, et ont prétendu avoir lu des livres imprimés avant Jésus-Christ; mais d'autres auteurs mieux informés ne placent Confucius que cinq cents ans avant notre ère, et assurent que les Chinois n'ont trouvé l'imprimerie que deux siècles avant les Européens. D'ailleurs la philosophie de Confucius, comme celle des livres sacrés de l'Égypte, n'offre qu'ignorance et grossièreté dans le peu qu'elle dit des choses naturelles. Elle se réduit à une suite de préceptes moraux dont l'observance est imposée à ces peuples par leur législation.

Dans cette dispute des nations sur la question de leur antiquité, une tradition vulgaire veut que les Scythes aient l'avantage sur les Égyptiens. Justin commence l'histoire universelle par placer même avant les Assyriens deux rois puissants, Tanaïs le Scythe, et l'Égyptien Sésostris. D'abord Tanaïs part avec une armée innombrable pour conquérir l'Égypte, ce pays si bien défendu par la nature contre une invasion étrangère. Ensuite Sésostris, avec une armée non moins nombreuse, s'en va subjuguer la Scythie, laquelle n'en reste pas moins inconnue jusqu'à ce qu'elle soit envahie par Darius. Encore à cette dernière époque, qui est celle de la plus haute civilisation des Perses, les Scythes se trouvent-ils si barbares que le roi ne peut répondre à Darius qu'en lui envoyant des signes matériels, sans pouvoir même écrire sa pensée en hiéroglyphes. Les deux conquérants traversent l'Asie avec leurs prodigieuses armées, sans la soumettre ni aux Scythes ni aux Égyptiens. Elle reste si bien indépendante, qu'on y voit s'élever ensuite la première des quatre monarchies les plus célèbres, celle des Assyriens.

La prétention de ces derniers à une haute antiquité est plus spécieuse. En premier lieu, leur pays est situé dans l'intérieur des terres, et nous démontrerons dans ce livre que les peuples habitèrent d'abord les contrées méditerranées, et ensuite les rivages. Ajoutez qu'on regarde généralement les Chaldéens comme les premiers sages du paganisme, en plaçant Zoroastre à leur tête. De la tribu chaldéenne se forma, sous Ninus, la grande nation des Assyriens, et le nom de la première se perdit dans celui de la seconde. Mais les Chaldéens ont été jusqu'à prétendre qu'ils avaient conservé des observations astronomiques d'environ vingt-huit mille ans. Josèphe a cru à ces observations antédiluviennes, et a prétendu qu'elles avaient été inscrites sur deux colonnes, l'une de marbre, l'autre de brique, qui devaient les préserver du déluge ou de l'embrasement du monde. On peut placer les deux colonnes dans le Musée de la crédulité.

Les Hébreux au contraire, étrangers aux nations païennes, comme l'attestent Josèphe et Lactance, n'en connurent pas moins le nombre exact des années écoulées depuis la création. C'est le calcul de Philon, approuvé par les critiques les plus sévères, et dont celui d'Eusèbe ne s'écarte d'ailleurs que de quinze cents ans, différence bien légère en comparaison des altérations monstrueuses qu'ont fait subir à la chronologie les Chaldéens, les Scythes, les Égyptiens et les Chinois. Il faut bien reconnaître que les Hébreux ont été le premier peuple, et qu'ils ont conservé sans altération les monuments de leur histoire depuis le commencement du monde.

Après les *Hébreux*, nous plaçons les *Chaldéens* et les *Scythes*, puis les *Phéniciens*. Ces derniers doivent précéder les *Égyptiens*, puisque, selon la tradition, ils leur ont transmis les connaissances astronomiques qu'ils avaient tirées de la Chaldée, et qu'ils leur ont donné en outre les caractères alphabétiques, comme nous devons le démontrer.

Si nous ne donnons aux Égyptiens que la cinquième place dans cette table, nous ne profiterons pas moins de leurs antiquités. Il nous en reste deux grands débris, aussi admirables que leurs pyramides. Je parle de deux vérités historiques, dont l'une nous a été conservée par Hérodote : 1° Ils divisaient tout le temps antérieurement écoulé en trois âges, *âge des dieux, âge des héros, âge des hommes;* 2° pendant ces trois âges, trois langues correspondantes se parlèrent, langue hiéroglyphique ou *sacrée*, langue symbolique ou *héroïque*, langue *vulgaire*, celle dans laquelle les hommes expriment, par des signes convenus, les besoins ordinaires de la vie. De même Varron, dans ce grand ouvrage *Rerum divinarum et humanarum*, dont l'injure des temps nous a privés, divisait l'ensemble des siècles écoulés en trois périodes : *temps obscur*, qui répond à l'âge divin des Égyptiens ; *temps fabuleux*, qui est leur âge héroïque ; enfin *temps historique*, l'âge des hommes, dans la nomenclature égyptienne.

Des nations civilisées ou barbares, il n'en est aucune, selon l'observation de Diodore, *qui ne se regarde comme la plus ancienne, et qui ne fasse remonter ses annales jusqu'à l'origine du monde.*

Les Égyptiens nous fourniront encore, à l'appui de ce principe, deux traditions de vanité nationale, savoir, que Jupiter Ammon était le plus ancien de tous les Jupiters, et que les Hercules des autres nations avaient pris leur nom de l'Hercule égyptien.

(An du monde 1656.) Le *déluge universel* est notre point de départ. La confusion des langues qui suivit eut lieu chez les enfants de Sem, chez les peuples orientaux. Mais il en fut sans doute autrement chez les nations sorties de Cham et de Japhet (ou Japet); les descendants de ces deux fils de Noé durent se disperser dans la vaste forêt qui couvrait la terre. Ainsi errants et solitaires, ils perdirent bientôt les mœurs humaines, l'usage de la parole, devinrent semblables aux animaux sauvages, et reprirent la taille gigantesques des hommes antédiluviens. Mais lorsque la terre desséchée put de nouveau produire le tonnerre par ses exhalaisons, les géants épouvantés rapportèrent ce terrible phénomène à un Dieu irrité. Telle est l'origine de tant de Jupiters qui furent adorés des nations païennes. De là la divination appliquée aux phénomènes du tonnerre, au vol de l'aigle, qui passait pour l'oiseau de Jupiter. Les Orientaux se firent une divination moins grossière ; ils observèrent le mouvement des planètes, les divers aspects des astres, et leur premier sage fut Zoroastre. — Selon nous, toutes les nations sorties de Cham et de Japhet se créèrent leurs langues dans les contrées méditerranées, où elles s'étaient fixées d'abord ; puis descendant vers les rivages, elles commencèrent à commercer avec les Phéniciens, peuple navigateur qui couvrit de ses colonies les bords de la Méditerranée et de l'Océan.

(Ans du monde 2000-2500.) Dès que les géants, quittant leur vie vagabonde, se mettent à cultiver les champs, nous voyons commencer l'*âge d'or* ou *âge divin* des Grecs, et quelques siècles après celui du Latium, l'*âge de Saturne*, dans lequel les dieux vivaient sur la terre avec les hommes.

Dans cet âge divin paraît d'abord le premier Hermès[1].

---

[1]. Est-il vrai que, dans cette période, Hermès ait porté d'Égypte en Grèce la connaissance des lettres et les premières lois ? ou bien Cadmus aurait-il

Les Égyptiens, dit Jamblique, *rapportaient à cet Hermès toutes les inventions nécessaires ou utiles à la vie sociale.* C'est qu'Hermès ne fut point un sage, un philosophe divinisé après sa mort; mais le caractère idéal des premiers hommes de l'Égypte, qui, sans autre sagesse que celle de l'instinct naturel, y formèrent d'abord des familles, puis des tribus, et fondèrent enfin une grande nation. D'après la division des trois âges que reconnaissaient les Égyptiens, Hermès devait être un dieu, puisque sa vie embrassait tout ce qu'on appelait l'*âge des dieux* dans cette nomenclature[1].

(An du monde 2500-3223.) L'*âge héroïque*, qui suit

---

enseigné aux Grecs l'alphabet de la Phénicie? Nous ne pouvons admettre ni l'une ni l'autre opinion. — Les Grecs ne se servirent point d'hiéroglyphes comme les Égyptiens, mais d'une écriture alphabétique; encore ne l'employèrent-ils que bien des siècles après. — Homère confia ses poèmes à la mémoire des Rapsodes, parce que de son temps les lettres alphabétiques n'étaient point trouvées, ainsi que le soutient Josèphe contre le sentiment d'Appion. — Si Cadmus eût porté les lettres phéniciennes en Grèce, la Béotie qui les eût reçues la première n'eût-elle pas dû se distinguer par sa civilisation entre toutes les parties de la Grèce? — D'ailleurs quelle différence entre les lettres grecques et phéniciennes? — Quant à l'introduction simultanée des lois et des lettres, les difficultés sont plus grandes encore. — D'abord le mot νόμος ne se trouve nulle part dans Homère. — Ensuite est-il indispensable que des lois soient écrites? n'en existait-il pas en Égypte avant Hermès, inventeur des lettres? dira-t-on qu'il n'y eut pas de lois à Sparte où Lycurgue avait défendu aux citoyens l'étude des lettres? ne voit-on pas dans Homère un conseil des héros, βουλή, où l'on délibérait de vive voix sur les lois, et un conseil du peuple, ἀγορά, où on les publiait de la même manière? La Providence a voulu que les sociétés qui n'ont point encore la connaissance des lettres se fondent d'abord sur les usages et les coutumes, pour se gouverner ensuite par des lois, quand elles sont plus civilisées. Lorsque la barbarie antique reparut au moyen âge, ce fut encore sur des coutumes que se fonda le droit chez toutes les nations européennes.

1. Les héros investis du triple caractère de chefs des peuples, de guerriers et de prêtres, furent désignés dans la Grèce par le nom d'*Héraclides*, ou enfants d'Hercule; dans la Crète, dans l'Italie et dans l'Asie Mineure, par celui de *Curètes* (*quirites* de l'inusité *quir, quiris*, lance).

celui des dieux, est caractérisé par Hercule, Orphée et le second Hermès. L'Occident a ses Hercules, l'Orient ses Zoroastres qui présentent le même caractère. Autant de types idéaux des fondateurs des sociétés, et des poètes théologiens. Si l'on s'obstine à ne voir que des hommes dans ces êtres allégoriques, que de difficultés se présentent[1]!

---

[1]. Orphée surtout, si on le considère comme un individu, offre aux yeux de la critique l'assemblage de mille monstres bizarres. — D'abord il vient de Thrace, pays plus connu comme la patrie de Mars que comme le berceau de la civilisation. — Ce Thrace sait si bien le grec qu'il compose en cette langue des vers d'une poésie admirable. — Il ne trouve encore que des bêtes farouches dans ces Grecs, auxquels tant de siècles auparavant Deucalion a enseigné la piété envers les dieux, dont Hellen a formé une même nation en leur donnant une langue commune, chez lesquels enfin règne depuis trois cents ans la maison d'Inachus. — Orphée trouve la Grèce sauvage, et en quelques années elle fait assez de progrès pour qu'il puisse suivre Jason à la conquête de la Toison d'or; la marine n'est point un des premiers arts dont s'occupent les peuples. — Dans cette expédition il a pour compagnons Castor et Pollux, frères d'Hélène, dont l'enlèvement causa la fameuse guerre de Troie. Ainsi, la vie d'un seul homme nous présente plus de faits qu'il ne s'en passerait en mille années!... Ce sont peut-être de semblables observations qui ont fait conjecturer à Cicéron, dans son livre *sur la Nature des Dieux*, qu'*Orphée n'a jamais existé*. Elles s'appliquent pour la plupart avec la même force à Hercule, à Hermès et à Zoroastre.

A ces difficultés chronologiques joignez-en d'autres, morales ou politiques. Orphée, voulant améliorer les mœurs de la Grèce, lui propose l'exemple d'un Jupiter adultère, d'une Junon implacable qui persécute la vertu dans la personne d'Hercule, d'un Saturne qui dévore ses enfants! et c'est par ces fables capables de corrompre et d'abrutir le peuple le plus civilisé, le plus vertueux, qu'Orphée élève les hommes encore bruts à l'humanité et à la civilisation.

Guidés par les principes de la science nouvelle, nous éviterons ces terribles écueils de la *mythologie;* nous verrons que ces fables, détournées de leur sens par la corruption des hommes, ne signifiaient dans l'origine rien que de vrai, rien qui ne fût digne des fondateurs des sociétés. La découverte des caractères poétiques, des types idéaux, que nous venons d'exposer, fera luire un jour pur et serein à travers ces nuages sombres dont s'était voilée la *chronologie.*

(An du monde 2820.) D'habiles critiques ont porté plus loin le scepticisme : ils ont pensé que la *guerre de Troie* n'avait jamais eu lieu, du moins telle qu'Homère la raconte, et ils ont renvoyé à la Bibliothèque de l'Imposture les Dictys de Crète et les Darès de Phrygie, qui en ont écrit l'histoire en prose, comme s'ils eussent été contemporains.

(Vers 2950.) Dans le siècle qui suit immédiatement la guerre de Troie, et à la suite des courses errantes d'Énée et d'Antenor, de Diomède et d'Ulysse, nous plaçons la *fondation des colonies grecques de l'Italie et de la Sicile*. C'est trois siècles avant l'époque adoptée par les chronologistes; mais ont-ils le droit de s'en étonner, eux qui varient de quatre cent soixante ans sur les temps où vécut Homère, l'auteur le plus voisin de ces événements? La fondation de ces colonies est du petit nombre de ces faits dans lesquels nous nous écartons de la chronologie ordinaire, mais nous y sommes contraint par une raison puissante. C'est que Syracuse et tant d'autres villes n'auraient pas eu assez de temps pour s'élever au point de richesse et de splendeur où elles parvinrent. Pendant ses guerres contre les Carthaginois, Syracuse n'avait rien à envier à la magnificence et à la politesse d'Athènes. Longtemps après, Crotone presque déserte fait pitié à Tite-Live, lorsqu'il songe au nombre prodigieux de ses anciens habitants.

(An du monde 3223.) Le *temps certain*, l'*âge des hommes* commence à l'époque où les *jeux olympiques*, fondés par Hercule, furent rétablis par Iphitus. Depuis le premier, on comptait les années par les récoltes ; depuis le second, on les compta par les révolutions du soleil.

La *première olympiade* coïncide presque avec la *fondation de Rome* (776, 753 ans avant J.-C.). Mais Rome aura pendant longtemps bien peu d'importance. Toutes ces idées magnifiques que l'on s'est faites jusqu'ici sur les commencements de Rome, et de toutes les autres capitales des peuples célèbres, disparaissent, comme le brouillard aux rayons du soleil, devant ce passage précieux de Varron, rapporté par saint Augustin dans la *Cité de Dieu : Pendant deux siècles et demi qu'elle obéit à ses rois, Rome soumit plus de vingt peuples, sans étendre son empire à plus de vingt milles.*

(An du monde 3290 ; de Rome 37.) Nous plaçons *Homère* après la fondation de Rome. L'histoire grecque, dont il est le principal flambeau, nous a laissé dans l'incertitude sur son siècle et sur sa patrie. On verra au livre III pourquoi nous nous écartons de l'opinion reçue sur ces deux points, et sur le fait même de son existence. — Nous élèverons les mêmes doutes sur celle d'*Ésope*, que nous considérons non comme un individu, mais comme un type idéal, et dont nous plaçons l'époque entre celle d'Homère et celle des sept sages de la Grèce.

(3468 ; 225.) *Pythagore*, qui vient ensuite, est, selon Tite-Live, contemporain de Servius Tullius ; on voit s'il a pu enseigner la science des choses divines à Numa, qui vivait près de deux siècles auparavant. Tite-Live dit aussi que pendant ce règne de Servius

Tullius, où l'intérieur de l'Italie était encore barbare, il eût été impossible que le nom même de Pythagore pénétrât de Crotone à Rome, à travers tant de peuples différents de langues et de mœurs. Ce dernier passage doit nous faire entendre combien devaient être faciles ces longs voyages dans lesquels Pythagore alla, dit-on, consulter en Thrace les disciples d'Orphée, en Perse les mages, les Chaldéens à Babylone, les gymnosophistes dans l'Inde ; puis, en revenant, les prêtres de l'Égypte, les disciples d'Atlas dans la Mauritanie, et les druides dans la Gaule, pour rentrer enfin dans sa patrie, riche de toute la *sagesse barbare*[1].

(An du monde 3468; de Rome 225.) *Servius Tullius* institue le cens, dans lequel on a vu jusqu'ici le fondement de la *liberté démocratique*, et qui ne fut, dans le principe, que celui de la *liberté aristocratique*.

3500. C'est l'époque où les Grecs trouvèrent leur écriture vulgaire (Voy. plus bas). Nous y plaçons *Hésiode*, *Hérodote* et *Hippocrate*. — Les chronologistes

---

1. Si nous en croyons ceux qui, aux applaudissements des savants, ont entrepris de nous faire connaître la succession des écoles de la *philosophie barbare*, Zoroastre fut le maître de Béroso et des Chaldéens, Béroso celui d'Hormès et des Égyptiens, Hermès celui d'Atlas et des Éthiopiens, Atlas celui d'Orphée, qui, de la Thrace, vint établir son école en Grèce. On sent ce qu'ont dû sérieux ces communications entre les premiers peuples, qui, à peine sortis de l'état sauvage, vivaient ignorés même de leurs voisins, et n'avaient connaissance les uns des autres qu'autant que la guerre ou le commerce leur en donnait l'occasion.

Ce que nous disons de l'isolement des premiers peuples s'applique particulièrement aux Hébreux. — Lactance assure que Pythagore n'a pu être disciple d'Isaïe. — Un passage de *Josèphe* prouve que les Hébreux, au temps d'Homère et de Pythagore, vivaient inconnus à leurs voisins de l'intérieur des terres, et à plus forte raison aux nations éloignées dont la mer les séparait. — Ptolémée Philadelphe s'étonnant qu'aucun poète, aucun historien n'eût fait mention des

déclarent sans hésiter qu'Hésiode vivait trente ans avant Homère, quoiqu'ils diffèrent de quatre siècles et demi sur le temps où il faut placer l'auteur de l'*Iliade*. Mais Velleius Paterculus et Porphyre (dans Suidas) sont d'avis qu'Homère précéda de beaucoup Hésiode. Quant aux trépieds consacrés par ce dernier en mémoire de sa victoire sur Homère, ce sont des monuments tels qu'en fabriquent de nos jours les faiseurs de médailles, qui vivent de la simplicité des curieux. — Si nous considérons, d'un côté, que la vie d'Hippocrate est toute fabuleuse, et que, de l'autre, il est l'auteur incontestable d'ouvrages écrits en prose et en caractères vulgaires, nous rapporterons son existence au temps d'Hérodote, qui écrivit de même en prose et dont l'histoire est pleine de fables.

(An du monde 3530.) *Thucydide* vécut à l'époque la mieux connue de l'histoire grecque, celle de la guerre du Péloponèse : et c'est afin de n'écrire que des choses certaines qu'il a choisi cette guerre pour sujet. Il était fort jeune pendant la vieillesse d'Hérodote, qui eût pu

lois de Moïse, le juif Démétrius lui répondit que ceux qui avaient tenté de les faire connaître aux Gentils avaient été punis miraculeusement, tels que Théopompe qui en perdit le sens, et Théodecte qui fut privé de la vue. — Aussi Josèphe ne craint point d'avouer cette longue obscurité des Juifs, et il l'explique de la manière suivante : *Nous n'habitons point les rivages ; nous n'aimons point à faire le négoce et à commercer avec les étrangers.* Sans doute la Providence voulait, comme l'observe Lactance, empêcher que la religion du vrai Dieu ne fût profanée par les communications de son peuple avec les Gentils. — Tout ce qui précède est confirmé par le témoignage du peuple hébreu lui-même, qui prétendait qu'à l'époque où parut la version des Septante, les ténèbres couvrirent le monde pendant trois jours, et qui, en expiation, observait un jeûne solennel, le 8 de tébet ou décembre. Ceux de Jérusalem détestaient les Juifs hellénistes, qui attribuaient une autorité divine à cette version.

être son père ; or il dit que *jusqu'au temps de son père, les Grecs ne surent rien de leurs propres antiquités.* Que devaient-ils donc de savoir de celles des barbares qu'ils nous ont seuls fait connaître ?... Et que penserons-nous de celles des Romains, peuple tout occupé de l'agriculture et de la guerre, lorsque Thucydide fait un tel aveu au nom de ses Grecs, qui devinrent sitôt philosophes? Dira-t-on que les Romains ont reçu de Dieu un privilège particulier?

(An du monde 3553; de Rome 303.) L'époque de Thucydide est celle où Socrate fondait la morale, où Platon cultivait avec tant de gloire la métaphysique; c'est pour Athènes l'âge de la civilisation la plus raffinée. Et c'est alors que les historiens nous font venir d'Athènes à Rome ces lois des *Douze Tables*, si grossières et si barbares. On verra plus loin la réfutation de ce préjugé.

Les Grecs avaient commencé sous le règne de Psammétique à mieux connaître l'Égypte ; à partir de cette époque, les récits d'Hérodote sur cette contrée prennent un caractère de certitude. Ce fut de *Xénophon* (3553) qu'ils reçurent les premières connaissances exactes qu'ils aient eues de la Perse; la nécessité de la guerre fit pour la Perse ce qu'avait fait pour l'Égypte l'utilité du commerce. Encore Aristote nous assure-t-il qu'avant la *conquête d'Alexandre* (3660), l'on avait débité bien des fables sur les mœurs et l'histoire des Perses. — C'est ainsi que la Grèce commença à avoir quelques notions certaines sur les peuples étrangers.

Deux lois changent à cette époque la constitution de Rome.

(3658; 416.) La loi *Publilia* est le passage visible de l'aristocratie à la démocratie. On n'a point assez remarqué cette loi, faute d'en savoir comprendre le langage.

(3661; 419.) La loi *Petilia, De nexu*, n'est pas moins digne d'attention. Par cette loi, les nobles perdirent leurs droits sur la personne des plébéiens, dont ils étaient créanciers. Mais le sénat conserva son empire souverain sur toutes les terres de la république, et le maintint jusqu'à la fin par la force des armes.

(An du monde 3708; 489.) *Guerre de Tarente*, où les Latins et les Grecs commencent à prendre connaissance les uns des autres. Lorsque les Tarentins maltraitèrent les vaisseaux des Romains, et ensuite leurs ambassadeurs, ils alléguèrent pour excuse, selon Florus, *qu'ils ne savaient qui étaient les Romains, ni d'où ils venaient*. Tant les premiers peuples se connaissaient peu, à une distance si rapprochée, et lors même qu'aucune mer ne les séparait!

(3849; 452.) *Seconde guerre punique*. C'est en commençant le récit de cette guerre que Tite-Live déclare qu'*il va écrire désormais l'histoire romaine avec plus de certitude, parce que cette guerre est la plus mémorable de toutes celles que firent les Romains*. Néanmoins il avoue son ignorance sur trois circonstances essentielles : d'abord il ne sait sous quels consuls Annibal, vainqueur de Sagonte, quitta l'Espagne pour aller en Italie, ni par quelle partie des Alpes il exécuta son passage, ni quelles étaient alors ses forces; il trouve, sur ce dernier article, la plus grande diversité d'opinions dans les anciennes annales.

D'après les observations que nous avons faites sur cette table, on voit que tout ce qui nous est parvenu de l'antiquité païenne jusqu'au temps où nous nous arrêtons, n'est qu'incertitude et obscurité. Aussi nous ne craignons pas d'y pénétrer comme dans un champ sans maître, qui appartient au premier occupant (*res nullius, quæ occupanti conceduntur*). Nous ne craindrons point d'aller contre les droits de personne, lorsqu'en traitant ces matières nous ne nous conformerons pas, ou que même nous serons contraire aux opinions que l'on s'est faites jusqu'ici sur les *origines de la civilisation*, et que par là nous les ramènerons à des *principes scientifiques*. Grâce à ces principes, les *faits de l'histoire certaine* retrouveront leurs *origines primitives*, faute desquelles ils semblent jusqu'ici n'avoir eu ni *fondement* commun, ni *continuité*, ni *cohérence*.

CHAPITRE II

AXIOMES.

Maintenant, pour donner une forme aux *matériaux* que nous venons de préparer dans la table chronologique, nous proposons les *axiomes* philosophiques et philologiques que l'on va lire, avec un petit nombre de *postulats* raisonnables, et de *définitions* où nous avons cherché la clarté. Ainsi que le sang parcourt le corps qu'il anime, de même ces idées générales, répandues dans la *science nouvelle*, l'animeront de leur esprit dans toutes ses déductions sur la *nature commune des nations*.

1-22. AXIOMES GÉNÉRAUX.

1-4. Réfutation des opinions que l'on s'est formées jusqu'ici des commencements de la civilisation.

1. Par un effet de la nature infinie de l'intelligence de l'homme, lorsqu'il se trouve arrêté par l'ignorance, il se prend lui-même pour règle de tout.

De là deux choses ordinaires : *La renommée croit*

dans sa marche; elle perd sa force pour ce qu'on voit de près (fama crescit eundo; minuit præsentia famam). La marche a été longue depuis le commencement du monde, et la renommée n'a cessé de produire les opinions magnifiques que l'on a conçues jusqu'à nous de ces antiquités que leur extrême éloignement dérobe à notre connaissance. Ce caractère de l'esprit humain a été observé par Tacite (*Agricola*) : *omne ignotum pro magnifico est;* l'inconnu ne manque pas d'être admirable.

2. Autre caractère de l'esprit humain : s'il ne peut se faire aucune idée des choses lointaines et inconnues, il les juge sur les choses connues et présentes.

C'est là la source inépuisable des erreurs où sont tombées toutes les nations, tous les savants, au sujet des commencements de *l'humanité;* les premières s'étant mises à observer, les seconds à raisonner sur ce sujet dans des siècles d'une brillante civilisation, ils n'ont pas manqué de juger d'après leur temps des premiers âges de l'humanité qui, naturellement, ne devaient être que grossièreté, faiblesse, obscurité.

3. *Chaque nation, grecque ou barbare, a follement prétendu avoir trouvé la première les commodités de la vie humaine et conservé les traditions de son histoire depuis l'origine du monde.* Ce mot précieux est de Diodore de Sicile.

Par là sont écartées à la fois les vaines prétentions des Chaldéens, des Scythes, des Égyptiens et des Chinois, qui se vantent tous d'avoir fondé la civilisation antique. Au contraire, Josèphe met les Hébreux à l'abri de ce reproche en faisant l'aveu magnanime qu'*ils sont restés cachés à tous les peuples païens.* Et en même temps l'histoire sainte nous représente le monde comme jeune, eu égard à la vieillesse que lui supposaient les Chaldéens, les Scythes, les Égyptiens, et que lui supposent encore aujourd'hui les Chinois. Preuve bien forte en faveur de la vérité de l'histoire sainte.

A la vanité des nations joignez celle des savants ; ils veulent que ce qu'ils savent soit aussi ancien que le monde. Le mot de Diodore détruit tout ce qu'ils ont pensé de cette sagesse antique qu'il faudrait désespérer d'égaler ; prouve l'imposture des oracles de Zoroastre le Chaldéen, et d'Anacharsis le Scythe, qui ne nous sont pas parvenus, du *Pimandre* de Mercure trismégiste, des vers d'Orphée, des *Vers dorés* de Pythagore (déjà condamnés par les plus habiles critiques) ; enfin découvre à la fois l'absurdité de tous les sens mystiques donnés par l'érudition aux hiéroglyphes égyptiens, et celle des allégories philosophiques par lesquelles on a cru expliquer les fables grecques.

5-15. Fondements du vrai.
(Méditer le monde social dans son idéal éternel.)

5. Pour être utile au genre humain, la philosophie doit relever et diriger l'homme déchu et toujours débile ; elle ne doit ni l'arracher à sa propre nature, ni l'abandonner à sa corruption.

Ainsi sont exclus de l'école de la nouvelle science les Stoïciens qui veulent la mort des sens, et les Épicuriens qui font des sens la règle de l'homme ; ceux-là s'enchaînant au destin, ceux-ci s'abandonnant au hasard et faisant mourir l'âme avec le corps ; les uns et les autres niant la Providence. Ces deux sectes isolent l'homme et devraient s'appeler philosophies *solitaires*. Au contraire nous admettons dans notre école les philosophes politiques, et surtout les Platoniciens, parce qu'ils sont d'accord avec tous les législateurs sur trois points capitaux : existence d'une Providence divine, nécessité de modérer les passions humaines et d'en faire des vertus *humaines*, immortalité de l'âme. Cet axiome nous donnera les trois principes de la nouvelle science [1].

6. La philosophie considère l'homme tel qu'il doit être; ainsi elle ne peut être utile qu'à un bien petit nombre d'hommes qui veulent vivre dans la république de Platon, et non ramper dans *la fange du peuple de Romulus* [2].

7. La législation considère l'homme tel qu'il est, et veut en tirer parti pour le bien de la société humaine. Ainsi de trois vices, l'orgueil féroce, l'avarice, l'ambition, qui égarent tout le genre humain, elle tire le métier de la guerre, le commerce, la politique (*la*

---

[1]. Le principe du droit naturel est *le juste dans son unité*, autrement dit, l'unité des idées du genre humain concernant les choses dont l'utilité ou la nécessité est commune à toute la nature humaine. Le pyrrhonisme détruit l'*humanité*, parce qu'il ne donne point l'unité. L'épicuréisme la dissipe, en quelque sorte, parce qu'il abandonne au sentiment individuel le jugement de l'utilité. Le stoïcisme l'anéantit, parce qu'il ne reconnaît d'utilité ou de nécessité que celle de l'âme, et qu'il méconnaît celles du corps; encore le *Sage* seul peut-il juger de celles de l'âme. La seule doctrine de Platon nous présente le *juste dans son unité*; ce philosophe pense qu'on doit suivre comme la règle du vrai ce qui semble *un*, ou *le même à tous les hommes*. (*Scienza nuova*, édition de 1725, réimprimée en 1817, page 74.)

[2]. *Dicit enim* (Cato) *tanquam in Platonis* πολιτείᾳ, *non tanquam in Romuli fæce sententiam.* (Cic. ad *Atticum*, lib. II.) (Note du Trad.)

corte), dans lesquels se forment le courage, l'opulence, la sagesse de l'homme d'État. Trois vices capables de détruire la race humaine produisent la félicité publique.

Convenons qu'il doit y avoir une Providence divine, une intelligence législatrice du monde : grâce à elle, les passions des hommes livrés tout entiers à l'intérêt privé, qui les ferait vivre en bêtes féroces dans les solitudes, ces passions mêmes ont formé la hiérarchie civile, qui maintient la société humaine.

8. Les choses, hors de leur état naturel, ne peuvent y rester, ni s'y maintenir.

Si, depuis les temps les plus reculés dont nous parle l'histoire du monde, le genre humain a vécu, et vit tolérablement en société, cet axiome termine la grande dispute élevée sur la question de savoir *si la nature humaine est sociable,* en d'autres termes *s'il y a un droit naturel;* dispute que soutiennent encore les meilleurs philosophes et les théologiens contre Épicure et Carnéade, et qui n'a point été fermée par Grotius lui-même.

Cet axiome, rapproché du septième et de son corollaire, prouve que l'homme a le libre arbitre, quoique incapable de changer ses passions en vertus, mais qu'il est aidé naturellement par la providence de Dieu, et d'une manière surnaturelle par la Grâce.

9. Faute de savoir le *vrai*, les hommes tâchent d'arriver au *certain*, afin que si *l'intelligence* ne peut être satisfaite par la *science*, la *volonté* du moins se repose sur la *conscience*.

10. La *philosophie* contemple la *raison*, d'où vient la *science du vrai;* la *philologie* étudie les actes de la liberté humaine, elle en suit l'*autorité;* et c'est de là que vient la conscience du *certain*. — Ainsi nous comprenons sous le nom de *philologues* tous les grammairiens, historiens, critiques, lesquels s'occupent de la connaissance des *langues* et des *faits* (tant des faits *intérieurs* de l'histoire des peuples, comme lois et usages, que des faits *extérieurs*, comme guerres, traités de paix et d'alliance, commerce, voyages).

Le même axiome nous montre que les *philosophes* sont restés à moitié chemin en négligeant de donner à leurs *raisonnements* une *certitude* tirée de l'*autorité* des *philologues;* que les *philologues* sont tombés dans la même faute, puisqu'ils ont négligé de donner aux faits ce caractère de *vérité* qu'ils auraient tiré des *raisonnements philosophiques*. Si les philosophes et les philologues eussent évité ce double écueil, ils eussent été plus utiles à la société, et ils nous auraient prévenus dans la recherche de cette nouvelle science.

11. L'étude des actes de la *liberté humaine*, si incertaine de sa nature, tire sa certitude et sa détermination du *sens commun* appliqué par les hommes aux *nécessités* ou *utilités* humaines, *double source du droit naturel des gens*[1].

12. Le *sens commun* est un *jugement* sans *réflexion*,

---

1. Le *droit naturel des gens* a, dans Vico, une signification très étendue. Il comprend non seulement les rapports des sociétés entre elles, mais même tous les rapports des individus entre eux. (Note du Trad.)

partagé par tout un ordre, par tout un peuple, par toute une nation, ou par tout le genre humain.

Cet axiome (avec la définition suivante) nous ouvrira une critique nouvelle relative aux *auteurs des peuples*, qui ont dû précéder de plus de mille ans les *auteurs de livres*, dont la critique s'est occupée jusqu'ici exclusivement.

13. Des idées uniformes, nées chez des peuples inconnus les uns aux autres, doivent avoir un motif commun de vérité.

Grand principe, d'après lequel le sens commun du genre humain est le *criterium* indiqué par la Providence aux nations pour déterminer la certitude dans le droit naturel des gens. On arrive à cette certitude en connaissant l'unité, l'essence de ce droit auquel toutes les nations se conforment avec diverses modifications. (Voy. l'axiome 22.)

Le même axiome renferme toutes les idées qu'on s'est formées jusqu'ici du droit naturel des gens; droit qui, selon l'opinion commune, serait sorti d'une nation pour être transmis aux autres. Cette erreur est devenue scandaleuse par la vanité des Égyptiens et des Grecs, qui, à les en croire, ont répandu la civilisation dans le monde.

C'était une conséquence naturelle qu'on fît venir de Grèce à Rome la loi des Douze Tables. Ainsi le droit civil aurait été communiqué aux autres peuples par une prévoyance humaine; ce ne serait pas un droit mis par la divine Providence dans la nature, dans les mœurs de l'humanité, et ordonné par elle chez toutes les nations!

Nous ne cesserons dans cet ouvrage de tâcher de démontrer que le droit naturel des gens naquit chez chaque peuple en particulier, sans qu'aucun d'eux sût rien des autres ; et qu'ensuite à l'occasion des guerres, ambassades, alliances, relations de commerce, ce droit fut reconnu commun à tout le genre humain.

14. La *nature* des choses consiste en ce qu'elles naissent en certaines circonstances, et de certaines manières. Que les circonstances se représentent les mêmes, les choses naissent les mêmes et non différentes.

15. Les *propriétés inséparables* du sujet doivent résulter de la modification avec laquelle, de la manière dont la chose est née ; ces propriétés *vérifient* à nos yeux que la nature de la chose même (c'est-à-dire la manière dont elle est née) est telle, et non pas autre.

16-22. Fondements du certain.
(Apercevoir le monde social dans sa réalité.)

16. Les traditions vulgaires doivent avoir quelques *motifs publics de vérité*, qui expliquent comment elles sont nées, et comment elles se sont conservées longtemps chez des peuples entiers.

Assigner à ces traditions leurs véritables causes qui, à travers les siècles, à travers les changements de langues et d'usages, nous sont arrivées déguisées par l'erreur, ce sera un des grands travaux de la nouvelle science.

17. Les façons de parler vulgaires sont les témoignages les plus graves sur les usages nationaux des temps où se formèrent les langues.

18. Une langue ancienne qui est restée en usage doit, considérée avant sa maturité, être un grand monument des usages des premiers temps du monde.

Ainsi c'est du latin qu'on tirera les preuves philologiques les plus concluantes en matière de droit des gens; les Romains ont surpassé sans contredit tous les autres peuples dans la connaissance de ce droit. Ces preuves pourront aussi être recherchées dans la langue allemande, qui partage cette propriété avec l'ancienne langue romaine.

19. Si les lois des Douze Tables furent les coutumes en vigueur chez les peuples du Latium depuis l'âge de Saturne, coutume qui, toujours mobiles chez les autres tribus, furent fixées par les Romains sur le bronze, et gardées religieusement par leur jurisprudence, ces lois sont un grand monument de l'ancien droit naturel des peuples du Latium.

20. Si les poèmes d'Homère peuvent être considérés comme l'histoire civile des anciennes coutumes grecques, ils sont pour nous deux grands trésors du droit naturel des gens considéré chez les Grecs.

Cette vérité et la précédente ne sont encore que des *postulats*, dont la démonstration se trouvera dans l'ouvrage.

21. Les philosophes grecs précipitèrent la marche

naturelle que devait suivre leur nation; ils parurent dans la Grèce lorsqu'elle était encore toute barbare, et la firent passer immédiatement à la civilisation la plus raffinée; en même temps les Grecs conservèrent entières leurs histoires fabuleuses, tant divines qu'héroïques. La civilisation marcha d'un pas plus réglé chez les Romains; ils perdirent entièrement de vue leur histoire *divine;* aussi l'*âge des dieux*, pour parler comme les Égyptiens (Voy. l'axiome 28), est appelé par Varron le *temps obscur* des Romains; les Romains conservèrent dans la langue vulgaire leur histoire héroïque, qui s'étend depuis Romulus jusqu'aux lois Publilia et Petilia, et nous trouverons réfléchie dans cette histoire toute la suite de celle des héros grecs[1].

Nous trouvons encore, dans nos principes, une autre cause de cette marche des Romains, et peut-être cette cause explique plus convenablement l'effet indiqué. Romulus fonda Rome au milieu d'autres cités latines plus anciennes, il la fonda en ouvrant un asile, *moyen*, dit Tite-Live, *employé jadis par la sagesse des fondateurs de villes;* l'âge de la violence durant encore, il dut fonder sa ville sur la même base qui avait été donnée aux premières cités du monde. La

---

1. La vérité de ces observations nous est confirmée par l'exemple de la nation française. Elle vit s'ouvrir, au milieu de la barbarie du onzième siècle, cette fameuse école de Paris, où Pierre Lombard, *le maître des sentences*, enseignait la scolastique la plus subtile; et d'un autre côté elle a conservé une sorte de poème homérique dans l'histoire de l'archevêque Turpin, ce recueil universel des *Fables héroïques* qui ont ensuite embelli tant de poèmes et de romans. Ce passage prématuré de la barbarie aux sciences les plus subtiles, a donné à la langue française une délicatesse supérieure à celle de toutes les langues vivantes; c'est elle qui reproduit le mieux l'atticisme des Grecs. Comme la langue grecque, elle est aussi éminemment propre à traiter les sujets scientifiques.

civilisation romaine partit de ce principe ; et comme les langues vulgaires du Latium avaient fait de grands progrès, il dut arriver que les Romains expliquèrent en langue vulgaire les affaires de la vie civile, tandis que les Grecs les avaient exprimées en langue héroïque. Voilà aussi pourquoi les Romains furent les *héros du monde*, et soumirent les autres cités du Latium, puis l'Italie, enfin l'univers. Chez eux l'héroïsme était jeune, lorsqu'il avait commencé à vieillir chez les autres peuples du Latium, dont la soumission devait préparer toute la grandeur de Rome.

22. Il existe nécessairement dans la nature une *langue intellectuelle commune à toutes les nations;* toutes les choses qui occupent l'activité de l'homme en société y sont uniformément comprises, mais exprimées avec autant de modifications qu'on peut considérer ces choses sous divers aspects. Nous le voyons dans les proverbes ; ces maximes de la *sagesse vulgaire* sont entendues dans le même sens par toutes les nations anciennes et modernes, quoique dans l'expression elles aient suivi la diversité des manières de voir. — Cette langue appartient à la *science nouvelle;* guidés par elle, les philologues pourront se faire un *vocabulaire intellectuel commun à toutes les langues mortes et vivantes.*

23-114. AXIOMES PARTICULIERS.

23-28. Division des peuples anciens en Hébreux et Gentils. — Déluge universel. — Géants.

23. L'histoire sacrée est plus ancienne que toutes les histoires profanes qui nous sont parvenues, puisqu'elle nous fait connaître, avec tant de détails et dans une période de huit siècles, l'état de nature sous les patriarches (*état de famille*, dans le langage de la *science nouvelle*). Cet état dont, selon l'opinion unanime des politiques, sortirent les peuples et les cités, l'histoire profane n'en fait point mention, ou en dit à peine quelques mots confus.

24. Dieu défendit la divination aux Hébreux; cette défense est la base de leur religion; la divination au contraire est le principe de la société chez toutes les nations païennes. Aussi tout le monde ancien fut-il divisé en Hébreux et Gentils.

25. Nous démontrerons le *déluge universel*, non plus par les preuves philologiques de Martin Scoock : elles sont trop légères; ni par les preuves astrologiques du cardinal d'Alliac, suivi par Pic de la Mirandole : elles sont incertaines et mêmes fausses; mais par les faits d'une *histoire physique* dont nous trouverons les vestiges dans les fables.

26. Il a existé des *géants* dans l'antiquité, tels que

les voyageurs disent en avoir trouvé de très grossiers et de très féroces à l'extrémité de l'Amérique dans le pays des Patagons. Abandonnant les vaines explications que nous ont données les philosophes de leur existence, nous l'expliquerons par des causes en partie physiques, en partie morales, que César et Tacite ont remarquées en parlant de la stature gigantesque des anciens Germains. Nous rapportons ces causes à l'*éducation* sauvage, et pour ainsi dire *bestiale*, des enfants.

27. L'histoire grecque, qui nous a conservé tout ce que nous avons des antiquités païennes, en exceptant celles de Rome, prend son commencement du *déluge et de l'existence des géants*.

Cette tradition nous présente la *division originaire du genre humain* en deux espèces, celle des géants et celle des hommes d'une stature naturelle, celle des Gentils et celle des Hébreux. Cette différence ne peut être venue que de l'éducation *bestiale* des uns, de l'éducation *humaine* des autres; d'où l'on peut conclure que les Hébreux ont eu une autre origine que celle des Gentils.

28-40. Principes de la théologie pratique. — Origine de l'idolâtrie, de la divination, des sacrifices.

28. Il nous reste deux grands débris des antiquités égyptiennes : 1° Les Égyptiens divisaient tout le temps antérieurement écoulé en trois âges : *âge des dieux, âge des héros, âge des hommes;* 2° pendant ces trois âges,

trois langues correspondantes se parlèrent : langue hiéroglyphique ou *sacrée*, langue symbolique ou *héroïque*, langue *vulgaire* ou *épistolaire*, celle dans laquelle les hommes expriment par des signes convenus les besoins ordinaires de la vie.

29. Homère parle dans cinq passages de ses poèmes d'une langue plus ancienne que l'héroïque dont il se servait, et il l'appelle langue des dieux. (Voy. livre II, chap. VI.)

30. Varron a pris la peine de recueillir trente mille noms de divinités reconnues par les Grecs. Ces noms se rapportaient à autant de besoins de la vie *naturelle, morale, économique* ou *civile* des premiers temps. — Concluons des trois traditions qui viennent d'être rapportées que *partout la société a commencé par la religion*. C'est le premier des trois principes de la *Science nouvelle*.

31. Lorsque les peuples sont *effarouchés* par la violence et par les armes, au point que les lois humaines n'auraient plus d'action, il n'existe qu'un moyen puissant pour les dompter, c'est la religion.

Ainsi dans l'*état sans lois* (*stato eslege*) la Providence réveilla dans l'âme des plus violents et des plus fiers une idée confuse de la divinité, afin qu'ils entrassent dans la vie sociale et qu'ils y fissent entrer les nations. Ignorants comme ils étaient, ils appliquèrent mal cette idée ; mais l'effroi que leur inspirait la divinité telle qu'ils l'imaginèrent, commença à ramener l'ordre parmi eux.

Hobbes ne pouvait voir la société commencer ainsi parmi *les hommes violents et farouches* de son système, lui qui, pour en trouver l'origine, s'adresse au hasard d'Épicure. Il entreprit de remplir la grande lacune laissée par la philosophie grecque, qui n'avait point considéré l'*homme dans l'ensemble de la société du genre humain.* Effort magnanime auquel le succès n'a pas répondu[1].

32. Lorsque les hommes ignorent les causes naturelles des phénomènes, et qu'ils ne peuvent les expliquer par des analogies, ils leur attribuent leur propre nature; par exemple le vulgaire dit que l'*aimant aime le fer*. (Voy. l'axiome 1.)

33. La physique des ignorants est une métaphysique vulgaire, dans laquelle ils rapportent les causes des phénomènes qu'ils ignorent à la volonté de Dieu, sans considérer les moyens qu'emploie cette volonté.

34. L'observation de Tacite est très juste : *Mobiles ad superstitionem perculsæ semel mentes.* Dès que les hommes ont laissé surprendre leur âme par une superstition pleine de terreurs, ils y rapportent tout ce qu'ils peuvent imaginer, voir ou faire eux-mêmes.

35. L'admiration est fille de l'ignorance.

36. L'imagination est d'autant plus forte que le raisonnement est plus faible.

---

[1]. La fin de cet alinéa est rejetée dans une note du chapitre III. (N. du Tr.)

37. Le plus sublime effort de la poésie est d'animer, de passionner les choses insensibles. — Il est ordinaire aux enfants de prendre dans leurs jeux les choses inanimées, et de leur parler comme à des personnes vivantes. — Les hommes du monde enfant durent être naturellement des poètes sublimes.

38. Passage précieux de Lactance sur l'origine de l'idolâtrie : *Rudes initio homines Deos appellarunt, sive ob miraculum virtutis (hoc vero putabant rudes adhuc et simplices); sive, ut fieri solet, in admirationem præsentis potentiæ; sive ob beneficio, quibus erant ad humanitatem compositi.* Au commencement les hommes encore simples et grossiers divinisèrent de bonne foi ce qui excitait leur admiration, tantôt la vertu, tantôt une puissance secourable (la chose est ordinaire), tantôt la bienfaisance de ceux qui les avaient civilisés.

39. Dès que notre intelligence est éveillée par l'admiration, quel que soit l'effet extraordinaire que nous observions, comète, parhélie, ou toute autre chose, la curiosité, fille de l'ignorance et mère de la science, nous porte à demander : Que signifie ce phénomène ?

40. La superstition qui remplit de terreur l'âme des magiciennes, les rend en même temps cruelles et barbares; au point que souvent pour célébrer leurs affreux mystères; elles égorgent sans pitié et déchirent en pièces l'être le plus innocent et le plus aimable, un enfant.

Voilà l'origine des sacrifices, dans lesquels la férocité des premiers hommes faisait couler le sang humain. Les Latins eurent leurs *victimes de Saturne* (Saturni hostiæ); les Phéniciens faisaient passer à travers les flammes les enfants consacrés à Moloch; et les Douze Tables conservent quelques traces de semblables consécrations. — Cette explication nous fera mieux entendre le vers fameux : *La crainte seule a fait les premiers dieux.* Les fausses religions sont nées de la crédulité, et non de l'imposture. — Elle répond aussi à l'exclamation impie de Lucrèce au sujet du sacrifice d'Iphigénie : *tant la religion put enfanter de maux !* Ces religions cruelles étaient le premier degré par lequel la Providence amenait les hommes encore farouches, *les fils des Cyclopes et des Lestrigons*, à la civilisation des âges d'Aristide, de Socrate et de Scipion

41-46. Principes de la mythologie historique.

41-42. Dans cette période qui suivit le déluge universel, les descendants impies des fils de Noé retournèrent à l'état sauvage, se dispersèrent comme des bêtes farouches dans la vaste forêt qui couvrait la terre, et, par l'effet d'une éducation toute *bestiale*, redevinrent géants à l'époque où il tonna la première fois après le déluge. C'est alors que *Jupiter foudroie et terrasse les géants*. Chaque nation païenne eut son Jupiter. — Il fallut sans doute plus d'un siècle après le déluge pour que la terre moins humide pût exhaler des vapeurs capables de produire le tonnerre.

43. Toute nation païenne eut son Hercule, fils de Jupiter; le docte Varron en a compté jusqu'à quarante.

— Voilà l'origine de l'héroïsme chez les premiers peuples, qui faisaient sortir leurs héros des dieux.

Cette tradition et la précédente qui nous montrent d'abord tant de Jupiters, ensuite tant d'Hercules chez les nations païennes, nous indiquent que les premières sociétés ne purent se fonder sans religion, ni s'agrandir sans vertu. — En outre, si vous considérez l'isolement de ces peuples sauvages qui s'ignoraient les uns les autres, et si vous rappelez l'axiome : *Des idées uniformes nées chez des peuples inconnus entre eux doivent avoir un motif commun de vérité*, vous trouverez un grand principe, c'est que les premières fables durent contenir des vérités relatives à l'état de la société, et par conséquent être l'histoire des premiers peuples.

44. Les premiers sages parmi les Grecs furent les *poètes théologiens*, lesquels sans aucun doute fleurirent avant les *poètes héroïques*, comme Jupiter fut père d'Hercule.

Des trois traditions précédentes, il résulte que les nations païennes avec leurs Jupiters et leurs Hercules furent dans leurs commencements toutes poétiques, et que d'abord naquit chez elles la *poésie divine*, ensuite l'*héroïque*.

45. Les hommes sont naturellement portés à conserver dans quelque monument le souvenir des lois et institutions sur lesquelles est fondée la société où ils vivent.

46. Toutes les histoires des barbares commencent par des fables.

47-62. POÉTIQUE.

47-49. Principe des caractères poétiques.

47. L'esprit humain aime naturellement l'uniforme. Cet axiome appliqué aux fables s'appuie sur une observation. Qu'un homme soit fameux en bien ou en mal, le vulgaire ne manque pas de le placer en telle ou telle circonstance, et d'inventer sur son compte des fables en harmonie avec son caractère; *mensonges de fait*, sans doute, mais *vérités d'idée*, puisque le public n'imagine que ce qui est analogue à la réalité. Qu'on y réfléchisse, on trouvera que le *vrai poétique* est *vrai métaphysiquement*, et que le *vrai physique* qui n'y serait pas conforme, devrait passer pour faux. Le véritable capitaine, par exemple, c'est le Godefroi du Tasse; tous ceux qui ne se conforment pas en tout à ce modèle, ne méritent point le nom de capitaine. Considération importante dans la poétique.

48. Il est naturel aux enfants de transporter l'idée et le nom des premières personnes, des premières choses qu'ils ont vues, à toutes les personnes, à toutes les choses qui ont avec elles quelque ressemblance, quelque rapport.

49. C'est un passage précieux que celui de Jamblique, *Sur les mystères des Égyptiens:* Les Égyptiens attribuaient à Hermès Trismégiste toutes les découvertes utiles ou nécessaires à la vie humaine.

Cet axiome et le précédent renverseront cette sublime théologie naturelle par laquelle ce grand philosophe interprète les mystères de l'Égypte.

Dans les axiomes 47, 48 et 49, nous trouvons le principe des caractères poétiques, lesquels constituent l'essence des fables. Le premier nous montre le penchant naturel du vulgaire à imaginer des fables et à les imaginer avec convenance. — Le second nous fait voir que les premiers hommes qui représentaient l'enfance de l'humanité, étant incapables d'abstraire et de généraliser, furent contraints de créer les caractères poétiques, pour y ramener, comme à autant de modèles, toutes les espèces particulières qui auraient avec eux quelque ressemblance. Cette ressemblance rendait infaillible la convenance des fables antiques. Ainsi les Égyptiens rapportaient au type du *sage dans les choses de la vie sociale* toutes les découvertes utiles ou nécessaires à la vie, et comme ils ne pouvaient atteindre cette abstraction, encore moins celle de *sagesse sociale*, ils personnifiaient le genre tout entier sous le nom d'Hermès Trismégiste. Qui peut soutenir encore qu'au temps où les Égyptiens enrichissaient le monde de leurs découvertes, ils étaient déjà philosophes, déjà capables de généraliser?

50-62. Fable, convenance, pensée, expression, etc.

50. Dans l'enfance, la mémoire est très forte; aussi l'imagination est vive à l'excès; car l'imagination n'est autre chose que la mémoire avec extension, ou composition. — Voilà pourquoi nous trouvons un caractère

si frappant de vérité dans les images poétiques, que dut former le monde enfant.

51. En tout les hommes suppléent à la nature par une étude opiniâtre de l'art; en poésie seulement, toutes les ressources de l'art ne feront rien pour celui que la nature n'a point favorisé. — Si la poésie fonda la civilisation païenne, qui devait produire tous les arts, il faut bien que la nature ait fait les premiers poètes.

52. Les enfants ont à un très haut degré la faculté d'imiter; tout ce qu'ils peuvent déjà connaître, ils s'amusent à l'imiter. — Aux temps du monde enfant, il n'y eut que des peuples poètes; la poésie n'est qu'imitation.

C'est ce qui peut faire comprendre pourquoi tous les arts de nécessité, d'utilité, de commodité, et même la plupart des arts d'agrément, furent trouvés dans les siècles poétiques, avant qu'il se formât des philosophes: les arts ne sont qu'autant d'imitations de la nature, une *poésie réelle*, si je l'ose dire.

53. Les hommes sentent d'abord, sans remarquer les choses senties; ils les remarquent ensuite, mais avec la confusion d'une âme agitée et passionnée; enfin, éclairés par une pure intelligence, ils commencent à réfléchir.

Cet axiome nous explique la formation des pensées poétiques. Elles sont l'expression des passions et des sentiments, à la différence des pensées philosophiques, qui sont le produit de la réflexion et du raisonnement. Plus les secondes s'élèvent aux généralités, plus elles approchent du *vrai ;* les premières au contraire deviennent *plus certaines* (c'est-à-dire qu'elles peignent plus fidèlement), à proportion qu'elles descendent dans les particularités.

54. Les hommes interprètent les choses douteuses ou obscures qui les touchent, conformément à leur propre nature et aux passions et usages qui en dérivent.

Cet axiome est une règle importante de notre mythologie. Les fables imaginées par les premiers hommes furent sévères comme leurs farouches inventeurs, qui étaient à peine sortis de l'indépendance bestiale pour commencer la société. Les siècles s'écoulèrent, les usages changèrent, et les fables furent altérées, détournées de leur premier sens, obscurcies dans les temps de corruption et de dissolution qui précédèrent même l'existence d'Homère. Les Grecs, craignant de trouver les dieux aussi contraires à leurs vœux qu'ils devaient l'être à leurs mœurs, attribuèrent ces mœurs aux dieux eux-mêmes et donnèrent souvent aux fables un sens honteux et obscène.

55. Étendez à tous les Gentils le passage suivant, où Eusèbe parle des seuls Égyptiens, il devient précieux : *Originairement la théologie des Égyptiens ne fut autre chose qu'une histoire mêlée de fables ; les âges suivants qui rougissaient de ces fables leur supposèrent peu à peu une signification mystique.* C'est ce que fit Manéthon, grand prêtre de l'Égypte, qui prêta à l'histoire de son pays le sens d'une sublime *théologie naturelle.*

Les deux axiomes précédents sont deux fortes preuves en faveur de notre mythologie historique, et en même temps deux coups mortels portés au préjugé qui attribue aux anciens une sagesse impossible à égaler (*inarrivabile*). Ils renferment en même temps deux puissants arguments en faveur de la vérité du christianisme qui, dans l'histoire sainte, ne présente aucun récit dont il ait à rougir.

56. Les premiers auteurs parmi les Orientaux, les Égyptiens, les Grecs et les Latins, les premiers écrivains qui firent usage des nouvelles langues de l'Europe, lorsque la barbarie antique reparut au moyen âge, se trouvent avoir été des poètes.

57. Les muets s'expliquent par des gestes, ou par d'autres signes matériels, qui ont des rapports naturels avec les idées qu'ils veulent faire entendre.
C'est le principe des langues hiéroglyphiques, en usage chez toutes les nations dans leur première barbarie. C'est celui du *langage naturel qui s'est parlé jadis dans le monde*, si l'on s'en rapporte à la conjecture de Platon (*Cratyle*), suivi par Jamblique, par les Stoïciens et par Origène (*contre Celse*). Mais comme ils avaient seulement deviné la vérité, ils trouvèrent des adversaires dans Aristote (περὶ ἑρμηνείας) et dans Galien (*de decretis Hippocratis et Platonis*); Publius Nigidius parle de cette dispute dans Aulu-Gelle. A ce *langage naturel* dut succéder le *langage poétique*, composé d'images, de similitudes et de comparaisons, enfin de traits qui peignaient les propriétés naturelles des êtres.

58. Les muets émettent des sons confus avec une

espèce de chant. Les bègues ne peuvent délier leur langue qu'en chantant.

59. Les grandes passions se soulagent par le chant, comme on l'observe dans l'excès de la douleur ou de la joie.

D'après ces deux axiomes, si les premiers hommes du monde païen retombèrent dans un état de brutalité où ils devinrent *muets* comme les bêtes, on doit croire que les plus violentes passions purent seules les arracher à ce silence, et qu'*ils formèrent leurs premières langues en chantant.*

60. Les langues durent commencer par des *monosyllabes*. Maintenant encore, au milieu de tant de facilités pour apprendre le langage articulé, les enfants, dont les organes sont si flexibles, commencent toujours ainsi.

61. Le vers *héroïque* est le plus ancien de tous. Le vers spondaïque est le plus lent, et la suite prouvera que le vers héroïque fut originairement spondaïque.

62. Le vers *iambique* est celui qui se rapproche le plus de la prose, et l'iambe est un mètre rapide, comme le dit Horace.

Ces deux axiomes peuvent nous faire conjecturer que le développement des idées et des langues fut correspondant. Les sept axiomes précédents doivent nous convaincre que chez toutes les nations l'on parla d'abord en vers, puis en prose.

63-65. Principes étymologiques.

63. *L'âme est portée* naturellement *à se voir au dehors et dans la matière;* ce n'est qu'avec beaucoup de peine et par la réflexion qu'elle en vient à se comprendre elle-même. — Principe universel d'étymologie; nous voyons, en effet, dans toutes les langues, les choses de l'âme et de l'intelligence exprimées par des métaphores qui sont tirées des corps et de leurs propriétés.

64. L'*ordre des idées* doit suivre l'*ordre des choses.*

65. Tel est l'ordre que suivent les choses humaines : d'abord les *forêts*, puis les *cabanes*, puis les *villages*, ensuite les *cités* ou réunions de citoyens, enfin les *académies* ou réunions de savants. — Autre grand principe étymologique, d'après lequel l'histoire des langues indigènes doit suivre cette série de changements que subissent les choses. Ainsi dans la langue latine nous pouvons observer que tous les mots ont des *origines sauvages et agrestes :* par exemple, *lex* (*legere*, cueillir) dut signifier d'abord *récolte de glands*, d'où l'arbre qui produit les glands fut appelé *illex, ilex ;* de même que *aquilex* est incontestablement *celui qui recueille les eaux.* Ensuite *lex* désigna la récolte des *légumes* (legumina) qui en dérivent leur nom. Plus tard, lorsqu'on n'avait pas de lettres pour écrire les lois, *lex* désigna nécessairement la réunion des citoyens ou l'assemblée publique. La présence du peuple constituait *la loi* qui rendait les testaments authentiques, *calatis comitiis.* Enfin l'action de recueillir

les lettres, et d'en faire comme un faisceau pour former chaque parole, fut appelée *legere*, lire.

66-86. Principes de l'histoire idéale.

66. Les hommes sentent d'abord le *nécessaire*, puis font attention à l'*utile*, puis cherchent la *commodité;* plus tard aiment le *plaisir*, s'abandonnent au *luxe* et viennent enfin à *tourmenter leurs richesses*[1].

67. Le caractère des peuples est d'abord *cruel*, ensuite *sévère*, puis *doux* et bienveillant, puis *ami de la recherche*, enfin *dissolu*.

68. Dans l'histoire du genre humain, nous voyons s'élever d'abord des caractères *grossiers et barbares*, comme le Polyphème d'Homère; puis il en vient d'*orgueilleux et de magnanimes*, tels qu'Achille; ensuite de *justes et de vaillants*, des Aristides, des Scipions; plus tard nous apparaissent avec de nobles images de *vertus*, et en même temps *avec de grands vices*, ceux qui, au jugement du vulgaire, obtiennent la véritable gloire, les Césars et les Alexandres; plus tard des caractères *sombres*, *d'une méchanceté réfléchie*, des Tibères; enfin des *furieux* qui s'abandonnent en même temps à une *dissolution sans pudeur*, comme les Caligulas, les Nérons, les Domitiens.

La dureté des premiers fut nécessaire, afin que l'homme, obéissant à l'homme dans *l'état de famille*,

---

1. *Divitias suas trahunt, vexant* (Salluste). (Note du Trad.)

fût préparé à obéir aux lois dans l'*état civil* qui devait suivre; les seconds, incapables de céder à leurs égaux, servirent à établir à la suite de l'état de famille les *républiques aristocratiques;* les troisièmes à frayer le chemin à la *démocratie;* les quatrièmes à élever les *monarchies;* les cinquièmes à les affermir; les sixièmes à les renverser.

69. Les gouvernements doivent être conformes à la nature de ceux qui sont gouvernés. — D'où il résulte que l'école des princes, c'est la science des mœurs des peuples.

70-82. Commencements des sociétés.

70. Qu'on nous accorde la proposition suivante (la chose ne répugne point en elle-même, et plus tard elle se trouve vérifiée par les faits) : du *premier état sans loi et sans religion* sortirent d'abord un petit nombre d'hommes supérieurs par la force, lesquels fondèrent les *familles,* et à l'aide de ces mêmes familles commencèrent à cultiver les champs; la foule des autres hommes en sortit longtemps après en se *réfugiant* sur les terres cultivées par les premiers pères de famille.

71. *Les habitudes originaires*, particulièrement celle de l'indépendance naturelle, *ne se perdent point tout d'un coup*, mais par degrés et à force de temps.

72. Supposé que toutes les sociétés aient commencé

par le culte d'une divinité quelconque, les *pères* furent sans doute, dans l'état de famille, les *sages* en fait de divination, les *prêtres* qui sacrifiaient pour connaître la volonté du ciel par les auspices, et les *rois* qui transmettaient les lois divines à leur famille.

73 et 76. C'est une tradition vulgaire que le *monde fut d'abord gouverné par des rois,* — que la *première forme de gouvernement fut la monarchie.*

74. Autre tradition vulgaire : *les premiers rois qui furent élus, c'étaient les plus dignes.*

75. Autre : *les premiers rois furent sages.* Le vain souhait de Platon était en même temps un regret de ces premiers âges pendant lesquels *les philosophes régnaient, où les rois étaient philosophes.*

Dans la personne des premiers pères se trouvèrent donc réunis la sagesse, le sacerdoce et la royauté. Les deux dernières supériorités dépendaient de la première. Mais cette sagesse n'était point la sagesse *réfléchie* (riposta), celle des philosophes, mais la *sagesse vulgaire* des législateurs. Nous voyons que dans la suite chez toutes les nations les prêtres marchaient la couronne sur la tête.

77. Dans l'état de famille, les pères durent exercer un *pouvoir monarchique*, dépendant de Dieu seul, sur la personne et sur les biens de leurs *fils*, et, à plus forte raison, sur ceux des hommes qui s'étaient réfugiés sur leurs terres, et qui étaient devenus leurs *serviteurs*. Ce sont ces premiers monarques du monde que

désigne l'Écriture sainte en les appelant *patriarches*, c'est-à-dire, *pères et princes*. Ce droit monarchique fut conservé par la loi des Douze Tables dans tous les âges de l'ancienne Rome : *Patri familias jus vitæ et necis in liberos esto :* le père de famille a sur ses enfants droit de vie et de mort; principe d'où résulte le suivant, *quidquid filius acquirit, patri acquirit :* tout ce que le fils acquiert, il l'acquiert à son père.

78. Les *familles* ne peuvent avoir été nommées d'une manière convenable à leur origine, si l'on n'en fait venir le nom de ces *famuli*, ou serviteurs des premiers pères de famille.

79. Si les premiers *compagnons*, ou *associés*, eurent pour but une *société d'utilité*, on ne peut les placer antérieurement à ces réfugiés qui, ayant cherché la sûreté près des premiers pères de famille, furent obligés pour vivre de cultiver les champs de ceux qui les avaient reçus. — Tels furent les véritables *compagnons des héros*, dans lesquels nous trouvons plus tard les *plébéiens* des cités héroïques, et en dernier lieu les *provinces soumises* à des peuples souverains.

80. Les hommes s'engagent dans des rapports de bienfaisance, lorsqu'ils espèrent retenir une partie du *bienfait*, ou en tirer une grande utilité; tel est le genre du bienfait que l'on doit attendre dans la vie sociale.

81. C'est un caractère des hommes courageux de ne point laisser perdre par négligence ce qu'ils ont acquis par leur courage, mais de ne céder qu'à la nécessité

ou à l'intérêt, et cela peu à peu, et le moins qu'ils peuvent. Dans ces deux axiomes nous voyons les *principes éternels des fiefs*, qui se traduisent en latin avec élégance par le mot *beneficia*.

82. Chez toutes les nations anciennes nous ne trouvons partout que *clientèles* et *clients*, mot qu'on ne peut entendre convenablement que par *fiefs* et *vassaux*. Les feudistes ne trouvent point d'expressions latines plus convenables pour traduire ces derniers mots que *clientes* et *clientelæ*.

Les trois derniers axiomes avec les douze précédents (en partant du 70°), nous font connaître l'*origine des sociétés*. Nous trouvons cette origine, comme on le verra d'une manière plus précise, dans la nécessité imposée aux pères de famille par leurs serviteurs. Ce premier gouvernement dut être *aristocratique*, parce que les pères de familles s'unirent en corps politique pour résister à leurs serviteurs mutinés contre eux, et furent cependant obligés pour les ramener à l'obéissance, de leur faire des concessions de terre analogues aux *feuda rustica* (*fiefs roturiers*) du moyen âge. Ils se trouvèrent eux-mêmes avoir assujetti leurs souverainetés domestiques (que l'on peut comparer aux *fiefs nobles*) à la *souveraineté de l'ordre* dont ils faisaient partie. Cette origine des sociétés sera prouvée par le fait; mais quand elle ne serait qu'une hypothèse, elle est si simple et si naturelle, tant de phénomènes politiques s'y rapportent d'eux-mêmes comme à leur cause, qu'il faudrait encore l'admettre comme vraie. Autrement il devient impossible de comprendre comment l'*autorité civile* dériva de l'*autorité domestique*;

comment le patrimoine public se forma de la réunion des patrimoines particuliers ; comment à sa formation la société trouva des éléments tout préparés dans un corps peu nombreux qui pût commander, dans une multitude de plébéiens qui pût obéir. Nous démontrerons qu'en supposant les familles composées seulement *de fils,* et non *de serviteurs,* cette formation des sociétés a été impossible.

83. Ces concessions de terres constituèrent la première *loi agraire* qui ait existé, et la nature ne permet pas d'en *imaginer* ni d'en *comprendre* une qui puisse offrir plus de précision.

Dans cette loi agraire furent distingués les trois genres de possession qui peuvent appartenir aux trois sortes de personnes : *domaine bonitaire* appartenant aux plébéiens ; *domaine quiritaire* appartenant aux pères, conservé par les armes, et par conséquent *noble; domaine éminent* appartenant au corps souverain. Ce dernier genre de possession n'est autre chose que la souveraine puissance dans les républiques aristocratiques.

84-96. Ancienne histoire romaine.

84. Dans un passage remarquable de sa *Politique,* où il énumère les diverses sortes de gouvernements, Aristote fait mention de la *royauté héroïque,* où les rois, chefs de la religion, administraient la justice au dedans, et conduisaient les guerres au dehors.

Cet axiome se rapporte précisément à la royauté

héroïque de Thésée et de Romulus. (Voyez la *Vie* du premier dans Plutarque.) Quant aux rois de Rome, nous voyons Tullus Hostilius juge d'Horace [1]. Les rois de Rome étaient appelés rois des choses sacrées, *reges sacrorum*. Et même après l'expulsion des rois, de crainte d'altérer la forme des cérémonies, on créait un roi des choses sacrées ; c'était le chef des féciaux, ou hérauts de la république.

85. Autre passage remarquable de la *Politique* d'Aristote : *Les anciennes républiques n'avaient point de loi pour punir les offenses et redresser les torts particuliers; ce défaut de lois est commun à tous les peuples barbares.* En effet, les peuples ne sont barbares dans leur origine que parce qu'ils ne sont pas encore adoucis par les lois. — De là la *nécessité des duels et des représailles personnelles* dans les temps barbares, où l'on manque de *lois judiciaires*.

86. Troisième passage non moins précieux du même livre : *Dans les anciennes républiques, les nobles juraient aux plébéiens une éternelle inimitié.* Voilà ce qui explique l'orgueil, l'avarice et la barbarie des nobles à l'égard des plébéiens, dans les premiers siècles de l'histoire romaine. Au milieu de cette prétendue liberté populaire que l'imagination des historiens nous montre dans Rome; ils *pressaient*[2] les plébéiens, et les forçaient de les servir à la guerre à leurs propres

---

[1]. Par l'intermédiaire des duumvirs auxquels il délègue son pouvoir.
(Note du Trad.)

[2]. Ce mot est pris dans le sens anglais, *to press*. (*Angariarono*.)
(Note du Trad.)

dépens ; ils les enfonçaient, pour ainsi dire, dans un abîme d'usure ; et lorsque ces malheureux n'y pouvaient satisfaire, ils les tenaient enfermés toute leur vie dans leurs prisons particulières, afin de se payer eux-mêmes par leurs travaux et leurs sueurs ; là, ces tyrans les déchiraient à coups de verges comme les plus vils esclaves.

87. Les républiques aristocratiques se décident difficilement à la guerre, de crainte d'aguerrir la multitude des plébéiens.

88. Les gouvernements aristocratiques conservent les richesses dans l'ordre des nobles, parce qu'elles contribuent à la puissance de cet ordre. — C'est ce qui explique la clémence avec laquelle les Romains traitaient les vaincus ; ils se contentaient de leur ôter leurs armes, et leur laissaient la jouissance de leurs biens (*dominium bonitarium*), sous la condition d'un tribut supportable. — Si l'aristocratie romaine combattit toujours les lois agraires proposées par les Gracques, c'est qu'elle craignait d'enrichir le petit peuple.

89. L'*honneur* est le plus noble aiguillon de la valeur militaire.

90. Les peuples, chez lesquels les différents ordres se disputent les *honneurs* pendant la paix, doivent déployer à la guerre une *valeur héroïque* ; les uns veulent se conserver le privilège des honneurs, les autres mériter de les obtenir. Tel est le principe de l'*héroïsme* romain depuis l'expulsion des rois jusqu'aux guerres

puniques. Dans cette période, les nobles se dévouaient pour leur patrie, dont le salut était lié à la conservation des privilèges de leur ordre ; et les plébéiens se signalaient par de brillants exploits pour prouver qu'ils méritaient de partager les mêmes honneurs.

91. Les querelles dans lesquelles les différents ordres cherchent l'égalité des droits, sont pour les républiques le plus puissant moyen d'agrandissement.

Autre principe de l'*héroïsme* romain, appuyé sur trois vertus civiles : *confiance magnanime des plébéiens,* qui veulent que les patriciens leur communiquent les droits civils, en même temps que ces lois dont ils se réservent la connaissance mystérieuse ; *courage des patriciens,* qui retiennent dans leur ordre un privilège si précieux ; *sagesse des jurisconsultes,* qui interprètent ces lois, et qui peu à peu en étendent l'utilité en les appliquant à de nouveaux cas, selon ce que demande la raison. Voilà les trois caractères qui distinguent exclusivement la jurisprudence romaine.

92. Les faibles veulent les lois ; les puissants les repoussent ; les ambitieux en présentent de nouvelles pour se faire un parti ; les princes protègent les lois, afin d'égaliser les puissants et les faibles.

Dans sa première et sa seconde partie, cet axiome éclaire l'histoire des querelles qui agitent les aristocraties. Les nobles font de la connaissance des lois le *secret* de leur ordre, afin qu'elles dépendent de leurs caprices, et qu'ils les appliquent *aussi arbitrairement que des rois.* Telle est, selon le jurisconsulte Pomponius, la raison pour laquelle les plébéiens désiraient la loi des Douze Tables : *gravia erant jus latens, incertum, et manus regia*. C'est aussi la cause de la répugnance que montraient les sénateurs pour accorder cette législation : *mores patrios servandos ; leges ferri non oportere*. Tite-Live dit, au contraire, que les nobles ne repoussaient pas les vœux du peuple, *desideria plebis non aspernari*. Mais Denys d'Halicarnasse devait être mieux informé que Tite-Live des antiquités romaines, puisqu'il écrivait d'après les *Mémoires* de Varron, le plus docte des Romains [1].

Le troisième article du même axiome nous montre la route que suivent les ambitieux dans les états populaires pour s'élever au pouvoir souverain ; ils secondent le désir naturel du peuple qui, ne pouvant s'élever aux idées générales, veut une loi pour chaque cas particulier. Aussi voyons-nous que Sylla, chef du parti de la noblesse, n'eut pas plus tôt vaincu Marius, chef du parti du peuple, et rétabli la république en rendant le gouvernement à l'aristocratie, qu'il remédia à la multitude des lois par l'institution des *quæstiones perpetuæ*.

Enfin le même axiome nous fait connaître dans sa dernière partie le secret motif pour lequel les empereurs, en commençant par Auguste, firent des *lois innombrables pour des cas particuliers ;* et pourquoi chez les modernes tous les états monarchiques ou républicains ont reçu le corps du droit romain, et celui du droit canonique.

---

1. Nous rejetons une longue digression sur la question de savoir si les lois des Douze Tables ont été transportées d'Athènes à Rome. Nous citons ailleurs un passage plus considérable d'un autre ouvrage de Vico sur le même sujet.
(Note du Trad.)

93. Dans les démocraties où domine une multitude avide, dès qu'une fois cette multitude s'est ouvert par les lois la porte des honneurs, la paix n'est plus qu'une lutte dans laquelle on se dispute la puissance, non plus avec les lois, mais avec les armes ; et la puissance elle-même est un moyen de faire des lois pour enrichir le parti vainqueur ; telles furent à Rome les lois agraires proposées par les Gracques. De là résultent à la fois des guerres civiles au dedans, des guerres injustes au dehors.

Cet axiome confirme par son contraire ce qu'on a dit de l'*héroïsme* romain pour tout le temps antérieur aux Gracques.

94. Plus les biens sont attachés à la personne, au corps du possesseur, plus la liberté naturelle conserve sa fierté ; c'est avec le superflu que la servitude enchaîne les hommes.

Dans son premier article, cet axiome est un nouveau principe de l'*héroïsme* des premiers peuples ; dans le second, c'est le *principe naturel des monarchies*.

95. Les hommes aiment d'abord à sortir de sujétion et désirent l'*égalité* ; voilà les plébéiens dans les républiques aristocratiques, qui finissent par devenir des gouvernements populaires. Ils s'efforcent ensuite de *surpasser leurs égaux* ; voilà le petit peuple dans les états populaires qui dégénèrent en oligarchies. Ils veulent enfin *se mettre au-dessus des lois* ; et il en résulte une démocratie effrénée, une anarchie, qu'on peut appeler la pire des tyrannies, puisqu'il y a autant de tyrans qu'il se trouve d'hommes audacieux et dis-

solus dans la cité. Alors le petit peuple, éclairé par ses propres maux, y cherche un remède en *se réfugiant dans la monarchie*. Ainsi nous trouvons dans la nature cette *loi royale* par laquelle Tacite légitime la monarchie d'Auguste : *qui cuncta bellis civilibus fessa nomine principis sub imperium* ACCEPIT.

96. Lorsque la réunion des familles forma les premières cités, *les nobles* qui sortaient à peine de l'*indépendance de la vie sauvage*, ne voulaient point se soumettre au frein des lois, ni aux charges publiques ; voilà les *aristocraties* où les nobles sont seigneurs. Ensuite les plébéiens étant devenus nombreux et aguerris, les nobles se soumirent, comme les plébéiens, aux lois et aux charges publiques ; voilà les nobles dans les *démocraties*. Enfin, pour s'assurer la vie commode dont ils jouissent, ils inclinèrent naturellement à se soumettre au gouvernement d'un seul ; voilà les nobles sous la *monarchie*.

97-103. Migration des peuples.

97. Qu'on m'accorde, et la raison ne s'y refuse pas, qu'après le déluge les hommes habitèrent d'abord sur les *montagnes* ; il sera naturel de croire qu'ils descendirent quelque temps après dans les *plaines*, et qu'au bout d'un temps considérable ils prirent assez de confiance pour aller jusqu'aux *rivages* de la mer.

98. On trouve dans Strabon un passage précieux de Platon, où il raconte qu'après les déluges particuliers

d'Ogygès et de Deucalion, les hommes habitèrent *dans les cavernes des montagnes*, et il les reconnaît dans ces cyclopes, ces Polyphèmes, qui lui représentent ailleurs les premiers pères de famille ; ensuite sur les *sommets* qui dominent les vallées, tels que Dardanus qui fonda Pergame, depuis la citadelle de Troie ; enfin dans les *plaines*, tels qu'Ilus qui fit descendre Troie jusqu'à la plaine voisine de la mer, et qui l'appela Ilion.

99. Selon une tradition ancienne, Tyr, fondée d'abord *dans les terres*, fut ensuite assise sur le *rivage* de la mer de Phénicie ; et l'histoire nous apprend que de là elle passa dans une *île* voisine, qu'Alexandre rattacha par une chaussée au continent.

Le postulat 97 et les deux traditions qui viennent à l'appui, nous apprennent que les peuples *méditerranés* se formèrent d'abord, ensuite les peuples *maritimes*.

Nous y trouvons aussi une preuve remarquable de l'antiquité du peuple hébreu, dont Noé plaça le berceau dans la Mésopotamie, contrée la plus *méditerranée* de l'ancien monde habitable. Là aussi se fonda la première monarchie, celle des Assyriens, sortis de la tribu chaldéenne, laquelle avait produit les premiers sages, et Zoroastre le plus ancien de tous.

100. Pour que les hommes se décident à *abandonner pour toujours la terre où ils sont nés*, et qui naturellement leur est chère, il faut les plus extrêmes nécessités. Le désir d'acquérir par le commerce, ou de conserver ce qu'ils ont acquis, peut seul les décider à quitter leur patrie *momentanément*.

C'est le principe de la *transmigration des peuples*,

dont les moyens furent, ou les *colonies maritimes des temps héroïques*, ou les *invasions des barbares*, ou les *colonies* les plus lointaines *des Romains*, ou celles *des Européens dans les deux Indes*.

Le même axiome nous démontre que les descendants des fils de Noé durent *se perdre et se disperser* dans leurs courses vagabondes, comme les bêtes sauvages, soit pour *échapper* aux animaux farouches qui peuplaient la vaste forêt dont la terre était couverte, soit en *poursuivant* les femmes rebelles à leurs désirs, soit en *cherchant* l'eau et la pâture. Ils se trouvèrent ainsi épars sur toute la terre, lorsque le tonnerre se faisant entendre pour la première fois depuis le déluge, les ramena à des pensées religieuses, et leur fit concevoir un Dieu, un Jupiter; principe uniforme des sociétés païennes qui eurent chacune leur Jupiter. S'ils eussent conservé des mœurs *humaines*, comme le peuple de Dieu, ils seraient, comme lui, restés en Asie; cette partie du monde est si vaste, et les hommes étaient alors si peu nombreux, qu'ils n'avaient aucune nécessité de l'abandonner; il n'est point dans la nature que l'on quitte par caprice le pays de sa naissance.

101. Les Phéniciens furent les premiers navigateurs du monde ancien.

102. Les nations encore barbares *sont impénétrables;* au dehors, il faut la *guerre* pour les ouvrir aux étrangers, au dedans l'intérêt du *commerce* pour les déterminer à les admettre. Ainsi Psammétique ouvrit l'Égypte aux Grecs de l'Ionie et de la Carie, lesquels durent être célèbres après les Phéniciens par leur

commerce maritime[1]. Ainsi dans les temps modernes les Chinois ont ouvert leur pays aux Européens.

Ces trois axiomes nous donnent le principe d'un *système d'étymologie pour les mots dont l'origine est certainement étrangère*, système différent de celui dans lequel nous trouvons l'*origine des mots indigènes*. Sans ce principe, nul moyen de connaître l'*histoire des nations transplantées par des colonies aux lieux où s'étaient établies déjà d'autres nations*. Ainsi Naples fut d'abord appelée *Sirène*, d'un mot syriaque, ce qui prouve que les Syriens ou Phéniciens y avaient fondé un comptoir. Ensuite elle s'appela *Parthenope*, d'un mot grec de la langue *héroïque*, et enfin *Neapolis* dans la langue grecque vulgaire; ce qui prouve que les Grecs s'y étaient établis pour partager le commerce des Phéniciens. De même sur les rivages de Tarente il y eut une colonie syrienne appelée *Siri*, que les Grecs nommèrent ensuite *Polylée*; Minerve, qui y avait un temple, en tira le surnom de *Poliade*.

103. Je demande qu'on m'accorde, et on sera forcé de le faire, qu'il y ait eu *sur le rivage du Latium une colonie grecque*, qui, *vaincue et détruite par les Romains*, sera restée ensevelie dans les ténèbres de l'antiquité.

Si l'on n'accorde point ceci, quiconque réfléchit sur les choses de l'antiquité et veut y mettre quelque

---

[1]. C'est ce qui explique ces grandes richesses qui permirent aux Ioniens de bâtir le temple de Junon à Samos, et aux Cariens d'élever le tombeau de Mausole, qui furent placés au nombre des sept merveilles du monde. La gloire du commerce maritime appartient en dernier lieu à ceux de Rhodes qui élevèrent à l'entrée de leur port le fameux colosse du Soleil. (Vico.)

ensemble, ne trouve dans l'histoire romaine que sujets de s'étonner; elle nous parle d'*Hercule*, d'*Évandre*, d'*Arcadiens*, de *Phrygiens établis dans le Latium*, d'un *Servius Tullius* d'origine grecque, d'un *Tarquin l'Ancien*, fils du Corinthien Démarate, d'*Énée*, auquel le peuple romain rapporte sa première origine. *Les lettres latines*, comme l'observe Tacite, *étaient semblables aux anciennes lettres grecques;* et pourtant Tite-Live pense qu'au temps de Servius Tullius le nom même de Pythagore, qui enseignait alors dans son école tant célébrée de Crotone, n'avait pu pénétrer jusqu'à Rome. Les Romains ne commencèrent à connaître les Grecs d'Italie qu'à l'occasion de la guerre de Tarente, qui entraîna celle de Pyrrhus et des Grecs d'outre-mer. (Florus).

104-114. Principes du droit naturel.

104. Elle est digne de nos méditations, cette pensée de Dion Cassius : *la coutume est semblable à un roi, la loi à un tyran* : ce qui doit s'entendre de la coutume raisonnable, et de la loi qui n'est point animée de l'esprit de la raison naturelle.

Cet axiome termine par le fait la grande dispute à laquelle a donné lieu la question suivante : *Le droit est-il dans la nature, ou seulement dans l'opinion des hommes ?* C'est la même que l'on a proposée dans le corollaire du huitième axiome : *La nature humaine est-elle sociable ?* Si la coutume commande comme un roi à des sujets qui veulent obéir, le droit naturel qui a été ordonné par la coutume est né des mœurs humaines, résultant de la NATURE COMMUNE DES NATIONS. Ce droit conserve la société, parce qu'il n'y a chose plus agréable et par conséquent plus naturelle que de suivre les coutumes enseignées par la nature. D'après tout ce raisonnement, *la nature humaine*, dont elles sont un résultat, *ne peut être que sociable.*

Cet axiome, rapproché du huitième et de son corollaire, prouve que l'*homme n'est pas injuste par le fait de sa nature, mais par l'infirmité d'une nature déchue.* Il nous démontre le premier *principe du christianisme*, qui se trouve dans le caractère d'Adam, considéré avant le péché, et dans l'état de perfection où il dut avoir été conçu par son Créateur. Il nous démontre par suite les *principes catholiques de la grâce.* La grâce suppose le libre arbitre, auquel elle prête un secours *surnaturel*, mais qui est aidé *naturellement* par la Providence. (Voy. le même axiome huitième et son second corollaire.) Sur ce dernier article la religion chrétienne s'accorde avec toutes les autres. Grotius, Selden et Puffendorf devaient fonder leurs systèmes sur cette base et se ranger à l'opinion des jurisconsultes romains, selon lesquels le *droit naturel a été ordonné par la divine Providence.*

105. Le *droit naturel des gens* est sorti des *mœurs et coutumes* des nations, lesquelles se sont rencontrées dans un *sens commun*, ou manière de voir uniforme, et cela sans *réflexion*, sans prendre *exemple* l'une de l'autre.

Cet axiome, avec le mot de Dion Cassius qui vient d'être rapporté, établit que la Providence est *la législatrice du droit naturel des gens*, parce qu'elle est la *reine des affaires humaines.*

Le même axiome établit la différence qui existe entre le *droit naturel des Hébreux*, celui des *Gentils* et des *philosophes*. Les Gentils eurent seulement les secours *ordinaires* de la Providence, les Hébreux eurent de plus les secours *extraordinaires* du vrai Dieu, et c'est le principe de la *division de tous les peuples anciens en Hébreux et Gentils*. Les philosophes, par leurs raisonnements, arrivèrent à l'idée d'un droit plus parfait que celui que pratiquaient les Gentils; mais ils ne parurent que deux mille ans après la fondation des sociétés païennes. Ces trois différences, inaperçues jusqu'ici, renversent les trois systèmes de Grotius, de Selden et de Puffendorf.

106. Les sciences doivent prendre pour point de départ l'époque où commence le sujet dont elles traitent[1].

107. Les *Gentes* (familles, tribus, clans) commencèrent avant les cités, du moins celles que les Latins appelèrent *gentes majores*, c'est-à-dire *maisons nobles anciennes*, comme celles des *Pères* dont Romulus composa le sénat, et en même temps la cité de Rome. Au contraire, on appela *gentes minores* les *maisons nobles nouvelles* fondées après les cités, telles que celles des *Pères* dont Junius Brutus, après avoir chassé les rois,

---

[1] Cet axiome, placé ici à cause de son rapport *particulier* avec le droit des gens, s'applique *généralement* à tous les objets dont nous avons à parler. Il aurait dû être rangé parmi les *axiomes généraux;* si nous l'avons mis en cet endroit, c'est qu'on voit mieux dans le droit des gens que dans toute autre matière particulière combien il est conforme à la vérité, et important dans l'application. (Vico.)

remplit le sénat, devenu presque désert par la mort des sénateurs que Tarquin le Superbe avait fait périr.

108. Telle fut aussi la division des dieux : *Dii majorum gentium*, ou dieux consacrés par les familles avant la fondation des cités ; et *dii minorum gentium*, ou dieux consacrés par les peuples, comme Romulus, que le peuple romain appela après sa mort *Dius Quirinus*.

Ces trois axiomes montrent que les systèmes de Grotius, de Selden et de Puffendorf, manquent dans leurs principes mêmes. Ils commencent par les *nations déjà* formées et composant dans leur ensemble la *société du genre humain*, tandis que l'*humanité* commença chez toutes les nations primitives à l'*époque où les familles étaient les seules sociétés et où elles adoraient les dieux* majorum gentium.

109. Les hommes à courte vue prennent pour la justice ce qu'on leur montre rentrer dans les termes de la loi.

110. Admirons la définition que donne Ulpien de l'*équité civile : c'est une présomption de droit, qui n'est point connue naturellement à tous les hommes* (comme l'équité naturelle), *mais seulement à un petit nombre d'hommes, qui, réunissant la sagesse, l'expérience et l'étude, ont appris ce qui est nécessaire au maintien de la société.* C'est ce que nous appelons *raison d'État*.

111. La *certitude de la loi* est une *ombre* de la raison (*obscurezza*) *appuyée sur l'autorité*. Nous trouvons alors les lois *dures* dans l'application, et pourtant nous

sommes obligés de les appliquer en considération de leur *certitude*. *Certum*, en bon latin, signifie *particularisé* (*individualitum*, comme dit l'École); dans ce sens, *certum* et *commune* sont très bien opposés entre eux.

La *certitude* est le principe de la *jurisprudence inflexible*, naturelle aux âges barbares, et dont l'*équité civile* est la règle. Les barbares, n'ayant que des idées particulières, *s'en tiennent naturellement à cette certitude*, et sont satisfaits pourvu que les termes de la loi soient appliqués avec précision. Telle est l'idée qu'ils se forment du droit. Aussi la phrase d'Ulpien, *Lex dura est, sed scripta est*, s'exprimerait plus élégamment, selon la langue et selon la jurisprudence, par les mots : *Lex dura est, sed certa est*.

112. Les hommes éclairés estiment conforme à la justice ce que l'impartialité reconnaît être utile dans chaque cause.

113. Dans les lois, le *vrai* est une lumière certaine dont nous éclaire la *raison naturelle*. Aussi les jurisconsultes disent-ils souvent *verum est*, pour *æquum est*. (Voy. les axiomes 9 et 10.)

114. *L'équité naturelle de la jurisprudence humaine, dans son plus grand développement*, est une *pratique*, une application *de la sagesse aux choses de l'utilité;* car la *sagesse*, en prenant le mot dans le sens le plus étendu, n'est que la *science de faire des choses l'usage qu'elles ont dans la nature*.

Tel est le principe de la *jurisprudence humaine*, dont

la règle est l'*équité naturelle*, et qui est inséparable de la civilisation. Cette jurisprudence, ainsi que nous le démontrerons, est l'*école publique* d'où sont sortis les philosophes. (Voy. le livre IV, vers la fin.)

Les six dernières propositions établissent que la *Providence a été la législatrice du droit naturel des gens*. Les nations devant vivre pendant une longue suite de siècles encore incapables de connaître la *vérité* et l'*équité naturelle*, la Providence permit qu'en attendant elles s'attachassent à la *certitude* et l'*équité civile*, qui suit religieusement l'expression de la loi ; de façon qu'elles observassent la loi, même lorsqu'elle devenait *dure* et rigoureuse dans l'application, *pour assurer le maintien de la société humaine*.

C'est pour avoir ignoré les vérités énoncées dans ces derniers axiomes, que les trois principaux auteurs, qui ont écrit sur le droit naturel des gens, se sont égarés comme de concert dans la recherche des principes sur lesquels ils devaient fonder leurs systèmes. Ils ont cru que les nations païennes, dès leur commencement, avaient compris l'*équité naturelle* dans sa perfection idéale, sans réfléchir qu'il fallut bien deux mille ans pour qu'il y eût des philosophes, et sans tenir compte de l'assistance particulière que reçut du vrai Dieu un peuple privilégié.

CHAPITRE III

TROIS PRINCIPES FONDAMENTAUX.

Maintenant, afin d'éprouver si les propositions que nous avons présentées comme les *éléments* de la science nouvelle peuvent donner forme aux *matériaux* préparés dans la table chronologique, nous prions le lecteur de réfléchir à tout ce qu'on a jamais écrit sur les principes du savoir divin et humain des Gentils, et d'examiner s'il y trouvera rien qui contredise toutes ces propositions, ou plusieurs d'entre elles, ou même une seule; chacune étant étroitement liée avec toutes les autres, en ébranler une, c'est les ébranler toutes. S'il fait cette comparaison, il ne verra certainement dans ce qu'on a écrit sur ces matières que des *souvenirs* confus, que les rêves d'une *imagination* déréglée; la *réflexion* y est restée étrangère, par l'effet des deux vanités dont nous avons parlé (axiome 3). La *vanité des nations*, dont chacune veut être la plus ancienne de toutes, nous ôte l'espoir de trouver les principes de la science nouvelle dans les écrits des *philologues*, la *vanité des savants*, qui veulent que leurs sciences favorites aient été portées à leur perfection dès le commencement du monde, nous empêche de les chercher dans les ouvrages des *philosophes;* nous suivrons donc ces recherches, comme s'il n'existait point de livres.

Mais dans cette nuit sombre dont est couverte à nos yeux l'antiquité la plus reculée, apparaît une lumière qui ne peut nous égarer; je parle de cette vérité incontestable : *le monde social est certainement l'ouvrage des hommes;* d'où il résulte que l'on en peut, que l'on en doit trouver les principes dans les modifications mêmes de l'intelligence humaine. Cela admis, tout homme qui réfléchit ne s'étonnera-t-il pas que les philosophes aient entrepris sérieusement de connaître le *monde de la nature* que Dieu a faite et dont il s'est réservé la science, et qu'ils aient négligé de méditer sur ce *monde social,* que les hommes peuvent connaître, puisqu'il est leur ouvrage? Cette erreur est venue de l'infirmité de l'intelligence humaine : plongée et comme ensevelie dans le corps, elle est portée naturellement à percevoir les choses corporelles, et a besoin d'un grand travail, d'un grand effort pour se comprendre elle-même; ainsi l'œil voit tous les objets extérieurs, et ne peut se voir lui-même que dans un miroir.

Puisque *le monde social est l'ouvrage des hommes,* examinons en quelle chose ils se sont rapportés et se *rapportent toujours.* C'est de là que nous tirerons *les principes qui expliquent comment se forment, comment se maintiennent toutes les sociétés,* principes universels et éternels, comme doivent l'être ceux de toute science.

Observons toutes les nations barbares ou policées,

quelque éloignées qu'elles soient de temps ou de lieu ; elles sont fidèles à trois coutumes *humaines* : toutes ont une *religion* quelconque, toutes contractent des *mariages solennels*, toutes *ensevelissent* leurs morts. Chez les nations les plus sauvages et les plus barbares, nul acte de la vie n'est entouré de cérémonies plus augustes, de solennités plus saintes, que ceux qui ont rapport à la *religion*, aux *mariages*, aux *sépultures*. Si des idées uniformes chez des peuples inconnus entre eux doivent avoir un principe commun de vérité, Dieu a sans doute enseigné aux nations que partout la civilisation avait eu cette triple base, et qu'elles devaient à ces trois institutions une fidélité religieuse, de peur que le monde ne redevînt sauvage et ne se couvrît de nouvelles forêts. C'est pourquoi nous avons pris ces trois coutumes éternelles et universelles pour les *trois premiers principes de la science nouvelle*.

I. Qu'on n'oppose point au premier de nos principes le témoignage de quelques voyageurs modernes, selon lesquels les Cafres, les Brésiliens, quelques peuples des Antilles et d'autres parties du Nouveau-Monde, vivent en société sans avoir aucune connaissance de Dieu[1]. Ce sont nouvelles de voyageurs, qui, pour faciliter le débit de leurs livres, les remplissent de récits monstrueux. Toutes les nations ont cru un Dieu, une

---

1. Bayle a sans doute été trompé par leurs rapports lorsqu'il affirme, dans le *Traité de la Comète, que les peuples peuvent vivre dans la justice sans avoir besoin de la lumière de Dieu*. Avant lui, Polybe avait dit : *Si les hommes étaient philosophes, il n'y aurait plus besoin de religion*. Mais s'il n'existait point de société, y aurait-il des philosophes? Or, sans les religions, point de société. (Vico.)

Les trois dernières lignes sont tirées du second corollaire de l'axiome 31.

Providence. Aussi dans toute la suite des temps, dans toute l'étendue du monde, on peut réduire à quatre le nombre des religions principales : celles des Hébreux et des Chrétiens qui attribuent à la Divinité un esprit libre et infini; celle des idolâtres qui la partagent entre plusieurs dieux composés d'un corps et d'un esprit libre; enfin celle des Mahométans, pour lesquels Dieu est un esprit infini et libre dans un corps; ce qui fait qu'ils placent les récompenses de l'autre vie dans les plaisirs des sens.

Aucune nation n'a cru à l'existence d'un Dieu tout matériel, ni d'un Dieu tout intelligence sans liberté. Aussi les Épicuriens qui ne voient dans le monde que matière et hasard, les Stoïciens qui, semblables en ceci aux Spinozistes, reconnaissent pour Divinité une intelligence infinie animant une matière infinie et soumise au destin, ne pourront raisonner de législation ni de politique. Spinoza parle de la société civile comme d'une société de marchands. Cicéron disait à l'épicurien Atticus qu'il ne pouvait raisonner avec lui sur la législation, à moins qu'il ne lui accordât l'existence d'une Providence divine. Dira-t-on encore que la secte stoïcienne et l'épicurienne s'accordent avec la jurisprudence romaine, qui prend l'existence de cette Providence pour premier principe?

II. L'opinion selon laquelle *l'union de l'homme et de la femme sans mariage solennel serait innocente*, est accusée d'erreur par les usages de toutes les nations. Toutes célèbrent religieusement les mariages, et semblent par là regarder les unions illégitimes comme une sorte de bestialité, quoique moins coupable. En effet, les parents dont le lien des lois n'assure point l'union *perdent* leurs enfants, autant qu'il est en eux; le père et la mère pouvant toujours se séparer, l'enfant abandonné de l'un et de l'autre doit rester exposé à devenir la proie des chiens; et si l'humanité publique ou privée ne l'élevait, il croîtrait sans qu'on lui transmît ni religion, ni langue, ni aucun élément de civilisation. Ainsi, de ce monde social embelli et policé par tous les arts de l'humanité, ils tendent à en faire la grande forêt des premiers âges, où, avant Orphée, erraient les hommes à la manière des bêtes sauvages, suivant au hasard la coupable brutalité de leurs appétits, où un amour sacrilège unissait les fils à leurs mères, et les pères à leurs filles.

III. Enfin, pour apprécier l'importance du troisième principe de la civilisation, qu'on imagine un état dans lequel les cadavres humains resteraient sur la terre sans *sépulture*, pour servir de pâture aux chiens et aux oiseaux de proie. Dès lors, les cités se dépeupleraient, les champs resteraient sans culture, et les hommes chercheraient les glands mêlés et confondus avec la cendre des morts. Aussi, c'est avec raison qu'on a désigné les sépultures par cette expression sublime : *fœdera generis humani*, et par cette autre expression moins élevée qu'emploie Tacite : *humanitatis commercia*. Toutes les nations païennes se sont accordées à croire que les âmes allaient errantes autour des corps laissés sans sépulture, et demeuraient inquiètes sur la terre; que par conséquent elles survivaient aux corps, et étaient *immortelles*. Les rapports des voyageurs modernes nous prouvent que maintenant encore plusieurs peuples barbares partagent cette croyance. La chose nous est attestée pour les Péruviens et les Mexicains, par Acosta; pour les peuples de la Virginie, par Thomas Aviot; pour ceux de la Nouvelle-Angleterre, par Richard Waitborn; pour ceux de la Guinée, par Hugues Linschotan, et pour les Siamois, par Joseph Scultenius. — Aussi Sénèque a-t-il dit : *Quum de immortalitate loquimur, non leve momentum apud nos habet consensus hominum aut timentium inferos, aut colentium; hac persuasione publica utor.*

CHAPITRE IV

DE LA MÉTHODE.

Pour achever d'établir nos principes, il nous reste dans ce premier livre à examiner la méthode que doit suivre la science nouvelle. Si, comme nous l'avons dit dans les axiomes, *la science doit prendre pour point de départ l'époque où commence le sujet de la science*, nous devons, pour nous adresser d'abord aux philologues, commencer aux cailloux de Deucalion, aux pierres d'Amphion, aux hommes nés des sillons de Cadmus, ou des chênes dont parle Virgile (*duro robore nati*). Pour les philosophes, nous partirons des grenouilles d'Épicure, des cigales de Hobbes, des *hommes simples et stupides* de Grotius, des *hommes jetés dans le monde sans soin ni aide de Dieu*, dont parle Puffendorf; des géants grossiers et farouches, tels que les Patagons du détroit de Magellan; enfin des *Polyphèmes* d'Homère, dans lesquels Platon reconnaît les premiers pères de famille. Nous devons commencer à les observer dès le moment où ils ont commencé à penser *en hommes*; et nous trouvons d'abord que, dans cette barbarie profonde, leur liberté bestiale ne pouvait être domptée et enchaînée que par *l'idée d'une divinité quelconque qui leur inspirât de la terreur.* Mais, lorsque nous cherchons comment cette première pensée *humaine* fut conçue dans le monde païen, nous rencontrons de graves difficultés. Comment descendre d'une nature cultivée par la civilisation à cette nature inculte et sauvage? c'est à grand'peine que nous pouvons la *comprendre*, loin de pouvoir nous la *représenter*.

Nous devons donc partir d'une notion quelconque de la divinité dont les hommes ne puissent être privés, quelque sauvages, quelque farouches qu'ils soient ; et voici comment nous expliquons cette connaissance : *l'homme déchu, n'espérant aucun secours de la nature, appelle de ses désirs quelque chose de surnaturel qui puisse le sauver;* or, cette chose surnaturelle n'est autre que Dieu. Voilà la lumière que Dieu a répandue sur tous les hommes. Une observation vient à l'appui de cette idée, c'est que les libertins qui vieillissent, et qui sentent les forces naturelles leur manquer, deviennent ordinairement religieux.

Mais des hommes tels que ceux qui commencèrent les nations païennes, devaient, comme les animaux, ne penser que sous l'aiguillon des passions les plus violentes. En suivant une métaphysique vulgaire qui fut la théologie des poëtes, nous rappellerons (voy. les axiomes) *cette idée effrayante d'une divinité* qui borna et contint les *passions bestiales* de ces hommes perdus, et en fit des *passions humaines.* De cette idée dut naître le noble *effort propre à la volonté de l'homme,* de tenir en bride les mouvements imprimés à l'âme par le corps, de manière à les étouffer, comme il convient à l'*homme sage*, ou à les tourner à un meilleur usage, comme il convient à l'*homme social*, au membre de la société [1].

Cependant, par un effet de leur nature corrompue, les hommes, toujours tyrannisés par l'égoïsme, ne suivent guère que leur intérêt; chacun voulant pour soi tout ce qui est utile, sans en faire part à son prochain, ils ne peuvent *donner à leurs passions la direction salutaire qui les rapprocherait de la justice*. Partant de ce principe, nous établissons que l'homme *dans l'état bestial n'aime que sa propre conservation;* il prend femme, il a des enfants, et il aime sa conservation *en y joignant celle de sa famille;* arrivé à la vie civile, il cherche à la fois sa propre conservation et celle *de la cité* dont il fait partie; lorsque les empires s'étendent sur plusieurs peuples, il cherche avec sa conservation celle *des nations* dont il est membre; enfin quand les nations sont liées par les rapports des traités, du commerce et de la guerre, il embrasse dans un même désir sa conservation et *celle du genre humain*. Dans toutes ces circonstances, l'homme est principalement attaché à son intérêt particulier. Il faut donc que ce soit *la Providence* elle-même qui le retienne dans cet ordre de choses, et *qui lui fasse suivre dans la justice la société de famille, de cité, et enfin la société humaine*. Ainsi conduit par elle, l'homme, incapable d'atteindre toute l'utilité qu'il

---

[1]. Notre libre arbitre, notre volonté libre peut seule réprimer ainsi l'impulsion du corps... Tous les corps sont des agents nécessaires, et ce que les mécaniciens appellent *forces, efforts, puissances*, ne sont que les mouvements des corps, mouvements étrangers au sentiment. (Vico.)

désire, obtient ce qu'il en doit prétendre, et c'est ce qu'on appelle *le juste*. La dispensatrice du juste parmi les hommes, c'est la *justice divine*, qui, appliquée aux affaires du monde par la Providence, conserve la *société humaine*.

La *science nouvelle* sera donc, sous l'un de ses principaux aspects, une *théologie civile de la Providence divine*, laquelle semble avoir manqué jusqu'ici. Les philosophes ont ou entièrement méconnu la Providence, comme les Stoïciens et les Épicuriens, ou l'ont considérée seulement dans l'ordre des choses physiques. Ils donnent le nom de *théologie naturelle* à la métaphysique, dans laquelle ils étudient cet attribut de Dieu, et ils appuient leurs raisonnements d'observations tirées du *monde matériel;* mais c'était surtout dans l'*économie du monde civil* qu'ils auraient dû chercher les preuves de la Providence. La science nouvelle sera, pour ainsi parler, *une démonstration de fait, une démonstration historique de la Providence*, puisqu'elle doit être une histoire des décrets par lesquels cette Providence a gouverné, à l'insu des hommes, et souvent malgré eux, la grande cité du genre humain. Quoique ce monde ait été créé *particulièrement* et *dans le temps*, les lois qu'elle lui a données n'en sont pas moins *universelles* et *éternelles*.

Dans la contemplation de cette Providence éternelle et infinie la science nouvelle trouve des *preuves divines* qui la confirment et la démontrent. N'est-il pas naturel en effet que la Providence divine, ayant pour instrument la *toute-puissance*, exécute ses décrets par des moyens aussi faciles que le sont les usages et coutumes suivis librement par les hommes... que, conseillée par la *sagesse infinie*, tout ce qu'elle dispose soit ordre et harmonie... qu'ayant pour fin son *immense bonté*, elle n'ordonne rien qui ne tende à un bien toujours supérieur à celui que les hommes se sont proposé? Dans l'obscurité jusqu'ici impénétrable qui couvre l'origine des nations, dans la variété infinie de leurs mœurs et de leurs coutumes, dans l'immensité d'un sujet qui embrasse toutes les choses humaines, peut-on désirer des preuves plus sublimes que celles que nous offriront la *facilité* des moyens employés par la Providence, l'*ordre* qu'elle établit, la *fin* qu'elle se propose, laquelle fin n'est autre que la conservation du genre humain? Voulons-nous que ces preuves deviennent distinctes et lumineuses? Réfléchissons avec quelle *facilité* l'on voit naître les choses, par suite d'occasions lointaines et souvent contraires aux desseins des hommes; et néanmoins elles viennent s'y adapter comme d'elles-mêmes; autant de preuves que nous fournit la *toute-puissance*. Observons encore, dans l'*ordre* des choses humaines, comme elles naissent au temps, au lieu où elles doivent naître, comme elles sont différées quand il convient qu'elles le soient[1]; c'est l'ouvrage de la *sagesse infinie*. Considérons en dernier lieu si nous pouvons concevoir dans telle occasion, dans tel lieu, dans tel temps, quelques *bienfaits divins* qui eussent pu mieux conduire et conserver la société humaine, au milieu des

---

1. C'est en cela qu'Horace fait consister toute la beauté de l'ordre :

> Ordinis haec virtus erit et venus, aut ego fallor,
> Ut jam nunc dicat, jam nunc debentia dici
> Pleraque differat, et præsens in tempus omittat.
>
> Hor., *Art poétique*. (Vico.)

besoins et des maux éprouvés par les hommes : voilà les preuves que nous fournit l'*éternelle bonté de Dieu.* — Ces trois sortes de preuves peuvent se ramener à une seule : Dans toute la série des choses possibles, notre esprit peut-il imaginer des causes plus nombreuses, moins nombreuses, ou autres, que celles dont le monde social est résulté?... Sans doute le lecteur éprouvera un plaisir divin en ce corps mortel, lorsqu'il *contemplera dans l'uniformité des idées divines ce monde des nations par toute l'étendue et la variété des lieux et des temps.* Ainsi nous aurons prouvé par le fait aux Épicuriens que leur hasard ne peut errer selon la folie de ses caprices, et aux Stoïciens que leur chaîne éternelle des causes à laquelle ils veulent attacher le monde, est elle-même suspendue à la main puissante et bienfaisante du Dieu très grand et très bon.

Ces preuves *théologiques* seront appuyées par une espèce de preuves *logiques* dont nous allons parler. En réfléchissant sur les commencements de la religion et de la civilisation païennes, on arrive à ces premières origines au delà desquelles c'est une vaine curiosité d'en demander d'antérieures; ce qui est le caractère propre des principes. Alors s'expliquera la manière particulière dont les choses sont nées, autrement dit, leur *nature* (axiome 14); or l'explication de la nature des choses est le propre de la science. Enfin cette explication de leur nature se confirmera par l'observation des *propriétés éternelles* qu'elles conservent; lesquelles propriétés ne peuvent résulter que de ce qu'elles sont nées dans tel temps, dans tel lieu et de telle manière, en d'autres termes, de ce qu'elles ont une telle nature (axiomes 14, 15).

Pour arriver à trouver cette nature des choses humaines, la science nouvelle procède par une *analyse sévère des pensées humaines relatives aux nécessités ou utilités de la vie sociale, qui sont les deux sources éternelles du droit naturel des gens* (axiome 11). Ainsi considérée sous le second de ses principaux aspects, la science nouvelle est une *histoire des idées humaines*, d'après laquelle semble devoir procéder la *métaphysique de l'esprit humain*. S'il est vrai que *les sciences doivent commencer au point même où leur sujet a commencé* (axiome 104), la métaphysique, cette reine des sciences, commença à l'époque où les hommes se mirent à penser *humainement*, et non point à celle où les philosophes se mirent à réfléchir sur les idées humaines.

Pour déterminer l'époque et le lieu où naquirent ces idées, pour donner à leur histoire la certitude qu'elle doit tirer de la *chronologie et de la géographie métaphysiques* qui lui sont propres, la science nouvelle applique une *critique* pareillement *métaphysique* aux fondateurs, aux *auteurs des nations*, antérieurs de plus de mille ans aux *auteurs de livres*, dont s'est occupée jusqu'ici la *critique philologique*. Le criterium dont elle se sert (axiome 13), est celui que la Providence divine a enseigné également à toutes les nations, savoir : *le sens commun du genre humain*, déterminé par la convenance nécessaire des choses humaines elles-mêmes (convenance qui fait toute la beauté du monde social). C'est pourquoi le genre de preuves sur lequel nous nous appuyons principalement, c'est que, telles lois étant établies par la Providence, la destinée des nations *a dû*, *doit* et *devra* suivre le cours indiqué par la science nouvelle, quand même des mondes infinis en nombre naîtraient pendant l'éternité; hypothèse indubitablement fausse. De cette manière, la science nouvelle trace le cercle éternel d'une *histoire idéale,* sur lequel tournent *dans le temps les histoires de toutes les nations,* avec leur naissance, leurs progrès, leur décadence et leur fin. Nous dirons plus : celui qui étudie la science nouvelle, se raconte à lui-même cette histoire idéale, en ce sens que *le monde social étant l'ouvrage de l'homme,* et la *manière* dont il s'est formé devant, par conséquent, *se retrouver dans les modifications de l'âme humaine,* celui qui médite cette science s'en crée à lui-même le sujet. Quelle histoire plus certaine que celle où la même personne est à la fois l'acteur et l'historien? Ainsi la science nouvelle procède précisément comme la géométrie, qui crée et contemple en même temps le monde idéal des grandeurs; mais la science nouvelle a d'autant plus de réalité que les lois qui régissent les affaires humaines en ont plus que les points, les lignes, les superficies et les figures. Cela même montre encore que les preuves dont nous avons parlé sont d'une espèce *divine,* et qu'elles doivent, ô lecteur! te donner un plaisir *divin :* car pour Dieu connaître et faire, c'est la même chose.

Ce n'est pas tout; d'après la définition du *vrai* et du *certain,* que nous avons donnée plus haut, les hommes furent longtemps incapables de connaître le *vrai* et la *raison* source de la *justice intérieure*[1], qui peut seule

---

1. Cette justice intérieure fut pratiquée par les Hébreux, que le vrai Dieu éclairait de sa lumière, et auxquels sa loi défendait jusqu'aux pensées injustes, chose dont les législateurs mortels ne s'étaient jamais embarrassés. Les Hébreux croyaient en un Dieu tout esprit, qui scrute le cœur des hommes; les Gentils

suffire aux intelligences. Mais en attendant, ils se gouvernèrent par la *certitude de l'autorité*, par le *sens commun du genre humain* (criterium de notre critique métaphysique), sur le témoignage duquel se repose la conscience de toutes les nations (axiome 9). Ainsi, sous un autre aspect, la science nouvelle devient une *philosophie de l'autorité*, source de la justice *extérieure*, pour parler le langage de la théologie morale. Les trois principaux auteurs qui ont écrit sur le droit naturel (Grotius, Selden et Puffendorf), auraient dû tenir compte de cette autorité, plutôt que de celles qu'ils tirent de tant de citations d'auteurs. Elle a régné chez les nations plus de mille ans avant qu'elles eussent des écrivains ; ces écrivains n'ont donc pu en avoir aucune connaissance. Aussi Grotius, plus érudit et plus éclairé que les deux autres, combat les jurisconsultes romains presque sur tous les points ; mais les coups qu'il leur porte ne frappent que l'air, puisque ces jurisconsultes ont établi leurs principes de justice sur la *certitude de l'autorité du genre humain*, et non sur l'*autorité des hommes déjà éclairés*.

Telles sont les preuves *philosophiques* qu'emploiera cette science. Les preuves *philologiques* doivent venir en dernier lieu ; elles peuvent se ramener toutes aux sept classes suivantes : 1° Notre *explication des fables* se rapporte à notre système d'une manière naturelle, et qui n'a rien de pénible ou de forcé. Nous montrons dans les fables l'*histoire civile des premiers peuples*,

---

croyaient leurs dieux composés d'âme et de corps, et par conséquent incapables de pénétrer dans les cœurs. La justice intérieure ne fut connue chez eux que par les raisonnements des philosophes, lesquels ne parurent que deux mille ans après la formation des nations qui les produisirent. (Vico.)

lesquels se trouvent avoir été partout naturellement *poètes;* 2° même accord avec les *locutions héroïques,* qui s'expliqueront dans toute la vérité du sens, dans toute la propriété de l'expression ; 3° et avec les *étymologies des langues indigènes,* qui nous donnent l'histoire des choses exprimées par les mots, en examinant d'abord leur sens propre et originaire, et en suivant le progrès naturel du sens figuré, conformément à l'ordre des idées dans lequel se développe l'histoire des langues (axiomes 64, 65) ; 4° nous trouvons encore expliqué par le même système le *vocabulaire mental des choses relatives à la société*[1], qui, prises dans leur substance, ont été perçues d'une manière uniforme par le *sens* de toutes les nations, et qui, dans leurs modifications diverses, ont été diversement *exprimées* par les langues ; 5° nous séparons le vrai du faux en tout ce que nous ont conservé les *traditions vulgaires* pendant une longue suite de siècles. Ces traditions ayant été suivies si longtemps, et par des peuples entiers, doivent avoir eu un motif commun de vérité (axiome 16); les *grands débris* qui nous restent de l'antiquité, jusqu'ici inutiles à la science, parce qu'ils étaient négligés, mutilés, dispersés, reprennent leur éclat, leur place et leur ordre naturels ; 7° enfin tous les faits que nous raconte l'*histoire certaine* viennent se rattacher à ces antiquités expliquées par nous, comme à leurs causes naturelles. — Ces *preuves philologiques* nous font voir dans la *réalité* les choses que nous avons aperçues dans la méditation du monde *idéal.* C'est la méthode

---

1. Voyez l'axiome 22, et le second chapitre du II° livre, corollaire relatif au mot *Jupiter.*

prescrite par Bacon : *cogitare, videre*. Les preuves *philosophiques* que nous avons placées d'abord, confirment par la *raison l'autorité* des preuves *philologiques*, qui à leur tour prêtent aux premières l'appui de leur *autorité* (axiome 10).

Concluons tout ce qui s'est dit en général pour *établir les principes de la science nouvelle*. Ces principes sont *la croyance en une Providence divine, la modération des passions par l'institution du mariage*, et le dogme de l'*immortalité de l'âme* consacré par des *sépultures*. Son criterium est la maxime suivante : *Ce que l'universalité ou la pluralité du genre humain sent être juste, doit servir de règle dans la vie sociale*. La sagesse *vulgaire* de tous les législateurs, la sagesse *profonde* des plus célèbres philosophes s'étant accordées pour admettre ces principes et ce criterium, on doit y trouver les bornes de la raison humaine; et quiconque veut s'en écarter, doit prendre garde de s'écarter de l'humanité tout entière.

LIVRE II

DE LA SAGESSE POÉTIQUE.

ARGUMENT

Frappé de l'idée que l'admiration exagérée pour la sagesse des premiers âges est le plus grand obstacle au progrès de la philosophie de l'histoire, l'auteur examine comment les peuples des temps poétiques *imaginèrent* la Nature, qu'ils ne pouvaient *connaître* encore. Il appelle cet ensemble des croyances antiques *sagesse*, et non pas *science*, parce qu'elles se rapportaient généralement à un but pratique. Dans ce livre, il passe en revue toutes les idées que les premiers hommes se firent sur la logique et la morale, sur l'économie domestique et politique, sur la physique, la cosmographie et l'astronomie, sur la chronologie et la géographie. C'est en quelque sorte l'encyclopédie des peuples barbares. (M. Jannelli, *Delle cose humane.*)

CHAPITRE I. — SUJET DE CE LIVRE. — § I. Les fables n'ont point le sens mystérieux que les philosophes leur ont attribué. La Providence a mis dans l'instinct des premiers hommes les germes de civilisation que la réflexion devait ensuite développer. — § II. De la *sagesse* en général. Sens divers de ce mot à différentes époques. — § III. Exposition et division de la *sagesse poétique*.

CHAPITRE II. — DE LA MÉTAPHYSIQUE POÉTIQUE. — § I. Origine de la poésie, de l'idolâtrie, de la divination et des sacrifices. Certitude du déluge universel et de l'existence des géants. Les premiers peuples furent poètes naturellement et nécessairement. La crédulité, et non l'imposture, fit les premiers dieux. — § II. Corollaires relatifs aux principaux aspects de la science nouvelle. Philosophie de la propriété, histoire des idées humaines, critique philosophique, histoire idéale éternelle, système du droit naturel des gens, origines de l'histoire universelle.

Chapitre III. — De la logique poétique. — § I. Définition et étymologie du mot *logique*. Les premiers hommes divinisèrent tous les objets, et prirent les noms de ces dieux pour signes ou symboles des choses qu'ils voulaient exprimer. — § II. Corollaires relatifs aux tropes, aux métamorphoses poétiques et aux monstres de la fable. Origine des principales figures. Ces figures du langage, ces créations de la poésie, ne sont point, comme on l'a cru, l'ingénieuse invention des écrivains, mais des formes nécessaires dont toutes les nations se sont servies à leur premier âge, pour exprimer leurs pensées. — § III. Corollaires relatifs aux *caractères poétiques* employés comme signes du langage par les premières nations. Solon, Dracon, Ésope, Romulus et autres rois de Rome, les décemvirs, etc. — § IV. Corollaires relatifs à l'origine des langues et des lettres, dans laquelle nous devons trouver celle des hiéroglyphes, des lois, des noms, des armoiries, des médailles, des monnaies. On n'a pu trouver jusqu'ici l'origine des langues, ni celle des lettres, parce qu'on les a cherchées séparément. Les premiers hommes ont dû parler successivement trois langues, l'*hiéroglyphique*, la *symbolique* et la *vulgaire*. Les langues vulgaires n'ont point une signification arbitraire. Ordre dans lequel furent trouvées les parties du discours dans la langue articulée ou vulgaire. — § V. Corollaires relatifs à l'origine de l'élocution poétique, des épisodes, du tour, du nombre, du chant et du vers. Ces ornements du style naquirent, dans l'origine, de l'indigence du langage. La poésie a précédé la prose. — § VI. Corollaires relatifs à la logique des esprits cultivés. La topique naquit avant la critique. Ordre dans lequel les diverses méthodes furent employées par la philosophie. Incapacité des premiers hommes de s'élever aux idées générales, surtout en législation.

Chapitre IV. — De la morale poétique, et de l'origine des vertus *vulgaires* qui résultèrent de l'institution de la religion et des mariages. Caractère farouche et religions sanguinaires des hommes de l'âge d'or. Ces religions furent cependant nécessaires.

Chapitre V. — *Du gouvernement de la famille, ou* ÉCONOMIE *dans les âges poétiques*. — § I. De la famille composée des parents et des enfants, sans esclaves ni serviteurs. Éducation des âmes, éducation des corps. Les premiers pères furent à la fois les sages, les prêtres et les rois de leur famille. La sévérité du gouvernement de la famille prépara les hommes à obéir au gouvernement civil. Les premiers hommes, fixés sur les hauteurs, près des sources vives, perdirent par une vie plus douce la taille des géants. Communauté de l'eau, du feu, des sépultures. — § II. Des familles, en y comprenant non seulement les parents, mais les *serviteurs* (famuli). Cette composition des familles fut antérieure à l'existence des cités, et sans elle cette existence était impossible. Les hommes qui étaient restés sauvages se réfugient auprès de ceux qui avaient déjà formé des familles, et deviennent leurs *clients* ou *vassaux*. Premiers *héros*. Origine des asiles, des fiefs, etc. — § III. Corollaires relatifs aux contrats qui se font par le consentement des parties. Les premiers hommes ne pouvaient connaître les engagements de *bonne foi*. — Chez eux, les seuls contrats étaient ceux de *cens territorial*; point de *contrats de société*, point de *mandataires*.

Chapitre VI. — De la politique. — § I. Origine des premières républiques, dans la forme la plus rigoureusement aristocratique. Puissance sans bornes des premiers pères de-famille sur leurs enfants et sur leurs *serviteurs*. Ils sont forcés, par la révolte de ces derniers, de s'unir en corps politique. Les rois ne sont d'abord que de simples chefs. Premiers comices. Les *serviteurs*, investis par les nobles ou *héros* du *domaine bonitaire* des champs qu'ils cultivaient, deviennent les premiers *plébéiens*, et aspirent à conquérir, avec le droit des mariages solennels, tous les privilèges de la cité. — § II. Les sociétés politiques sont nées toutes de certains principes éternels des fiefs. Différence des *domaines bonitaire, quiritaire, éminent*. Le corps souverain des nobles avait conservé le dernier, qui était, dans l'origine, un droit général sur tous les fonds de la cité. Opposition des nobles et des plébéiens, des sages et du vulgaire, des citoyens et des hôtes ou étrangers. — § III. De l'origine du cens et du trésor public. Le cens était d'abord une redevance territoriale que les plébéiens payaient aux nobles. Plus tard il fut payé au trésor; cette institution aristocratique devint ainsi le principe de la démocratie. Observations sur l'histoire des *domaines*. — § IV. De l'origine des comices chez les Romains. Étymologie des mots *Curia, Quirites, Curetes*. Révolutions que subirent les comices. — § V. Corollaire : c'est la divine Providence qui règle les sociétés, et qui a ordonné le droit naturel des gens. — § VI. Suite de la politique *héroïque*. La navigation est l'un des derniers arts qui furent cultivés dans les temps héroïques. Pirateries et caractère inhospitalier des premiers peuples. Leurs guerres continuelles. — § VII. Corollaires relatifs aux antiquités romaines. Le gouvernement de Rome fut, dans son origine, plus aristocratique que monarchique, et malgré l'expulsion des rois, il ne changea point de caractère, jusqu'à l'époque où les plébéiens acquirent le droit des mariages solennels et participèrent aux charges publiques. — § VIII. Corollaire relatif à l'*héroïsme* des premiers peuples. Il n'avait rien de la magnanimité, du désintéressement et de l'humanité dont le mot d'*héroïsme* rappelle l'idée dans les temps modernes.

CHAPITRE VII. — DE LA PHYSIQUE POÉTIQUE. — § I. De la physiologie poétique. Les premiers hommes rapportèrent à diverses parties du corps toutes nos facultés intellectuelles et morales. Note sur l'incapacité de généraliser, qui caractérisait les premiers hommes. — § II. Corollaire relatif aux descriptions *héroïques*. Les premiers hommes rapportaient aux cinq sens les fonctions externes de l'âme. — § III. Corollaire relatif aux mœurs héroïques.

CHAPITRE VIII. — DE LA COSMOGRAPHIE POÉTIQUE. — Elle fut proportionnée aux idées étroites des premiers hommes.

CHAPITRE IX. — DE L'ASTRONOMIE POÉTIQUE. — Le ciel, que les hommes avaient placé d'abord au sommet des montagnes, s'éleva peu à peu dans leur opinion. Les dieux montèrent dans les planètes, les héros dans les constellations.

CHAPITRE X. — DE LA CHRONOLOGIE POÉTIQUE. — Son point de départ. Quatre espèces d'anachronismes. Canon chronologique, pour déterminer les commencements de l'histoire universelle, antérieurement au règne de Ninus, d'où elle part ordinairement. L'étude du développement de la civilisation humaine prête une certitude nouvelle aux développements de la chronologie.

CHAPITRE XI. — DE LA GÉOGRAPHIE POÉTIQUE. — § I. Les diverses parties du monde ancien ne furent d'abord que les parties du petit monde de la Grèce. L'Hespérie en était la partie occidentale, etc. Il en dut être de même de la géographie des autres contrées. Les héros qui passent pour avoir fondé des colonies lointaines, Hercule, Évandre, Énée, etc., ne sont que des expressions symboliques du caractère des indigènes qui fondèrent ces villes. — § II. Des noms et descriptions des cités *héroïques*. Sens et dérivés du mot *ara*.

CONCLUSION DE CE LIVRE. — Les poètes théologiens ont été le *sens* (ou le *sentiment*), les philosophes ont été l'*intelligence* de l'humanité.

CHAPITRE PREMIER

SUJET DE CE LIVRE.

§ Ier.

Nous avons dit dans les axiomes que *toutes les histoires des Gentils ont eu des commencements fabuleux,* que *chez les Grecs,* qui nous ont transmis tout ce qui nous reste de l'antiquité païenne, *les premiers sages furent les poètes théologiens,* enfin que *la nature veut qu'en toute chose les commencements soient grossiers :* d'après ces données nous pouvons présumer que tels furent aussi les commencements de la *sagesse poétique.* Cette haute estime dont elle a joui jusqu'à nous est l'effet de la *vanité des nations,* et surtout de celle *des savants.* De même que Manéthon, le grand prêtre d'Égypte, interpréta l'histoire fabuleuse des Égyptiens par une haute *théologie naturelle,* les philosophes grecs donnèrent à la leur une interprétation *philosophique.* Un de leurs motifs était sans doute de déguiser l'infamie de ces fables, mais ils en eurent plusieurs autres encore. Le *premier* fut leur respect pour la religion : chez les Gentils, toute société fut fondée par les fables sur la religion. Le *second* motif fut leur juste admiration pour l'ordre social qui en est résulté, et qui ne pouvait être que l'ouvrage d'une sagesse surnaturelle. En *troisième* lieu, ces fables, tant célébrées pour leur sagesse et entourées d'un respect religieux, ouvraient mille routes aux recherches des philosophes, et appelaient leurs méditations sur les plus hautes questions de la philosophie. *Quatrièmement*, elles leur donnaient la facilité d'exposer les idées philosophiques les plus sublimes, en se servant des expressions des poètes, héritage heureux qu'ils avaient recueilli. Un *dernier* motif, assez puissant à lui seul, c'est la facilité que trouvaient les philosophes à consacrer leurs opinions par l'autorité de la sagesse poétique et par la sanction de la religion. De ces cinq motifs les deux premiers et le dernier impliquaient une louange de la sagesse divine, qui a ordonné le monde civil, et un témoignage que lui rendaient les philosophes, même au milieu de leurs erreurs. Le troisième et le quatrième étaient autant d'artifices salutaires que permettait la Providence, afin qu'il se formât des philosophes capables de la comprendre et de la reconnaître pour ce qu'elle est, un attribut du vrai Dieu. Nous verrons, d'un bout à l'autre de ce livre, que tout ce que les poètes avaient d'abord *senti* relativement à la *sagesse vulgaire*, les philosophes le *comprirent* ensuite relativement à *une sagesse plus élevée* (*riposta*); de sorte qu'on appellerait avec raison les premiers le *sens*, les seconds l'*intelligence* du genre humain. On peut dire de l'espèce ce qu'Aristote dit de l'individu : *Il n'y a rien dans l'intelligence qui n'ait été auparavant dans le sens;* c'est-à-dire que l'esprit humain ne comprend rien que les sens ne lui aient donné auparavant occasion de comprendre. L'*intelligence*, pour remonter au sens étymologique, *inter legere, intelligere,* l'intelligence agit lorsqu'elle tire de ce qu'on a *senti* quelque chose qui ne tombe point sous les *sens*.

§ II.

De la sagesse en général.

Avant de traiter *de la sagesse poétique*, il est bon d'examiner en général ce que c'est que *sagesse*. La sagesse est la faculté qui domine toutes les doctrines relatives aux sciences et aux arts dont se compose l'humanité. Platon définit la sagesse *la faculté qui perfectionne l'homme*. Or l'homme, en tant qu'homme, a deux parties constituantes, l'esprit et le cœur, ou si l'on veut, l'intelligence et la volonté. La sagesse doit développer en lui ces deux puissances à la fois, la seconde par la première, de sorte que l'intelligence étant éclairée par la connaissance des choses les plus sublimes, la volonté fasse choix des choses les meilleures. Les choses les plus sublimes en ce monde sont les connaissances que l'entendement et le raisonnement peuvent nous donner relativement à Dieu; les choses les meilleures sont celles qui concernent le bien de tout le genre humain; les premières s'appellent divines, les secondes humaines ; la véritable sagesse doit donc donner la connaissance des choses divines, pour conduire les choses humaines au plus grand bien possible. Il est à croire que Varron, qui mérita d'être appelé le plus docte des Romains, avait élevé sur cette base son grand ouvrage *Des choses divines et humaines*, dont l'injure des temps nous a privés. Nous essaierons dans ce livre de traiter le même sujet, autant que nous le permet la faiblesse de nos lumières et le peu d'étendue de nos connaissances.

La *sagesse* commença chez les Gentils par la *muse*, définie par Homère, dans un passage très remarquable de l'*Odyssée*, *la science du bien et du mal ;* cette science fut ensuite appelée *divination*, et c'est sur la défense de cette divination, de cette science du bien et du mal refusée à l'homme par la nature, que Dieu fonda la religion des Hébreux, d'où est sortie la nôtre. La *muse* fut donc proprement, dans l'origine, la science de la divination et des auspices, laquelle fut la *sagesse vulgaire* de toutes les nations, comme nous le dirons plus au long ; elle consistait à contempler Dieu dans l'un de ses attributs, dans sa Providence ; aussi de *divination* l'essence de Dieu a-t-elle été appelée *divinité*. Nous verrons dans la suite que, dans ce genre de sagesse, les sages furent les *poètes théologiens*, qui, à n'en pas douter, fondèrent la civilisation grecque. Les Latins tirèrent de là l'usage d'appeler *professeurs de sagesse* ceux qui professaient l'astrologie judiciaire.
— Ensuite la *sagesse* fut attribuée aux hommes célèbres pour avoir donné des avis utiles au genre humain ; tels furent les sept sages de la Grèce. — Plus tard la *sagesse*

passa dans l'opinion aux hommes qui ordonnent et gouvernent sagement les États, dans l'intérêt des nations. — Plus tard encore le mot *sagesse* vint à signifier la *science naturelle des choses divines*, c'est-à-dire la métaphysique, qui, cherchant à connaître l'intelligence de l'homme par la contemplation de Dieu, doit tenir Dieu pour le régulateur de tout bien, puisqu'elle le reconnaît pour la source de toute vérité[1]. — Enfin la *sagesse* parmi les Hébreux, et ensuite parmi les chrétiens, a désigné la *science des vérités éternelles révélées par Dieu*; science qui, considérée chez les Toscans comme *science du vrai bien et du vrai mal*, reçut peut-être pour cette cause son premier nom, *science de la divinité*.

D'après cela nous distinguerons, à plus juste titre que Varron, trois espèces de *théologie* : *théologie poétique*, propre aux *poètes théologiens*, et qui fut la *théologie civile* de toutes les nations païennes ; *théologie naturelle*, celle des métaphysiciens; la troisième, qui, dans la classification de Varron, est la théologie poétique[2], est pour nous la *théologie chrétienne*, mêlée de la théologie civile, de la naturelle et de la révélée, la plus sublime des trois. Toutes se réunissent dans la contemplation de la Providence divine; cette Pro-

---

1. En conséquence la métaphysique doit essentiellement travailler au bonheur du genre humain dont la conservation tient au sentiment universel qu'ont tous les hommes d'une divinité douée de providence. C'est peut-être pour avoir démontré cette providence que Platon a été surnommé *le divin*. La philosophie qui enlève à Dieu un tel attribut, mérite moins le nom de philosophie et de *sagesse* que celui de *folie*. (Vico.)

2. La théologie *poétique* fut chez les Gentils la même que la théologie *civile*. Si Varron la distingue de la théologie *civile* et de la théologie *naturelle*, c'est que, partageant l'erreur vulgaire qui place dans les fables les mystères d'une philosophie sublime, il l'a crue mêlée de l'une et de l'autre. (Vico.)

vidence, qui conduit la marche de l'humanité, voulut qu'elle partît de la *théologie poétique*, qui réglait les actions des hommes d'après certains signes sensibles, pris pour des avertissements du ciel; et que la *théologie naturelle*, qui démontre la Providence par des raisons d'une nature immuable et au-dessus des sens, préparât les hommes à recevoir la *théologie révélée*, par l'effet d'une foi surnaturelle et supérieure aux sens et à tous les raisonnements.

§ III.

Exposition et division de la sagesse poétique.

Puisque la métaphysique est la science sublime qui répartit aux sciences subalternes les sujets dont elles doivent traiter, puisque la sagesse des anciens ne fut autre que celle des *poètes théologiens*, puisque les origines de toutes choses sont naturellement grossières, *nous devons chercher le commencement de la sagesse poétique dans une métaphysique informe*. D'une seule branche de ce tronc sortirent, en se séparant, la *logique*, la *morale*, l'*économie* et la *politique poétique*; d'une autre branche sortit, avec le même caractère poétique la *physique*, mère de la *cosmographie*, et par suite de l'*astronomie*, à laquelle la *chronologie* et la *géographie*, ses deux filles, doivent leur certitude. Nous ferons voir, d'une manière claire et distincte, comment les fondateurs de la civilisation païenne, guidés par leur théologie naturelle ou *métaphysique*, imaginèrent les dieux; comment, par leur *logique*, ils trouvèrent les langues, par leur *morale* produisirent les héros, par leur *économie* fondèrent les familles, par leur *politique* les cités; comment par leur *physique* ils donnèrent à chaque chose une origine divine, se créèrent eux-mêmes en quelque sorte par leur *physiologie*, se firent un univers tout de dieux par leur *cosmographie*, portèrent dans leur *astronomie* les planètes et les constellations de la terre au ciel, donnèrent commencement à la série des temps dans leur *chronologie*, enfin dans leur *géographie* placèrent tout le monde dans leur pays (les Grecs dans la Grèce, et de même des autres peuples). Ainsi la science nouvelle pourra devenir une histoire des idées, coutumes et actions du genre humain. De cette triple source nous verrons sortir les principes de l'*histoire de la nature humaine*, principes identiques avec ceux de l'*histoire universelle,* qui semblent manquer jusqu'ici.

CHAPITRE II

DE LA MÉTAPHYSIQUE POÉTIQUE.

§ I.

Origine de la poésie, de l'idolâtrie, de la divination et des sacrifices.

[L'auteur établit d'abord la certitude du déluge universel et de l'existence des géants. Les preuves les plus fortes qu'il allègue ont été déjà énoncées dans les axiomes 25, 26, 27. Voy. aussi le *Discours préliminaire.*]

C'est dans l'état de stupidité farouche où se trouvèrent les premiers hommes, que tous les philosophes et les philologues devaient prendre leur point de départ pour raisonner sur la sagesse des Gentils. Ils devaient interroger d'abord la science qui cherche ses preuves, non pas dans le monde extérieur, mais dans l'âme de celui qui la médite, je veux dire la métaphysique. Ce monde social étant indubitablement l'ouvrage des hommes, on pouvait en lire les principes dans les modifications de l'esprit humain.

La *sagesse poétique*, la première sagesse du paganisme, dut commencer par une métaphysique, non point de raisonnement et d'abstraction, comme celle des esprits cultivés de nos jours, mais de sentiment et d'imagination, telle que pouvaient la concevoir ces premiers hommes, qui n'étaient que sens et imagination sans raisonnement. La métaphysique dont je parle, c'était leur *poésie*, faculté qui naissait avec eux. *L'ignorance est mère de l'admiration;* ignorant tout, ils admiraient vivement. Cette poésie fut d'abord *divine :* ils rapportaient à des dieux la cause de ce qu'ils admiraient. Voyez le passage de Lactance (axiome 38). *Les anciens Germains*, dit Tacite, *entendaient la nuit le soleil qui passait sous la mer d'occident en orient; ils affirmaient aussi qu'ils voyaient les dieux.* Maintenant encore les sauvages de l'Amérique divinisent tout ce qui est au delà de leur faible capacité. Quelles que soient la simplicité et la grossièreté de ces nations, nous devons présumer que celles des premiers hommes du paganisme allaient bien au delà. Ils donnaient aux objets de leur admiration une existence analogue à leurs propres idées. C'est ce que font précisément les enfants (axiome 37), lorsqu'ils prennent dans leurs jeux des choses inanimées, et qu'ils leur parlent comme à des personnes vivantes. Ainsi ces premiers hommes, qui nous représentent l'enfance du genre humain, créaient eux-mêmes les choses d'après leurs idées. Mais cette création différait infiniment de celle de Dieu : Dieu, dans sa pure intelligence, connaît les êtres et les crée, par cela même qu'il les connaît; les premiers hommes, puissants de leur ignorance, créaient à leur manière, par la force d'une imagination, si je puis dire, toute *matérielle*. Plus elle était matérielle, plus ses créations furent sublimes ; elles l'étaient au point de troubler à l'excès l'esprit même d'où elles étaient sorties. Aussi les premiers hommes furent appelés *poètes*, c'est-à-dire *créateurs*, dans le sens étymologique du mot grec. Leurs créations réunirent les trois caractères qui distinguent la haute poésie dans l'invention des fables : la sublimité, la popularité et la puissance d'émotion qui la rend plus capable d'atteindre le but qu'elle se propose, celui d'*enseigner au vulgaire à agir selon la vertu*. — De cette faculté originaire de l'esprit humain, il est resté une loi éternelle : les esprits une fois frappés de terreur, *fingunt simul creduntque*, comme le dit si bien Tacite.

Tels durent se trouver les fondateurs de la civilisation païenne, lorsqu'un siècle ou deux après le déluge la terre desséchée forma de nouveaux orages, et que la foudre se fit entendre. Alors sans doute un petit nombre de géants dispersés dans les bois, vers le sommet des montagnes, furent épouvantés par ce phénomène dont ils ignoraient la cause, levèrent les yeux et remarquèrent le ciel pour la première fois. Or, comme en pareille circonstance il est dans la nature de l'esprit humain d'attribuer au phénomène qui le frappe ce qu'il trouve en lui-même, ces premiers hommes, dont toute l'existence était alors dans l'énergie des forces corporelles, et qui exprimaient la violence extrême de leurs passions par des murmures et des hurlements, se figurèrent le ciel comme un grand corps animé et l'appelèrent Jupiter[1]. Ils présumèrent que, par le fracas du tonnerre, par les éclats de la foudre, Jupiter *voulait leur dire quelque chose;* et ils commencèrent à se livrer à la *Curiosité, fille de l'Ignorance et mère de la Science* [qu'elle produit, lorsque l'admiration a ouvert l'esprit de l'homme]. Ce caractère est toujours le même dans le vulgaire : voient-ils une comète, une parhélie, ou tout autre phénomène céleste, ils s'inquiètent et demandent *ce qu'il signifie*

---

[1]. Avec l'idée d'un Jupiter, auquel ils attribuèrent bientôt une Providence, naquit le droit, *jus*, appelé *ious* par les Latins, et par les anciens Grecs Διαιὸν, *céleste*, du mot Διὸς; les Latins dirent également *sub dio*, et *sub jove* pour exprimer *sous le ciel.* Puis, si l'on en croit Platon dans son *Cratyle*, on substitua par euphonie Δίκαιον. Ainsi toutes les nations païennes ont contemplé le ciel, qu'elles considéraient comme Jupiter, pour en recevoir par les auspices des lois, des avis divins; ce qui prouve que le principe commun des sociétés a été *la croyance à une Providence divine.* Et pour en commencer l'énumération, *Jupiter* fut le *ciel* chez les Chaldéens, en ce sens qu'ils croyaient recevoir de lui la connaissance de l'avenir par l'observation des aspects divers et des mouvements des étoiles, et on nomma *astronomie* et *astrologie* la science des lois qu'observent les astres, et celle de leur langage; la dernière fut prise dans le sens d'astrologie judiciaire, et dans les lois romaines *Chaldéen* veut dire astrologue. — Chez les Perses, *Jupiter* fut le *ciel*, qui faisait connaître aux hommes les choses cachées; ceux qui possédaient cette science s'appelaient mages, et tenaient dans leurs rites une verge qui répond au bâton augural des Romains. Ils s'en servaient pour tracer des cercles astronomiques, comme depuis les magiciens dans leurs enchantements. Le ciel était pour les Perses le temple de Jupiter, et leurs rois, imbus de cette opinion, détruisaient les temples construits par les Grecs. — Les Égyptiens confondaient aussi *Jupiter* et le *ciel*, sous le rapport de l'influence qu'il avait sur les choses sublunaires et des moyens qu'il donnait de connaître l'avenir; de nos jours encore ils conservent une divination vulgaire. — Même opinion chez les Grecs qui tiraient du ciel des θεωρήματα et des μαθήματα, en les contemplant des yeux du corps, et en les *observant*, c'est-à-dire, en leur obéissant comme aux lois de Jupiter. C'est du mot μαθήματα, que les astrologues sont nommés *mathématiciens* dans les lois romaines. — Quant à la croyance des Romains, on connaît le vers d'Ennius :

Aspice hoc sublime cadens, quem omnes invocant Jovem;

le pronom *hoc* est pris dans le sens de *cœlum*. Les Romains disaient aussi (axiome 39). Observent-ils les effets étonnants de l'aimant mis en contact avec le fer : ils ne manquent pas, même dans ce siècle de lumières, de décider que l'aimant a pour le fer une sympathie mystérieuse, et ils font ainsi de toute la nature un vaste corps animé, qui a ses sentiments et ses passions. Mais, à une époque si avancée de la civilisation, les esprits, même du vulgaire, sont trop détachés des sens, trop spiritualisés par les nombreuses abstractions de nos langues, par l'art de l'écriture, par l'habitude du calcul, pour que nous puissions nous former cette image prodigieuse de la *nature passionnée;* nous disons bien ce mot de la bouche, mais nous n'avons rien dans l'es-

---

templa cœli, pour exprimer la région du ciel désignée par les augures pour prendre les auspices, et par dérivation, *templum* signifia tout lieu découvert où la vue ne rencontre point d'obstacle (*neptunia templa*, la mer, dans Virgile). — Les anciens Germains, selon Tacite, adoraient leurs dieux dans les lieux sacrés qu'il appelle *lucos* et *nemora*, ce qui indique sans doute des clairières dans l'épaisseur des bois. L'Église eut beaucoup de peine à leur faire abandonner cet usage (Voy. *Concilia Stranctense et Bracharense*, dans le recueil de Bouchard). On en trouve encore aujourd'hui des traces chez les Lapons et chez les Livoniens. Les Perses disaient simplement le *Sublime* pour désigner *Dieu*. Leurs temples n'étaient que des collines découvertes où l'on montait de deux côtés par d'immenses escaliers; c'est dans la hauteur de ces collines qu'ils faisaient consister leur magnificence. Tous les peuples placent la beauté des temples dans leur élévation prodigieuse. Le point le plus élevé s'appelait, selon Pausanias, ἀετός, l'aigle, l'oiseau des auspices, celui dont le vol est le plus élevé. De là peut être *pinnæ templorum, pinnæ murorum,* et en dernier lieu, *aquilæ* pour les créneaux. Les Hébreux adoraient dans le tabernacle le *Très-Haut* qui est au-dessus des cieux; et partout où le peuple de Dieu étendait ses conquêtes, Moïse ordonnait que l'on brûlât les bois sacrés, sanctuaires de l'idolâtrie. — Chez les chrétiens mêmes, plusieurs nations disent le *ciel* pour *Dieu.* Les Français et les Italiens disent *fasse le ciel, j'espère dans les secours du ciel;* il en est de même en espagnol. Les Français disent *bleu* pour *le ciel*, dans une espèce de serment *par bleu*, et dans ce blasphème impie *morbleu* (c'est-à-dire *meure le ciel*, en prenant ce mot dans le sens de *Dieu*). Nous venons de donner un essai du vocabulaire dont on a parlé dans les axiomes 13 et 22. (Vico.)

prit. Comment pourrions-nous nous replacer dans la vaste imagination de ces premiers hommes dont l'esprit étranger à toute abstraction, à toute subtilité, était tout *émoussé* par les passions, *plongé* dans les sens et comme *enseveli* dans la matière. Aussi, nous l'avons déjà dit, on *comprend* à peine aujourd'hui, mais on ne peut *imaginer* comment pensaient les premiers hommes qui fondèrent la civilisation païenne.

C'est ainsi que les premiers *poètes théologiens* inventèrent la première fable *divine*, la plus sublime de toutes celles qu'on imagina : c'est ce Jupiter, *roi et père des hommes et des dieux*, dont la main lance la foudre ; image si populaire, si capable d'émouvoir les esprits et d'exercer sur eux une influence morale, que les inventeurs eux-mêmes crurent à sa réalité, la redoutèrent et l'honorèrent avec des rites affreux. Par un effet de ce caractère de l'esprit humain que nous avons remarqué d'après Tacite (*mobiles ad superstitionem perculsæ semel mentes*, axiome 23), dans tout ce qu'ils apercevaient, imaginaient ou faisaient eux-mêmes, ils ne virent que Jupiter, animant ainsi l'univers dans toute l'étendue qu'ils pouvaient concevoir. C'est ainsi qu'il faut entendre, dans l'histoire de la civilisation, le *Jovis omnia plena;* c'est ce Jupiter que Platon prit pour l'éther, qui pénètre et remplit toutes choses; mais les premiers hommes ne plaçaient pas leur Jupiter plus haut que la cime des montagnes, comme nous le verrons bientôt.

Comme ils parlaient par signes, ils crurent, d'après leur propre nature, que le tonnerre et la foudre étaient les signes de Jupiter. C'est de *nuere*, faire signe, que la volonté divine fut plus tard appelée *numen ;* Jupiter commandait par signes, idée sublime, digne expression de la majesté divine. Ces signes étaient, si je l'ose dire, des *paroles réelles*, et la nature entière était la langue de Jupiter. Toutes les nations païennes crurent posséder cette langue dans la divination, laquelle fut appelée par les Grecs *théologie,* c'est-à-dire *science du langage des dieux.* Ainsi Jupiter acquit ce *regnum fulminis*, par lequel il est *le roi des hommes et des dieux.* Il reçut alors deux titres, *optimus* dans le sens de très fort (de même que chez les anciens Latins *fortis* eut le même sens que *bonus* dans des temps plus modernes); et *maximus,* d'après l'étendue de son corps, aussi vaste que le ciel.

De là tant de Jupiters dont le nombre étonne les philologues; chaque nation païenne eut le sien.

Originairement Jupiter fut en poésie un *caractère divin,* un *genre créé par l'imagination* plutôt que par l'intelligence (*universale fantastico*), auquel tous les peuples païens rapportaient les choses relatives aux auspices. Ces peuples durent être tous poètes, puisque la *sagesse poétique* commença par cette *métaphysique poétique* qui contemple Dieu dans l'attribut de sa Providence, et les premiers hommes s'appelèrent *poètes théologiens,* c'est-à-dire *sages qui entendent le langage des dieux,* exprimé par les auspices de Jupiter. Ils furent surnommés *divins,* dans le sens du mot *devins,* qui vient de *divinari,* deviner, prédire. Cette science fut appelée *muse,* expression qu'Homère nous définit par *la science du bien et du mal,* qui n'est autre que la divination[1]. C'est encore d'après cette *théologie mys-*

---

1. La défense de la divination faite par Dieu à son peuple fut le fondement de la véritable religion. (Vico.)

tique que les poètes furent appelés par les Grecs μύσται [qu'Horace traduit fort bien par *les interprètes des dieux*], lesquels expliquaient les divins mystères des auspices et des oracles. Toute nation païenne eut une sibylle qui possédait cette science ; on en a compté jusqu'à douze. Les sibylles et les oracles sont les choses les plus anciennes dont nous parle le paganisme.

Tout ce qui vient d'être dit s'accorde donc avec le mot célèbre :

... La crainte seule a fait les premiers dieux ;

mais les hommes ne s'inspirèrent pas cette crainte les uns aux autres ; ils la durent à leur propre imagination (ce qui répond à l'axiome : *les fausses religions sont nées de la crédulité et non de l'imposture*). Cette origine de l'*idolâtrie* étant démontrée, celle de la *divination* l'est aussi ; ces deux sœurs naquirent en même temps. Les *sacrifices* en furent une conséquence immédiate, puisqu'on les faisait pour *procurare* (c'est-à-dire pour bien entendre) les auspices.

Ce qui nous prouve que la poésie a dû naître ainsi, c'est ce caractère éternel et singulier qui lui est propre : *le sujet propre à la poésie, c'est l'impossible, et pourtant le croyable (impossibile credibile)*. Il est impossible que la matière soit esprit, et pourtant l'on a cru que le ciel, d'où semblait partir la foudre, était Jupiter. Voilà encore pourquoi les poètes aiment tant à chanter les prodiges opérés par les magiciennes dans leurs enchantements ; cette disposition d'esprit peut être rapportée au sentiment instinctif de la toute-puissance de Dieu, qu'ont en eux les hommes de toutes les nations.

Les vérités que nous venons d'établir renversent tout ce qui a été dit sur l'*origine de la poésie*, depuis Aristote et Platon jusqu'aux Scaliger et aux Castelvetro. Nous l'avons montré, c'est par un effet de la *faiblesse du raisonnement* de l'homme que la poésie s'est trouvée si sublime à sa naissance, et qu'avec tous les secours de la philosophie, de la poétique et de la critique, qui sont venues plus tard, on n'a jamais pu, je ne dirai point surpasser, mais égaler son premier essor[1]. Cette découverte de l'origine de la poésie détruit le préjugé commun sur la profondeur de la sagesse antique, à laquelle les modernes devraient désespérer d'atteindre, et dont tous les philosophes, depuis Platon jusqu'à Bacon, ont tant souhaité de pénétrer le secret. Elle n'a été autre chose qu'une *sagesse vulgaire de législateurs* qui fondaient l'ordre social, et non point une *sagesse mystérieuse sortie du génie de philosophes profonds*. Aussi, comme on le voit déjà par l'exemple tiré de Jupiter, tous les *sens mystiques d'une haute philosophie* attribués par les savants aux fables grecques et aux hiéroglyphes égyptiens, paraîtront aussi choquants que le *sens historique* se trouvera facile et naturel.

---

1. Voilà pourquoi Homère se trouve le premier de tous les poètes du genre *héroïque*, le plus sublime de tous, dans l'ordre du mérite comme dans celui du temps. (Vico.)

§ II.

Corollaires relatifs aux principaux aspects de la science nouvelle.

1. On peut conclure de tout ce qui précède que, conformément au premier principe de la science nouvelle, développé dans le chapitre *de la Méthode* (*l'homme, n'espérant plus aucun secours de la nature, appelle de ses désirs quelque chose de surnaturel qui puisse le sauver*), la Providence permit que les premiers hommes tombassent dans l'erreur de craindre une fausse divinité, un Jupiter auquel ils attribuaient le pouvoir de les foudroyer. Au milieu des nuées de ces premiers orages, à la lueur de ces éclairs, ils aperçurent cette grande vérité, *que la Providence veille à la conservation du genre humain*. Aussi, sous un de ses principaux aspects, la science nouvelle est d'abord une *théologie civile*, une explication raisonnée de la marche suivie par la Providence ; et cette théologie commença par la sagesse *vulgaire* des législateurs qui fondèrent les sociétés, en prenant pour base la croyance d'un Dieu doué de providence ; elle s'acheva par la sagesse plus élevée (*riposta*) des philosophes qui démontrent la même vérité par des raisonnements, dans leur théologie naturelle.

2. Un autre aspect principal de la science nouvelle, c'est une *philosophie de la propriété* (ou *autorité* dans le sens primitif où les Douze Tables prennent ce mot[1]).

---

1. On continua à appeler dans le droit *nos auteurs* ceux dont nous tenons un droit à une propriété. (Vico.)

La première propriété fut *divine* : Dieu s'appropria les premiers hommes peu nombreux qu'il tira de la vie sauvage pour commencer la vie sociale. — La seconde propriété fut *humaine*, et dans le sens le plus exact ; elle consista pour l'homme dans la possession de ce qu'on ne peut lui ôter sans l'anéantir, dans le libre *usage de sa volonté*. Pour l'intelligence, ce n'est qu'une puissance passive sujette de la vérité. Les hommes commencèrent, dès ce moment, à exercer leur liberté en réprimant les impulsions passionnées du corps, de manière à les étouffer ou à les mieux diriger, effort qui caractérise les agents libres. Le premier acte libre des hommes fut d'abandonner la vie vagabonde qu'ils menaient dans la vaste forêt qui couvrait la terre, et de s'accoutumer à une vie sédentaire, si opposée à leurs habitudes. — Le troisième genre de propriété fut celle *de droit naturel*. Les premiers hommes qui abandonnaient la vie vagabonde occupèrent des terres et y restèrent longtemps ; ils en devinrent seigneurs par droit d'occupation et de longue possession. C'est l'origine de tous les *domaines*.

Cette *philosophie de la propriété* suit naturellement la *théologie civile* dont nous parlions. Éclairée par les preuves que lui fournit la théologie civile, elle éclaire elle-même, avec celles qui lui sont propres, les preuves que la philologie tire de l'histoire et des langues, trois sortes de preuves qui ont été énumérées dans le chapitre de la méthode. Introduisant la certitude dans le domaine de la liberté humaine, dont l'étude est si incertaine de sa nature, elle éclaire les ténèbres de l'antiquité, et *donne forme de science à la philologie*.

3. Le troisième aspect est une *histoire des idées humaines*. De même que la *métaphysique poétique* s'est divisée en plusieurs sciences subalternes, *poétiques* comme leur mère, cette histoire des idées nous donnera l'origine informe des sciences pratiques cultivées par les nations, et des sciences spéculatives étudiées de nos jours par les savants.

4. Le quatrième aspect est une *critique philosophique* qui naît de l'histoire des idées mentionnée ci-dessus. Cette critique cherche ce que l'on doit croire sur les fondateurs ou auteurs des nations, lesquels doivent précéder de plus de mille ans les auteurs de livres, qui sont l'objet de la critique philologique.

5. Le cinquième aspect est une *histoire idéale éternelle* dans laquelle tournent les histoires réelles de toutes les nations. De quelque état de barbarie et de férocité que partent les hommes pour se civiliser par l'influence des religions, les sociétés commencent, se développent et finissent d'après les lois que nous examinerons dans ce second livre, et que nous retrouverons au livre IV, où nous suivons *la marche des sociétés*, et au livre V, où nous observons le *retour des choses humaines*.

6. Le sixième aspect est un système du *droit naturel des gens*. C'était avec le commencement des peuples que Grotius, Selden et Puffendorf devaient commencer leurs systèmes (axiome 106 : *les sciences doivent prendre pour point de départ l'époque où commence le sujet dont elles traitent*). Ils se sont égarés tous trois, parce qu'ils ne sont partis que du milieu de la route. Je veux dire qu'ils supposent d'abord un état de civilisation où les hommes seraient déjà éclairés par une

raison développée, état dans lequel les nations ont produit les philosophes qui se sont élevés jusqu'à l'idéal de la justice. En premier lieu, Grotius procède indépendamment du principe d'une Providence, et prétend que son système donne un degré nouveau de précision à toute connaissance de Dieu. Aussi toutes ses attaques contre les jurisconsultes romains portent à faux, puisqu'ils ont pris pour principe la Providence divine, et qu'ils ont voulu traiter du *droit naturel des gens,* et non point du droit naturel des philosophes et des théologiens moralistes. — Ensuite vient Selden, dont le système suppose la Providence. Il prétend que le droit des enfants de Dieu s'étendit à toutes les nations, sans faire attention au caractère inhospitalier des premiers peuples, ni à la division établie entre les Hébreux et les Gentils ; sans observer que les Hébreux ayant perdu de vue leur droit naturel dans la servitude d'Égypte, il fallut que Dieu lui-même le leur rappelât en leur donnant sa loi sur le mont Sinaï. Il oublie que Dieu, dans sa loi, défend jusqu'aux pensées injustes, chose dont ne s'embarrassèrent jamais les législateurs mortels. Comment peut-il prouver que les Hébreux ont transmis aux Gentils leur droit naturel, contre l'aveu magnanime de Josèphe, contre la réflexion de Lactance citée plus haut ? Ne connaît-on pas, enfin, la haine des Hébreux contre les Gentils, haine qu'ils conservent encore aujourd'hui dans leur dispersion ? — Quant à Puffendorf, il commence son système par *jeter l'homme dans le monde sans soin ni secours de Dieu.* En vain il essaie d'excuser, dans une dissertation particulière, cette hypothèse épicurienne. Il ne peut pas dire le premier mot en fait de droit sans prendre la Providence pour principe[1]. — Pour nous, persuadés que l'idée du droit et l'idée d'une *Providence* naquirent en même temps, nous commençons à parler du *droit* en parlant de ce moment où les premiers auteurs des nations conçurent l'idée de Jupi-

[1]. *Nous rapprocherons de ce passage celui qui y correspond dans la première édition :* Grotius prétend que son système peut se passer de l'idée de la Providence. Cependant sans religion les hommes ne seraient pas réunis en nations... Point de physique sans mathématique, point de morale ni de politique sans métaphysique, c'est-à-dire sans démonstration de Dieu. — Il suppose le premier homme *bon* parce qu'il n'était *pas mauvais*. Il compose le genre humain à sa naissance d'hommes *simples et débonnaires*, qui auraient été poussés par l'intérêt à la vie sociale ; c'est dans le fait l'hypothèse d'Épicure.

Puis vient Selden, qui appuie son système sur le petit nombre des lois que Dieu dicta aux enfants de Noé. Mais Sem fut le seul qui persévéra dans la religion du Dieu d'Adam. Loin de fonder un droit commun à ses descendants et à ceux de Cham et de Japhet, on pourrait dire plutôt qu'il fonda un droit exclusif, qui fit plus tard distinguer les Juifs des Gentils...

Puffendorf, en jetant l'homme dans le monde *sans secours de la Providence*, hasarde une hypothèse digne d'Épicure, ou plutôt de Hobbes...

Écartant ainsi la Providence, ils ne pouvaient découvrir les sources de tout ce qui a rapport à l'économie du droit naturel des gens, ni celles des religions, des langues et des lois, ni celles de la paix et de la guerre, des traités, etc. De là deux erreurs capitales.

1° D'abord ils croient que leur droit naturel, fondé sur les théories des philosophes, des théologiens, et sur quelques-unes de celles des jurisconsultes, et qui est éternel dans son idée abstraite, a dû être aussi éternel dans l'usage et dans la pratique des nations. Les jurisconsultes romains raisonnent mieux en considérant ce droit naturel comme ordonné par la Providence, et comme éternel en ce sens que, sorti des mêmes origines que les religions, il passe comme elles par différents âges, jusqu'à ce que les philosophes viennent le perfectionner et le compléter par des théories fondées sur l'idée de la justice éternelle.

2° Leurs systèmes n'embrassent pas la moitié du droit naturel des gens. Ils parlent de celui qui regarde la conservation du genre humain, et ils ne disent rien de celui qui a rapport à la conservation des peuples en particulier. Cependant c'est le droit naturel établi séparément dans chaque cité qui a préparé les peuples à reconnaître, dès leurs premières communications, le sens commun qui les unit, de sorte qu'ils donnassent et reçussent des lois conformes à toute la nature humaine, et les respectassent comme dictées par la Providence. (Vico.)

ter. Ce droit fut d'abord *divin*, dans ce sens qu'il était interprété par la *divination*, science des auspices de Jupiter ; les auspices furent les *choses divines* au moyen desquelles les nations païennes réglaient toutes les *choses humaines*, et la réunion des unes et des autres forme le sujet de la jurisprudence.

7. Considérée sous le dernier de ses principaux aspects, la science nouvelle nous donnera les *principes et les origines de l'histoire universelle*, en partant de l'âge appelé par les Égyptiens *âge des dieux*, par les Grecs *âge d'or*. Faute de connaître la *chronologie raisonnée de l'histoire poétique*, on n'a pu saisir jusqu'ici l'enchaînement de toute l'*histoire du monde païen*.

CHAPITRE III

DE LA LOGIQUE POÉTIQUE.

§ 1er.

La *métaphysique*, ainsi nommée lorsqu'elle contemple les choses dans tous les genres de l'être, devient *logique* lorsqu'elle les considère dans tous les genres d'expressions par lesquelles on les désigne ; de même la poésie a été considérée par nous comme une *métaphysique poétique*, dans laquelle les poètes théologiens prirent la plupart des choses matérielles pour des êtres divins ; la même poésie, occupée maintenant d'exprimer l'idée de ces divinités, sera considérée comme une *logique poétique*.

Logique vient de λόγος. Ce mot, dans son premier sens, dans son sens propre, signifia *fable* (qui a passé dans l'italien *favella*, langage, discours) ; la fable, chez les Grecs, se dit aussi μῦθος, d'où les Latins tirèrent le mot *mutus*; en effet, dans les *temps muets*, le discours fut *mental;* aussi λόγος signifie *idée* et *parole*. Une telle langue convenait à des âges religieux (*les religions veulent être révérées en silence, et non pas raisonnées*). Elle dut commencer par des signes, des gestes, des indications matérielles dans un rapport naturel avec les idées : aussi λόγος, *parole*, eut en outre chez les Hébreux le sens d'*action*, chez les Grecs celui de *chose*. Μῦθος a été aussi défini un *récit véritable*, un *langage véritable*[1]. Par *véritable*, il ne faut pas entendre ici *conforme à la nature des choses*, comme dut l'être la *langue sainte* enseignée à Adam par Dieu même.

La première langue que les hommes se firent eux-mêmes fut toute d'imagination, et eut pour signes les substances mêmes qu'elle animait et que le plus souvent elle divinisait. Ainsi Jupiter, Cybèle, Neptune, étaient simplement le ciel, la terre, la mer, que les premiers hommes, muets encore, exprimaient en les montrant du doigt, et qu'ils imaginaient comme des êtres animés, comme des dieux ; avec les noms de ces trois divinités ils exprimaient toutes les choses relatives au ciel, à la terre, à la mer. Il en était de même des autres dieux : ils rapportaient toutes les fleurs à Flore, tous les fruits à Pomone.

Nous suivons encore une marche analogue à celle de ces premiers hommes ; mais c'est à l'égard des choses intellectuelles, telles que les facultés de l'âme, les passions, les vertus, les vices, les sciences, les arts ; nous nous en formons ordinairement l'idée

---

1. *C'est cette langue naturelle que les hommes ont parlée autrefois*, selon Platon et Jamblique. Platon a deviné plutôt que découvert cette vérité. De là l'inutilité de ses recherches dans le *Cratyle*, de là les attaques d'Aristote et de Galien. (Vico.)

comme d'autant de *femmes* (la justice, la poésie, etc.), et nous ramenons à ces êtres fantastiques toutes les causes, toutes les propriétés, tous les effets des choses qu'ils désignent. C'est que nous ne pouvons exposer au dehors les choses intellectuelles contenues dans notre entendement, sans être secondés par l'imagination, qui nous aide à les expliquer et à les peindre sous une image humaine. Les premiers hommes (les *poètes théologiens*), encore incapables d'abstraire, firent une chose toute contraire, mais plus sublime : ils donnèrent des sentiments et des passions aux êtres matériels, et même aux plus étendus de ces êtres, au ciel, à la terre, à la mer. Plus tard, la puissance d'abstraire se fortifiant, ces vastes imaginations se resserrèrent, et les mêmes objets furent désignés par les signes les plus petits; Jupiter, Neptune et Cybèle devinrent si petits, si légers, que le premier vola sur les ailes d'un aigle; le second courut sur la mer, porté dans un mince coquillage, et la troisième fut assise sur un lion.

Les formes mythologiques (*mytologie*) doivent donc être, comme le mot l'indique, le *langage propre des fables*; les fables étant autant de genres dans la langue de l'imagination (*generi fantastici*), les formes mythologiques sont des *allégories* qui y répondent. Chacune comprend sous elle plusieurs espèces ou plusieurs individus. Achille est l'idée de la valeur, commune à tous les vaillants; Ulysse, l'idée de la prudence commune à tous les sages.

§ II.

Corollaires relatifs aux tropes, aux métamorphoses poétiques et aux monstres des poètes.

1. Tous les premiers tropes sont autant de corollaires de cette logique poétique. Le plus brillant, et pour cela même le plus fréquent et le plus nécessaire, c'est la métaphore. Jamais elle n'est plus approuvée que lorsqu'elle prête du sentiment et de la passion aux choses insensibles, en vertu de cette métaphysique par laquelle les premiers poètes animèrent les corps sans vie, et les douèrent de tout ce qu'ils avaient eux-mêmes de sentiment et de passion; si les premières fables furent ainsi créées, toute métaphore est l'abrégé d'une fable. — Ceci nous donne un moyen de juger du temps où les métaphores furent introduites dans les langues. Toutes les métaphores tirées par analogie des objets corporels pour signifier des abstractions, doivent dater de l'époque où le jour de la philosophie a commencé à luire; ce qui le prouve, c'est qu'en toute langue les mots nécessaires aux arts de la civilisation, aux sciences les plus sublimes, ont des origines agrestes. Il est digne d'observation que, dans toutes les langues, la plus grande partie des expressions relatives aux choses inanimées sont tirées par métaphore du corps humain et de ses parties, ou des sentiments et passions humaines. Ainsi *tête* pour cime ou commencement, *bouche* pour toute ouverture, *dents* d'une charrue, d'un râteau, d'une scie, d'un peigne; *langue* de terre, *gorge*

d'une montagne, une *poignée* pour un petit nombre, *bras* d'un fleuve, *cœur* pour le milieu, *veine* d'une mine, *entrailles* de la terre, *côte* de la mer, *chair* d'un fruit; le vent *siffle*, l'onde *murmure*, un corps *gémit* sous un grand poids. Les Latins disaient *sitire agros, laborare fructus, luxuriari segetes;* et les Italiens disent *andar in amore le piante, andar in pazzia le viti, lagrimare gli orni,* et *fronte, spalle, occhi, barbe, collo, gamba, piede, pianta,* appliqués à des choses inanimées. On pourrait tirer d'innombrables exemples de toutes les langues. Nous avons dit dans les axiomes que l'*homme ignorant se prenait lui-même pour règle de l'univers;* dans les exemples cités ci-dessus, il se fait de lui-même un univers entier. De même que la métaphysique de la raison nous enseigne que, *par l'intelligence, l'homme devient tous les objets* (*homo intelligendo fit omnia*), la métaphysique de l'imagination nous démontre ici que l'*homme devient tous les objets faute d'intelligence* (*homo non intelligendo fit omnia*); et peut-être le second axiome est-il plus vrai que le premier, puisque l'homme, dans l'exercice de l'intelligence, étend son esprit pour saisir les objets, et que, dans la privation de l'intelligence, il fait tous les objets de lui-même, et par cette transformation devient à lui seul toute la nature.

2. Dans une telle logique, résultant elle-même d'une telle métaphysique, les premiers poètes devaient tirer les noms des choses d'*idées sensibles et plus particulières;* voilà les deux sources de la *métonymie* et de la *synecdoque.* En effet, la métonymie *du nom de l'auteur pris pour celui de l'ouvrage,* vint de ce que l'auteur était plus souvent nommé que l'ouvrage; celle *du*

sujet pris pour sa forme et ses accidents vint de l'incapacité d'abstraire du sujet les accidents et la forme. Celles de *la cause pour l'effet* sont autant de petites fables; les hommes s'imaginèrent les causes comme des *femmes* qu'ils revêtaient de leurs effets : ainsi l'*affreuse pauvreté*, la *triste vieillesse*, la *pâle mort*.

3. La *synecdoque* fut employée ensuite, à mesure que l'on s'éleva des particularités aux généralités, ou que l'on réunit les parties pour composer leurs entiers. Le nom de *mortel* fut d'abord réservé aux *hommes*, seuls êtres dont la condition mortelle dut se faire remarquer. Le mot *tête* fut pris pour l'*homme*, dont elle est la partie la plus capable de frapper l'attention. *Homme* est une abstraction qui comprend génériquement le corps et toutes ses parties, l'intelligence et toutes les facultés intellectuelles, le cœur et toutes les habitudes morales. Il était naturel que, dans l'origine, *tignum* et *culmen* signifiassent au propre une *poutre* et de la *paille;* plus tard, lorsque les cités s'embellirent, ces mots signifièrent tout l'édifice. De même le *toit* pour la maison entière, parce qu'aux premiers temps on se contentait d'un abri pour toute habitation. Ainsi *puppis*, la poupe, pour le vaisseau, parce que cette partie, la plus élevée du vaisseau, est la première qu'on voit du rivage; et chez les modernes on a dit une *voile* pour un *vaisseau; mucro*, la *pointe*, pour l'*épée;* ce dernier mot est abstrait et comprend génériquement la pomme, la garde, le tranchant et la pointe; ce que les hommes remarquèrent d'abord, ce fut la pointe qui les effrayait. On prit encore la matière pour l'ensemble de la matière et de la forme : par exemple, le *fer* pour l'*épée;* c'est qu'on ne savait pas encore abstraire la forme de la

, matière. Cette figure, mêlée de métonymie et de synecdoque, *tertia messis erat*, c'était la troisième moisson, fut, sans aucun doute, employée d'abord naturellement et par nécessité ; il fallait plus de mille ans pour que le terme astronomique *année* put être inventé. Dans le pays de Florence on dit toujours, pour désigner un espace de dix ans, *nous avons moissonné dix fois*. — Ce vers, où se trouvent réunies une métonymie et deux synecdoques :

Post aliquot mea regna videns mirabor aristas,

n'accuse que trop l'impuissance d'expression qui caractérisa les premiers âges. Pour dire *tant d'années*, on disait *tant d'épis*, ce qui est encore plus particulier que *moissons*. L'expression n'indiquait que l'indigence des langues, et les grammairiens y ont cru voir l'effort de l'art.

4. L'*ironie* ne peut certainement prendre naissance que dans les temps où l'on réfléchit. En effet, elle consiste dans un mensonge *réfléchi* qui prend le masque de la vérité. Ici nous apparaît un grand principe qui confirme notre découverte de l'*origine de la poésie* ; c'est que les premiers hommes des nations païennes ayant eu la simplicité, l'ingénuité de l'enfance, les *premières fables ne purent contenir rien de faux*, et furent nécessairement, comme elles ont été définies, des *récits véritables*.

5. Par toutes ces raisons, il reste démontré que *les tropes*, qui se réduisent tous aux quatre espèces que nous avons nommées, ne sont point, comme on l'avait cru jusqu'ici, l'ingénieuse invention des écrivains,

mais *des formes nécessaires dont toutes les nations se sont servies dans leur âge poétique pour exprimer leurs pensées*, et que ces expressions, à leur origine, ont été employées dans leur sens propre et naturel. Mais à mesure que l'esprit humain se développa, à mesure que l'on trouva les paroles qui signifient des formes abstraites, ou des genres comprenant leurs espèces, ou unissant les parties en leurs entiers, les expressions des premiers hommes devinrent des figures. Ainsi nous commençons à ébranler ces deux erreurs communes des grammairiens, qui regardent *le langage des prosateurs comme propre, celui des poètes comme impropre*, et qui croient *que l'on parla d'abord en prose et ensuite en vers*.

6. Les *monstres*, les *métamorphoses poétiques* furent le résultat nécessaire de cette incapacité d'abstraire la forme et les propriétés d'un sujet, caractère essentiel aux premiers hommes, comme nous l'avons prouvé dans les axiomes. Guidés par leur logique grossière, ils devaient *mettre ensemble des sujets*, lorsqu'ils voulaient *mettre ensemble des formes*, ou bien *détruire un sujet pour séparer sa forme première de la forme opposée qui s'y trouvait jointe*.

7. La *distinction des idées* fit les *métamorphoses*. Entre autres phrases *héroïques* qui nous ont été conservées dans la jurisprudence antique, les Romains nous ont laissé celle de *fundum fieri* pour *auctorem fieri*; de même que le fonds de terre soutient et la couche superficielle qui le couvre, et ce qui s'y trouve semé, ou planté, ou bâti, de même l'approbateur soutient l'acte qui tomberait sans son approbation; l'approbateur quitte le caractère d'un être qui se meut à sa

· volonté, pour prendre le caractère opposé d'une chose stable.

§ III.

Corollaires relatifs aux caractères poétiques employés comme signes du langage par les premières nations.

Le langage poétique fut encore employé longtemps dans l'âge historique, à peu près comme les fleuves larges et rapides qui s'étendent bien loin dans la mer et préservent, par leur impétuosité, la douceur naturelle de leurs eaux. Si on se rappelle deux axiomes (48. *Il est naturel aux enfants de transporter l'idée et le nom des premières personnes, des premières choses qu'ils ont vues, à toutes les personnes, à toutes les choses qui ont avec elles quelque ressemblance, quelque rapport.* — 49. *Les Égyptiens attribuaient à Hermès Trismégiste toutes les découvertes utiles ou nécessaires à la vie humaine*), on sentira que la langue poétique peut nous fournir, relativement à ces *caractères* qu'elle employait, la matière de grandes et importantes découvertes dans les choses de l'antiquité.

1. Solon fut un *sage*, mais de *sagesse vulgaire* et non de *sagesse savante* (*riposta*). On peut conjecturer qu'il fut chef du parti du peuple, lorsque Athènes était gouverné par l'aristocratie, et que ce conseil fameux qu'il donnait à ses concitoyens (*Connaissez-vous vous-mêmes*), avait un sens politique plutôt que moral, et était destiné à leur rappeler l'égalité de leurs droits. Peut-être même *Solon n'est-il que le peuple d'Athènes considéré comme reconnaissant ses droits, comme fondant la démo-*

cratie. Les Égyptiens avaient rapporté à Hermès toutes les découvertes utiles ; les Athéniens rapportèrent à Solon toutes les institutions démocratiques. — De même, Dracon n'est que l'emblème de la sévérité du gouvernement aristocratique qui avait précédé[1].

2. Ainsi durent être attribués à Romulus toutes les lois relatives à la division des ordres ; à Numa tous les règlements qui concernaient les choses saintes et les cérémonies sacrées ; à Tullus-Hostilius toutes les lois et ordonnances militaires ; à Servius-Tullius le cens, base de toute démocratie[2], et beaucoup d'autres lois favorables à la liberté populaire ; à Tarquin l'Ancien, tous les signes et emblèmes qui, aux temps les plus brillants de Rome, contribuèrent à la majesté de l'Empire.

3. Ainsi durent être attribuées aux décemvirs, et ajoutées aux Douze Tables un grand nombre de lois que nous prouverons n'avoir été faites qu'à une époque postérieure. Je n'en veux pour exemple que la défense d'imiter le luxe des Grecs dans les funérailles. Défendre

---

[1]. La plupart des lois dont les Athéniens et les Lacédémoniens font honneur à Solon et à Lycurgue leur ont été attribuées à tort, puisqu'elles sont entièrement contraires au principe de leur conduite. Ainsi Solon institue l'aréopage, qui existait dès le temps de la guerre de Troie, et dans lequel Oreste avait été absous du meurtre de sa mère par la voix de Minerve (c'est-à-dire par le partage égal des voix). Cet aréopage, institué par Solon, le fondateur de la démocratie à Athènes, maintient dans toute sa sévérité le gouvernement aristocratique jusqu'au temps de Périclès. Au contraire, on attribue à Lycurgue, au fondateur de la république aristocratique de Sparte, une loi agraire analogue à celle que les Gracques proposèrent à Rome. Mais nous voyons que, lorsque Agis voulut réellement introduire à Sparte un partage égal des terres conforme aux principes de la démocratie, il fut étranglé par ordre des éphores. (Édition de 1730, page 209.)

[2]. L'opinion de Montesquieu et de Vico sur le caractère des institutions de Servius-Tullius a été suivie par Niebuhr. (N. du Trad.)

l'abus avant qu'il se fût introduit, c'eût été le faire connaître, et comme l'enseigner. Or, il ne put s'introduire à Rome qu'après les guerres contre Tarente et Pyrrhus, dans lesquelles les Romains commencèrent à se mêler aux Grecs. Cicéron observe que la loi est exprimée en latin, dans les mêmes termes où elle fut conçue à Athènes.

4. Cette découverte des caractères poétiques nous prouve qu'Ésope doit être placé dans l'ordre chronologique bien avant les sept sages de la Grèce. Les sept sages furent admirés pour avoir commencé à donner des préceptes de morale et de politique *en forme de maximes*, comme le fameux *Connaissez-vous vous-même* ; mais, auparavant, Ésope avait donné de tels préceptes en *forme de comparaisons et d'exemples*, exemples dont les poètes avaient emprunté le langage à une époque plus reculée encore. En effet, dans l'ordre des idées humaines, on observe les *choses semblables* pour les employer d'abord comme *signes*, ensuite comme *preuves*. On prouve d'abord par l'*exemple*, auquel une chose semblable suffit, et finalement par l'*induction*, pour laquelle il en faut plusieurs. Socrate, père de toutes les sectes philosophiques, introduisit la dialectique par l'*induction*, et Aristote la compléta avec le *syllogisme*, qui ne peut prouver qu'au moyen d'une idée générale. Mais pour les esprits peu étendus encore, il suffit de leur présenter une *ressemblance* pour les persuader : Ménénius Agrippa n'eut besoin, pour ramener le peuple romain à l'obéissance, que de lui conter une fable dans le genre de celles d'Ésope.

Le petit peuple des cités héroïques se nourrissait de ces préceptes politiques dictés par la raison naturelle :

Ésope est le caractère poétique des plébéiens considérés sous cet aspect. On lui attribua beaucoup de fables morales, et il devint le *premier moraliste*, de la même manière que Solon était devenu *le législateur* de la république d'Athènes. Comme Ésope avait donné ses préceptes *en forme de fables*, on le plaça avant Solon, qui avait donné les siens *en forme de maximes*. De telles fables durent être écrites d'abord *en vers héroïques*, comme plus tard, selon la tradition, elles le furent *en vers iambiques*, et enfin *en prose*, dernière forme sous laquelle elles nous sont parvenues. En effet, les vers iambiques furent pour les Grecs un langage intermédiaire entre celui des vers héroïques et celui de la prose.

5. De cette manière, on rapporta aux auteurs de la *sagesse vulgaire* les découvertes de la *sagesse* philosophique. Les Zoroastre en Orient, les Trismégiste en Égypte, les Orphée en Grèce, en Italie les Pythagore, devinrent, dans l'opinion, des *philosophes*, de *législateurs* qu'ils avaient été. En Chine Confucius a subi la même métamorphose.

§ IV.

Corollaires relatifs à l'origine des langues et des lettres, laquelle doit nous donner celle des hiéroglyphes, des lois, des noms, des armoiries, des médailles, des monnaies.

Après avoir examiné la théologie des poètes ou *métaphysique poétique*, nous avons traversé la *logique poétique* qui en résulte, et nous arrivons à la *recherche de l'origine des langues et des lettres.* Il y a autant d'opinions sur ce sujet difficile qu'on peut compter de savants qui en ont traité. La difficulté vient d'une erreur dans laquelle ils sont tous tombés : ils ont regardé comme choses distinctes, l'origine des langues et celles des lettres, que la nature a unies. Pour être frappé de cette union, il suffisait de remarquer l'étymologie commune de γραμματική, *grammaire*, et de γράμματα, *lettres*, *caractères* (γράφω, *écrire*); de sorte que la *grammaire*, qu'on définit l'*art de parler*, devrait être définie l'*art d'écrire*, comme l'appelle Aristote. — D'un autre côté, *caractères* signifie *idées, formes, modèles;* et certainement les *caractères poétiques* précédèrent *ceux de sons articulés.* Josèphe soutient, contre Appion, qu'au temps d'Homère les lettres vulgaires n'étaient pas encore inventées. — Enfin, si les lettres avaient été dans l'origine des *figures de sons articulés* et non des signes arbitraires[1], elles devraient être uniformes chez toutes les nations, comme les sons articulés. Ceux qui désespéraient de trouver cette origine, devaient toujours ignorer que les premières nations *ont pensé au moyen des symboles ou caractères poétiques, ont parlé en employant pour signes les fables, ont écrit en hiéroglyphes,* principes certains qui doivent guider la philosophie dans l'étude des *idées humaines*, comme la philologie dans l'étude des *paroles humaines.*

Avant de rechercher l'origine des langues et des lettres, les philosophes et les philologues devaient se représenter les premiers hommes du paganisme comme

---

1. Vico semble adopter une opinion très différente quelques pages plus loin.
(N. du Trad.)

concevant les objets par l'idée que leur imagination en personnifiait, et comme s'exprimant, faute d'un autre langage, par des gestes ou par des *signes matériels* qui avaient des rapports naturels avec les idées [1].

En tête de ce que nous avons à dire à ce sujet, nous plaçons la tradition égyptienne, selon laquelle *trois langues* se sont parlées, correspondant, pour l'ordre comme pour le nombre, aux *trois âges* écoulés depuis le commencement du monde, *âge des dieux, des héros et des hommes*. La première langue avait été la *langue hiéroglyphique*, ou *sacrée*, ou *divine;* la seconde *symbolique*, c'est-à-dire employant pour caractères les *signes* ou *emblèmes héroïques;* la troisième *épistolaire*, propre à faire communiquer entre elles les personnes éloignées, pour les besoins présents de la vie. — On trouve dans l'*Iliade* deux passages précieux qui nous prouvent que les Grecs partagèrent cette opinion des Égyptiens. *Nestor*, dit Homère, *vécut trois âges d'hommes parlant diverses langues*. Nestor a dû être un *symbole de la chronologie*, déterminée par les trois langues qui correspondaient aux trois âges des Égyptiens. Cette phrase proverbiale, *vivre les années de Nestor*, signifiait: vivre autant que le monde. Dans l'autre passage, Énée raconte à Achille que *des hommes parlant diverses langues commencèrent à habiter Ilion depuis le temps où Troie fut rapprochée des rivages de la mer, et où Per-*

---

[1]. Par exemple, *trois épis*, ou *l'action de couper trois fois des épis*, pour signifier *trois années*. — Platon et Jamblique ont dit que cette langue, dont les expressions portaient avec elles leur sens naturel, s'était parlée autrefois. Ce fut sans doute cette langue *atlantique* qui, selon les savants, exprimait les idées par la nature même des choses, c'est-à-dire par leurs propriétés naturelles. (Vico.)

game en devint la citadelle. — Plaçons à côté de ces deux passages la tradition égyptienne d'après laquelle *Thot* ou *Hermès aurait trouvé les lois et les lettres*.

A l'appui de ces vérités nous présenterons les suivantes : chez les Grecs, le mot *nom* signifia la même chose que *caractère*[1], et par analogie, les Pères de l'Église traitent indifféremment *de divinis caracteribus* et *de divinis nominibus*. *Nomen* et *definitio* signifient la même chose, puisqu'en termes de rhétorique on dit *quæstio nominis* pour celle qui cherche la *définition* du fait, et qu'en médecine la partie qu'on appelle *nomenclature* est celle qui *définit* la nature des maladies. — Chez les Romains, *nomina* désigna d'abord, et dans son sens propre, les *maisons partagées en plusieurs familles*. Les Grecs prirent d'abord ce mot dans le même sens, comme le prouvent les noms patronymiques, les noms des pères, dont les poètes, et surtout Homère, font un usage si fréquent. De même, les patriciens de Rome sont définis dans Tite-Live de la manière suivante, *qui possunt nomine ciere patrem*. Ces noms patronymiques se perdirent ensuite dans la Grèce, lorsqu'elle eut partout des gouvernements démocratiques ; mais à Sparte, république aristocratique, ils furent conservés par les

---

[1]. Le besoin d'assurer les terres à leurs possesseurs fut un des motifs qui déterminèrent le plus puissamment l'invention des *caractères* ou *noms* (dans le sens originaire de *nomina*, maisons divisées en plusieurs familles ou *gentes*). Ainsi Mercure Trismégiste, symbole poétique des premiers fondateurs de la civilisation égyptienne, inventa les *lois* et les *lettres;* et c'est du nom de Mercure, regardé aussi comme le dieu des marchands, *mercatorum*, que les Italiens disent *mercare* pour marquer de *lettres* ou de *signes* quelconques les bestiaux et les autres objets de commerce (*robe da mercantare*) pour la distinction et la sûreté des propriétés. Qui ne s'étonnerait de voir subsister jusqu'à nos jours une telle conformité de pensée et de langage entre les nations ? (Vico.)

Héraclides. — Dans la langue de la jurisprudence romaine, *nomen* signifie *droit;* et en grec, νόμος, qui en est à peu près l'homonyme, a le sens de *loi*. De νόμος, vient νόμισμα, *monnaie*, comme le remarque Aristote; et les étymologistes veulent que les Latins aient aussi tiré de νόμος leur *nummus*. Chez les Français, du mot *loi* vient *aloi*, titre de la monnaie. Enfin au moyen âge, la loi ecclésiastique fut appelée *canon*, terme par lequel on désignait aussi la redevance emphytéotique payée par l'emphytéote... Les Latins furent peut-être conduits par une idée analogue à désigner par un même mot *jus*, le *droit*, et l'*offrande* ordinaire que l'on faisait à Jupiter (les parties grasses des victimes). De l'ancien nom de ce dieu *Jous*, dérivèrent les génitifs *Jovis* et *juris*. — Les Latins appelaient les terres *prædia*, parce que, ainsi que nous le ferons voir, les premières terres cultivées furent les premières *prædæ* du monde. C'est à ces terres que le mot *domare*, dompter, fut appliqué d'abord. Dans l'ancien droit romain on les disait *manucaptæ*, d'où est resté *manceps*, celui qui est obligé sur immeuble envers le trésor. On continua de dire dans les lois romaines *jura prædiorum*, pour désigner les servitudes qu'on appelle *réelles*, et qui sont attachées à des immeubles. Ces terres *manucaptæ* furent sans doute appelées d'abord *mancipia*, et c'est certainement dans ce sens qu'on doit entendre l'article de la loi des Douze Tables, *qui nexum faciet mancipiumque*. Les Italiens considérèrent la chose sous le même aspect que les anciens Latins, lorsqu'ils appelèrent les terres *poderi*, de *podere*, puissance; c'est qu'elles étaient acquises par la force; ce qui est encore prouvé par l'expression du moyen âge, *presas terrarum*, pour dire les *champs avec leurs limites*. Les Espagnols appellent *prendas* les entreprises courageuses; les Italiens disent *imprese* pour *armoiries*, et *termini* pour *paroles*, expression qui est restée dans la scolastique. Ils appellent encore les armoiries *insigne*, d'où leur vient le verbe *insignare*. De même Homère, au temps duquel on ne connaissait pas encore les lettres alphabétiques, nous apprend que la lettre de Pretus contre Bellérophon fut écrite en *signes*, σήματα.

Pour compléter tout ceci, nous ajouterons trois vérités incontestables : 1° dès qu'il est démontré que les premières nations païennes furent *muettes* dans leurs commencements, on doit admettre qu'elles s'expliquèrent par des *gestes* ou des *signes matériels*, qui avaient un rapport naturel avec les idées; 2° elles durent assurer par des *signes* les *limites de leurs champs*, et conserver des *monuments durables de leurs droits*; 3° toutes employèrent la *monnaie*. — Toutes les vérités que nous venons d'énoncer nous donnent *l'origine des langues et des lettres*, dans laquelle se trouve comprise celle des *hiéroglyphes*, des *lois*, des *noms*, des *armoiries*, des *médailles*, des *monnaies*, et en général, de la *langue* que parla, de l'*écriture* qu'employa, dans son origine, le *droit naturel des gens*[1].

---

1. Telle est l'origine des *armoiries* et par suite des *médailles*. Les familles, puis les nations, les employèrent d'abord par nécessité. Elles devinrent plus tard un objet d'amusement et d'érudition. On a donné à ces *emblèmes* le nom d'*héroïques*, sans en bien sentir le motif. Les modernes ont besoin d'y inscrire des devises qui leur donnent un sens; il n'en était pas de même des emblèmes employés naturellement dans les temps héroïques; leur silence parlait assez. Ils portaient avec eux leur signification; ainsi *trois épis*, ou le *geste de couper trois fois des épis*, signifiait naturellement *trois années;* d'où il vint que *caractère* et *nom* s'employèrent indifféremment l'un pour

Pour établir ces principes sur une base plus solide encore, nous devons attaquer l'opinion selon laquelle les hiéroglyphes auraient été inventés par les philosophes, pour y cacher les mystères d'une sagesse profonde, comme on l'a cru des Égyptiens. Ce fut pour toutes les premières nations une nécessité naturelle de s'exprimer en hiéroglyphes. A ceux des Égyptiens et des Éthiopiens nous croyons pouvoir joindre les caractères magiques des Chaldéens ; les cinq présents, les

l'autre, et que les mots *nom* et *nature* eurent la même signification, comme nous l'avons dit plus haut.

Ces *armoiries*, ces *armes* et *emblèmes des familles* furent employés au moyen âge, lorsque les nations, redevenues muettes, perdirent l'usage du langage vulgaire. Il ne nous reste aucune connaissance des langues, que parlaient alors les Italiens, les Français, les Espagnols et les autres nations de ce temps. Les prêtres seuls savaient le latin et le grec. En français, *clerc* voulait dire souvent *lettré;* au contraire, chez les Italiens, *laico* se disait pour *illettré*, comme on le voit dans un beau passage de Dante. Parmi les prêtres mêmes, il y avait tant d'ignorance, qu'on trouve des actes souscrits par des évêques, où ils ont mis simplement la marque d'une croix, faute de savoir écrire leur nom. Parmi les prélats instruits, il y en avait même peu qui sussent écrire. Le Père Mabillon, dans son ouvrage *de Re diplomatica*, a pris le soin de reproduire par la gravure les signatures apposées par des évêques et des archevêques aux actes des Conciles de ces temps barbares ; l'écriture en est plus informe que celle des hommes les plus ignorants d'aujourd'hui ; et pourtant ces prélats étaient les chanceliers des royaumes chrétiens, comme aujourd'hui encore les trois évêques archichanceliers de l'Empire pour les langues allemande, française et italienne. Une loi anglaise accorde la vie au coupable digne de mort qui pourra prouver qu'il sait lire. C'est peut-être pour cette cause que plus tard le mot *lettré* a fini par avoir à peu près le même sens que celui de savant. — Il est encore résulté de cette ignorance de l'écriture que, dans les anciennes maisons, il n'y a guère de murs où l'on n'ait gravé quelque figure, quelque emblème.

Concluons de tout ceci que ces *signes* divers, employés nécessairement par les nations *muettes* encore, pour assurer la distinction des propriétés, furent ensuite appliqués aux usages publics, soit à ceux de la paix (d'où provinrent les médailles), soit à ceux de la guerre. Dans ce dernier cas, ils ont l'usage primitif des hiéroglyphes, puisqu'ordinairement les guerres ont lieu entre des nations qui parlent des langues différentes et qui par conséquent sont *muettes* l'une par rapport à l'autre. (Vico.)

cinq paroles matérielles que le roi des Scythes envoya à Darius fils d'Hystaspe; les pavots que Tarquin le Superbe abattit avec sa baguette devant le messager de son fils; les rébus de Picardie employés, au moyen âge, dans le nord de la France. Enfin les anciens Écossais (selon Boëce), les Mexicains et autres peuples indigènes de l'Amérique écrivaient en hiéroglyphes, comme les Chinois le font encore aujourd'hui.

1. Après avoir détruit cette grave erreur, nous reviendrons aux trois langues distinguées par les Égyptiens; et pour parler d'abord de la première, nous remarquerons qu'Homère, dans cinq passages, fait mention d'une langue plus ancienne que la sienne, qui est *l'héroïque;* il l'appelle *langue des dieux.* D'abord dans l'*Iliade* : *Les dieux*, dit-il, *appellent ce géant Briarée, les hommes Égéon;* plus loin, en parlant d'un oiseau, *son nom est Chalcis chez les dieux, Cymindis chez les hommes;* et au sujet du fleuve de Troie, *les dieux l'appellent Xanthe, et les hommes Scamandre.* Dans l'*Odyssée*, il y a deux passages analogues : *Ce que les hommes appellent Charybde et Scylla, les dieux l'appellent les Rochers errants;* l'herbe qui doit prémunir Ulysse contre les enchantements de Circé *est inconnue aux hommes, les dieux l'appellent moly.*

Chez les Latins, Varron s'occupa de la langue divine; et les trente mille dieux dont il rassembla les noms, devaient former un riche vocabulaire[1], au moyen duquel les nations du Latium pouvaient expri-

---

[1] La plupart des langues ont à peu près trente mille mots. Si l'on peut ajouter foi aux calculs de Héron dans son ouvrage sur la langue anglaise, l'espagnol en aurait trente mille, le français trente-deux mille, l'italien trente-cinq mille, l'anglais trente-sept mille. (N. du Trad.)

mer les besoins de la vie humaine, sans doute peu nombreux dans ces temps de simplicité, où l'on ne connaissait que le nécessaire. Les Grecs comptaient aussi trente mille dieux, et divinisaient les pierres, les fontaines, les ruisseaux, les plantes, les rochers, de même que les sauvages de l'Amérique déifient tout ce qui s'élève au-dessus de leur faible capacité. Les *fables divines* des Latins et des Grecs durent être pour eux les premiers hiéroglyphes, les caractères sacrés de cette langue divine dont parlent les Égyptiens.

2. La *seconde langue*, qui répond à l'*âge des héros*, se parla par symboles, au rapport des Égyptiens. A ces symboles peuvent être rapportés les *signes héroïques* avec lesquels écrivaient les héros, et qu'Homère appelle σήματα. Conséquemment, ces symboles durent être des métaphores, des images, des similitudes ou comparaisons, qui, ayant passé depuis dans la *langue articulée*, font toute la richesse du style poétique.

Homère est indubitablement *le premier auteur de la langue grecque ;* et puisque nous tenons des Grecs tout ce que nous connaissons de l'antiquité païenne, il se trouve aussi le premier auteur que puisse citer le paganisme. Si nous passons aux Latins, les premiers monuments de leur langue sont les fragments des *vers saliens*. Le premier écrivain latin dont on fasse mention est le *poète* Livius Andronicus. Lorsque l'Europe fut retombée dans la barbarie, et qu'il se forma deux nouvelles langues, la première, que parlèrent les Espagnols, fut la langue *romane* (*di romanzo*), langue de la poésie *héroïque*, puisque les *romanciers* furent les *poètes héroïques* du moyen âge. En France, le premier qui écrivit en langue vulgaire fut Arnauld Daniel Pacca, le plus ancien de tous les poètes provençaux; il florissait au onzième siècle. Enfin l'Italie eut ses premiers écrivains dans les *rimeurs* de Florence et de la Sicile.

3° Le *langage épistolaire* (ou alphabétique) que l'on est convenu d'employer comme moyen de communication entre les personnes éloignées, dut être parlé originairement chez les Égyptiens, par les classes inférieures d'un peuple qui dominait en Égypte, probablement celui de Thèbes, dont le roi, Rhamsès, étendit son empire sur toute cette grande nation. En effet, chez les Égyptiens, cette langue correspondait à l'âge des *hommes;* et ce nom d'*hommes* désigne les classes inférieures chez les peuples héroïques (particulièrement au moyen âge, où *homme* devient synonyme de *vassal*), par opposition aux *héros*. Elle dut être adoptée *par une convention libre;* car c'est une règle éternelle que le langage et l'écriture vulgaires sont un droit des peuples. L'empereur Claude ne put faire recevoir par les Romains trois lettres qu'il avait inventées, et qui manquaient à leur alphabet. Les lettres inventées par le Trissin n'ont pas été reçues dans la langue italienne, quelque nécessaires qu'elles fussent.

La *langue épistolaire* ou *vulgaire* des Égyptiens dut s'écrire avec des lettres également *vulgaires*. Celles de l'Égypte ressemblaient à l'alphabet vulgaire des Phéniciens, qui, dans leurs voyages de commerce, l'avaient sans doute porté en Égypte. Ces caractères n'étaient autre chose que les *caractères mathématiques* et les *figures géométriques,* que les Phéniciens avaient eux-mêmes reçus des Chaldéens, les premiers mathématiciens du monde. Les Phéniciens les transmirent ensuite aux Grecs, et ceux-ci, avec la supériorité de génie qu'ils ont eue sur toutes les nations, employèrent ces formes géométriques comme formes des sons articulés, et en tirèrent leur alphabet vulgaire, adopté ensuite par les Latins[1]. On ne peut croire que les Grecs aient tiré des Hébreux ou des Égyptiens la *connaissance des lettres vulgaires*.

Les philologues ont adopté sur parole l'opinion que la signification des *langues vulgaires* est arbitraire. Leurs *origines ayant été naturelles, leur signification dut être fondée en nature*. On peut l'observer dans la *langue vulgaire* des Latins, qui a conservé plus de traces que la grecque de son origine *héroïque*, et qui lui est aussi supérieure pour la force qu'inférieure pour la délicatesse. Presque tous les mots y sont des *métaphores* tirées des objets naturels, d'après leurs propriétés ou leurs effets sensibles. En général, la *métaphore* fait le fond des langues. Mais les grammairiens, s'épuisant en paroles qui ne donnent que des idées confuses, ignorant les origines des mots qui, dans le principe, ne purent être que claires et distinctes, ont rassuré leur ignorance en décidant d'une manière générale et absolue *que les voix humaines*

---

[1]. Nous avons déjà rapporté le passage où Tacite nous apprend *que les lettres des Latins ressemblaient à l'ancien alphabet des Grecs*. Ce qui le prouve, c'est que les Grecs employèrent pendant longtemps les lettres majuscules pour figurer les nombres, et que les Latins conservèrent toujours le même usage. (Vico.)

articulées avaient une signification arbitraire. Ils ont placé dans leurs rangs Aristote, Galien et d'autres philosophes, et les ont armés contre Platon et Jamblique.

Il reste cependant une difficulté. *Pourquoi y a-t-il autant de langues vulgaires qu'il existe de peuples ?* Pour résoudre ce problème, établissons d'abord une grande vérité : par un effet de la *diversité des climats*, les peuples ont *diverses natures*. Cette variété de natures leur a fait voir sous *différents aspects* les choses utiles ou nécessaires à la vie humaine, et a produit la *diversité des usages*, dont celle *des langues* est résultée. C'est ce que les proverbes prouvent jusqu'à l'évidence. Ce sont des maximes pour l'usage de la vie, dont le *sens* est le même, mais dont l'*expression* varie sous autant de rapports divers qu'il y a eu et qu'il y a encore de nations[1].

D'après ces considérations, nous avons médité un *vocabulaire mental*, dont le but serait d'*expliquer toutes les langues*, en ramenant la *multiplicité de leurs expressions* à certaines *unités d'idées*, dont les peuples ont

---

1. Les locutions *héroïques* conservées et abrégées dans la précision des langues plus récentes ont bien étonné les commentateurs de la Bible, qui voient les noms des mêmes rois exprimés d'une manière dans l'Histoire sacrée, et d'une autre dans l'Histoire profane. C'est que le même homme est envisagé dans l'une, je suppose, sous le rapport de la figure, de la puissance, etc.; dans l'autre sous le rapport de son caractère, des choses qu'il a entreprises. Nous observons de même qu'en Hongrie la même ville a un nom chez les Hongrois, un autre chez les Grecs, un troisième chez les Allemands, un quatrième chez les Turcs. L'allemand, qui est une langue *héroïque*, quoique vivante, reçoit tous les mots étrangers en leur faisant subir une transformation. On doit conjecturer que les Latins et les Grecs en font autant, lorsqu'ils expriment tant de choses particulières aux barbares, avec des mots qui sonnent si bien en latin et en grec. Voilà pourquoi on trouve tant d'obscurité dans la géographie et dans l'histoire naturelle des anciens. (Vico.)

conservé le fond en leur donnant des formes variées, en les modifiant diversement. Nous faisons dans cet ouvrage un usage continuel de ce vocabulaire. C'est, avec une méthode différente, le même sujet qu'a traité Thomas Hayme dans ses dissertations *de linguarum cognatione et de linguis in genere, et variarum linguarum harmonia*.

De tout ce qui précède, nous tirerons le corollaire suivant : plus les langues sont *riches en locutions héroïques abrégées par les locutions vulgaires*, plus elles sont belles ; et elles tirent cette beauté de la *clarté avec laquelle elles laissent voir leur origine* : ce qui constitue, si je puis le dire, leur véracité, leur fidélité. Au contraire, plus elles présentent un grand nombre de mots dont l'origine est cachée, moins elles sont agréables, à cause de leur obscurité, de leur confusion, et des erreurs auxquelles elle peut donner lieu. C'est ce qui doit arriver dans les langues *formées d'un mélange de plusieurs idiomes barbares*, qui n'ont point laissé de traces de leurs origines, ni des changements que les mots ont subis dans leur signification.

Maintenant pour comprendre la formation de ces trois sortes de langues et d'alphabets, nous établirons le principe suivant : *les dieux, les héros et les hommes commencèrent dans le même temps*. Ceux qui imaginèrent les *dieux* étaient des *hommes*, et croyaient leur nature *héroïque* mêlée de la *divine* et de l'*humaine*. Les trois espèces de langues et d'écritures furent aussi contemporaines dans leur origine, mais avec trois différences capitales : la langue *divine* fut très peu articulée, et presque entièrement *muette*; la langue des *héros, muette et articulée* par un mélange égal, et composée par conséquent de paroles vulgaires et de caractères héroïques, avec lesquels écrivaient les héros (σήματα, dans Homère); la langue des *hommes* n'eut presque rien de muet, et fut à peu près entièrement *articulée*. Point de langue vulgaire qui ait autant d'expressions que de choses à exprimer. — Une conséquence nécessaire de tout ceci, c'est que, dans l'origine, la langue *héroïque* fut extrêmement confuse, cause essentielle de l'obscurité des fables.

La langue articulée commença par l'*onomatopée*, au moyen de laquelle nous voyons toujours les enfants se faire très bien entendre. Les premières paroles humaines furent ensuite les *interjections*, ces mots qui échappent dans le premier mouvement des passions violentes, et qui dans toutes les langues sont monosyllabiques. Puis vinrent les *pronoms*. L'interjection soulage la passion de celui à qui elle échappe, et elle échappe lors même qu'on est seul; mais les pronoms nous servent à communiquer aux autres nos idées et les choses dont les noms propres sont inconnus ou à nous ou à ceux qui nous écoutent. La plupart des pronoms sont des monosyllabes dans presque toutes les langues. On inventa alors les *particules*, dont les *prépositions*, également monosyllabiques, sont une espèce nombreuse. Peu à peu se formèrent les *noms*, presque tous monosyllabiques dans l'origine. On le voit dans l'allemand, qui est une langue mère, parce que l'Allemagne n'a jamais été occupée par des conquérants étrangers. Dans cette langue, toutes les racines sont des monosyllabes.

Le nom dut précéder le *verbe*, car le discours n'a point de sens s'il n'est régi par un nom, exprimé ou sous-entendu. En dernier lieu se formèrent les verbes. Nous pouvons observer, en effet, que les enfants disent des noms, des particules, mais point de verbes : c'est que les noms éveillent des idées qui laissent des traces durables ; il en est de même des particules qui signifient des modifications. Mais les verbes signifient des mouvements accompagnés des idées d'antériorité et de postériorité, et ces idées ne s'apprécient que par le point indivisible du présent, si difficile à comprendre, même pour les philosophes. J'appuierai ceci d'une observation physique. Il existe ici un homme qui, à la suite d'une violente attaque d'apoplexie, se souvenait bien des noms, mais avait entièrement oublié les verbes. — Les verbes qui sont des genres à l'égard de tous les autres, tels que *sum*, qui indique l'existence, verbe auquel se rapportent toutes les essences, c'est-à-dire tous les objets de la métaphysique ; *sto, eo*, qui expriment le repos et le mouvement, auxquels se rapportent toutes les choses physiques ; *do, dico, facio*, auxquels se rapportent toutes les choses d'action, relatives, soit à la morale, soit aux intérêts de la famille ou de la société ; ces verbes, dis-je, sont tous des monosyllabes à l'impératif, *es, sta, i, da, dic, fac;* et c'est par l'impératif qu'ils ont dû commencer.

Cette *génération du langage* est conforme aux lois de la nature en général, d'après lesquelles les éléments, dont toutes les choses se composent et où elles vont se résoudre, sont indivisibles : elle est conforme aux lois de la nature humaine en particulier, en vertu de cet axiome : *Les enfants qui, dès leur naissance, se trouvent environnés de tant de moyens d'apprendre les langues, et dont les organes sont si flexibles, commencent par prononcer des monosyllabes.* A plus forte raison doit-on croire qu'il en a été ainsi chez ces premiers hommes dont les organes étaient très durs, et qui n'avaient encore entendu aucune voix humaine. — Elle nous donne, en outre, *l'ordre dans lequel furent trouvées les parties du discours*, et conséquemment *les causes naturelles de la syntaxe.* Ce système semble plus raisonnable que celui qu'ont suivi Jules Scaliger et François Sanctius, relativement à la langue latine : ils raisonnent d'après les principes d'Aristote, comme si les peuples qui trouvèrent les langues avaient dû préalablement aller aux écoles des philosophes.

§ V.

Corollaires relatifs à l'origine de l'élocution poétique, des épisodes, du tour, du nombre, du chant et du vers.

Ainsi se forma la *langue poétique*, composée d'abord de symboles ou *caractères divins* et *héroïques*, qui furent ensuite exprimés en *locutions vulgaires*, et finalement écrits en *caractères vulgaires*. Elle naquit de l'*indigence du langage*, et de la nécessité de s'exprimer, ce qui se démontre par les ornements mêmes dont se pare la poésie ; je veux dire les images, les hypotyposes, les comparaisons, les métaphores, les périphrases, les tours qui expriment les choses par leurs propriétés naturelles, les descriptions qui les peignent par les détails ou par les effets les plus frappants, ou enfin par des accessoires emphatiques et même oiseux.

Les *épisodes* sont nés dans les premiers âges de la *grossièreté des esprits*, incapables de distinguer et d'écarter les choses qui ne vont pas au but. La même cause fait qu'on observe toujours les mêmes effets dans les idiots, et surtout dans les femmes.

Les *tours* naquirent de la *difficulté de compléter la phrase par son verbe*. Nous avons vu que le verbe fut trouvé plus tard que les autres parties du discours. Aussi les Grecs, nation ingénieuse, employèrent moins de tours que les Latins, les Latins moins que les Allemands.

Le *nombre* ne fut introduit que tard dans la prose. Les premiers qui l'employèrent furent, chez les Grecs, Gorgias de Léontium, et chez les Latins, Cicéron. Avant eux, c'est Cicéron lui-même qui le rapporte, on ne savait rendre le discours nombreux qu'en y mêlant certaines *mesures poétiques*. Il nous sera très utile d'avoir établi ceci, lorsque nous traiterons de l'*origine du chant et du vers*.

Tout ce que nous venons de dire semble prouver que, par une loi nécessaire de notre nature, le *langage poétique* a précédé celui de la *prose*. Par suite de la même loi, les fables, *universaux de l'imagination*, durent naître avant ceux du raisonnement et de la philosophie. Ces derniers ne purent être créés qu'au moyen de la prose. En effet, les poètes ayant d'abord formé le langage poétique par l'*association des idées particulières*, comme on l'a démontré, les peuples formèrent ensuite la langue de la prose, en ramenant à un seul mot, comme les espèces au genre, les parties qu'avait mises ensemble le langage poétique. Ainsi cette phrase poétique usitée chez toutes les nations, *le sang me bout dans le cœur*, fut exprimée par un seul mot, στόμαχος, *ira*, colère. Les hiéroglyphes et les lettres alphabétiques furent aussi comme autant de genres auxquels on ramena la variété infinie des sons articulés. Cette méthode abrégée, appliquée aux mots et aux lettres, donna plus d'activité aux esprits et les rendit capables d'abstraire ; ensuite purent venir les philosophes, qui, préparés par cette classification vulgaire des mots et des lettres, travaillèrent à celle des idées et formèrent les *genres intelligibles*. Ne conviendra-t-on pas maintenant que, pour trouver l'origine des *lettres*, il fallait chercher en même temps celle des *langues?*

Quant au *chant* et au *vers*, nous avons dit dans nos axiomes que, supposé que les hommes aient été d'abord muets, ils commencèrent par prononcer les voyelles en chantant, comme font les muets ; puis ils durent, comme les bègues, articuler aussi les consonnes en chantant [1]. Ces premiers hommes ne devaient s'essayer à parler que lorsqu'ils éprouvaient des passions très violentes. Or, de telles passions s'expriment par un ton de voix très élevé, qui multiplie les diphtongues et devient une sorte de chant. Ce premier chant vint naturellement de la difficulté

---

[1]. Ce qui le prouve, ce sont les diphtongues qui restèrent dans les langues et qui durent être bien plus nombreuses dans l'origine. Ainsi les Grecs et les Français, qui ont passé d'une manière prématurée de la barbarie à la civilisation, ont conservé beaucoup de diphtongues. Voyez la note de l'axiome 21. (Vico.)

de prononcer, laquelle se démontre par la cause et par l'effet. *Par la cause :* les premiers hommes avaient une grande dureté dans l'organe de la voix, et d'ailleurs bien peu de mots pour l'exercer[1]. *Par l'effet :* il y a dans la poésie italienne un grand nombre de retranchements ; dans les origines de la langue latine, on trouve aussi beaucoup de mots qui durent être syncopés, puis étendus avec le temps. Le contraire arriva pour les répétitions de syllabes. Lorsque les bègues tombent sur une syllabe qui leur est facile à prononcer, ils s'y arrêtent avec une sorte de chant, comme pour compenser celles qu'ils prononcent difficilement. J'ai connu un excellent musicien qui avait ce défaut de prononciation ; lorsqu'il se trouvait arrêté, il se mettait à chanter d'une manière fort agréable, et parvenait ainsi à articuler. Les Arabes commencent presque tous les mots par *al*, et l'on dit que les Huns furent ainsi appelés parce qu'ils commençaient tous les mots par *hun*. Ce qui prouve encore que les langues furent d'abord un *chant*, c'est ce que nous avons dit, qu'avant Gorgias et Cicéron les prosateurs grecs et latins employaient des nombres poétiques ; au moyen âge, les Pères de l'Église latine en firent autant, et leur prose semble faite pour être chantée.

Le premier genre de *vers* dut être approprié à la langue, à l'âge des *héros :* tel fut le vers *héroïque*, le

---

1. Maintenant encore, au milieu de tant de moyens d'apprendre à parler, ne voyons-nous pas les enfants, malgré la flexibilité de leurs organes, prononcer les consonnes avec la plus grande peine. Les Chinois, qui, avec un très petit nombre de signes diversement modifiés, expriment en langue vulgaire leur cent vingt mille hiéroglyphes, parlent aussi en chantant. (Vico.)

plus noble de tous. C'était l'expression des émotions les plus vives de la terreur ou de la joie. La poésie *héroïque* ne peint que les passions les plus violentes. Si le vers *héroïque* fut d'abord spondaïque, on ne peut l'attribuer, comme le fait la tradition vulgaire, à l'effroi inspiré par le serpent Python; l'effroi précipite les idées et les paroles, plutôt qu'il ne les ralentit. En latin, *sollicitus* et *festinans* expriment la frayeur. La lenteur des esprits, la difficulté du langage, voilà ce qui dut rendre ce vers spondaïque; et il a conservé quelque chose de ce caractère, en exigeant invariablement un spondée à son dernier pied. Plus tard, les esprits et les langues ayant plus de facilité, le dactyle entra dans la poésie; un nouveau progrès détermina l'emploi de l'iambe, *pes citus*, comme dit Horace. Enfin l'intelligence et la prononciation ayant acquis une grande rapidité, on commença de parler en prose, ce qui était une sorte de généralisation. Le vers iambique se rapproche tellement de la prose, qu'il échappait souvent aux prosateurs. Ainsi le chant uni aux vers devint de plus en plus rapide, en suivant exactement le progrès du langage et des idées. — Ces vérités philosophiques sont appuyées par la tradition suivante. L'histoire ne nous présente rien de plus ancien que les *oracles* et les *sibylles ;* l'antiquité de ces dernières a passé en proverbe. Nous trouvons partout des Sibylles chez les plus anciennes nations : or, on assure qu'elles chantaient leurs réponses en vers héroïques, et partout les oracles répondaient en vers de cette mesure. Ce vers fut appelé par les Grecs *pythien*, de leur fameux oracle d'Apollon Pythien. Les Latins l'appelèrent vers *saturnien*, comme l'atteste

Festus. Ce vers dut être inventé en Italie dans l'*âge de Saturne*, qui répond à l'*âge d'or* des Grecs. Ennius, cité par le même Festus, nous apprend que les *faunes* de l'Italie rendaient en cette forme de vers leurs oracles, *fata*. Puis le nom de vers *saturnien* passa aux vers iambiques de six pieds, peut-être parce que ces derniers vers furent employés naturellement dans le langage, comme auparavant les vers *saturniens-héroïques*. — Les savants modernes sont aujourd'hui divisés sur la question de savoir si la poésie hébraïque a une mesure, ou simplement une sorte de rythme; mais Josèphe, Philon, Origène et Eusèbe tiennent pour la première opinion; et ce qui la favorise principalement, c'est que, selon saint Jérôme, le livre de Job, plus ancien que ceux de Moïse, serait écrit en vers héroïques depuis la fin du second chapitre jusqu'au commencement du quarante-deuxième. — Si nous croyons l'auteur anonyme de l'*Incertitude des sciences*, les Arabes ne connaissaient point l'écriture, et toutefois ils conservèrent leur ancienne langue, en retenant leurs poèmes nationaux jusqu'au temps où ils inondèrent les provinces orientales de l'empire grec.

Les Égyptiens écrivaient leurs épitaphes en *vers* et sur des colonnes appelées *siringi*, de *sir*, chant ou chanson. Du même mot vient sans doute le nom des *Sirènes*, êtres mythologiques célèbres par leur chant. Ce qui est plus certain, c'est que les fondateurs de la civilisation grecque furent les *poètes théologiens*, lesquels furent aussi *héros* et chantèrent en *vers héroïques*. Nous avons vu que les premiers auteurs de la langue latine furent les poètes sacrés appelés *saliens*; il nous reste des fragments de leurs vers, qui ont quelque chose du *vers héroïque*, et qui sont les plus anciens monuments de la langue latine. A Rome, les triomphateurs laissèrent des inscriptions qui ont une apparence de vers *héroïques*, telles que celles de Lucius Emilius Regillus :

> Duello magno dirimendo, regibus subjugandis;

et celle d'Acilius Glabrion :

> Fudit, fugat, prosternit maximas legiones.

Si on examine bien les fragments de la loi des Douze Tables, on trouvera que la plupart des articles se terminent par un vers adonique, c'est-à-dire par une fin de vers *héroïque*; c'est ce que Cicéron imita dans ses *Lois*, qui commencent ainsi :

> Deos caste adeunto.
> Pietatem adhibento.

De là vint, chez les Romains, l'usage mentionné par le même Cicéron. Les enfants chantaient la loi des Douze Tables, *tanquam necessarium carmen*. Ceux des Crétois chantaient de même la loi de leur pays, au rapport d'Élien.—A ces observations joignez plusieurs traditions vulgaires. Les lois des Égyptiens furent les *poèmes* de la déesse Isis (Platon). Lycurgue et Dracon donnèrent leurs lois en *vers* aux Spartiates et aux Athéniens (Plutarque et Suidas). Enfin Jupiter dicta en *vers* les lois de Minos (Maxime de Tyr).

Maintenant revenons des lois à l'histoire. Tacite rapporte dans les *Mœurs des Germains*, que ce peuple conservait en *vers* les souvenirs des premiers âges ; et, dans sa note sur ce passage, Juste-Lipse dit la même chose des Américains. L'exemple de ces deux nations, dont la première ne fut connue que très tard des Romains, et dont la seconde a été découverte par les Européens il y a seulement deux siècles, nous donne lieu de conjecturer qu'il en a été de même de toutes les nations barbares, anciennes et modernes. La chose est hors de doute pour les anciens Perses et pour les Chinois. Au rapport de Festus, les guerres puniques furent écrites par Nævius en *vers héroïques*, avant de l'être par Ennius ; et Livius Andronicus, le premier écrivain latin, avait écrit dans un *poème héroïque* appelé *la Romanide*, les annales des anciens Romains. Au moyen âge, les historiens latins furent des *poètes historiques*, comme Gunterus, Guillaume de Pouille et autres. Nous avons vu que les premiers écrivains dans les nouvelles langues de l'Europe avaient été des *versificateurs*. Dans la Silésie, province où il n'y a guère que des paysans, ils apportent en naissant le don de la *poésie*. En général, l'allemand conserve ses origines *héroïques*, et voilà pourquoi on traduit si heureusement en allemand les mots composés du grec, surtout ceux du langage poétique. Adam Rochemberg l'a remarqué, mais sans en comprendre la cause. Bernegger a fait de toutes ces expressions un catalogue, enrichi ensuite par Georges Christophe Peischer, dans son *Index de græcæ et germanicæ linguæ analogia*. La langue latine a aussi laissé des exemples nombreux de ces compositions formées de mots entiers ; et les poètes, en continuant à se servir de ces mots composés, n'ont fait qu'user de leur droit. Cette facilité de composition dut être une propriété commune à toutes les langues primitives. Elles se créèrent d'abord des noms, ensuite des verbes, et lorsque les verbes leur manquèrent, elles unirent les noms eux-mêmes. Voilà les principes de tout ce qu'a écrit Morhof dans ses recherches sur la langue et la poésie allemandes [1].

Nous croyons avoir victorieusement réfuté l'erreur commune des grammairiens qui prétendent que *la prose précéda les vers*, et avoir montré dans *l'origine de la poésie*, telle que nous l'avons découverte, *l'origine des langues* et celle *des lettres*.

§ VI.

Corollaires relatifs à la logique des esprits cultivés.

1. D'après tout ce que nous venons d'établir en vertu de cette *logique poétique*, relativement à l'origine des langues, nous reconnaissons que c'est avec raison que les premiers auteurs du langage furent réputés *sages* dans tous les âges suivants, puisqu'ils donnèrent aux choses *des noms conformes à leur nature*, et remarquables par la *propriété*. Aussi nous avons vu que,

---

[1]. Nous trouvons ici une preuve de ce que nous avons avancé dans les axiomes : *Si les savants s'appliquent à trouver les origines de la langue allemande en suivant nos principes, ils y feront d'étonnantes découvertes*. (Vico.)

chez les Grecs et les Latins, *nom* et *nature* signifièrent souvent la même chose.

2. La *topique* commença avec la *critique*. La topique est l'art qui conduit l'esprit dans sa première opération, qui lui enseigne les aspects divers (*les lieux*, τόποι) que nous devons épuiser, en les observant successivement, pour connaître dans son entier l'objet que nous examinons. Les fondateurs de la civilisation humaine se livrèrent à une *topique sensible*, dans laquelle ils unissaient les propriétés, les qualités ou rapports des individus ou des espèces, et les employaient tout concrets à former leur *genres poétiques;* de sorte qu'on peut dire avec vérité que le *premier âge* du monde s'occupa de la première opération de l'esprit.

Ce fut dans l'intérêt du genre humain que la Providence fit naître la *topique* avant la *critique*. Il est naturel de *connaître* d'abord les choses, et ensuite de les *juger*. La topique rend les esprits *inventifs*, comme la *critique* les rend *exacts*. Or, dans les premiers temps les hommes avaient à trouver, à *inventer* toutes les choses nécessaires à la vie. En effet, quiconque y réfléchira, trouvera que les choses utiles ou nécessaires à la vie, et même celles qui ne sont que de commodité, d'agrément ou de luxe, avaient déjà été trouvées par les Grecs, avant qu'il y eût parmi eux des philosophes. Nous l'avons dit dans un axiome : *Les enfants sont grands imitateurs; la poésie n'est qu'imitation; les arts ne sont que des imitations de la nature, qu'une poésie réelle.* Ainsi, les premiers peuples qui nous représentent l'*enfance* du genre humain, fondèrent d'abord le monde des arts; les philosophes qui vinrent longtemps après, et qui nous en représentent la *vieillesse*, fondèrent le monde des sciences qui compléta le système de la civilisation humaine.

3. Cette *histoire des idées humaines* est confirmée, d'une manière singulière, par l'*histoire de la philosophie* elle-même. La première méthode d'une philosophie grossière encore fut l'αὐτοψια ou *évidence des sens;* nous avons vu, dans l'origine de la poésie, quelle vivacité avaient les sensations dans les âges poétiques. Ensuite vint Ésope, symbole des moralistes que nous appellerons vulgaires; Ésope, antérieur aux sept sages de la Grèce, employa des *exemples* pour raisonnements; et comme l'âge poétique durait encore, il tirait ces exemples de quelque fiction analogue, moyen plus puissant sur l'esprit du vulgaire que les meilleurs raisonnements abstraits [1]. Après Ésope vint Socrate : il commença la dialectique par l'*induction* qui conclut de plusieurs choses certaines à la chose douteuse qui est en question. Avant Socrate, la médecine, fécondant l'observation par l'induction, avait produit Hippocrate, le premier de tous les médecins pour le mérite comme pour l'époque, Hippocrate auquel fut si bien dû cet éloge immortel : *Nec fallit quemquam, nec falsus ab ullo est.* Au temps de Platon, les mathématiques avaient, par la méthode de composition dite *synthèse*, fait d'immenses progrès dans l'école de Pythagore, comme on peut le voir par le *Timée*. Grâce à cette méthode, Athènes florissait alors par la culture de tous les arts qui font la gloire du génie humain, par la poésie, l'éloquence et l'histoire, par

[1]. Comme le prouve le succès avec lequel Ménénius Agrippa ramena à l'obéissance le peuple romain. (Vico.)

la musique et les arts du dessin. Ensuite vinrent Aristote et Zénon; le premier enseigna le *syllogisme*, forme de raisonnement qui n'unit point les idées particulières pour former des idées générales, mais qui décompose les idées générales dans les idées particulières qu'elles renferment; quant au second, sa méthode favorite, celle du *sorite*, analogue à celle de nos modernes philosophes, n'aiguise l'esprit qu'en le rendant trop subtil. Dès lors la philosophie ne produisit aucun fruit remarquable pour l'avantage du genre humain. C'est donc avec raison que Bacon, aussi grand philosophe que profond politique, recommande l'*induction* dans son *Organum*. Les Anglais, qui suivent ce précepte, tirent de l'*induction* les plus grands avantages dans la philosophie expérimentale.

4. Cette *histoire des idées humaines* montre jusqu'à l'évidence l'erreur de ceux qui, attribuant, selon le préjugé vulgaire, une haute sagesse aux anciens, ont cru que Minos, Thésée, Lycurgue, Romulus et les autres rois de Rome donnèrent à leurs peuples des lois *universelles*. Telle est, la forme des lois les plus anciennes qu'elles semblent s'adresser à un seul homme; d'un premier cas elles s'étendaient à tous les autres, car *les premiers peuples étaient incapables d'idées générales;* ils ne pouvaient les concevoir avant que les faits qui les appelaient se fussent présentés. Dans le procès du jeune Horace, la loi de Tullus Hostilius n'est autre chose que la sentence portée contre l'*illustre accusé*, par les duumvirs qui avaient été créés par le roi pour ce jugement[1]. Cette loi de Tullus est un

---

1. Selon Tite-Live, Tullus ne voulut point juger lui-même Horace, parce qu'il craignait de prendre sur lui l'odieux d'un tel jugement, explication tout

exemple, dans le sens où l'on dit *châtiments exemplaires*. S'il est vrai, comme le dit Aristote, que *les républiques héroïques n'avaient pas de lois pénales*, il fallait que les *exemples* fussent d'abord réels ; ensuite vinrent les exemples *abstraits*. Mais lorsque l'on eut acquis des idées générales, on reconnut que la propriété essentielle de la loi devait être l'*universalité*, et l'on établit cette maxime de jurisprudence : *Legibus, non exemplis est judicandum.*

a fait ridicule. Tite-Live n'a pas compris que dans un sénat *héroïque*, c'est-à-dire aristocratique, un roi n'avait d'autre puissance que celle de créer des duumvirs ou commissaires pour juger les accusés; le peuple des cités héroïques ne se composait que de nobles, auxquels l'accusé déjà condamné pouvait toujours en appeler. (Vico.)

CHAPITRE IV

DE LA MORALE POÉTIQUE, ET DE L'ORIGINE DES VERTUS VULGAIRES QUI RÉSULTÈRENT DE L'INSTITUTION DE LA RELIGION ET DES MARIAGES.

La *métaphysique des philosophes* commence par éclairer l'âme humaine, en y plaçant l'idée d'un Dieu, afin qu'ensuite la logique, la trouvant préparée à mieux distinguer ses idées, lui enseigne les méthodes de raisonnement par le secours desquelles la morale purifie le cœur de l'homme. De même la *métaphysique poétique* des premiers humains les frappa d'abord par la crainte de Jupiter, dans lequel ils reconnurent le pouvoir de lancer la foudre, et terrassa leurs âmes aussi bien que leurs corps par cette fiction effrayante. Incapables d'atteindre encore une telle idée par le raisonnement, ils la conçurent par un sentiment faux dans la *matière*, mais vrai dans la *forme*. De cette *logique* conforme à leur nature sortit la *morale poétique*, qui d'abord les rendit *pieux*. La *piété* était la base sur laquelle la Providence voulait fonder les sociétés. En effet, chez toutes les nations, la piété a été généralement la mère des vertus domestiques et civiles; la religion seule nous apprend à les observer, tandis que la philosophie nous met plutôt en état d'en discourir.

La vertu commença par l'effort. Les géants enchaînés sous les monts par la terreur religieuse que la foudre leur inspirait *s'abstinrent* désormais d'errer à la manière des bêtes farouches, dans la vaste forêt qui couvrait la terre, et prirent l'habitude de mener une vie sédentaire dans leurs retraites cachées, en sorte qu'ils devinrent plus tard les fondateurs des sociétés. Voilà l'un de *ces grands bienfaits que dut au ciel le genre humain*, selon la tradition vulgaire, *quand il régna sur la terre* par la religion des auspices. Par suite de ce premier *effort*, la vertu commença à poindre dans les âmes. Ils continrent leurs passions brutales, ils évitèrent de les satisfaire à la face du ciel qui leur causait un tel effroi, et chacun d'eux s'efforça d'entraîner dans sa caverne une seule femme dont il se proposait de faire sa compagne pour la vie. Ainsi la *Vénus humaine* succédant à la *Vénus brutale*, ils commencèrent à connaître la pudeur, qui, après la religion, est le principal lien des sociétés. Ainsi s'établit le *mariage*, c'est-à-dire *l'union charnelle faite selon la pudeur et avec la crainte d'un Dieu*. C'est le second principe de la science nouvelle, lequel dérive du premier (la croyance à une Providence).

Le *mariage* fut accompagné de trois solennités. — La première est celle des auspices de Jupiter, auspices tirés de la foudre qui avait décidé les géants à les observer. De cette divination, *sortes*, les Latins définirent le mariage, *omnis vitæ consortium*, et appelèrent le mari et la femme *consortes*. En italien, on dit vulgairement que la fille qui se marie *prende sorte*. Aussi est-ce un principe du droit des gens que *la femme suive la religion publique de son mari.* — La seconde solennité consiste dans le voile dont la jeune épouse se couvre en mémoire de ce premier mouvement de pudeur qui détermina l'institution des mariages. — La troisième, toujours observée par les Romains, fut d'enlever l'épouse avec une feinte violence pour rappeler la violence véritable avec laquelle les géants entraînèrent les premières femmes dans leurs cavernes.

Les hommes se créèrent, sous le nom de *Junon*, un symbole de ces *mariages solennels*. C'est le premier de tous les symboles divins après celui de Jupiter...

Considérons le genre de vertu que la religion donna à ces premiers hommes : ils furent *prudents* de cette sorte de prudence que pouvaient donner les auspices de Jupiter ; *justes* envers Jupiter en le redoutant (Jupiter, *jus* et *pater*) et envers les hommes en ne se mêlant point des affaires d'autrui. C'est l'état des géants, tels que Polyphème les représente à Ulysse, isolés dans les cavernes de la Sicile. Cette justice n'était au fond que l'isolement de l'état sauvage. Ils pratiquaient la *continence*, en ce qu'ils se contentaient d'une seule femme pour la vie. Ils avaient le *courage*, l'*industrie*, la *magnanimité*, les vertus de l'âge d'or, pourvu que nous n'entendions point par *âge d'or* ce qu'ont entendu dans la suite les poètes efféminés. Les vertus du premier âge, à la fois *religieuses* et *barbares*, furent analogues à celles qu'on a tant louées dans les Scythes, qui enfonçaient un couteau en terre, l'adoraient comme un dieu et justifiaient leurs meurtres par cette religion sanguinaire.

Cette morale des nations superstitieuses et farouches du paganisme produisit chez elles l'usage de *sacrifier aux dieux des victimes humaines*. Lorsque les Phéniciens étaient menacés de quelque grande calamité, leurs rois immolaient à Saturne leurs propres enfants (Philon, Quinte-Curce). Carthage, colonie de Tyr, conserva cette coutume. Les Grecs la pratiquèrent aussi, comme on le voit par le sacrifice d'Iphigénie[1]. Les sacrifices humains étaient en usage chez les Gaulois (César) et chez les Bretons (Tacite). Ce culte sacrilège fut défendu par Auguste aux Romains qui habitaient les Gaules et par Claude aux Gaulois eux-mêmes (Suétone).

Les orientalistes veulent que ce soient les Phéniciens qui aient répandu dans tout le monde les sacrifices de leur Moloch. Mais Tacite nous assure que les sacrifices humains étaient en usage dans la Germanie, contrée toujours fermée aux étrangers; et les Espagnols les retrouvèrent dans l'Amérique, inconnue jusque-là au reste du monde.

Telle était la barbarie des nations à l'époque même où les *anciens Germains voyaient les dieux sur la terre*,

---

1. On s'étonnera peu de ce dernier événement, si l'on songe à l'étendue illimitée de la *puissance paternelle* des premiers hommes du paganisme, de ces Cyclopes de la fable. Cette puissance fut sans borne chez les nations les plus éclairées, telles que la grecque; chez les plus sages, telles que la romaine; jusqu'aux temps de la plus haute civilisation, les pères y avaient le droit de faire périr leurs enfants nouveau-nés. C'est ce qui doit diminuer l'horreur que nous inspire, dans la douceur de nos temps modernes, la sévérité de Brutus condamnant ses fils, et de Manlius faisant périr le sien pour avoir combattu et vaincu au mépris de ses ordres. (Vico.)

où les *anciens Scythes*, où les *Américains* brillaient de ces *vertus de l'âge d'or* exaltées par tant d'écrivains. Les victimes humaines sont appelées dans Plaute *victimes de Saturne*, et c'est sous Saturne que les auteurs placent l'âge d'or du Latium; tant il est vrai que cet âge fut celui de la douceur, de la bénignité et de la justice! Rien n'est plus vain, nous devons le conclure de tout ce qui précède, que les fables débitées par les savants sur l'*innocence de l'âge d'or* chez les païens. Cette innocence n'était autre chose qu'une superstition fanatique qui, frappant les premiers hommes de la crainte des dieux que leur imagination avait créés, leur faisait observer quelque devoir malgré leur brutalité et leur orgueil farouche. Plutarque, choqué de cette superstition, met en problème s'il n'eût pas mieux valu ne croire aucune divinité, que de rendre aux dieux ce culte impie. Mais il a tort d'opposer l'athéisme à cette religion, quelque barbare qu'elle pût être. Sous l'influence de cette religion se sont formées les plus illustres sociétés du monde, l'athéisme n'a rien fondé.

Nous venons de traiter de la morale du premier âge ou *morale divine*; nous traiterons plus tard de la *morale héroïque*.

CHAPITRE V

DU GOUVERNEMENT DE LA FAMILLE, OU ÉCONOMIE,
DANS LES AGES POÉTIQUES.

§ I.

De la famille composée des parents et des enfants, sans esclaves ni serviteurs.

Les héros *sentirent*, par l'instinct de la nature humaine, les deux vérités qui constituent toute la science économique, et que les Latins conservèrent dans les mots *educere, educare*, relatifs, l'un à l'éducation de l'âme, l'autre à celle du corps. Nous parlerons d'abord de *la première de ces deux éducations*.

Les premiers *pères* furent à la fois les *sages*, les *prêtres* et les *rois* ou *législateurs* de leurs familles[1]. Ils durent être dans la famille des *rois absolus*, supérieurs

---

[1]. C'est cette tradition vulgaire sur la sagesse des anciens qui a trompé Platon et lui a fait regretter *les temps où les philosophes régnaient, où les rois étaient philosophes*. (Vico.)

à tous les autres membres, et soumis seulement à Dieu. Leur pouvoir fut armé des terreurs d'une religion effroyable, et sanctionné par les peines les plus cruelles; c'est dans le caractère de Polyphème que Platon reconnaît les premières pères de famille[1]. — Remarquons seulement ici que les hommes, sortis de leur liberté native, et domptés par la sévérité du *gouvernement de la famille*, se trouvèrent préparés à obéir aux lois du *gouvernement civil* qui devait lui succéder. Il en est resté cette loi éternelle, que les républiques seront plus heureuses que celle qu'imagina Platon, toutes les fois que les pères de famille n'enseigneront à leurs enfants que la religion, et qu'ils seront admirés des fils comme leurs *sages*, révérés comme leurs *prêtres*, et redoutés comme leurs *rois*.

Quant à la *seconde partie de la science économique*, l'éducation des corps, on peut conjecturer que, par l'effet des terreurs religieuses, de la dureté du gouvernement des pères de famille et des ablutions sacrées, les fils perdirent peu à peu la taille des géants, et prirent la stature convenable à des hommes. Admirons la Providence, d'avoir permis qu'avant cette époque les hommes fussent des géants : il leur fallait,

---

[1]. Cette tradition mal interprétée a jeté tous les politiques dans l'erreur de croire que la *première forme des gouvernements civils aurait été la monarchie*. Partant de cette erreur, ils ont établi pour principe de leur fausse science que *la royauté tirait son origine de la violence, ou de la fraude qui aurait bientôt éclaté en violence*. Mais à cette époque où les hommes avaient encore tout l'orgueil farouche de la liberté *bestiale*, cette simplicité grossière où ils se contentaient des productions spontanées de la nature pour aliments, de l'eau des fontaines pour boisson, et des cavernes pour abri pendant leur sommeil; dans cette égalité naturelle où tous les pères étaient souverains de leur famille, on ne peut comprendre comment la fraude ou la force eussent assujetti tous les hommes à un seul. (Vico.)

dans leur vie vagabonde, une complexion robuste pour supporter l'inclémence de l'air et l'intempérie des saisons ; il leur fallait des forces extraordinaires pour pénétrer la grande forêt qui couvrait la terre, et qui devait être si épaisse dans les temps voisins du déluge...

La grande idée de la *science économique* fut réalisée dès l'origine, savoir : qu'il faut que les pères, par leur travail et leur industrie, laissent à leurs fils un patrimoine où ils trouvent une subsistance facile, commode et sûre, quand même ils n'auraient plus aucun rapport avec les étrangers, quand même toutes les ressources de l'état social viendraient à leur manquer, quand même il n'y aurait plus de cités ; de sorte qu'en supposant les dernières calamités, les *familles subsistent*, comme *origine de nouvelles nations*. Ils doivent laisser ce patrimoine dans des lieux qui jouissent d'un *air sain*, qui possèdent des *sources* d'eaux vives, et dont la *situation*, naturellement *forte*, leur assure un asile dans le cas où les cités périraient ; il faut enfin que ce patrimoine comprenne de *vastes campagnes* assez riches pour nourrir les malheureux qui, dans la ruine des cités voisines, viendraient s'y *réfugier*, les cultiveraient et en reconnaîtraient le propriétaire pour *seigneur*. Ainsi la Providence ordonna l'état de famille, employant, non *la tyrannie des lois, mais la douce autorité des coutumes*. (Voy. axiome 104, le passage cité de Dion-Cassius.) Les *forts*, les puissants des premiers âges, établirent leurs habitations au sommet des montagnes. Le latin *arces*, l'italien *rocce*, ont, outre leur premier sens, celui de *forteresses*.

Tel fut l'ordre établi par la *Providence*, pour commencer la société païenne. Platon en fait honneur à la *prévoyance* des premiers fondateurs des cités. Cependant, lorsque la barbarie antique, reparaissant au moyen âge, détruisait partout les cités, le même ordre assura le salut des *familles*, d'où sortirent les nouvelles nations de l'Europe. Les Italiens ont continué à dire *castella*, pour *seigneuries*. En effet, on observe généralement que les cités les plus anciennes, et presque toutes les capitales, ont été bâties au sommet des montagnes, tandis que les villages sont répandus dans les plaines. De là vinrent sans doute ces phrases latines, *summo loco*, *illustri loco nati*, pour dire les nobles; *imo*, *obscuro loco nati*, pour désigner les plébéiens : les premiers habitaient les cités, les seconds les campagnes.

C'est par rapport aux *sources vives* dont nous avons parlé, que les politiques regardent la *communauté des eaux* comme l'occasion de l'*union des familles*. De là les premières *associations* furent dites par les Grecs φρατρίαι (peut-être de φρέαρ, puits), comme les premiers *villages* furent appelés *pagi* par les Latins, du mot πηγή, fontaine. Les Romains célébraient les *mariages* par l'emploi solennel de l'*eau* et du *feu :* parce que les premiers mariages furent contractés naturellement par des hommes et des femmes qui avaient *l'eau et le feu en commun*, comme membres de la même famille, et dans l'origine comme frères et sœurs. Le dieu du foyer de chaque maison était appelé *lar ;* d'où *focus laris*. C'était là que le père de famille sacrifiait aux dieux de la maison, *deivei parentum* (loi des Douze Tables, *de parricidio*); comme parle l'histoire sainte, *le Dieu de nos pères, le Dieu d'Abraham, d'Isaac, de Jacob*. De là encore la loi que propose Cicéron : *Sacra familiaria perpetua manento ;* et les expressions si fréquentes dans les lois romaines, *filius familias in sacris paternis, sacra patria* pour la *puissance paternelle.* Ce respect du foyer domestique était commun aux barbares du moyen âge, puisque même au temps de Boccace, qui nous l'atteste dans sa *Généalogie des dieux,* c'était l'usage à Florence qu'au commencement de chaque année, le père de famille, assis à son foyer, près d'un tronc d'arbre auquel il mettait le feu, jetât de l'encens et versât du vin dans la flamme ; usage encore observé par le petit peuple de Naples, le soir de la vigile de Noël. On dit aussi *tant de feux,* pour tant de familles.

L'institution des *sépultures,* qui vint après celle des *mariages,* résulta de la nécessité de cacher des objets qui choquaient les sens. Ainsi commença la croyance universelle de l'*immortalité des âmes humaines,* appelées *dii manes,* et dans la loi des Douze Tables, *deivei parentium*...

Les *philologues* et les *philosophes* ont pensé communément que, dans ce qu'on appelle *l'état de nature,* les familles n'étaient composées que de *fils ;* elles le furent aussi de *serviteurs* ou *famuli,* d'où elles tirèrent principalement ce nom. Sur cette *économie* incomplète ils ont fondé une fausse *politique,* comme la suite doit le démontrer. Pour nous, nous commencerons à traiter de la *politique* des premiers âges, en prenant pour point de départ ces *serviteurs* ou *famuli,* qui appartiennent proprement à l'étude de l'*économie.*

§ II.

Des familles composées de serviteurs, antérieures à l'existence des cités, et sans lesquelles cette existence était impossible.

Au bout d'un laps de temps considérable, plusieurs des géants impies qui étaient restés dans la *communauté des femmes et des biens*, et dans les querelles qu'elle produisait, *les hommes simples et débonnaires* dans le langage de Grotius, les *abandonnés de Dieu* dans celui de Puffendorf, furent contraints, pour échapper aux *violents* de Hobbes, de se réfugier aux autels des *forts*. Ainsi un froid très vif contraint les bêtes sauvages à venir chercher un asile dans les lieux habités. Les chefs de famille, plus courageux parce qu'ils avaient déjà formé une première société, recevaient sous leur protection ces malheureux réfugiés, et tuaient ceux qui osaient faire des courses sur leurs terres. Déjà *héros par leur naissance*, puisqu'ils étaient nés de Jupiter, c'est-à-dire nés sous ses auspices, ils devinrent *héros par la vertu*. Dans ce dernier genre d'héroïsme, les Romains se montrèrent supérieurs à tous les peuples de la terre, puisqu'ils surent également

Parcere subjectis, et debellare superbos.

Les premiers hommes qui fondèrent la civilisation, avaient été conduits à la société par la *religion* et par l'*instinct naturel de propager la race humaine*, causes honorables qui produisirent le mariage, *la première et la plus noble amitié du monde.* Les seconds qui entrèrent dans la société, y furent contraints par la *nécessité de sauver leur vie.* Cette société, dont l'*utilité* était le but, fut d'une *nature servile.* Aussi les réfugiés ne furent protégés par les héros qu'à une condition juste et raisonnable, celle *de gagner eux-mêmes leur vie en travaillant pour les héros, comme leurs serviteurs.* Cette condition analogue à l'esclavage fut le modèle de celle où l'on réduisit les prisonniers faits à la guerre, après la formation des cités.

Ces premiers serviteurs se nommaient, chez les Latins, *vernæ*, tandis que les fils des héros, pour se distinguer, s'appelaient *liberi*. Du reste, ces derniers n'avaient aucune autre distinction : *dominum ac servum nullis educationis deliciis dignoscas.* Ce que Tacite dit des Germains peut s'entendre de tous les premiers peuples barbares ; et nous savons que, chez les anciens Romains, le père de famille avait droit de vie et de mort sur ses fils, et la propriété absolue de tout ce qu'ils pouvaient acquérir, au point que, jusqu'aux Empereurs, les fils et les esclaves ne différaient en rien sous le rapport du *pécule*. Ce mot *liberi* signifia aussi d'abord *nobles :* les arts *libéraux* sont les arts nobles; *liberalis* répond à l'italien *gentile*. Chez les Latins, les maisons nobles s'appelaient *gentes;* ces premières *gentes* se composaient des seuls *nobles*, et les seuls *nobles* furent *libres* dans les premières cités.

Les serviteurs furent aussi appelés *clientes*, et ces *clientèles* furent la première image des fiefs, comme nous le verrons plus au long.

Sous le *nom* seul du *père de famille* étaient compris

tous ses *fils*, tous ses *esclaves* et *serviteurs*. Ainsi, dans les temps héroïques on put dire avec vérité, comme Homère le dit d'Ajax, le *rempart des Grecs* (πύργος Ἀχαίων), que seul il combattait contre l'armée entière des Troyens; on put dire qu'Horace soutint seul sur un pont le choc d'une armée d'Étrusques; par quoi l'on doit entendre *Ajax, Horace, avec leurs compagnons* ou *serviteurs*. Il en fut précisément de même dans la *seconde barbarie* [dans celle du moyen âge]; quarante héros normands, qui revenaient de la terre sainte, mirent en fuite une armée de Sarrasins qui tenaient Salerne assiégée.

C'est à cette *protection* accordée par les héros à ceux qui se *réfugièrent* sur leurs terres, qu'on doit rapporter l'origine des *fiefs*. Les premiers furent d'abord des *fiefs roturiers personnels*, pour lesquels les *vassaux* étaient *vades*, c'est-à-dire obligés personnellement à suivre les héros partout où ils les menaient pour cultiver leurs terres, et plus tard, de les suivre dans les jugements (*rei, et actores*). Du *vas* des Latins, du βὰς des Grecs, dérivèrent le *was* et le *wassus* employés par les feudistes barbares pour signifier *vassal*. Ensuite durent venir les *fiefs roturiers réels*, pour lesquels les vassaux durent être les premiers *prædes* ou *mancipes* obligés sur biens immeubles; le nom de *mancipes* resta propre à ceux qui étaient ainsi obligés envers le trésor public.

Nous venons de donner la première origine des *asiles*. C'est en ouvrant un asile que Cadmus fonde Thèbes, la plus ancienne cité de la Grèce. Thésée fonde Athènes en élevant l'*autel des malheureux*, nom bien convenable à ceux qui erraient auparavant, dénués de tous les biens divins et humains que la société avait procurés aux hommes pieux. Romulus fonde Rome en ouvrant un asile dans un bois, *vetus urbes condentium consilium*, dit Tite-Live. De là Jupiter reçut le titre d'*hospitalier*. *Étranger* se dit en latin *hospes*.

§ III.

Corollaires relatifs aux contrats qui se font par le simple consentement des parties.

Les nations héroïques, ne s'occupant que des choses nécessaires à la vie, ne recueillant d'autres fruits que les productions spontanées de la nature, ignorant l'usage de la monnaie, et étant pour ainsi dire *tout corps*, toute matière, ne pouvaient certainement connaître les contrats qui, selon l'expression moderne, se font *par le seul consentement*. L'ignorance et la grossièreté sont naturellement soupçonneuses; aussi les hommes ne pouvaient connaître les engagements *de bonne foi*. Ils assuraient toutes les *obligations*, en employant la *main*, soit en réalité, soit par fiction en ajoutant à l'acte la garantie des *stipulations solennelles;* de là ce titre célèbre dans la loi des Douze Tables : *Si quis nexum faciet mancipiumque, uti lingua nuncupassit, ita jus esto.* Un tel état civil étant supposé, nous pouvons en inférer ce qui suit.

I. On dit que dans les temps les plus anciens les *achats* et les *ventes* se faisaient par *échange*, lors même qu'il s'agissait d'immeubles. Ces échanges ne furent autre chose que les cessions de terres faites au moyen âge, à charge de cens seigneurial (*livelli*). Leur utilité consistait en ce que l'une des parties avait trop de terres riches en fruits dont l'autre partie manquait.

II. Les *locations de maisons* ne pouvaient avoir lieu lorsque les *cités* étaient petites, et les habitations étroites. On doit croire plutôt que les propriétaires fonciers donnaient du terrain pour qu'on y bâtit; toute location se réduisait donc à un *cens* territorial.

III. Les *locations de terres* durent être emphytéotiques. Les grammairiens ont dit, sans en comprendre le sens, que *clientes* était *quasi colentes*. Ces locations de terres répondent aux *clientèles* des Latins.

IV. Telle fut sans doute la raison pour laquelle on ne trouve dans les anciennes archives du moyen âge d'autres contrats que des *contrats de cens seigneurial* pour des maisons ou pour des terres, soit perpétuel, soit à temps.

V. Cette dernière observation explique peut-être pourquoi l'emphytéose est un *contrat de droit civil*, c'est-à-dire *du droit héroïque des Romains*. A ce droit héroïque Ulpien oppose le *droit naturel des peuples civilisés* (*gentium humanarum*); il les appelle *civilisés* ou *humains*, par opposition aux barbares des premiers temps; et il ne peut entendre parler des *barbares* qui de son temps se trouvaient hors de l'Empire, et dont par conséquent le droit n'importait point aux jurisconsultes romains.

VI. Les *contrats de société* étaient inconnus, par un effet de l'isolement naturel des premiers hommes. Chaque père de famille s'occupait uniquement de ses affaires, sans se mêler de celles des autres, comme Polyphème le dit à Ulysse dans l'*Odyssée*.

VII. Pour la même raison, il n'y avait point de *mandataires*. De là cette maxime qui est restée dans le droit civil : *nous ne pouvons acquérir par une personne qui n'est point sous notre puissance*, per extraneam personam acquiri nemini.

VIII. Le droit des nations *civilisées, humanarum,* comme dit Ulpien, ayant succédé aux droits des nations *héroïques,* il se fit une telle révolution, que le *contrat de vente*, qui anciennement ne produisait point d'action de garantie, si on n'avait point stipulé en cas d'éviction la cause pénale appelée *stipulatio duplæ*, est aujourd'hui le plus favorable de tous les contrats appelés *de bonne foi*, parce que naturellement elle doit y être observée sans qu'elle ait été promise.

CHAPITRE VI

DE LA POLITIQUE POÉTIQUE.

§ I.

Origine des premières républiques, dans la forme la plus rigoureusement aristocratique.

Les *familles* se formèrent donc de ces serviteurs (*famuli*) reçus sous la protection des héros. Nous avons déjà vu en eux les premiers membres d'une société politique (*socii*). Leur vie dépendait de leurs seigneurs, et par suite tout ce qu'ils pouvaient acquérir; droit terrible que les héros exerçaient aussi sur leurs enfants [1]. Mais les *fils de famille* se trouvaient, à la

---

1. Aristote définit les fils, *des instruments animés de leurs pères;* et jusqu'au temps où la constitution de Rome devint entièrement démocratique, les pères de famille conservèrent dans son intégrité cette monarchie domestique. Dans les premiers siècles, ils pouvaient vendre leurs fils jusqu'à trois fois. Plus tard, lorsque la civilisation eut adouci les esprits, l'émancipation se

mort de leurs pères, affranchis de ce despotisme domestique, et l'exerçaient à leur tour sur leurs enfants. Dans le droit romain, tout citoyen affranchi de la *puissance paternelle* est lui-même appelé *père de famille*. Les *serviteurs*, au contraire, étaient obligés de passer leur vie dans le même état de dépendance. Après bien des années, ils durent naturellement se lasser de leur condition, et se révolter contre les *héros*. Nous avons déjà indiqué dans les axiomes, d'une manière générale, que *les serviteurs avaient fait violence aux héros dans l'état de famille, et que cette révolution avait occasionné la naissance des républiques*. Dans une telle nécessité, les héros devaient être portés à s'unir en *corps politique*, pour résister à la multitude de leurs serviteurs révoltés, en mettant à leur tête l'un d'entre eux distingué par son courage et par sa présence d'esprit; de tels chefs furent appelés *rois*, du mot *regere*, diriger. De cette manière, on peut dire avec Pomponius, *rebus ipsis dictantibus regna condita;* pensée profonde, qui s'accorde bien avec le principe

---

fit par trois ventes fictives. Mais les Gaulois et les Celtes conservèrent toujours le même pouvoir sur leurs enfants et leurs esclaves. On a retrouvé les mêmes mœurs dans les Indes occidentales : les pères y vendaient réellement leurs enfants; et en Europe les Moscovites et les Tartares peuvent exercer quatre fois le même droit. Tout ceci prouve combien les modernes se sont mépris sur le sens du mot célèbre : *Les barbares n'ont point sur leurs enfants le même pouvoir que les citoyens romains*. Cette maxime des jurisconsultes anciens se rapporte aux nations vaincues par le peuple romain. La victoire leur ôtant tout droit *civil*, ainsi que nous le démontrerons, les vaincus conservaient seulement la puissance paternelle, donnée par la *nature*, les liens naturels du sang, *cognationes*, et d'un autre côté le *domaine naturel* ou *bonitaire;* en tout cela, leurs obligations étaient simplement *naturelles*, *de jure naturali gentium*, en ajoutant, avec Ulpien, *humanarum*. Mais pour les peuples indépendants de l'Empire, ces droits furent *civils*, et précisément les mêmes que ceux des citoyens romains. (Vico.)

établi par la jurisprudence romaine : *le droit naturel des gens a été fondé par la Providence divine* (*jus naturale gentium divina Providentia constitutum*). Les pères étant *rois et souverains* de leurs familles, il était impossible, dans la fière égalité de ces âges barbares, qu'aucun d'entre eux cédât à un autre ; ils formèrent donc des *sénats régnants*, c'est-à-dire *composés d'autant de rois des familles*, et, sans être conduits par aucune sagesse humaine, ils se trouvèrent avoir uni leurs intérêts privés dans un intérêt commun, que l'on appela *patria*, sous-entendu *res*, c'est-à-dire *intérêt des pères*. Les nobles, seuls citoyens des premières *patries*, se nommèrent *patriciens*. Dans ce sens, on peut regarder comme vraie la tradition selon laquelle *on ne consultait que la nature dans l'élection des rois des premiers âges*. Deux passages précieux de Tacite, qu'on lit dans les *Mœurs des Germains*, appuient cette tradition et nous donnent lieu de conjecturer que l'usage dont il parle était celui de tous les premiers peuples : *Non casus, non fortuita conglobatio turmam aut cuneum facit, sed familiæ et propinquitates; duces exemplo potius quam imperio, si prompti, si conspicui, si ante aciem agant, admiratione præsunt*. Tels furent les premiers rois. Ce qui le prouve, c'est que les poètes n'imaginèrent pas autrement Jupiter, *le roi des hommes et des dieux*. On le voit dans Homère s'excuser auprès de Thétis de n'avoir pu contrevenir à ce que les dieux avaient une fois déterminé dans le grand conseil de l'Olympe. N'est-ce pas là le langage qui convient au roi d'une aristocratie ? En vain les Stoïciens voudraient nous présenter ici *Jupiter* comme *soumis à leur destin;* Jupiter et tous les dieux ont tenu conseil sur les choses humaines, et les ont par conséquent déterminées par l'effet d'une *volonté libre*. Ce passage nous en explique deux autres, où les politiques croient à tort qu'Homère désigne la *monarchie :* c'est lorsque Agamemnon veut abaisser la fierté d'Achille, et qu'Ulysse persuade aux Grecs, qui se soulèvent pour retourner dans leur patrie, de continuer le siège de Troie. Dans les deux passages, il est dit qu'*un seul est roi :* mais dans l'un et l'autre il s'agit de la *guerre*, dans laquelle il faut toujours un seul chef, selon la maxime de Tacite : *eam esse imperandi conditionem, ut non aliter ratio constet, quam si uni reddatur.* Du reste, partout où Homère fait mention des héros, il leur donne l'épithète de *rois;* ce qui se rapporte à merveille au passage de la Genèse où Moïse, énumérant les descendants d'Ésaü, les appelle tous rois, *duces* (c'est-à-dire capitaines) dans la Vulgate. Les ambassadeurs de Pyrrhus lui rapportèrent qu'ils avaient vu à Rome un *sénat de rois.*

Sans l'hypothèse d'une révolte de *serviteurs*, on ne peut comprendre comment les *pères* auraient consenti à assujettir leurs monarchies domestiques à la souveraineté de l'ordre dont ils faisaient partie. C'est la nature des hommes courageux (axiome 81) de sacrifier le moins qu'ils peuvent de ce qu'ils ont acquis par leur courage, et seulement autant qu'il est nécessaire pour conserver le reste. Aussi voyons-nous souvent dans l'histoire romaine combien les héros rougissaient *virtute parta per flagitium amittere.* Du moment qu'il est établi (nous l'avons démontré et nous le démontrerons mieux encore) que les gouvernements ne sont point nés de la fraude, ni de la violence d'un seul, peut-on, en embrassant tous les cas humainement possibles, imaginer d'une autre manière comment le *pouvoir civil* se forma par la réunion du *pouvoir domestique* des pères de famille, et comment le *domaine éminent* des gouvernements résulta de l'ensemble des *domaines naturels*, que nous avons déjà indiqués comme ayant été *ex jure optimo*, c'est-à-dire libres de toute charge publique ou particulière?

Les héros ainsi réunis en corps politique, et investis à la fois du pouvoir sacerdotal et militaire, nous apparaissent dans la Grèce sous le nom d'*Héraclides*, dans l'ancienne Italie, dans la Crète et dans l'Asie Mineure, sous celui de *Curètes*. Leurs réunions furent les comices *curiata*, les plus anciens dont fasse mention l'histoire romaine. Sans doute on y assistait d'abord les armes à la main. Dans la suite, on n'y délibérait plus que sur les choses sacrées, dont les choses profanes avaient elles-mêmes emprunté le caractère dans les premiers temps. Tite-Live s'étonne de ce qu'au passage d'Annibal de pareilles assemblées se tenaient dans les Gaules; mais nous voyons dans Tacite que chez ces peuples les prêtres tenaient des assemblées analogues, *dans lesquelles ils ordonnaient les punitions, comme si les dieux eussent été présents*. Il était raisonnable que les héros se rendissent en armes à ces réunions, où l'on ordonnait le châtiment des coupables; la souveraineté des lois est une dépendance de la souveraineté des armes. Tacite dit aussi en général que les Germains traitaient tout armés des affaires publiques sous la présidence de leurs prêtres. On peut conjecturer qu'il en fut de même de tous les premiers peuples barbares.

D'après tout ce qu'on vient de dire, le droit des *Quirites* ou *Curètes* dut être le *droit naturel* des gens ou nations *héroïques* de l'Italie. Les Romains, pour distinguer leur droit de celui des autres peuples, l'appelèrent *jus Quiritum romanum*. Si cette dénomination avait eu pour origine la convention des Sabins et des Romains, si les seconds eussent tiré leur nom de *Cure*, capitale des premiers, ce nom eût été *Cureti* et non *Quirites*; et si cette capitale des Sabins se fût appelée *Cere*, comme le veulent les grammairiens latins, le mot dérivé eût été *Cerites*, expression qui désignait les citoyens condamnés par les censeurs à porter les charges publiques sans participer aux honneurs.

Ainsi les premières cités n'eurent pour citoyens que des nobles qui les gouvernaient. Mais ils n'auraient eu personne à qui commander, si l'intérêt commun ne les eût décidés à satisfaire leurs clients révoltés, et à leur accorder la *première loi agraire* qu'il y ait eu au monde. Afin de ne sacrifier que le moins possible de leurs privilèges, les héros ne leur accordèrent que le *domaine bonitaire* des champs qu'ils leur assignaient. C'est une loi du droit naturel des gens, que le *domaine* suit la *puissance*. Or, les serviteurs ne jouissant d'abord de la vie que d'une manière précaire dans les asiles ouverts par les héros, il était conforme au droit et à la raison qu'ils eussent aussi un *domaine* précaire, et qu'ils en jouissent tant qu'il plairait aux héros de leur conserver la possession des champs qu'ils leur avaient assignés. Ainsi les serviteurs devinrent les premiers plébéiens (*plebs*) des cités héroïques, où ils n'avaient aucun privilège de citoyen. Lorsque Achille se voit enlever Briséis par Agamemnon, *c'est*, dit-il, *un outrage que l'on ne ferait pas à un journalier qui n'a aucun droit de citoyen.* Tels furent les *plébéiens* de Rome jusqu'à l'époque de la lutte dans laquelle ils arrachèrent aux patriciens le *droit des mariages*. La loi des Douze Tables avait été pour eux une seconde loi agraire par laquelle les nobles leur accordaient le *domaine quiritaire* des champs qu'ils cultivaient; mais, puisqu'en vertu du droit des gens, les étrangers étaient capables du *domaine civil*, les plébéiens qui avaient la même capacité n'étaient point encore citoyens, et à leur mort ils ne pouvaient laisser leurs champs à leur famille, ni *ab intestat*, ni *par testament*, parce qu'ils n'avaient pas les droits de *suité*, d'*agnation*, de *gentilité*, qui dépendaient des *mariages solennels;* les champs assignés aux plébéiens retournaient à *leurs auteurs*, c'est-à-dire aux nobles. Aussi aspirèrent-ils à partager les priviléges des mariages solennels; non que, dans cet état de misère et d'esclavage, ils élevassent leur ambition jusqu'à s'allier aux familles des nobles, ce qui se serait appelé *connubia cum patribus*. Ils demandèrent seulement *connubia patrum*, c'est-à-dire la faculté de contracter les mariages solennels, tels que ceux des *pères*. La principale solennité de ces mariages était les auspices publics (*auspicia majora*, selon Messala et Varron), ces auspices que les *pères* revendiquaient comme leur privilège (*auspicia esse sua*). Demander le *droit des mariages*, c'était donc demander le *droit de cité*, dont ils étaient le principe naturel; cela est si vrai que le jurisconsulte Modestinus définit le mariage de la manière suivante : *Omnis divini et humani juris communicatio*. Comment définirait-on avec plus de précision le droit de cité lui-même?

§ II.

Les sociétés politiques sont nées toutes de certains principes éternels des fiefs.

Conformément aux principes éternels des fiefs que nous avons placés dans nos axiomes (80, 81), il y eut dès la naissance des sociétés trois espèces de propriétés ou *domaines*, relatives à trois espèces de *fiefs*, que trois classes de *personnes* possédèrent sur trois sortes de *choses* : 1° *domaine bonitaire* des fiefs roturiers [ou *humains*, en prenant le mot d'*homme*, comme au moyen âge, dans le sens de *vassal*]; c'est la propriété des fruits que les *hommes*, ou *plébéiens*, ou *clients*, ou *vassaux*, tiraient des terres des *héros*, *patriciens* ou *nobles*; 2° *domaine quiritaire* des fiefs nobles, ou *héroïques*, ou militaires, que les héros se réservèrent sur leurs terres, comme droit de souveraineté; dans la formation des républiques héroïques, ces fiefs souverains, ces souverainetés privées s'assujettirent naturellement à la *haute souveraineté des ordres héroïques régnants*; 3° *domaine civil*, dans toute la propriété du mot. Les pères de famille avaient reçu les terres de la divine Providence, comme une sorte de fiefs *divins; souverains* dans l'état de famille, ils formèrent, par leur réunion, les *ordres régnants* dans l'état des cités. Ainsi prirent naissance les *souverainetés civiles*, soumises à Dieu seul. Toutes les puissances souveraines reconnaissent la Providence, et ajoutent à leurs titres de majesté, *par la grâce de Dieu*; elles doivent, en effet, avouer publiquement que c'est de lui qu'elles tiennent leur autorité, puisque, si elles défendaient de l'adorer, elles tomberaient infailliblement. Jamais il n'y eut au monde une nation d'*athées*, de *fatalistes*, ni d'*hommes qui rapportassent tous les événements au hasard*.

En vertu de ce droit de *domaine éminent* donné aux puissances civiles par la Providence, *elles sont maîtresses du peuple et de tout ce qu'il possède*. Elles peuvent disposer des personnes, des biens et du travail, elles peuvent imposer des taxes et des tributs, lorsqu'elles ont à exercer ce droit que j'appelle *domaine du fonds public* (*dominio de' fundi*), et que les écrivains qui traitent du droit public appellent *domaine éminent*. Mais les souverains ne peuvent l'exercer que pour conserver l'État dans sa *substance*, comme dit l'École, parce qu'à sa conservation ou à sa ruine tiennent la ruine ou la conservation de tous les intérêts particuliers.

Les Romains ont connu, au moins par une sorte d'instinct, cette formation des républiques, d'après les principes éternels des fiefs. Nous en avons la preuve dans la formule de la revendication : *Aio hunc fundum meum esse ex jure Quiritium*. Ils attachaient cette action *civile* au *domaine du fonds* qui dépend de la *cité* et dérive de la *force* pour ainsi dire *centrale* qui lui est propre. C'est par elle que tout citoyen romain est seigneur de sa terre par un *domaine indivis* (par une pure *distinction de raison*, comme dirait l'École). De là l'expression *ex jure Quiritium ; Quirites*, ainsi qu'on l'a vu, signifiait d'abord les Romains armés de lances, dans les réunions publiques qui constituaient la cité. Telle est la raison, inconnue jusqu'ici, pour laquelle les fonds et tous les biens vacants *reviennent* au fisc : c'est que tout patrimoine particulier est patrimoine public par indivis ; tout propriétaire particulier manquant, le patrimoine particulier n'est plus désigné comme *partie*, et se trouve confondu avec la masse du *tout*. D'après la loi *Papia Poppea* (Des déshérences), le patrimoine du célibataire sans parents *revenait* au fisc, non comme héritage, mais comme pécule, *ad populum*, dit Tacite, *tanquam omnium parentem*...

Les premières cités se composèrent d'un *ordre* de nobles et d'une *foule* de peuple. De l'opposition de ces éléments résulta une loi éternelle, c'est que les plébéiens veulent toujours *changer l'état des choses*, les nobles *le maintenir;* aussi dans les mouvements politiques donne-t-on le nom d'*optimates* à tous ceux qui veulent maintenir l'ancien état des choses (d'*ops*, secours, puissance, entraînant une idée de stabilité).

Ici nous voyons naître une double division : 1. La première, des *sages* et du *vulgaire*. Les héros avaient fondé les États par la *sagesse des auspices*. C'est relativement à cette division que le vulgaire conserva l'épithète de *profane*, les nobles ou héros étant les prêtres des cités héroïques. Chez les premiers peuples, on ôtait le droit de cité par une sorte d'excommunication (*aqua et igne interdicebantur*). 2. La seconde division fut celle de *civis*, citoyen, et *hostis*, hôte, étranger, ennemi ; les premières cités se composaient des héros et de ceux auxquels ils avaient donné asile. Les *héros*, selon Aristote, *juraient une éternelle inimitié* aux plébéiens, *hôtes* des cités héroïques [1].

---

1. L'hospitalité héroïque entraîna aussi dans d'autres occasions l'idée d'ini-

§ III.

De l'origine du cens et du trésor public (œrarium, *chez les Romains*).

Dans les anciennes républiques, le *cens* consistait en une redevance que les plébéiens payaient aux nobles pour les terres qu'ils tenaient d'eux. Ainsi le cens des Romains, dont on rapporte l'établissement à Servius Tullius, fut dans le principe une institution aristocratique.

Les plébéiens avaient encore à supporter les usures intolérables des nobles, et les usurpations fréquentes qu'ils faisaient de leurs champs ; au point que, si l'on en croit les plaintes de Philippe, tribun du peuple, deux mille nobles finirent par posséder toutes les terres qui auraient dû être divisées entre trois cent mille citoyens. Environ quarante ans après l'expulsion de Tarquin-le-Superbe, la noblesse, rassurée par sa mort, commença à faire sentir sa tyrannie au pauvre peuple, et le sénat paraît avoir ordonné alors que les plébéiens paieraient au trésor public le *cens* qu'auparavant ils payaient à chacun des nobles, afin que le trésor pût fournir à leurs dépenses dans la guerre. Depuis cette époque, nous voyons le *cens* reparaître dans l'histoire romaine. Tite-Live prétend que les nobles *dédaignaient de présider au cens;* il n'a pas compris qu'ils repoussaient cette institution. Ce

mitié : Pâris fut hôte d'Hélène, Thésée d'Ariane, Jason de Médée, Énée de Didon ; ces enlèvements, ces trahisons étaient des actions *héroïques*. (Vico.)

n'était plus le cens institué par Servius Tullius, lequel avait été le fondateur de l'aristocratie. Les nobles, par leur propre avarice, avaient déterminé l'institution du nouveau cens, qui devint, avec le temps, le principe de la démocratie.

L'inégalité des propriétés dut produire de grands mouvements, des révoltes fréquentes de la part du petit peuple. Fabius mérita le surnom de Maximus pour les avoir apaisés par sa sagesse, en ordonnant que tout le peuple romain fût divisé en trois classes (sénateurs, chevaliers et plébéiens), dans lesquelles les citoyens se placeraient selon leurs facultés. Auparavant, l'ordre des sénateurs, composé entièrement de nobles, occupait seul les magistratures ; les plébéiens riches purent entrer dans cet ordre. Ils oublièrent leurs maux en voyant que la route des honneurs leur était ouverte désormais. C'est ce changement, c'est la loi Publilia, qui établirent la démocratie dans Rome, et non la loi des Douze Tables, qu'on aurait apportée d'Athènes. Aussi Tite-Live, tout ignorant qu'il est de ce qui regarde la constitution ancienne de Rome, nous raconte que les nobles se plaignaient d'avoir plus perdu par la loi Publilia que gagné par toutes les victoires qu'ils avaient remportées la même année[1].

Dans la démocratie, où le peuple entier constitue la cité, il arriva que le *domaine civil* ne fut plus ainsi appelé dans le sens de *domaine public*, quoiqu'il eût été appelé *civil* du mot de *cité*. Il se divisa entre tous les *domaines privés* des citoyens romains dont la réunion

---

1. *Bernardo Segni* traduit ce qu'Aristote appelle une république démocratique par *republica per censo*. (Vico.)

constituait la cité romaine. *Dominium optimum* signifia bien une pleine propriété, mais non plus *domaine par excellence* (domaine *éminent*). Le *domaine quiritaire* ne signifia plus un *domaine* dont le plébéien ne pouvait être expulsé sans que le noble dont il le tenait vînt pour le défendre et le maintenir en possession ; il signifia un *domaine privé* avec faculté de *revendication*, à la différence du *domaine bonitaire*, qui se maintient par la seule possession.

Les mêmes changements eurent lieu au moyen âge, en vertu des lois qui dérivent de la *nature éternelle des fiefs*. Prenons pour exemple le royaume de France, dont les provinces furent alors autant de souverainetés appartenant aux seigneurs qui relevaient du roi. Les biens des seigneurs durent originairement n'être sujets à aucune charge publique. Plus tard, par succession, par déshérence ou par confiscation pour rebellion, ils furent incorporés au royaume, et cessant d'être *ex jure optimo*, devinrent sujets aux charges publiques. D'un autre côté, les châteaux et les terres qui composaient le domaine particulier des rois ayant passé, par mariage ou par concession, à leurs vassaux, se trouvent aujourd'hui assujettis à des taxes et à des tributs. Ainsi, dans les royaumes soumis à la même loi de succession, le domaine *ex jure optimo* se confondit peu à peu avec le *domaine privé*, sujet aux charges publiques, de même que le *fisc*, patrimoine des Empereurs, alla se confondre avec le trésor ou *ærarium*.

§ IV.

De l'origine des comices chez les Romains.

Les deux sortes d'*assemblées héroïques* distinguées dans Homère, βουλή, ἀγορά, devaient répondre aux *comices par curies*, qui furent les premières assemblées des Romains, et à leurs comices *par tribus*. Les premiers furent dits *curiata (comitia)*, de *quir, quiris*, lance[1]. Les *quirites, cureti*, hommes armés de lances, et investis du droit sacerdotal des augures, paraissaient seuls aux comices *curiata*.

Depuis que Fabius Maximus eut distribué les citoyens selon leurs biens, en trois classes, *sénateurs, chevaliers, plébéiens*, les nobles ne formèrent plus un ordre dans la cité, et se partagèrent, selon leur fortune, entre les trois classes. Dès lors on distingua le *patricien* du *sénateur* et du *chevalier*, le *plébéien* de l'*homme sans naissance (ignobilis)*; *plébéien* ne fut plus opposé à *patricien*, mais à *sénateur* ou *chevalier* : ce mot désigna un citoyen *pauvre*, quelque *noble* qu'il pût être ; *sénateur*, au contraire, ne fut plus synonyme de *patricien*, mais il désigna le citoyen *riche*, même *sans naissance*. Depuis cette époque, on appela *comices par centuries* les assemblées dans lesquelles tout le peuple romain se réunissait dans ses trois classes pour décider des affaires publiques, et particulièrement

---

[1]. De même que les Grecs, du mot χείρ, la main, qui par extension signifie aussi *puissance* chez toutes les nations, tirèrent celui de χυρία, dans un sens analogue à celui du latin *curia*. (Vico.)

pour voter sur les *lois consulaires*. Dans les *comices par tribus*, le peuple continua à voter sur les *lois tribunitiennes* ou *plébiscites* [ce qui pendant longtemps n'avait signifié que : lois communiquées au peuple, lois publiées devant les plébéiens, *plebi scita* ou *nota*, telle que la loi de l'éternelle expulsion des Tarquins, promulguée par Junius Brutus]. Pour la régularité des cérémonies religieuses, les comices par curies, où l'on traitait des choses sacrées, furent toujours les *assemblées des seuls chefs des curies;* au temps des rois, où ces assemblées commencèrent, on y traitait de toutes les choses *profanes* en les considérant comme *sacrées*.

§ V.

Corollaire. C'est la divine Providence qui règle les sociétés, et qui a fondé le droit naturel des gens.

En voyant les sociétés naître ainsi dans l'*âge divin*, avec le gouvernement *théocratique*, pour se développer sous le gouvernement *héroïque*, qui conserve l'esprit du premier, on éprouve une admiration profonde pour la sagesse avec laquelle la Providence conduisit l'homme à un but tout autre que celui qu'il se proposait, lui imprima la crainte de la Divinité, et *fonda la société sur la religion*. La religion arrêta d'abord les géants dans les terres qu'ils occupèrent les premiers, et cette prise de possession fut l'origine de tous les droits de propriété, de tous les *domaines*. Retirés au sommet des monts, ils y trouvèrent, pour fixer leur vie errante, des lieux salubres, forts de situation et pourvus d'eau, trois circonstances indispensables pour élever des cités. C'est encore la religion qui les détermina à former une union régulière et aussi durable que la vie, celle du *mariage*, d'où nous avons vu dériver le pouvoir paternel, et par suite tous les pouvoirs. Par cette union ils se trouvèrent avoir fondé les *familles*, berceau des sociétés politiques. Enfin, en ouvrant les *asiles*, ils donnèrent lieu aux *clientèles*, qui, par suite de la *première loi agraire* dont nous avons parlé, devaient produire les *cités*. Composées d'un ordre de nobles qui commandaient, et d'un ordre de plébéiens nés pour obéir, les cités eurent d'abord un gouvernement *aristocratique*. Rien ne pouvait être plus conforme à la nature sauvage et solitaire de ces premiers hommes, puisque l'esprit de l'aristocratie est la conservation des limites qui séparent les différents ordres au dedans, les différents peuples au dehors. Grâce à cette forme de gouvernement, les nations nouvellement entrées dans la civilisation devaient rester longtemps sans communication extérieure, et oublier ainsi l'état sauvage et bestial d'où elles étaient sorties. Les hommes n'ayant encore que des idées particulières, et ne pouvant comprendre ce que c'est que le *bien commun*, la Providence sut, au moyen de cette forme de gouvernement, les conduire à s'unir à leur patrie, dans le but de conserver un objet d'intérêt privé aussi important pour eux que leur *monarchie domestique*; de cette manière, sans aucun dessein, ils s'accordèrent dans cette généralité du bien social qu'on appelle *république*.

Maintenant, recourons à ces *preuves divines* dont on a parlé dans le chapitre de *la Méthode*; examinons combien sont naturels et simples les moyens par lesquels la Providence a dirigé la marche de l'humanité, rapprochons-en le nombre infini des phénomènes qui se rapportent aux quatre causes dans lesquelles nous verrons partout les éléments du monde social (les *religions*, les *mariages*, les *asiles* et la *première loi agraire*), et cherchons ensuite, entre tous les cas humainement possibles, si des choses si nombreuses et si variées ont pu avoir des origines plus simples et plus naturelles. Au moment où les sociétés devaient naître, les *matériaux*, pour ainsi parler, n'attendaient plus que la *forme*. J'appelle *matériaux* les religions, les langues, les terres, les mariages, les noms propres et les armes ou emblèmes, enfin les magistratures et les lois. Toutes ces choses furent d'abord *propres* à l'individu, *libres* en cela même qu'elles étaient individuelles, et parce qu'elles étaient libres, capables de constituer de véritables républiques. Ces religions, ces langues, etc., avaient été propres aux premiers hommes, monarques de leur famille. En formant par leur union des corps politiques, ils donnèrent naissance à la *puissance civile*, puissance *souveraine*, de même que dans l'état précédent celle des pères sur leurs familles n'avait relevé que de Dieu. Cette *souveraineté civile*, considérée comme une personne, eut son *âme* et son *corps* : l'*âme* fut une compagnie de sages, tels qu'on pouvait en trouver dans cet état de simplicité, de grossièreté. Les plébéiens représentèrent le *corps*. Aussi est-ce une loi éternelle dans les sociétés que les uns y doivent tourner leur esprit vers les travaux de la politique, tandis que les autres appliquent leur corps à la culture des arts et des métiers. Mais c'est aussi une loi que l'*âme* doit toujours y commander, et le *corps* toujours servir.

Une chose doit augmenter encore notre admiration. La Providence, en faisant naître les familles, qui, sans connaître le Dieu véritable, avaient au moins quelque notion de la Divinité, en leur donnant une religion, une langue, etc., qui leur fussent propres, avait déterminé l'existence d'un *droit naturel des familles*, que les *pères* suivirent ensuite dans leurs rapports avec leurs *clients*. En faisant naître les républiques sous une forme aristocratique, elle transforma le *droit naturel des familles*, qui s'était observé dans l'état de nature, en *droit naturel des gens*, ou des peuples. En effet, les pères de famille qui s'étaient réservé leur religion, leur langue, leur législation particulière à l'exclusion de leurs clients, ne purent se séparer ainsi sans attribuer ces privilèges aux ordres souverains dans lesquels ils entrèrent ; c'est en cela que consista la *forme si rigoureusement aristocratique des républiques héroïques*. De cette manière, le *droit des gens* qui s'observe maintenant entre les nations, fut, à l'origine des sociétés, une sorte de privilége pour les puissances souveraines. Aussi le peuple où l'on ne trouve point une puissance souveraine investie de tels droits, n'est point un peuple à proprement parler, et ne peut traiter avec les autres d'après les lois du droit des gens ; une nation supérieure exercera ce droit pour lui.

§ VI.

Suite de la politique héroïque.

Tous les historiens commencent l'*âge héroïque* avec les courses navales de Minos et l'expédition des Argonautes ; ils en voient la continuation dans la guerre de Troie, la fin dans les courses errantes des héros, qu'ils terminent au retour d'Ulysse. C'est alors que dut naître Neptune, le dernier des douze grands dieux. La marine est, à cause de sa difficulté, l'un des derniers arts que trouvent les nations. Nous voyons dans l'*Odyssée* que, lorsque Ulysse aborde sur une nouvelle terre, il monte sur quelque colline pour voir s'il découvrira la fumée qui annonce les habitations des hommes. D'un autre côté, nous avons cité dans les axiomes ce que dit Platon sur l'*horreur que les premiers peuples éprouvèrent longtemps pour la mer*. Thucydide en explique la raison en nous apprenant que *la crainte des pirates empêcha longtemps les peuples grecs d'habiter sur les rivages*. Voilà pourquoi Homère arme la main de Neptune du *trident qui fait trembler la terre*. Ce trident n'était qu'un croc pour arrêter les barques ; le poète l'appelle *dent* par une belle métaphore, en ajoutant une particule qui donne au mot le sens superlatif.

Dans ces vaisseaux de pirates nous reconnaissons le *taureau*, sous la forme duquel Jupiter enlève Europe ; le *Minotaure*, ou taureau de Minos, avec lequel il enlevait les jeunes garçons et les jeunes filles des côtes de l'Attique. Les antennes s'appelaient *cornua navis*. Nous y voyons encore le *monstre* qui doit dévorer Andromède, et le *cheval ailé* sur lequel Persée vient la délivrer. Les *voiles* du vaisseau furent appelées ses *ailes*, *alarum remigium*. Le *fil* d'Ariane est l'art de la navigation, qui conduisit Thésée à travers le *labyrinthe* des îles de la mer Égée.

Plutarque, dans sa *Vie de Thésée*, dit que les *héros* tenaient à grand honneur le nom de *brigands*, de même qu'au moyen âge, où reparut la barbarie antique, l'italien *corsale* était pris pour un *titre de seigneurie*. Solon, dans sa législation, permit, dit-on, les associations pour cause de *piraterie*. Mais ce qui étonne le plus, c'est que Platon et Aristote placent le *brigandage* parmi les espèces de *chasse*. En cela, les plus grands philosophes d'une nation si éclairée sont d'accord avec les barbares de l'ancienne Germanie, chez lesquels, au rapport de César, le *brigandage*, loin de paraître infâme, était regardé comme un *exercice de vertu*. Pour des peuples qui ne s'appliquaient à aucun art, c'était *fuir l'oisiveté*. Cette coutume barbare dura si longtemps chez les nations les plus policées, qu'au rapport de Polybe, les Romains imposèrent aux Carthaginois, entre autres conditions de paix, celle de ne point passer le cap de Pélore pour cause de commerce ou de *piraterie*. Si l'on allègue qu'à cette époque les Carthaginois et les Romains n'étaient, de leur propre aveu, que des barbares [1], nous citerons les Grecs eux-mêmes qui, au temps de leur plus haute civilisation, pratiquaient, comme le montrent les sujets de leurs comé-

---

[1]. Plaute dit dans plusieurs endroits qu'il a traduit, en *langue barbare*, les comédies grecques... *Marcus vertit barbare*. (Vico.)

dies, ces mêmes coutumes qui font aujourd'hui donner le nom de *Barbarie* à la côte d'Afrique opposée à l'Europe.

Le principe de cet ancien droit de la guerre fut le caractère inhospitalier des *peuples héroïques*, que nous avons observé plus haut. Les *étrangers* étaient à leurs yeux d'*éternels ennemis*, et ils faisaient consister l'honneur de leurs empires à les tenir le plus éloignés qu'il était possible de leur frontière; c'est ce que Tacite nous rapporte des Suèves, le peuple le plus fameux de l'ancienne Germanie. Un passage précieux de Thucydide prouve que les *étrangers* étaient considérés comme des *brigands*. Jusqu'à son temps[1], les voyageurs qui se rencontraient sur terre ou sur mer, se demandaient réciproquement s'ils n'étaient point des *brigands* ou des *pirates*, en prenant sans doute ce mot dans le sens d'*étrangers*. Nous retrouvons cette coutume chez toutes les nations barbares, au nombre desquelles on est forcé de compter les Romains, lorsqu'on lit ces deux passages curieux de la loi des Douze Tables : *Adversus hostem æterna auctoritas esto. — Si status dies sit, cum hoste venito*[2]. Les peuples civilisés eux-mêmes n'admettent d'étrangers que ceux qui ont obtenu une permission expresse d'habiter parmi eux.

Les *cités*, selon Platon, *eurent en quelque sorte dans la*

---

1. Οὐκ ἔχοντός πω αἰσχύνην τούτου τοῦ ἔργου (τοῦ ἁρπάζειν), φέροντος δέ τι καὶ δόξης μᾶλλον. Δηλοῦσι δέ τῶν τε ἠπειρωτῶν τινὲς ἔτι καὶ νῦν, οἷς κόσμος καλῶς τοῦτο δρᾶν, καὶ οἱ παλαιοὶ τῶν ποιητῶν τὰς πύστεις τῶν καταπλεόντων πανταχοῦ ὁμοίως ἐρωτῶντες εἰ λησταί εἰσιν· ὡς οὔτε ὧν πυνθάνονται ἀπαξιούντων τὸ ἔργον, οἷς τ' ἐπιμελὲς εἴη εἰδέναι, οὐκ ὀνειδιζόντων.

2. On prend ordinairement dans ce passage le mot *hostis* dans le sens de l'*adverse partie;* mais Cicéron observe précisément à ce sujet que *hostis* était pris par les anciens Latins dans le sens de *peregrinus*. (Vico.)

guerre leur principe fondamental; la *guerre* elle-même, πόλεμος, tira son nom de πόλις, *cité*... Cette éternelle inimitié des peuples jette beaucoup de jour sur le récit qu'on lit dans Tite-Live, de la première guerre d'Albe et de Rome. Les Romains, dit-il, *avaient longtemps fait la guerre contre les Albains*, c'est-à-dire que les deux peuples avaient longtemps auparavant exercé réciproquement *ces brigandages* dont nous parlons. L'action d'*Horace* qui *tue sa sœur pour avoir pleuré Curiace*, devient plus vraisemblable si l'on suppose qu'il était, non son *fiancé*, mais son *ravisseur* [1]. Il est bien digne de remarque que, par ce genre de convention, *la victoire de l'un des deux peuples devait être décidée par l'issue du combat des principaux intéressés*, tels que les trois Horaces et les trois Curiaces dans la guerre d'Albe, tels que Pâris et Ménélas dans la guerre de Troie. De même, quand la barbarie antique reparut au moyen âge, les princes décidaient eux-mêmes les querelles nationales par des combats singuliers, et les peuples se soumettaient à ces sortes de jugements. Albe, ainsi considérée, fut la Troie latine, et l'Hélène romaine fut la sœur d'Horace.

Les *dix ans* [2] du siège de Troie célébrés chez les

---

1. Comment expliquer cette prétendue alliance, quand Romulus lui-même, sorti du sang des rois d'Albe, vengeur de Numitor auquel il avait rendu le trône, ne put trouver de femme chez les Albains. (Vico.)

2. Le *nombre*, chose la plus abstraite de toutes, fut la dernière que comprirent les nations. Pour désigner un grand nombre, on se servit d'abord de celui de *douze* : de là les *douze* grands dieux, les *douze* travaux d'Hercule, les *douze* parties de l'as, les *Douze* Tables, etc. Les Latins ont conservé d'une époque où l'on connaissait mieux les nombres, leur mot *sexcenti*, et les Italiens, *cento*, et ensuite *cento e mille*, pour dire un nombre innombrable. Les philosophes seuls peuvent arriver à l'idée d'*infini*. (Vico.)

Grecs[1], répondent chez les Latins aux *dix ans* du siège de Veies ; c'est un nombre fini pour le nombre infini des années antérieures, pendant lesquelles les cités avaient exercé entre elles de continuelles hostilités.

Les guerres éternelles des cités anciennes, leur éloignement pour former des ligues et des confédérations, nous expliquent pourquoi l'Espagne fut soumise par les Romains ; l'Espagne dont César avouait que partout ailleurs il avait combattu pour l'empire, là seulement pour la vie ; l'Espagne, que Cicéron proclamait la mère des plus belliqueuses nations du monde. La résistance de Sagonte, arrêtant pendant huit mois la même armée qui, après tant de pertes et de fatigues, faillit triompher de Rome elle-même dans son Capitole, la résistance de Numance, qui fit trembler les vainqueurs de Carthage, et ne put être réduite que par la sagesse et l'héroïsme du triomphateur de l'Afrique, n'étaient-elles pas d'assez grandes leçons pour que cette nation généreuse unît toutes ses cités dans une même confédération, et fixât l'empire du monde sur les bords du Tage ? Il n'en fut point ainsi : l'Espagne mérita le déplorable éloge de Florus : *Sola omnium provinciarum vires suas, postquam victa est, intellexit.* Tacite fait la même remarque sur les Bretons, que son Agricola

---

1. Il est à croire qu'au temps de la guerre de Troie le nom de Ἀχαιοί, *Achivi*, était restreint à une partie du peuple grec, qui fit cette guerre ; mais ce nom s'étant étendu à toute la nation, on dit au temps d'Homère *que toute la Grèce s'était liguée contre Troie*. Ainsi nous voyons dans Tacite que le nom de *Germanie*, étendu depuis à une vaste contrée de l'Europe, n'avait désigné originairement qu'une tribu qui, passant le Rhin, chassa les Gaulois de ses bords ; la gloire de cette conquête fit adopter ce nom par toute la *Germanie*, comme la gloire du siège de Troie avait fait adopter celui d'*Achivi* par tous les Grecs. (Vico.)

trouva si belliqueux : *Dum singuli pugnant, universi vincuntur*.

Les historiens, frappés de l'éclat des *entreprises navales des temps héroïques*, n'ont point remarqué *les guerres de terre* qui se faisaient aux mêmes époques, encore moins la *politique héroïque* qui gouvernait alors la Grèce. Mais Thucydide, cet écrivain plein de sens et de sagacité, nous en donne une indication précieuse : *Les cités héroïques*, dit-il, *étaient toutes sans murailles*, comme Sparte dans la Grèce, comme Numance, la Sparte de l'Espagne ; *telle était*, ajoute-t-il, *la fierté indomptable et la violence naturelle des héros, que tous les jours ils se chassaient les uns les autres de leurs établissements*. Ainsi Amulius chassa Numitor, et fut chassé lui-même par Romulus, qui rendit Albe à son premier roi. Qu'on juge combien il est raisonnable de chercher un moyen de certitude pour la chronologie dans les généalogies héroïques de la Grèce, et dans cette suite non interrompue des quatorze rois latins ! Dans les siècles les plus barbares du moyen âge, on ne trouve rien de plus inconstant, de plus variable, que la fortune des maisons royales. *Urbem Romam principio reges* HABUERE, dit Tacite à la première ligne des *Annales*. L'ingénieux écrivain s'est servi du plus faible des trois mots employés par les jurisconsultes pour désigner la possession, *habere, tenere, possidere*.

§ VII.

Corollaires relatifs aux antiquités romaines, et particulièrement à la prétendue monarchie de Rome, à la prétendue liberté populaire qu'aurait fondée Junius Brutus.

En considérant ces rapports innombrables de l'histoire politique des Grecs et des Romains, tout homme qui consulte la réflexion plutôt que la mémoire ou l'imagination affirmera sans hésiter que, depuis les temps des rois jusqu'à l'époque où les plébéiens partagèrent avec les nobles le *droit des mariages solennels, le peuple de Mars se composa des seuls nobles....* On ne peut admettre que les plébéiens, que la tourbe des plus vils ouvriers, traités dès l'origine comme esclaves, eussent le droit d'élire les rois, tandis que les *Pères* auraient seulement sanctionné l'élection. C'est confondre ces premiers temps avec celui où les plébéiens étaient déjà une partie de la cité, et concouraient à élire les consuls, droit qui ne leur fut communiqué par les *Pères* qu'après celui des *mariages solennels*, c'est-à-dire au moins trois cents ans après la mort de Romulus.

Lorsque les philosophes ou les historiens parlent des *premiers temps*, ils prennent le mot *peuple* dans un sens *moderne*, parce qu'ils n'ont pu imaginer les *sévères aristocraties* des âges antiques; de là deux erreurs dans l'acception des mots *rois* et *liberté*. Tous les auteurs ont cru que la *royauté romaine* était *monarchique*, que la *liberté* fondée par Junius Brutus était une *liberté populaire*. On peut voir à ce sujet l'inconséquence de Bodin.

Tout ceci nous est confirmé par Tite-Live, qui, en racontant l'institution du consulat par Junius Brutus, dit positivement qu'il n'y eut rien de changé dans la constitution de Rome (Brutus était trop sage pour faire autre chose que la ramener à la pureté de ses principes primitifs), et que l'existence de deux consuls annuels ne diminua rien de la puissance royale, *nihil quicquam de regia potestate diminutum*. Ces consuls étaient deux rois annuels d'une aristocratie, *reges annuos*, dit Cicéron dans les *Lois*, de même qu'il y avait à Sparte des rois à vie, quoique personne ne puisse contester le caractère aristocratique de la constitution lacédémonienne. Les consuls, pendant leur *règne*, étaient, comme on sait, sujets à l'appel, de même que les rois de Sparte étaient sujets à la surveillance des éphores: leur *règne annuel* étant fini, les consuls pouvaient être accusés, comme on vit les éphores condamner à mort des rois de Sparte. Ce passage de Tite-Live nous démontre donc à la fois, et que la *royauté romaine fut aristocratique*, et que la *liberté fondée par Brutus ne fut point populaire*, mais particulière aux nobles; elle n'affranchit pas le peuple des patriciens, ses maîtres, mais elle affranchit ces derniers de la tyrannie des Tarquins.

Si la variété de tant de causes et d'effets observés jusqu'ici dans l'histoire de la république romaine, si l'influence continue que ces causes exercèrent sur ces effets ne suffisent pas pour établir que la royauté chez les Romains eut un caractère aristocratique, et que la liberté fondée par Brutus fut restreinte à l'ordre des nobles, il faudra croire que les Romains, peuple grossier et barbare, ont reçu de Dieu un privilège refusé à la nation la plus ingénieuse et la plus policée, à celle des Grecs ; qu'ils ont connu leur antiquité, tandis que les Grecs, au rapport de Thucydide, ne surent rien des leurs jusqu'à la guerre du Péloponèse [1]. Mais quand on accorderait ce privilége aux Romains, il faudrait convenir que leurs traditions ne présentent que des souvenirs obscurs, que des tableaux confus, et qu'avec tout cela la raison ne peut s'empêcher d'admettre ce que nous avons établi sur les antiquités romaines.

§ VIII.

Corollaire relatif à l'héroïsme des premiers peuples.

D'après les principes de la *politique héroïque* établis ci-dessus, *l'héroïsme des premiers peuples*, dont nous sommes obligés de traiter ici, fut bien différent de celui qu'ont imaginé les philosophes, imbus de leurs préjugés sur la sagesse merveilleuse des anciens et trompés par les philologues sur le sens de ces trois mots, *peuple*, *roi* et *liberté*. Ils ont entendu par le premier mot, *des peuples où les plébéiens seraient déjà citoyens* ; par le second, *des monarques* ; par le troisième, *une liberté populaire*. Ils ont fait entrer dans l'héroïsme des premiers âges trois idées naturelles à des esprits

---

[1]. Nous avons observé que cette époque est pour l'histoire grecque celle de la plus grande lumière, comme pour l'histoire romaine l'époque de la seconde guerre punique ; c'est alors que Tite-Live déclare qu'il écrit l'histoire avec plus de certitude ; et pourtant il n'hésite point d'avouer qu'il ignore les trois circonstances historiques les plus importantes. (Vico.)

éclairés et adoucis par la civilisation : l'idée d'une *justice raisonnée* et conduite par les maximes d'une morale socratique, l'idée de cette *gloire* qui récompense les bienfaiteurs du genre humain ; enfin l'idée d'un noble *désir de l'immortalité*. Partant de ces trois erreurs, ils ont cru que les rois et autres grands personnages des temps anciens s'étaient consacrés, eux, leurs familles et tout ce qui leur appartenait, à adoucir le sort des malheureux qui forment la majorité dans toutes les sociétés du monde.

Cependant cet Achille, le plus grand des héros grecs, Homère nous le représente sous trois aspects entièrement contraires aux idées que les philosophes ont conçues de l'héroïsme antique. Achille est-il *juste* quand Hector lui demande la sépulture en cas qu'il périsse, et que, sans réfléchir au sort commun de l'humanité, il répond durement : *Quel accord entre l'homme et le lion, entre le loup et l'agneau ? Quand je t'aurai tué, je te dépouillerai ; pendant trois jours, je te traînerai lié à mon char autour des murs de Troie, et tu serviras ensuite de pâture à mes chiens.* Aime-t-il la *gloire*, lorsque, pour une injure particulière, il accuse les dieux et les hommes, se plaint à Jupiter de son rang élevé, rappelle ses soldats de l'armée alliée, et que, ne rougissant point de se réjouir avec Patrocle de l'affreux carnage que fait Hector de ses compatriotes, il forme le souhait impie que tous les Troyens et tous les Grecs périssent dans cette guerre, et que Patrocle et lui survivent seuls à leur ruine ? Annonce-t-il le noble *amour de l'immortalité*, lorsqu'aux enfers, interrogé par Ulysse s'il est satisfait de ce séjour, il répond qu'il aimerait mieux vivre encore et être le dernier des esclaves? Voilà le héros qu'Homère qualifie toujours du nom d'*irréprochable* (ἀμύμων) et qu'il semble proposer aux Grecs pour modèle de la vertu héroïque! Si l'on veut qu'Homère instruise autant qu'il intéresse, ce qui est le devoir du poëte, on ne doit entendre par ce héros *irréprochable* que le plus orgueilleux, le plus irritable de tous les hommes ; la vertu célébrée en lui, c'est la susceptibilité, la délicatesse du point d'honneur dans laquelle les duellistes faisaient consister toute leur morale, lorsque la barbarie antique reparut au moyen âge et que les romanciers exaltent dans leurs chevaliers errants.

Quant à l'histoire romaine, on appréciera les héros qu'elle vante, si l'on réfléchit à l'*éternelle inimitié* que, selon Aristote, les *nobles ou héros juraient aux plébéiens*. Qu'on parcoure l'âge de la *vertu romaine*, que Tite-Live fixe au temps de la guerre contre Pyrrhus (*nulla ætas virtutum feracior*) et que, d'après Salluste (saint Augustin, *Cité de Dieu*), nous étendons depuis l'expulsion des rois jusqu'à la seconde guerre punique. Ce Brutus qui immole à la liberté ses deux fils, espoir de sa famille ; ce Scévola qui effraye Porsenna et détermine sa retraite en brûlant la main qui n'a pu l'assassiner ; ce Manlius qui punit de mort la faute glorieuse d'un fils vainqueur ; ces Décius qui se dévouent pour sauver leurs armées ; ce Fabricius, ces Curius qui repoussent l'or des Samnites et les offres magnifiques du roi d'Épire ; ce Régulus enfin qui, par respect pour la sainteté du serment, va chercher à Carthage la mort la plus cruelle ; que firent-ils pour l'avantage des infortunés plébéiens? Tout l'héroïsme des maîtres du peuple ne servait qu'à l'épuiser par des guerres interminables, qu'à l'enfoncer dans un abime d'usure pour l'ensevelir ensuite dans les cachots particuliers des nobles où les débiteurs étaient déchirés à coups de verges comme les plus vils des esclaves. Si quelqu'un tentait de soulager les plébéiens par une loi agraire, l'ordre des nobles accusait et mettait à mort le bienfaiteur du peuple. Tel fut le sort (pour ne citer qu'un exemple) de ce Manlius qui avait sauvé le Capitole. Sparte, la ville *héroïque* de la Grèce, eut son Manlius dans le roi Agis; Rome, la ville *héroïque* du monde, eut son Agis dans la personne de Manlius: Agis entreprit de soulager le pauvre peuple de Lacédémone et fut étranglé par les éphores; Manlius, soupçonné à Rome du même dessein, fut précipité de la roche tarpéienne. Par cela seul que les nobles des premiers peuples se tenaient pour *héros*, c'est-à-dire pour des êtres d'une nature supérieure à celle des plébéiens, ils devaient maltraiter la multitude. En lisant l'histoire romaine, un lecteur raisonnable doit se demander avec étonnement que pouvait être cette *vertu* si vantée des Romains avec un orgueil si tyrannique? cette *modération* avec tant d'avarice? cette *douceur* avec un esprit si farouche? cette *justice* au milieu d'une si grande inégalité?

Les principes qui peuvent faire cesser cet étonnement et nous expliquer l'héroïsme des anciens peuples, sont nécessairement les suivants : I. En conséquence de l'éducation sauvage des géants dont nous avons parlé, l'*éducation des enfants* dut conserver chez les peuples héroïques cette sévérité, cette barbarie originaire; les Grecs et les Romains pouvaient tuer leurs enfants nouveau-nés; les Lacédémoniens battaient de verges leurs enfants dans le temple de Diane, et souvent jusqu'à la mort. Au contraire, c'est la sensibilité paternelle des modernes qui leur donne en toute chose cette délicatesse étrangère à l'antiquité. — II. *Les épouses doivent s'acheter chez de tels peuples avec les dots héroïques,* usage que les prêtres romains conservèrent dans la solennité de leur mariage qu'ils contractaient *coemptione et farre.* Tacite en dit autant des anciens Germains auxquels cette coutume était probablement commune avec tous les peuples barbares. Chez eux les femmes sont considérées par leurs maris comme nécessaires pour leur donner des enfants, mais du reste traitées comme esclaves. Telles sont les mœurs du nouveau monde et d'une grande partie de l'ancien. Au contraire, lorsque la femme apporte une dot, elle achète la liberté du mari et obtient de lui un aveu public qu'il est incapable de supporter les charges du mariage. C'est peut-être l'origine des privilèges importants dont les empereurs romains favorisent les dots. — III. *Les fils acquièrent, les femmes épargnent pour leurs pères et leurs maris;* c'est le contraire de ce qui se fait chez les modernes. — IV. *Les jeux et les plaisirs sont fatigants,* comme la lutte, la course. Homère dit toujours Achille *aux pieds légers.* Ils sont en outre *dangereux*: ce sont des joûtes, des chasses, exercices capables de fortifier l'âme et le corps et d'habituer à mépriser, à prodiguer la vie. — V. *Ignorance complète du luxe, des commodités sociales, des doux loisirs.* — VI. *Les guerres sont toutes religieuses,* et par conséquent atroces. — VII. De telles guerres entraînent dans toute leur dureté *les servitudes héroïques;* les vaincus sont regardés comme des hommes sans dieux, et perdent non seulement la liberté civile, mais la liberté naturelle. — D'après toutes ces considérations, les républiques doivent être alors *des aristocraties naturelles*, c'est-à-dire *composés d'hommes qui soient naturellement les plus courageux;* le gouvernement doit être de nature à réserver tous les honneurs civils à un petit nombre de nobles, de pères de famille qui fassent consister le bien public dans la conservation de ce pouvoir absolu qu'ils avaient originairement sur leurs familles et qu'ils ont maintenant dans l'État, de sorte qu'ils entendent le mot *patrie* dans le sens étymologique qu'on peut lui donner : *l'intérêt des pères* (*patria*, sous-entendu *res*).

Tel fut donc l'*héroïsme* des premiers peuples, telle la *nature morale* des héros, tels leurs *usages*, leurs *gouvernements* et leurs *lois*. Cet *héroïsme* ne peut désormais se représenter, pour des causes toutes contraires à celles que nous avons énumérées et qui ont produit deux sortes de gouvernements *humains*, les *républiques populaires* et les *monarchies*. Le héros digne de ce nom, caractère bien différent de celui des temps *héroïques*, est appelé par les souhaits des peuples affligés ; les philosophes en *raisonnent*, les poètes l'*imaginent*, mais la nature des sociétés ne permet pas d'espérer un tel bienfait du ciel.

Tout ce que nous avons dit jusqu'ici sur l'*héroïsme des premiers peuples* reçoit un nouveau jour des axiomes relatifs à l'*héroïsme romain*, que l'on trouvera analogue à l'*héroïsme des Athéniens* encore gouvernés par le sénat aristocratique de l'Aréopage et à l'*héroïsme de Sparte*, république d'*Héraclides*, c'est-à-dire de *héros* ou *nobles*, comme on l'a démontré.

CHAPITRE VII

DE LA PHYSIQUE POÉTIQUE.

Après avoir observé quelle fut la sagesse des premiers hommes dans la logique, la morale, l'économie et la politique, passons au second rameau de l'arbre métaphysique, c'est-à-dire à la physique, et de là à la cosmographie, par laquelle nous parvenons à l'astronomie, pour traiter ensuite de la chronologie et de la géographie, qui en dérivent.

§ Ier.

De la physiologie poétique.

Les *poètes théologiens*, dans leur physique grossière, considérèrent dans l'homme deux idées métaphysiques, *être*, *subsister*. Sans doute ceux du Latium conçurent bien grossièrement l'*être*, puisqu'ils le confondirent avec l'action de *manger*. Tel fut probablement le premier sens du mot *sum*, qui depuis eut les deux significations. Aujourd'hui même nous entendons nos paysans dire d'un malade, *il mange encore*, pour *il vit encore*. Rien de plus abstrait que l'idée d'*existence*. Ils conçurent aussi l'idée de *subsister*, c'est-à-dire *être debout, être sur ses pieds*. C'est dans ce sens que les destins d'Achille étaient attachés à ses talons.

Les premiers hommes réduisaient toute la machine du corps humain aux *solides* et aux *liquides*. Les SOLIDES eux-mêmes, ils les réduisaient aux chairs, *viscera* [*vesci* voulait dire *se nourrir*, parce que les aliments que l'on assimile font de la chair]; aux os et articulations, *artus* [observons que *artus* vient du mot *ars*, qui, chez les anciens Latins, signifiait la force du corps; d'où *artitus*, robuste; ensuite on donna ce nom d'*ars* à tout système de préceptes propres à former quelques facultés de l'âme]; aux nerfs, qu'ils prirent pour les *forces*, lorsque, usant encore du langage muet, ils parlaient avec des signes matériels [ce n'est pas sans raison qu'ils prirent *nerfs* dans ce sens, puisque les nerfs tendent les muscles, dont la tension fait la force de l'homme]; enfin à la moelle, c'est dans la moelle qu'ils placèrent non moins sagement l'essence de la vie [l'amant appelait sa maîtresse *medulla*, et *medullitus* voulait dire *de tout cœur;* lorsque l'on veut désigner l'excès de l'amour, on dit qu'il brûle la moelle des os, *urit medullas*]. Pour les LIQUIDES, ils les réduisaient à une seule espèce, celle du sang; ils appelaient *sang* la liqueur spermatique, comme le prouve la périphrase *sanguine cretus*, pour *engendré;* et c'était encore une expression juste, puisque cette liqueur semble formée du plus pur de notre sang. Avec la même justesse, ils appelèrent le sang *le suc des fibres*, dont se compose la chair. C'est de là que les Latins conservèrent *succi plenus*, pour dire *charnu*, plein d'un sang abondant et pur.

Quant à l'autre partie de l'homme, qui est l'*âme*, les *poètes théologiens* la placèrent dans l'*air*, chez les Latins *anima;* l'air fut pour eux le véhicule de la vie, d'où les Latins conservèrent la phrase *anima vivimus*, et en poésie, *ferri ad vitales auras* pour naître; *ducere vitales auras*, pour vivre; *vitam referre in auras*, pour mourir; et en prose *animam ducere*, vivre; *animam trahere*, être à l'agonie; *animam efflare, emittere*, expirer; ensuite les physiciens placèrent aussi dans l'air l'âme du monde. C'est encore une expression juste que *animus* pour la partie douée du sentiment : les Latins disent *animo sentimus*. Ils considèrent *animus* comme mâle, *anima* comme femelle, parce que *animus* agit sur *anima*. Le premier est l'*igneus vigor* dont parle Virgile; de sorte qu'*animus* aurait son sujet dans les nerfs; *anima*, dans le sang et dans les veines. L'*æther* serait le véhicule d'*animus*, l'air celui d'*anima;* le premier circulant avec toute la rapidité des esprits animaux, la seconde plus lentement avec les esprits vitaux. *Anima* serait l'agent du mouvement; *animus*, l'agent et le principe des actes de la volonté. Les *poètes théologiens* ont senti, par une sorte d'instinct, cette dernière vérité, et dans les poèmes d'Homère ils ont appelé l'âme (*animus*) une *force sacrée*, une *puissance mystérieuse*, un *dieu inconnu*. En général, lorsque les Grecs et les Latins rapportaient quelqu'une de leurs paroles, de leurs actions à un principe supérieur, ils disaient : *un dieu l'a voulu ainsi*. Ce principe fut appelé par les Latins *mens animi*. Ainsi, dans leur grossièreté, ils pénétrèrent cette vérité sublime que la théologie naturelle a établie par des raisonnements invincibles contre la doctrine d'Épicure : *les idées nous viennent de Dieu.*

Ils ramenaient toutes les fonctions de l'âme à trois parties du corps, *la tête, la poitrine, le cœur.* A la *tête* ils rapportaient toutes les connaissances, et comme elles étaient chez eux toutes d'imagination, ils placèrent dans la tête la *mémoire*, dont les Latins employaient le nom pour désigner l'*imagination.* Dans le retour de la barbarie, au moyen âge, on disait *imagination* pour *génie*, *esprit*. [Le biographe contemporain de Rienzi l'appelle *uomo fantastico* pour *uomo d'ingegno.*] En effet, l'imagination n'est que le résultat des souvenirs ; le *génie* ne fait autre chose que travailler sur les matériaux que lui offre la *mémoire.* Dans ces premiers temps où l'esprit humain n'avait point tiré de l'art d'écrire, de celui de raisonner et de compter, la subtilité qu'il a aujourd'hui, où la multitude de mots abstraits que nous voyons dans les langues modernes ne lui avait pas encore donné ses habitudes d'abstraction continuelle, il occupait toutes ses forces dans l'exercice de ces trois belles facultés qu'il doit à son union avec le corps, et qui toutes trois sont relatives à la première opération de l'esprit, l'*invention ;* il fallait trouver avant de juger ; la *topique* devait précéder la *critique*, ainsi que nous l'avons dit. Aussi les *poëtes théologiens* dirent que la *mémoire* (qu'ils confondaient avec l'*imagination*) était la *mère des muses*, c'est-à-dire des arts.

En traitant de ce sujet, nous ne pouvons omettre une observation importante qui jette beaucoup de jour sur celle que nous avons faite dans la *Méthode* (*il nous est aujourd'hui difficile de comprendre, impossible d'imaginer la manière de penser des premiers hommes qui fondèrent l'humanité païenne* [1]). Leur esprit précisait, particularisait toujours, de sorte qu'à chaque changement dans la physionomie ils croyaient voir un nouveau visage, à chaque nouvelle passion un autre cœur, une autre âme ; de là ces expressions poétiques, commandées par une nécessité naturelle plus que par celle de la mesure, *ora, vultus, animi, pectora, corda*, employées pour leurs singuliers.

---

[1]. Les premiers hommes étant presque aussi *incapables de généraliser* que les animaux, pour qui toute sensation nouvelle efface entièrement la sensation analogue qu'ils ont pu éprouver, ils ne pouvaient *combiner des idées* et *discourir*. Toutes les pensées (*sentenze*) devaient en conséquence être *particularisées* par celui qui les pensait, ou plutôt qui les *sentait*. Examinons le trait sublime que Longin admire dans l'ode de Sapho, traduite par Catulle ; le poète exprime par une comparaison les transports qu'inspire la présence de l'objet aimé :

Ille mi paresse deo videtur,
Celui-là est pour moi égal en bonheur aux dieux mêmes...

La pensée n'atteint pas ici le plus haut degré du sublime, parce que l'amant ne la *particularise* point en la restreignant à lui-même ; c'est au contraire ce que fait Térence, lorsqu'il dit :

Vitam deorum adepti sumus,
Nous avons atteint la félicité des dieux.

Ce sentiment est propre à celui qui parle, le pluriel est pour le singulier ; cependant ce pluriel semble en faire un sentiment commun à plusieurs. Mais le même poète, dans une autre comédie, porte le sentiment au plus haut degré de sublimité en le singularisant et l'appropriant à celui qu'il éprouve :

Deus factus sum,
Je ne suis plus un homme, mais un dieu.

Les *pensées abstraites* regardant les généralités sont du domaine des philosophes, et les *réflexions sur les passions* sont d'une *fausse et froide poésie.*

Ils plaçaient dans la *poitrine* le siège de toutes les passions, et au-dessous, les deux germes, les deux levains des passions : dans l'*estomac* la partie irascible, et la partie concupiscible surtout dans le *foie*, qui est défini *le laboratoire du sang* (*officina*). Les poëtes appellent cette partie *præcordia*; ils attachent au foie du Titan chacun des animaux remarquables par quelque passion ; c'était entendre, d'une manière confuse, que *la concupiscence est la mère de toutes les passions*, et que *les passions sont dans nos humeurs*.

Ils rapportaient au *cœur* tous les conseils; les héros roulaient leurs pensées, leurs inquiétudes dans leur cœur ; *agitabant, versabant, volutabant corde curas*. Ces hommes, encore stupides, ne pensaient aux choses qu'ils avaient à faire que lorsqu'ils étaient agités par les passions. De là les Latins appelaient les sages *cordati*, les hommes de peu de sens *vecordes*. Ils disaient *sententiæ*, pour *résolutions*, parce que leurs jugements n'étaient que le résultat de leurs sentiments; aussi les jugements des *héros* s'accordaient toujours avec la vérité dans leur *forme*, quoiqu'ils fussent souvent faux dans leur *matière*.

§ II.

Corollaire relatif aux descriptions héroïques.

Les premiers hommes ayant peu ou point de raison, et étant au contraire tout imagination, rapportaient *les fonctions externes de l'âme aux cinq sens du corps*, mais considérés dans toute la finesse, dans toute la force et la vivacité qu'ils avaient alors. Les mots par lesquels ils exprimèrent l'action des sens le prouvent assez : ils disaient pour entendre, *audire*, comme on dirait *haurire*, puiser, parce que les oreilles semblent boire l'air, renvoyé par les corps qu'il frappe. Ils disaient pour voir distinctement, *cernere oculis* (d'où l'italien *scernere*, discerner), mot à mot *séparer par les yeux*, parce que les yeux sont comme un crible dont les pupilles sont les trous ; de même que du crible sortent les jets de poussière qui vont toucher la terre, ainsi des yeux semblent sortir par les pupilles les jets ou rayons de lumière qui vont frapper les objets que nous voyons distinctement ; c'est le *rayon visuel*, deviné par les stoïciens, et démontré de nos jours par Descartes. Ils disaient pour *voir* en général, *usurpare oculis*; *tangere*, pour *toucher* et *dérober*, parce qu'en touchant les corps nous enlevons, nous en dérobons toujours quelque partie. Pour *odorer*, ils disaient *olfacere*, comme si, en recueillant les odeurs, nous les faisions nous-mêmes ; et en cela ils se sont rencontrés avec la doctrine des cartésiens. Enfin, pour goûter, pour juger des saveurs, ils disaient *sapere*, quoique ce mot s'appliquât proprement aux choses douées de saveur, et non au sens qui en juge ; c'est qu'ils cherchaient dans les choses la saveur qui leur était propre : de là cette belle métaphore de *sapientia*, la sagesse, laquelle tire des choses leur usage naturel et non celui que leur suppose l'opinion.

Admirons en tout ceci la Providence divine qui, nous ayant donné comme pour la garde de notre corps des *sens*, à la vérité bien inférieurs à ceux des brutes, voulut qu'à l'époque où l'homme était tombé dans un état de brutalité, il eût pour sa conservation les sens les plus actifs et les plus subtils, et qu'ensuite ces sens s'affaiblissent, lorsque viendrait l'âge de la *réflexion*, et que cette faculté prévoyante protégerait le corps à son tour.

On doit comprendre, d'après ce qui précède, pourquoi les *descriptions héroïques*, telles que celles d'Homère, ont tant d'éclat, et sont si frappantes, que tous les poètes des âges suivants n'ont pu les imiter, bien loin de les égaler.

§ III.

Corollaire relatif aux mœurs héroïques.

De telles *natures héroïques*, animées de tels *sentiments héroïques*, durent créer et conserver des *mœurs* analogues à celles que nous allons esquisser.

Les *héros*, récemment sortis des *géants*, étaient au plus haut degré *grossiers* et *farouches*, d'un entendement très borné, d'une vaste imagination, agités des passions les plus violentes ; ils étaient nécessairement *barbares*, *orgueilleux*, *difficiles*, *obstinés* dans leurs résolutions, et en même temps très *mobiles*, selon les nouveaux objets qui se présentaient. Ceci n'est point contradictoire ; vous pouvez observer tous les jours l'opiniâtreté de nos paysans, qui cèdent à la première raison que vous leur dites, mais qui, par faiblesse de réflexion, oublient bien vite le motif qui les avait frappés, et reviennent à leur première idée. — Par suite du même *défaut de réflexion*, les *héros* étaient *ouverts*, incapables de dissimuler leurs impressions, *généreux* et *magnanimes*, tels qu'Homère représente Achille, le plus grand de tous les héros grecs. Aristote part de ces mœurs *héroïques*, lorsqu'il veut dans sa *Poétique*, que le héros de la tragédie ne soit ni parfaitement bon, ni entièrement méchant, mais qu'il offre un mélange de grands vices et de grandes vertus. En effet *l'héroïsme d'une vertu parfaite* est une conception qui appartient à la philosophie et non pas à la poésie.

L'*héroïsme galant* des modernes a été imaginé par les poètes qui vinrent bien longtemps après Homère, soit que l'invention des fables nouvelles leur appartienne, soit que les mœurs devenant efféminées avec le temps, ils aient altéré, et enfin corrompu entièrement les premières fables graves et sévères, comme il convenait aux fondateurs des sociétés. Ce qui le prouve, c'est qu'Achille, qui fait tant de bruit pour l'enlèvement de Briséis, et dont la colère suffit pour remplir une *Iliade*, ne montre pas une fois dans tout ce poème, un sentiment d'amour ; Ménélas, qui arme toute la Grèce contre Troie pour reconquérir Hélène, ne donne pas, dans tout le cours de cette longue guerre, le moindre signe d'*amoureux tourment* ou de jalousie.

Tout ce que nous avons dit sur les *pensées*, les *descriptions* et les *mœurs héroïques*, appartient à la DÉCOUVERTE DU VÉRITABLE HOMÈRE, que nous ferons dans le livre suivant.

CHAPITRE VIII

DE LA COSMOGRAPHIE POÉTIQUE.

Les *poètes théologiens*, ayant pris pour principes de leur *physique* les êtres divinisés par leur imagination, se firent une *cosmographie* en harmonie avec cette *physique*. Ils composèrent le monde de dieux du ciel, de l'enfer (*dii superi, inferi*), et de dieux intermédiaires qui furent probablement ceux que les anciens Latins appelaient *medioxumi*).

Dans le monde, ce fut le *ciel* qu'ils contemplèrent d'abord. Les choses du ciel durent être pour les Grecs les premiers μαθήματα, *connaissances par excellence*, les premiers θεωρήματα, *objets divins de contemplation*. Le mot *contemplation*, appliqué à ces choses, fut tiré par les Latins, de ces espaces du ciel désignés par les augures pour y observer les présages, et appelés *templa cœli*. — Le *ciel* ne fut pas d'abord plus haut pour les poètes que *le sommet des montagnes*; ainsi les enfants s'imaginent que les montagnes sont les *colonnes* qui soutiennent la voûte du ciel, et les Arabes admettent ce principe de cosmographie dans leur Coran; de ces *colonnes*, il resta *les deux colonnes d'Hercule*, qui remplacèrent Atlas fatigué de porter le ciel sur ses épaules. *Colonne* dut venir d'abord de *columen;* ce n'était que des *soutiens*, des *étais* arrondis dans la suite par l'architecture.

La fable des géants faisant la guerre aux dieux, et entassant *Ossa sur Pélion, Olympe sur Ossa*, doit avoir été trouvée depuis Homère. Dans l'*Iliade*, les dieux se tiennent toujours *sur la cime du mont Olympe*. Il suffisait donc que l'Olympe s'écroulât pour en faire tomber les dieux. Cette fable, quoique rapportée dans l'*Odyssée*, y est peu convenable : dans ce poème, l'*enfer* n'est pas plus profond que le *fossé* où Ulysse voit les ombres des héros et converse avec elles. Si l'Homère de l'*Odyssée* avait cette idée bornée de l'*enfer*, il devait concevoir du *ciel* une idée analogue, une idée conforme à celle que s'en était faite l'Homère de l'*Iliade*.

CHAPITRE IX

DE L'ASTRONOMIE POÉTIQUE.

Démonstration astronomique, fondée sur des preuves physico-philologiques de l'uniformité des principes ci-dessus établis chez toutes les nations païennes.

La force indéfinie de l'esprit humain se développant de plus en plus, et la contemplation du ciel, nécessaire pour prendre les augures, obligeant les peuples à l'observer sans cesse, *le ciel s'éleva* dans l'opinion des hommes, *et avec lui s'élevèrent les dieux et les héros.*
Pour retrouver l'*astronomie poétique*, nous ferons usage de *trois vérités philologiques :* I. L'astronomie naquit chez les Chaldéens. II. Les Phéniciens apprirent des Chaldéens et communiquèrent aux Égyptiens l'usage du cadran et la connaissance de l'élévation du pôle. III. Les Phéniciens, instruits par les mêmes Chaldéens, portèrent aux Grecs la connaissance des divinités qu'ils plaçaient dans les étoiles. — Avec ces trois vérités philologiques s'acccordent *deux principes philo-*

sophiques : le premier est tiré de la nature sociale des peuples ; *ils admettent difficilement les dieux étrangers,* à moins qu'ils ne soient parvenus au dernier degré de liberté religieuse, ce qui n'arrive que dans une extrême décadence. Le second est *physique ;* l'erreur de nos yeux nous fait paraître *les planètes plus grandes que les étoiles fixes.*

Ces principes établis, nous dirons que, chez toutes les nations païennes de l'Orient, de l'Égypte, de la Grèce et du Latium, l'astronomie naquit uniformément d'une croyance vulgaire : *les planètes paraissant beaucoup plus grandes que les étoiles fixes, les dieux montèrent dans les planètes, et les héros furent attachés aux constellations.* Aussi les Phéniciens trouvèrent les dieux et les héros de la Grèce et de l'Égypte déjà préparés à jouer ces deux rôles ; et les Grecs, à leur tour, trouvèrent dans ceux du Latium la même facilité. Les *héros,* et les *hiéroglyphes* qui signifiaient leurs caractères ou leurs entreprises, furent donc placés dans le *ciel,* ainsi qu'un grand nombre des *dieux principaux,* et servirent *l'astronomie des savants* en donnant des noms aux étoiles. Ainsi, en partant de cette *astronomie vulgaire,* les premiers peuples écrivirent au *ciel* l'histoire de leurs dieux et de leurs héros.

CHAPITRE X

DE LA CHRONOLOGIE POÉTIQUE.

Les *poètes théologiens* donnèrent à la *chronologie* des commencements conformes à une telle *astronomie*. Ce *Saturne*, qui chez les Latins tira son nom *a satis*, des semences, et qui fut appelé par les Grecs Κρόνος de χρόνος, *le temps*, doit nous faire comprendre que les premières nations, toutes composées d'agriculteurs, commencèrent à compter les années par les récoltes de froment. C'est en effet la seule, ou du moins la principale chose dont la production occupe les agriculteurs toute l'année. Usant d'abord du langage muet, ils montrèrent autant d'*épis* ou de *brins de paille*, ou bien encore firent autant *le geste de moissonner* qu'ils voulaient indiquer d'*années*...

Dans la chronologie ordinaire, on peut remarquer quatre espèces d'anachronismes : 1° Temps *vides* de faits, qui devraient en être remplis; tels que l'âge des dieux, dans lequel nous avons trouvé les origines de tout ce qui touche la société, et que pourtant le savant

Varron place dans ce qu'il appelle le *temps obscur*. 2° Temps *remplis* de faits, et qui devaient en être vides, tels que l'âge des héros, où l'on place tous les événements de l'âge des dieux, dans la supposition que toutes les fables ont été l'invention des poètes héroïques, et surtout d'Homère. 3° Temps *unis*, qu'on devait diviser; pendant la vie du seul Orphée, par exemple, les Grecs, d'abord semblables aux bêtes sauvages, atteignent toute la civilisation qu'on trouve chez eux à l'époque de la guerre de Troie. 4° Temps *divisés*, qui devaient être unis; ainsi on place ordinairement la fondation des colonies grecques dans la Sicile et dans l'Italie, plus de trois siècles après les courses errantes des héros qui durent en être l'occasion.

CANON CHRONOLOGIQUE

Pour déterminer les commencements de l'histoire universelle, antérieurement au règne de Ninus d'où elle part ordinairement.

Nous voyons d'abord les hommes, en exceptant quelques-uns des enfants de Sem, dispersés à travers la vaste forêt qui couvrait la terre, un siècle dans l'Asie orientale, et deux siècles dans le reste du monde. Le culte de Jupiter, que nous retrouvons partout chez les premières nations païennes, fixe les fondateurs des sociétés dans les lieux où les ont conduits leurs courses vagabondes, et alors commence l'âge des dieux qui dure neuf siècles. Déterminés dans le choix de leurs premières demeures par le besoin de trouver de l'eau et des aliments, ils ne peuvent se fixer d'abord sur le rivage de la mer, et les premières sociétés s'établissent dans l'intérieur des terres. Mais vers la fin du premier *âge*, les peuples descendent plus près de la mer. Ainsi chez les Latins, il s'écoule plus de neuf cents ans depuis le *siècle d'or* du Latium, depuis l'*âge de Saturne* jusqu'au temps où Ancus Martius vient sur les bords de la mer s'emparer d'Ostie. —

L'âge héroïque qui vient ensuite, comprend deux cents années pendant lesquelles nous voyons d'abord les courses de Minos, l'expédition des Argonautes, la guerre de Troie et les longs voyages des héros qui ont détruit cette ville. C'est alors, plus de mille ans après le déluge, que Tyr, capitale de la Phénicie, descend de l'intérieur des terres sur le rivage, pour passer ensuite dans une île voisine. Déjà elle est célèbre par la navigation et par les colonies qu'elle a fondées sur les côtes de la Méditerranée et même au delà du détroit avant les temps héroïques de la Grèce.

Nous avons prouvé l'uniformité du développement des nations, en montrant comment elles s'accordèrent à *élever leurs dieux jusqu'aux étoiles*, usages que les Phéniciens portèrent de l'Orient en Grèce et en Égypte. D'après cela, les Chaldéens durent régner dans l'Orient autant de siècles qu'il s'en écoula depuis Zoroastre jusqu'à Ninus, qui fonda la monarchie assyrienne, la plus ancienne du monde; autant qu'on dut en compter depuis Hermès Trismégiste jusqu'à Sésostris, qui fonda aussi en Égypte une puissante monarchie. Les Assyriens et les Égyptiens, nations méditerranées, durent suivre dans les révolutions de leurs gouvernements la marche générale que nous avons indiquée Mais les Phéniciens, nation maritime, enrichie par le commerce, durent s'arrêter dans la démocratie, le premier des gouvernements *humains* (Voy. le IVᵉ liv.).

Ainsi, par le simple secours de l'intelligence et sans avoir besoin de celui de la mémoire, qui devient inutile lorsque les faits manquent pour frapper nos sens, nous avons rempli la lacune que présentait l'histoire universelle dans ses origines, tant pour l'ancienne Égypte que pour l'Orient plus ancien encore.

De cette manière, l'étude du *développement de la civilisation humaine*, prête une certitude nouvelle aux *calculs* de la chronologie. Conformément à l'axiome 106, *elle part du point même où commence le sujet qu'elle traite* : elle part de χρόνος, *le temps*, où Saturne, ainsi appelé *a satis*, parce que l'on comptait les années par les récoltes; d'*Uranie*, la muse qui contemple le ciel pour prendre les augures; de Zoroastre, *contemplateur des astres*, qui rend des oracles d'après la direction des étoiles tombantes. Bientôt Saturne monte dans la septième sphère, Uranie contemple les planètes et les étoiles fixes, et les Chaldéens, favorisés par l'immensité de leurs plaines, deviennent astronomes et astrologues en mesurant le cercle que ces astres décrivent, en leur supposant diverses influences sur les corps sublunaires, et même sur les libres volontés de l'homme ; sous les noms d'*astronomie,* d'*astrologie* ou de *théologie,* cette science ne fut autre que la *divination.* Du ciel les mathématiques descendirent pour mesurer la terre, sans toutefois pouvoir le faire avec certitude à moins d'employer les mesures fournies par les cieux. Dans leur partie principale elles furent nommées avec propriété *géométrie.*

C'est à tort que les chronologistes ne prennent point leur science au point même où commence le sujet qui lui est propre. Ils commencent avec l'année astronomique, laquelle n'a pu être connue qu'au bout de dix siècles au moins. Cette méthode pouvait leur faire connaître les conjonctions et les oppositions qui avaient pu avoir lieu dans le ciel entre les planètes ou les constellations, mais ne pouvait leur rien apprendre de la succession des choses de la terre. Voilà ce qui a rendu impuissants les nobles efforts du cardinal Pierre d'Ailly. Voilà pourquoi l'histoire universelle a tiré si peu d'avantages pour éclairer son origine et sa suite du génie admirable et de l'étonnante érudition de Petau et de Joseph Scaliger.

CHAPITRE XI

DE LA GÉOGRAPHIE POÉTIQUE.

La *géographie poétique*, l'autre œil de *l'histoire fabuleuse*, n'a pas moins besoin d'être éclaircie que la *chronologie poétique*. En conséquence d'un de nos axiomes (*les hommes qui veulent expliquer aux autres des choses inconnues et lointaines dont ils n'ont pas la véritable idée, les décrivent en les assimilant à des choses connues et rapprochées*), la *géographie poétique*, prise dans ses parties et dans son ensemble, naquit dans l'enceinte de la Grèce, sous des proportions resserrées. Les Grecs sortant de leur pays pour se répandre dans le monde, la géographie alla s'étendant jusqu'à ce qu'elle atteignît les limites que nous lui voyons aujourd'hui. Les géographes anciens s'accordent à reconnaître une vérité dont ils n'ont point su faire usage : c'est que *les anciennes nations, émigrant dans des contrées étrangères et lointaines, donnèrent des noms tirés de leur ancienne patrie aux cités, aux montagnes et aux fleuves, aux isthmes et aux détroits, aux îles et aux promontoires.*

C'est dans l'enceinte même de la Grèce que l'on plaça d'abord la partie *orientale* appelée *Asie* ou *Inde*, l'*occidentale* appelée *Europe* ou *Hespérie*, la *septentrionale* nommée *Thrace* ou *Scythie*, enfin la *méridionale*, dite *Lybie* ou *Mauritanie*. Les parties du *monde* furent ainsi appelées du nom du *petit monde de la Grèce*, selon la situation des premières relativement à celle des dernières. Ce qui le prouve, c'est que les *vents cardinaux* conservent dans leur géographie les noms qu'ils durent avoir originairement dans l'intérieur de la Grèce.

D'après ces principes, la grande péninsule située à l'orient de la Grèce conserva le nom d'*Asie Mineure*, après que le nom d'*Asie* eut passé à cette vaste partie *orientale* du monde que nous appelons ainsi dans un sens absolu. Au contraire, la Grèce, qui était à l'*occident* par rapport à l'Asie, fut appelée *Europe*, et ensuite ce nom s'étendit au grand continent que limite l'Océan occidental. — Ils appelèrent d'abord *Hespérie* la partie *occidentale* de la Grèce sur laquelle se levait le soir l'étoile *Hespérus*. Ensuite, voyant l'Italie dans la même situation, ils la nommèrent *Grande Hespérie*. Enfin, étant parvenus jusqu'à l'Espagne, ils la désignèrent comme la *dernière Hespérie*. — Les Grecs d'Italie, au contraire, durent appeler *Ionie* la partie de la Grèce qui était *orientale* relativement à eux ; la mer qui sépare la Grande Grèce de la Grèce proprement dite, en garde le nom d'*Ionienne*. Ensuite l'analogie de situation entre la Grèce proprement dite et la Grèce asiatique, fit appeler *Ionie*, par les habitants de la première, la partie de l'Asie Mineure qui se trouvait à leur orient. [Il est probable que Pythagore vint en Italie de Samé, partie du royaume d'Ulysse située dans la *première Ionie*, plutôt que de Samos, située dans la seconde]. — De la *Thrace grecque* vinrent Mars et Orphée ; ce dieu et ce poëte théologien ont évidemment une origine grecque. De la *Scythie grecque* vint Anacharsis avec ses oracles scythiques non moins faux que les vers d'Orphée. De la même partie de la Grèce sortirent les Hyperboréens, qui fondèrent les oracles de Delphes et de Dodone. C'est dans ce sens que Zamolxis fut *Gète*, et Bacchus *Indien*. — Le nom de *Morée*, que le Péloponèse conserve jusqu'à nos jours, nous prouve assez que Persée, héros d'une origine évidemment grecque, fit ses exploits célèbres dans la *Mauritanie grecque* ; le royaume de Pélops ou Péloponèse a l'Achaïe au nord, comme l'Europe est au nord de l'Afrique. Hérodote raconte qu'autrefois les *Maures furent blancs*, ce qu'on ne peut entendre que des *Maures de la Grèce*, dont le pays est appelé encore aujourd'hui *la Morée blanche*. — Les Grecs avaient d'abord appelé *Océan* toute mer d'un aspect sans bornes, et Homère avait dit que l'île d'Éole était ceinte par l'*Océan*. Lorsqu'ils arrivèrent à l'*Océan* véritable, ils étendirent cette idée étroite, et désignèrent par le nom d'*Océan* la mer qui embrasse toute la terre comme une grande île [1-2].

---

1. Ces *principes de géographie* peuvent justifier *Homère* d'erreurs très graves qui lui sont imputées à tort. Par exemple les *Cimmériens* durent avoir, comme il le dit, des nuits plus longues que tous les peuples de la *Grèce*, parce qu'ils étaient placés dans sa partie la plus septentrionale ; ensuite on a reculé l'habitation des *Cimmériens* jusqu'aux *Palus-Méotides*. On disait, à cause de leurs longues nuits, qu'ils habitaient près des enfers, et les habitants de *Cumes*, voisins de la grotte de la Sibylle, qui conduisait aux enfers, reçurent, à cause de cette prétendue analogie de situation, le nom de *Cimmériens*. Autrement il ne serait point croyable qu'Ulysse, voyageant sans le secours des enchantements (contre lesquels Mercure lui avait donné un

préservatif), fût allé un jour voir l'enfer chez les *Cimmériens des Palus-Méotides*, et fût revenu le même jour à *Circéi*, maintenant le mont Circello, près de Cumes. — Les *Lotophages* et les *Lestrigons* durent aussi être voisins de la Grèce.

Les mêmes *principes de Géographie poétique* peuvent résoudre de grandes difficultés dans l'*Histoire ancienne de l'Orient*, où l'on éloigne beaucoup vers le *nord* ou le *midi* des peuples qui durent être placés d'abord dans l'*orient* même.

Ce que nous disons de la *Géographie des Grecs* se représente dans celle des *Latins*. Le *Latium* dut être d'abord bien resserré, puisqu'en deux siècles et demi Rome, sous ses rois, soumit à peu près *vingt peuples* sans étendre son empire à plus de *vingt milles*. L'Italie fut certainement circonscrite par la Gaule Cisalpine et par la Grande Grèce; ensuite les conquêtes des Romains étendirent ce nom à toute la Péninsule. La mer *d'Étrurie* dut être bien limitée lorsqu'Horatius Coclès arrêtait seul toute l'Étrurie sur un pont; ensuite ce nom s'est étendu par les victoires de Rome à toute cette mer qui baigne la côte inférieure de l'Italie. De même, le *Pont* où Jason conduisit les Argonautes dut être la terre la plus voisine de l'Europe, celle qui n'en est séparée que par l'étroit bassin appelé *Propontide;* cette terre dut donner son nom à la mer du *Pont*, et ce nom s'étendit à tout le golfe que présente l'Asie dans cette partie de ses rivages où fut depuis le royaume de Mithridate; le père de Médée, selon la même fable, était né à Chalcis, dans cette ville grecque de l'Eubée qui s'appelle maintenant *Négrepont*. — La première *Crète* dut être une île dans cet archipel où les Cyclades forment une sorte de *labyrinthe;* c'est de là probablement que Minos allait en course contre les Athéniens; dans la suite, la *Crète* sortit de la mer Égée pour se fixer dans celle où nous la plaçons.

Puisque des Latins nous sommes revenus aux Grecs, remarquons que cette nation vaine, en se répandant dans le monde, y célébra partout la *guerre de Troie* et les *voyages des héros errant* après sa destruction, des héros grecs, tels que Ménélas, Diomède, Ulysse, et des héros troyens, tels que Antenor, Capys, Énée. Les Grecs ayant retrouvé dans toutes les contrées du monde un *caractère de fondateurs des sociétés* analogue à celui de leur *Hercule de Thèbes*, ils placèrent partout son nom et le firent voyager par toute la terre qu'il purgeait de monstres sans en rapporter dans sa patrie autre chose que de la gloire. Varron compte environ quarante *Hercules*, et il affirme que celui des Latins s'appelait *Dius Fidius;* les Égyptiens, aussi vains que les Grecs, disaient que leur *Jupiter Ammon* était le plus ancien des *Jupiters*, et que les *Hercules* des autres nations avaient pris leur nom de l'*Hercule égyptien*. Les Grecs observèrent encore qu'il y avait eu partout un *caractère poétique des bergers parlant en vers;* chez eux c'était *Évandre l'Arcadien;* Évandre ne manqua pas de passer de l'Arcadie dans le *Latium*, où il donna l'hospitalité à l'*Hercule grec*, son compatriote, et prit pour femme Carmenta, ainsi nommée de *carmina*, vers; elle trouva chez les Latins *les lettres*, c'est-à-dire les *formes* des sons articulés qui sont la *matière* des vers. Enfin ce qui confirme tout ce que nous venons de dire, c'est que les Grecs observèrent ces *caractères poétiques* dans le Latium, en même temps qu'ils trouvèrent leurs *Curètes* répandus dans la *Saturnie*, c'est-à-dire dans l'ancienne Italie, dans la Crète et dans l'Asie.

Mais comme ces mots et ces idées passèrent des Grecs aux Latins dans un temps où les nations, encore très *sauvages*, étaient *fermées aux étrangers*[1], nous avons demandé plus haut qu'on nous passât la conjecture suivante : *Il peut avoir existé sur le rivage du Latium une cité grecque, ensevelie depuis dans les ténèbres de l'antiquité, laquelle aurait donné aux Latins les lettres de l'alphabet.* Tacite nous apprend que les lettres latines furent d'abord semblables *aux plus anciennes* des Grecs, ce qui est une forte preuve que les Latins ont reçu l'alphabet grec de ces *Grecs du Latium*, et non de la Grande Grèce, encore moins de la Grèce proprement dite; car s'il en eût été ainsi, ils n'eussent connu ces lettres qu'au temps de la guerre de Tarente et de Pyrrhus, et alors ils se seraient servis *des plus modernes*, et non pas *des anciennes*.

Les noms d'*Hercule*, d'*Évandre* et d'*Énée* passèrent donc de la Grèce dans le Latium par l'effet de quatre causes que nous trouverons *dans les mœurs et le caractère des nations :* 1° Les peuples encore barbares sont attachés aux coutumes de leur pays; mais à mesure qu'ils commencent à se civiliser, ils prennent du goût pour *les façons de parler des étrangers*, comme pour leurs marchandises et leurs manières; c'est ce qui explique pourquoi les Latins changèrent leur *Dius Fidius* pour l'Hercule des Grecs, et leur juroment national *Medius Fidius* pour *Mehercule, Mecastor, Edepol*. 2° La vanité des nations, nous l'avons souvent répété, les porte à se donner *l'illustration d'une origine étrangère*, surtout lorsque les traditions de leurs âges barbares semblent favoriser cette croyance; ainsi, au moyen âge, Jean Villani nous raconte que Fiesole fut fondée par Atlas, et qu'un roi troyen du nom de Priam régna en Germanie; ainsi les Latins méconnurent sans peine leur véritable fondateur, pour lui substituer *Hercule*, fondateur de la société chez les Grecs, et changèrent le *caractère de leurs bergers-poètes* pour celui de l'*Arcadien Évandre*. 3° Lorsque les nations remarquent des *choses étrangères*, qu'elles ne peuvent bien expliquer avec des mots de leur langue, *elles ont nécessairement recours aux mots des langues étrangères*. 4° Enfin, les premiers peuples, incapables d'abstraire d'un sujet les qualités qui lui sont propres, *nomment les sujets pour désigner les qualités;* c'est ce que prouvent d'une manière certaine plusieurs expressions de la langue latine. Les Romains ne savaient ce que c'était que *luxe;* lorsqu'ils l'eurent observé dans les Tarentins, ils dirent *un Tarentin* pour *un homme parfumé*. Ils ne savaient ce que c'était que *stratagème militaire;* lorsqu'ils l'eurent observé dans les Carthaginois, ils appelèrent les stratagèmes *punicas artes*, les arts puniques ou carthaginois. Ils n'avaient point l'idée du *faste;* lors-

---

1. Tite-Live assure qu'à l'époque de Servius Tullius, le nom si célèbre de Pythagore n'aurait pu parvenir de Crotone à Rome à travers tant de nations séparées par la diversité de leurs langues et de leurs mœurs. (Vico.)

qu'ils le remarquèrent dans les Capouans, ils dirent *supercilium campanicum*, pour *fastueux, superbe*.

C'est de cette manière que Numa et Ancus furent *Sabins;* les Sabins étant remarquables par leur piété, les Romains dirent *Sabin,* faute de pouvoir exprimer *religieux*. Servius Tullius fut *Grec* dans le langage des Romains, parce qu'ils ne savaient pas dire *habile et rusé*.

Peut-être doit-on comprendre de cette manière les *Arcadiens d'Évandre* et les *Phrygiens d'Énée*. Comment des *bergers*, qui ne savaient ce que c'est que la mer, seraient-ils sortis de l'Arcadie, contrée toute méditerranée de la Grèce, pour tenter une si longue navigation et pénétrer jusqu'au milieu du Latium? Cependant toute tradition vulgaire doit avoir originairement quelque cause publique, quelque fondement de vérité... Ce sont les Grecs qui, chantant par tout le monde leur guerre de Troie et les aventures de leurs héros, *ont fait d'Énée le fondateur de la nation romaine*, tandis que, selon Bochart, il ne mit jamais le pied en Italie, que Strabon assure qu'il ne sortit jamais de Troie, et qu'Homère, dont l'autorité a plus de poids ici, raconte qu'il y mourut et qu'il laissa le trône à sa postérité. Cette fable, inventée par la vanité des Grecs et adoptée par celle des Romains, ne put naître qu'*au temps de la guerre de Pyrrhus*, époque à laquelle les Romains commencèrent à accueillir ce qui venait de la Grèce.

Il est plus naturel de croire qu'il exista sur le rivage du Latium une cité grecque qui, vaincue par les Romains, fut détruite en vertu du droit héroïque des nations barbares, que les vaincus furent reçus à Rome dans la classe des plébéiens, et que, dans le langage poétique, on appela dans la suite *Arcadiens* ceux d'entre les vaincus qui avaient d'abord erré dans les forêts, *Phrygiens* ceux qui avaient erré sur mer.

2. La *géographie*, comprenant la *nomenclature* et la *chorographie* ou description des lieux, principalement des cités, il nous reste à la considérer sous ce double aspect pour achever ce que nous avions à dire de la *sagesse poétique*.

Nous avions remarqué plus haut que les *cités héroïques* furent fondées par la Providence dans des lieux d'une forte position, désignés par les Latins, dans la langue sacrée de leur âge divin, par le nom d'*Ara*, ou bien d'*Arces* (de là, au moyen âge, l'italien *rocche*, et ensuite *castella* pour *seigneuries*). Ce nom d'*Ara* dut s'étendre à tout le pays dépendant de chaque cité héroïque, lequel s'appelait aussi *Ager*, lorsqu'on le considérait sous le rapport des limites communes avec les cités étrangères, et *territorium* sous le rapport de la juridiction de la cité sur les citoyens. Il y a sur ce sujet un passage remarquable de Tacite; c'est celui où il décrit l'*Ara maxima* d'Hercule à Rome : *Igitur a foro boario ubi æneum bovis simulacrum adspicimus, quia id genus animalium aratro subditur, sulcus designandi oppidi captus, ut magnam Herculis aram complecteretur, ara Herculis erat.* Joignez-y le passage curieux où Sallusto parle de la fameuse *Ara* des frères Philènes, qui servait de limites à l'empire carthaginois et à la Cyrénaïque.

Toute l'ancienne géographie est pleine de semblables *aræ;* et pour commencer par l'Asie, Cellarius observe que toutes les cités de la Syrie prenaient le nom d'*Ara*, avant ou après leurs noms particuliers; ce qui faisait donner à la Syrie elle-même celui d'*Aramea* ou *Aramia*. Dans la Grèce, Thésée fonda la cité d'Athènes en érigeant le fameux *autel des malheureux*. Sans doute il comprenait avec raison sous cette dénomination les vagabonds sans lois et sans culte qui, pour échapper aux rixes continuelles de l'état bestial, cherchaient un asile dans les lieux forts occupés par les premières sociétés, faibles qu'ils étaient par leur isolement, et manquant de tous les biens que la civilisation assurait déjà aux hommes réunis par la religion.

Les Grecs prenaient encore ἀρά dans le sens de *vœu, action de dévouer*, parce que les premières victimes *saturni hostiæ*, les premiers ἀναθήματα, *diris devoti*, furent immolés sur les premières *Aræ*, dans le sens où nous prenons ce mot. Ces premières victimes furent les hommes encore sauvages qui osèrent poursuivre sur les terres labourées par les forts les faibles qui s'y réfugiaient (*campare* en italien, du latin *campus*, pour *se sauver*). Ils y étaient consacrés à *Vesta* et immolés. Les Latins en ont conservé *supplicium*, dans les deux sens de *supplice* et de *sacrifice*. En cela la langue grecque répond à la langue latine: ἀρά, *vœu, action de dévouer*, veut dire aussi *noxa*, la personne ou la chose coupable, et de plus *diræ*, les Furies. Les premiers coupables qu'on dévoua, *primæ noxæ*, étaient consacrés aux Furies, et ensuite sacrifiés sur les premières *aræ* dont nous avons parlé. Le mot *hara* dut signifier chez les anciens Latins, non pas le lieu où l'on élève les troupeaux, mais la *victime*, d'où vint certainement *haruspex*, celui qui tire les présages de l'examen des entrailles des victimes immolées devant les autels.

D'après ce que nous avons vu relativement à l'*Ara maxima* d'Hercule, c'est une *ara* semblable à celle de Thésée que Romulus dut fonder à Rome, en fondant un asile dans un bois. Jamais les Latins ne parlent d'un bois sacré, *lucus*, sans faire mention d'un autel, *ara*, élevé dans ce bois à quelque divinité. Aussi lorsque Tite-Live nous dit en général que les asiles furent le moyen employé d'ordinaire par les anciens fondateurs des villes, *vetus urbes condentium consilium*, il nous indique la raison pour laquelle on trouve dans l'ancienne géographie tant de cités avec le nom d'*Aræ*. Nous avons parlé de l'Asie et de l'Afrique, mais il en est de même en Europe, particulièrement en Grèce, en Italie, et maintenant encore en Espagne. Tacite mentionne en Germanie l'*Ara Ubiorum*. De nos jours on donne ce nom, en Transylvanie, à plusieurs cités.

C'est aussi de ce mot *Ara*, prononcé et entendu d'une manière si uniforme par tant de nations séparées par les temps, les lieux et les usages, que les Latins durent tirer le mot *aratrum*, charrue, dont la courbure se disait *urbs* (le sens le plus ordinaire de ce mot est celui de *ville*); du même mot vinrent enfin *arx*, forteresse, *arceo*, repousser (*ager arcifinius*), chez les auteurs qui ont écrit *sur les limites des champs*), et *arma, arcus*, armes, arc; c'était une idée bien sage de faire ainsi consister le courage à arrêter et repousser l'injustice. Ἄρης, *Mars*, vint sans doute de la défense des *aræ*. (Vico).

CONCLUSION DE CE LIVRE

Nous avons démontré que la SAGESSE POÉTIQUE mérite deux magnifiques éloges, dont l'un lui a été constamment attribué. I. C'est elle qui *fonda l'humanité chez les Gentils*, gloire que la vanité des nations et des savants a voulu lui assurer, et lui aurait plutôt enlevée. II. L'autre gloire lui a été attribuée jusqu'à nous par une tradition vulgaire ; c'est que la *sagesse antique*, par une même inspiration, *rendait ses sages également grands comme philosophes, comme législateurs et capitaines, comme historiens, orateurs et poètes*. Voilà pourquoi elle a été tant regrettée ; cependant, dans la réalité, elle ne fit que les *ébaucher*, tels que nous les avons trouvés dans les fables ; ces germes féconds nous ont laissé voir dans l'imperfection de sa forme primitive la *science* de réflexion, la science de recherches, ouvrage tardif de la philosophie. On peut dire en effet que dans les *fables l'instinct* de l'humanité avait marqué d'avance les principes de la science moderne, que les *méditations* des savants ont depuis éclairée par des *raisonnements*, et résumée dans des *maximes*. Nous pouvons conclure par le principe dont la démonstration était l'objet de ce livre : *Les poètes théologiens furent le* sens, *les philosophes furent* l'intelligence *de la sagesse humaine*.

ADDITION

EXPLICATION HISTORIQUE DE LA MYTHOLOGIE

Lorsque l'idée d'une puissance supérieure, maîtresse du ciel et armée de la foudre, a été personnifiée par les premiers hommes sous le nom de Jupiter, la seconde divinité qu'ils se créent est le symbole, l'expression poétique du mariage. Junon est sœur et femme de Jupiter, parce que les premiers mariages consacrés par les auspices eurent lieu entre frères et sœurs. Du mot Ἥρα, Junon, viennent ceux de Ἥρως, héros, Ἡρακλῆς, Hercule, Ἔρως, amour, *hereditas*, etc. Junon impose à Hercule de grands travaux; cette phrase traduite de la langue héroïque en langue vulgaire signifie que la piété accompagnée de la sainteté des mariages forme les hommes aux grandes vertus.

Diane est le symbole de la vie plus pure que menèrent les premiers hommes depuis l'institution des mariages solennels. Elle cherche les ténèbres pour s'unir à Endymion. Elle punit Actéon d'avoir violé la religion des eaux sacrées (qui avec le feu constituent la solennité des mariages). Couvert de l'eau qu'elle lui a jetée, *lymphatus*, devenu *cerf*, c'est-à-dire le plus timide des animaux, il est déchiré par ses propres chiens, autrement dit par ses remords. Les nymphes de la déesse, *nymphæ* ou *lymphæ*, ne sont autre chose que les eaux pures et cachées dont elle écarte le profane Actéon, *puri latices*, de *latere*.

Après l'institution des auspices et du mariage vient celle des sépultures; après Jupiter, Junon et Diane, naissent les dieux Manes; φύλαξ, *cippus*, signifient tombeau; de là *ceppo*, en italien, arbre généalogique, φυλή, tribu, *filius* (et par *filus*, et *lemen*, *sublemen*), *stemmata*, généalogie, lignes généalogiques. La grossièreté des premiers monuments funéraires qui marquaient à la fois la possession des terres et la perpétuité des familles, donna lieu aux métaphores de *stirps*, de *propago*, de *lignage*. Les enfants des fondateurs de la société humaine pouvaient donc se dire *duro robore nati*, ou fils de la terre, géants, *ingenui* (quasi inde geniti), aborigènes, αὐτόχθονες. — *Humanitas, ab humando*.

Apollon est le dieu de la lumière, de la lumière sociale, qui environne les héros nés des mariages solennels, des unions consacrées par les auspices. Aussi préside-t-il à la divination, à la *muse*, qu'Homère définit la science du bien et du mal. Apollon poursuit Daphné, symbole de l'humanité encore errante, mais c'est pour l'amener à la vie sédentaire et à la civilisation ; elle implore l'aide des dieux (qui président aux auspices et à l'hyménée). Elle devient laurier, plante qui conserve sa verdure en se renouvelant par ses légitimes rejetons, et jouit ainsi que son divin amant d'une éternelle jeunesse.

Dans l'état de famille, les fruits spontanés de la terre ne suffisant plus, les hommes mettent le feu aux forêts et commencent à cultiver la terre. Ils sèment le froment dont les grains brûlés leur ont semblé une nourriture agréable. Voilà le grand travail d'Hercule, c'est-à-dire, de l'héroïsme antique. Les serpents qu'étouffe Hercule au berceau, l'hydre, le lion de Némée, le tigre de Bacchus, la chimère de Bellérophon, le dragon de Cadmus et celui des Hespérides sont autant de métaphores que l'indigence du langage força les premiers hommes d'employer pour désigner la *terre*. Le serpent qui dans l'*Iliade* dévore les huit petits oiseaux avec leur mère, est interprété par Calchas comme signifiant *la terre troyenne*. En effet, les hommes durent se représenter la terre comme un grand dragon couvert d'écailles, c'est-à-dire d'épines ; comme une hydre sortie des eaux (du déluge), et dont les têtes, dont les forêts renaissent à mesure qu'elles sont coupées ; la peau changeante de cette hydre passe du noir au vert, et prend ensuite la couleur de l'or. Les dents du serpent que Cadmus enfonce dans la terre expriment poétiquement les instruments de bois durci dont on se servit pour le labourage avant l'usage du fer (comme *dente tenaci* pour une ancre, dans Virgile). Enfin, Cadmus devient lui-même serpent ; les Latins auraient dit, en terme de droit, *fundus factus est*.

Les pommes d'or de la fable ne sont autres que les épis ; le blé fut le premier or du monde. Entre les avantages de la haute fortune dont il est déchu, Job rappelle qu'il mangeait du pain de froment. On donnait du grain pour récompense aux soldats victorieux, *adorea*. [Le nom d'or passa ensuite aux belles laines. Sans parler de la toison d'or des Argonautes, Atrée se plaint dans Homère de ce que Thyeste lui a volé ses *brebis d'or*. Le même poète donne toujours aux rois l'épithète de πολυμηλοῦς, riches en troupeaux. Les anciens Latins appelaient le patrimoine *pecunia*, *a pecude*. Chez les Grecs le même mot, μῆλον, signifie pomme et troupeau, peut-être parce qu'on attachait un grand prix à ce fruit.] L'or du premier âge n'étant plus un métal, on conçoit le rameau de Proserpine dont parle Virgile, et tous les trésors que roulaient dans leurs eaux le Nil, le Pactole, le Gange et le Tage.

Les premiers essais de l'agriculture furent exprimés symboliquement par trois nouveaux dieux, savoir : VULCAIN, le feu qui avait fécondé la terre; SATURNE, ainsi nommé de *sata*, semences [ce qui explique pourquoi l'âge de Saturne du Latium répond à l'âge d'or des Grecs]; en troisième lieu CYBÈLE, ou la terre cultivée. On la représente ordinairement assise sur un lion, symbole de la terre qui n'est pas encore domptée par la culture. La même divinité fut pour les Romains VESTA, déesse des cérémonies sacrées. En effet, le premier sens du mot *colere* fut *cultiver la terre*; la terre fut le premier autel, l'agriculture fut le premier culte. Ce culte consista originairement à mettre le feu aux forêts et à immoler sur les terres cultivées les vagabonds, les impies qui en franchissaient les limites sacrées, *Saturni hostiæ*. Vesta, toujours armée de la religion farouche des premiers âges, continua de garder le feu et le froment. Les noces se célébraient *aqua, igni et farre*; les noces appelées *nuptiæ conferreatæ* devinrent particulières aux prêtres, mais dans l'origine il n'y avait eu que des familles de prêtres. — Les combats livrés par les pères de famille aux vagabonds qui envahissaient leurs terres, donnèrent lieu à la création du dieu MARS.

Mais les héros reçoivent ceux qui se présentent en suppliants. La comparaison des deux classes d'hommes qui composent ainsi la société naissante, fait naître l'idée de VÉNUS, déesse de la beauté civile, de la noblesse. *Honestas* signifie à la fois noblesse, beauté et vertu. Les enfants nés hors les mariages solennels étaient, légalement parlant, des *monstres*.

Mais les plébéiens prétendent bientôt au droit des mariages qui entraîne tous les droits civils. On distingue alors Vénus patricienne et Vénus plébéienne; la première est traînée par des cygnes, l'autre par des colombes, symbole de la faiblesse, et pour cette raison souvent opposées, par les poètes, à l'aigle, à l'oiseau de Jupiter. Les prétentions des plébéiens sont marquées par les fables d'Ixion, amoureux de Junon; de Tantale toujours altéré au milieu des eaux; de Marsyas et de Linus qui défient Apollon au combat du chant, c'est-à-dire qui lui disputent le privilège des auspices (*canere*, chanter et prédire). Le succès ne répond pas toujours à leurs efforts. Phaéton est précipité du char du soleil, Hercule étouffe Antée, Ulysse tue Irus et punit les amants de Pénélope. Mais selon une autre tradition Pénélope se livre à eux, comme Pasiphaé à son taureau (les plébéiens obtiennent le privilège des mariages solennels), et de ces unions criminelles résultent des *monstres*, tels que Pan et le Minotaure. Hercule s'efféminé et file sous Iole et Omphale ; il se souille du sang de Nessus, entre en fureur et expire.

La révolution qui termine cette lutte est aussi exprimée par le symbole de Minerve. Vulcain fend la tête de Jupiter, d'où sort la déesse, *minuit caput*, étymologie de *Minerva*. *Caput* signifie la tête, et la partie la plus élevée, *celle qui domine*. Les Latins dirent toujours *capitis deminutio* pour *changement d'état*; Minerve substitue l'état civil à l'état de famille. Plus tard on donna un sens métaphysique à cette fable de la naissance de Minerve, et on y vit la découverte la plus sublime de la philosophie, savoir, que l'idée éternelle est engendrée en Dieu par Dieu même, tandis que les idées créées sont produites par Dieu dans l'intelligence humaine.

La transaction qui termine cette révolution est caractérisée par Mercure, qui, dans l'orgueil du langage aristocratique, *porte aux hommes les messages des dieux*...

LIVRE III

DÉCOUVERTE DU VÉRITABLE HOMÈRE.

ARGUMENT

Ce livre n'est qu'un appendice du précédent. C'est une application de la méthode qu'on y a suivie, au plus ancien auteur du paganisme, à celui qu'on a regardé comme le fondateur de la civilisation grecque, et par suite de celle de l'Europe. L'auteur entreprend de prouver : 1° qu'Homère n'a pas été philosophe ; 2° qu'il a vécu pendant plus de quatre siècles ; 3° que toutes les villes de la Grèce on eu raison de le revendiquer pour citoyen ; 4° qu'il a été, par conséquent, non pas un individu, mais un être collectif, un *symbole du peuple grec racontant sa propre histoire dans des chants nationaux*.

CHAPITRE I. — DE LA SAGESSE PHILOSOPHIQUE QUE L'ON ATTRIBUE A HOMÈRE. — La force et l'originalité avec lesquelles il a peint des mœurs barbares, prouvent qu'il partageait les passions de ses héros. Un philosophe n'aurait pu ni voulu peindre si naïvement de telles mœurs.

CHAPITRE II. — DE LA PATRIE D'HOMÈRE. — Vico conjecture que l'auteur ou les auteurs de l'*Odyssée* eurent pour patrie les contrées occidentales de la Grèce ; ceux de l'*Iliade*, l'Asie Mineure. Chaque ville grecque revendiqua Homère pour citoyen, parce qu'elle reconnaissait quelque chose de son dialecte vulgaire dans l'*Iliade* ou l'*Odyssée*.

Chapitre III. — Du temps ou vécut Homère. — Un grand nombre de passages indiquent des époques de civilisation très diverses, et portent à croire que les deux poèmes ont été travaillés par plusieurs mains, et continués pendant plusieurs âges.

Chapitre IV. — Pourquoi le génie d'Homère dans la poésie héroïque ne peut jamais être égalé. — C'est que les caractères des héros qu'il a peints ne se rapportent pas à des êtres individuels, mais sont plutôt des symboles populaires de chaque caractère moral. Observations sur la comédie et la tragédie.

Chapitres V et VI. — Observations philosophiques et philologiques, qui doivent servir à la découverte du véritable Homère. La plupart des observations philosophiques rentrent dans ce qui a été dit au second livre, sur l'origine de la poésie.

Chapitre VII. — § I. Découverte du véritable Homère. — § II. Tout ce qui était absurde et invraisemblable dans l'Homère que l'on s'est figuré jusqu'ici, devient dans notre Homère convenance et nécessité. — § III. On doit trouver dans les poèmes d'Homère les deux principales sources des faits relatifs au droit naturel des gens, considéré chez les Grecs.

Appendice. — Histoire raisonnée des poètes dramatiques et lyriques. — Trois âges dans la poésie lyrique, comme dans la tragédie.

CHAPITRE PREMIER

DE LA SAGESSE PHILOSOPHIQUE QUE L'ON A ATTRIBUÉE A HOMÈRE.

Avoir démontré, comme nous l'avons fait dans le livre précédent, que *la sagesse poétique* fut la *sagesse vulgaire* des peuples grecs, d'abord *poètes théologiens*, et ensuite *héroïques*, c'est avoir prouvé d'une manière implicite la même vérité relativement à la *sagesse d'Homère*. Mais Platon prétend au contraire qu'Homère possède *la sagesse réfléchie des âges civilisés;* et il a été suivi dans cette opinion par tous les philosophes, spécialement par Plutarque, qui a consacré à ce sujet un livre tout entier. Ce préjugé est trop profondément enraciné dans les esprits, pour qu'il ne soit pas nécessaire d'examiner particulièrement *si Homère a jamais été philosophe.* Longin avait cherché à résoudre ce problème dans un ouvrage dont fait mention Diogène Laërce dans la *Vie* de Pyrrhon.

Nous accorderons, d'abord, comme il est juste, qu'*Homère a dû suivre les sentiments vulgaires*, et par conséquent les *mœurs vulgaires de ses contemporains* encore barbares; de tels sentiments, de telles mœurs fournissent à la poésie les sujets qui lui sont propres. Passons-lui donc d'avoir présenté *la force* comme la mesure de la grandeur des dieux; laissons Jupiter démontrer, par la force avec laquelle il enlèverait *la grande chaîne* de la fable, qu'il est *le roi des dieux et des hommes;* laissons *Diomède, secondé par Minerve, blesser Vénus et Mars;* la chose n'a rien d'invraisemblable dans un pareil système; laissons Minerve, dans le combat des dieux, *dépouiller Vénus et frapper Mars d'un coup de pierre*, ce qui peut faire juger si elle était la déesse de la philosophie dans la croyance vulgaire; passons encore au poète de nous avoir rappelé fidèlement l'usage d'*empoisonner les flèches*[1], comme le fait le héros de l'*Odyssée*, qui va exprès à Éphyre pour y trouver des herbes vénéneuses; l'usage enfin de *ne point ensevelir les ennemis tués dans les combats*, mais de les laisser *pour être la pâture des chiens et des vautours*.

Cependant, la fin de la poésie *étant d'adoucir la férocité du vulgaire,* de l'esprit duquel les poètes disposent en maîtres, *il n'était point d'un homme sage* d'inspirer au vulgaire de l'admiration pour des *sentiments et des coutumes si barbares*, et de le confirmer dans les uns et dans les autres par le plaisir qu'il prendrait de les voir si bien peints. *Il n'était point d'un homme sage* d'amuser le peuple *grossier* de la *grossièreté*

---

1. Usage barbare dont les nations se seraient constamment abstenues si l'on en croyait les auteurs qui ont écrit sur le droit des gens, et qui pourtant était alors pratiqué par ces Grecs auxquels on attribue la gloire d'avoir répandu la civilisation dans le monde. (Vico.)

des héros et des dieux. Mars, en combattant Minerve, l'appelle κυνόμυια (*musca canina*); Minerve donne un coup de poing à Diane; Achille et Agamemnon, le premier des héros et le roi des rois, se donnent l'épithète de *chien*, et se traitent comme le feraient à peine des valets de comédie.

Comment appeler autrement que *sottise* la prétendue *sagesse* du général en chef Agamemnon, qui a besoin d'être forcé par Achille à restituer Chryséis au prêtre d'Apollon, son père, tandis que le dieu, pour venger Chryséis, ravage l'armée des Grecs par une peste cruelle? Ensuite le roi des rois, se regardant comme outragé, croit rétablir son honneur en déployant une *justice* digne de la *sagesse* qu'il a montrée. Il enlève Briséis à Achille, sans doute afin que ce héros, *qui portait avec lui le destin de Troie*, s'éloigne avec ses guerriers et ses vaisseaux, et qu'Hector égorge le reste des Grecs que la peste a pu épargner... Voilà pourtant le poète qu'on a jusqu'ici regardé comme le *fondateur de la civilisation des Grecs*, comme l'*auteur de la politesse de leurs mœurs*. C'est du récit que nous venons de faire qu'il déduit toute l'*Iliade;* ses principaux acteurs sont un tel capitaine, un tel héros! Voilà le poète *incomparable dans la conception des caractères poétiques!* Sans doute il mérite cet éloge, mais dans un autre sens, comme on le verra dans ce livre. Ses caractères les plus sublimes choquent en tout les idées d'un âge civilisé, mais ils sont *pleins de convenance*, si on les rapporte à la nature *héroïque* des hommes *passionnés et irritables* qu'il a voulu peindre.

Si Homère est un *sage*, un *philosophe*, que dire de la passion de ses héros pour le *vin?* Sont-ils affligés, leur consolation c'est de s'*enivrer*, comme fait particulièrement le sage Ulysse. Scaliger s'indigne de voir toutes ces *comparaisons tirées des objets les plus sauvages, de la nature la plus farouche.* Admettons cependant qu'Homère a été forcé de les choisir ainsi pour se faire mieux entendre du vulgaire, alors si *farouche* et si *sauvage;* cependant le bonheur même de ces comparaisons, leur mérite incomparable, n'indique pas certainement un esprit *adouci* et *humanisé par la philosophie.* Celui en qui les leçons des *philosophes* auraient développé les sentiments de l'*humanité* et de la *pitié* n'aurait pas eu non plus ce *style si fier et d'un effet si terrible* avec lequel il décrit dans toute la variété de leurs accidents, les plus sanglants *combats*, avec lequel il diversifie de cent manières bizarres les tableaux de *meurtre* qui font la sublimité de l'*Iliade.* La *constance d'âme* que donne et assure l'étude de la *sagesse philosophique* pouvait-elle lui permettre de supposer tant de *légèreté*, tant de *mobilité* dans les dieux et les héros; de montrer les uns, sur le moindre motif, passant du plus grand trouble à un calme subit; les autres, dans l'accès de la plus violente colère, se rappelant un souvenir touchant et fondant en larmes[1]; d'autres, au contraire, navrés de douleur, oubliant tout à coup leurs maux, et s'abandonnant à la joie, à la première distraction agréable, comme le sage Ulysse au banquet d'Alcinoüs; d'autres

---

[1]. Au moyen âge, dont l'*Homère toscan* (Dante) n'a chanté que des *faits réels*, nous voyons que Rienzi, exposant aux Romains l'oppression dans laquelle ils étaient tenus par les nobles, fut interrompu par ses sanglots et par ceux de tous les assistants. La *Vie* de Rienzi par un auteur contemporain nous représente au naturel les *mœurs héroïques* de la Grèce, telles qu'elles sont peintes dans Homère. (Vico.) — Voy. plus haut le jugement sur Dante.

enfin, d'abord calmes et tranquilles, s'irritant d'une parole dite sans intention de leur déplaire, et s'emportant au point de menacer de mort celui qui l'a prononcée ? Ainsi Achille reçoit dans sa tente l'infortuné Priam, qui est venu seul pendant la nuit à travers le camp des Grecs, pour racheter le cadavre d'Hector ; il l'admet à sa table, et pour un mot que lui arrache le regret d'avoir perdu un si digne fils, Achille oublie les saintes lois de l'hospitalité, les droits d'une confiance généreuse, le respect dû à l'âge et au malheur ; et dans le transport d'une fureur aveugle, il menace le vieillard de lui arracher la vie. Le même Achille refuse, dans son obstination impie, d'oublier en faveur de sa patrie l'injure d'Agamemnon, et ne secourt enfin les Grecs, massacrés indignement par Hector, que pour venger le ressentiment particulier que lui inspire contre Pâris la mort de Patrocle. Jusque dans le tombeau, il se souvient de l'enlèvement de Briséis ; il faut que la belle et malheureuse Polyxène soit immolée sur son tombeau, et apaise par l'effusion du sang innocent ses cendres altérées de vengeance.

Je n'ai pas besoin de dire qu'on ne peut guère comprendre comment *un esprit grave, un philosophe habitué à combiner ses idées d'une manière raisonnable*, se serait occupé à imaginer ces contes de vieilles, bons pour amuser les enfants, dont Homère a rempli l'*Odyssée*.

Ces mœurs *sauvages* et *grossières*, *fières* et *farouches*, ces caractères *déraisonnables* et *déraisonnablement obstinés*, quoique souvent *d'une mobilité et d'une légèreté puériles*, ne pouvaient appartenir, comme nous l'avons démontré (Livre II, *Corollaires de la nature héroïque*), qu'à des hommes *faibles d'esprit* comme des enfants, *doués d'une imagination vive* comme celle des femmes, *emportés dans leurs passions* comme les jeunes gens les plus violents. Il faut donc refuser à Homère toute *sagesse philosophique.*

Voilà l'origine des *doutes* qui nous forcent de rechercher quel fut le véritable Homère.

CHAPITRE II

DE LA PATRIE D'HOMÈRE.

Presque toutes les cités de la Grèce se disputèrent la gloire d'avoir donné le jour à Homère. Plusieurs auteurs ont même cherché sa patrie dans l'Italie, et Léon Allacci (*De patria Homeri*) s'est donné une peine inutile pour la déterminer. S'il est vrai qu'il n'existe point d'écrivain plus ancien qu'Homère, comme Josèphe le soutient contre Appion le grammairien, si les écrivains que nous pourrions consulter ne sont venus que longtemps après lui, il faut bien que nous employions notre *critique métaphysique* à trouver dans Homère lui-même et son siècle et sa patrie, en le considérant moins comme *auteur de livre* que comme *auteur* ou fondateur de *nation*; et, en effet, il a été considéré comme le fondateur de la civilisation grecque.

L'*auteur de l'Odyssée* naquit sans doute dans les parties occidentales de la Grèce, en tirant vers le midi. Un passage précieux justifie cette conjecture : Alcinoüs, roi de l'île des Phéaciens, maintenant Corfou, offre à Ulysse un vaisseau bien équipé, pour le ramener dans son pays, et lui fait remarquer que ses sujets, *experts dans la marine, seraient en état, s'il le fallait, de le conduire jusqu'en Eubée;* c'était, au rapport de ceux que le hasard y avait conduits, la contrée la plus lointaine, la Thulé du monde grec (*ultima Thule*). L'Homère de l'*Odyssée* qui avait une telle idée de l'Eubée, ne fut pas sans doute le même que celui de l'*Iliade*, car l'Eubée n'est pas très éloignée de Troie et de l'Asie Mineure, *où naquit sans doute le dernier*.

On lit dans Sénèque que c'était une question célèbre que débattaient les grammairiens grecs, de savoir *si l'*Iliade *et l'*Odyssée *étaient du même auteur*.

Si les villes grecques se disputèrent l'honneur d'avoir produit Homère, c'est que chacune reconnaissait dans l'*Iliade* et l'*Odyssée ses mots, ses phrases et son dialecte vulgaires*. Cette observation nous servira à *découvrir* le véritable Homère.

CHAPITRE III

DU TEMPS OÙ VÉCUT HOMÈRE.

L'âge d'Homère nous est indiqué par les remarques suivantes, tirées de ses poèmes : — 1. Aux funérailles de Patrocle, Achille donne tous les *jeux* que la Grèce civilisée célébrait à Olympie. — 2. L'*art de fondre* des bas-reliefs et de *graver* les métaux était déjà inventé, comme le prouve, entre autres exemples, le bouclier d'Achille. La *peinture* n'était pas encore trouvée, ce qui s'explique naturellement : *l'art du fondeur* abstrait les superficies, mais il en conserve une partie par le relief ; *l'art du graveur* ou *ciseleur* en fait autant dans un sens opposé ; mais la *peinture* abstrait les superficies d'une manière absolue ; c'est, dans les arts du dessin, le dernier effort de l'invention. Aussi, ni Homère ni Moïse ne font mention d'aucune peinture : preuve de leur antiquité ! — 3. Les délicieux *jardins* d'Alcinoüs, la magnificence de son *palais*, la somptuosité de sa *table*, prouvent que les Grecs admiraient déjà le luxe et le faste. — 4. Les Phéniciens portaient déjà sur les côtes de la Grèce l'*ivoire*, la *pourpre* et cet *encens* d'Arabie dont la grotte de Vénus exhale le parfum ; en outre, du lin ou *byssus* le plus fin, de riches *vêtements*. Parmi les présents offerts à Pénélope par ses amants, nous remarquons un voile ou manteau dont l'ingénieux travail ferait honneur au luxe recherché des temps modernes[1]. — 5. Le char sur lequel Priam va trouver Achille est de bois de *cèdre*; l'antre de Calypso en exhale l'agréable odeur. Cette délicatesse de bon goût fut ignorée des Romains aux époques où les Néron et les Héliogabale aimaient à anéantir les choses les plus précieuses, comme par une sorte de fureur. — 6. Description des *bains* voluptueux de Circé. — 7. Les *jeunes esclaves* des amants de Pénélope, avec leur beauté, leurs grâces et leurs blondes chevelures, nous sont représentés tels que les recherche la délicatesse moderne. — 8. Les hommes soignent leur *chevelure* comme les femmes ; Hector et Diomède en font un reproche à Pâris. — 9. Homère nous montre toujours ses héros se nourrissant de *chair rôtie*, nourriture la plus simple de toutes, celle qui demande le moins d'apprêt, puisqu'il suffit de braises pour la préparer[2]. Les *viandes bouillies* ne durent venir qu'ensuite, car elles exigent, outre le feu, de l'eau, un chaudron et un trépied ; Virgile nourrit ses héros de viandes bouillies, et leur en fait aussi rôtir avec des broches.

---

1. . . . . . μέγαν περικαλλέα πέπλον
ποικίλον· ἐν δ' ἄρ' ἔσαν περόναι δύο καὶ δέκα πᾶσαι
χρύσειαι, κληῖσιν εὐγνάμπτοις ἀραρυῖαι. OD. Σ.

2. L'usage en resta dans les sacrifices, et les Romains appelèrent toujours *prosficia* les chairs des victimes rôties sur les autels que l'on partageait entre les convives ; dans la suite les victimes, comme les viandes profanes, furent rôties avec des broches. Les héros ne célébraient point de banquets qui ne fussent des sacrifices, où ils étaient eux-mêmes les prêtres. Les Latins

Enfin vinrent les *aliments assaisonnés*. — Homère nous présente comme l'aliment le plus délicat des héros *la farine mêlée de fromage et de miel;* mais il tire de la *pêche* deux de ses comparaisons; et lorsque Ulysse, rentrant dans son palais sous les habits de l'indigence, demande l'aumône à l'un des amants de Pénélope, il lui dit que *les dieux donnent aux rois hospitaliers et bienfaisants des mers abondantes en poissons qui font les délices des festins.* — 10. Les *héros* contractent mariage avec des *étrangères;* les *bâtards succèdent* au trône; observation importante, qui prouverait qu'Homère a paru à l'époque où le *droit héroïque* tombait en désuétude dans la Grèce, pour faire place à la *liberté populaire*.

En réunissant toutes ces observations, recueillies pour la plupart dans l'*Odyssée*, ouvrage de la vieillesse d'Homère, au sentiment de Longin, nous partageons l'opinion de ceux qui placent l'âge d'Homère, *longtemps après la guerre de Troie*, à une distance de quatre siècles et demi, et nous le croyons contemporain de Numa. Nous pourrions même le rapprocher encore : car Homère parle de l'Égypte, et l'on dit que Psammétique, dont le règne est postérieur à celui de Numa, fut le premier roi d'Égypte qui ouvrit cette contrée aux Grecs; mais une foule de passages de l'*Odyssée* montrent que la Grèce était depuis longtemps ouverte aux marchands

---

en conservèrent *epulæ*, banquets somptueux, le plus souvent donnés par les grands; *epulum*, repas donné au peuple par la république; *epulones*, prêtres qui prenaient part au repas sacré. Agamemnon tue lui-même les deux agneaux dont le sang doit consacrer le traité fait avec Priam; tant on attachait alors une idée magnifique à une action qui nous semble maintenant celle d'un boucher! (Vico.)

phéniciens, dont les Grecs aimaient déjà les récits non moins que les marchandises, à peu près comme l'Europe accueille maintenant tout ce qui vient des Indes. Il n'est donc point contradictoire qu'Homère n'ait pas vu l'Égypte, et qu'il raconte tant de choses de l'Égypte et de la Libye, de la Phénicie et de l'Asie en général, de l'Italie et de la Sicile, d'après les rapports que les Phéniciens en faisaient aux Grecs.

Il n'est pas si facile d'accorder *cette recherche et cette délicatesse dans la manière de vivre* que nous observions tout à l'heure, avec les *mœurs sauvages et féroces* qu'il attribue à ses héros, particulièrement dans l'*Iliade*. Dans l'impuissance d'accorder ainsi la douceur et la férocité, *ne placidis coeant immitia*, on est tenté de croire que les deux poèmes ont été travaillés par plusieurs mains, et continués pendant plusieurs âges. Nouveau pas que nous faisons dans la *recherche du* VÉRITABLE HOMÈRE.

CHAPITRE IV

POURQUOI LE GÉNIE D'HOMÈRE DANS LA POÉSIE HÉROÏQUE NE PEUT JAMAIS ÊTRE ÉGALÉ. — OBSERVATIONS SUR LA COMÉDIE ET LA TRAGÉDIE.

L'absence *de toute philosophie*, que nous avons remarquée dans Homère, et nos *découvertes sur sa patrie et sur l'âge* où il a vécu, nous font soupçonner fortement qu'il pourrait bien n'avoir été qu'*un homme tout à fait vulgaire*. A l'appui de ce soupçon viennent deux observations.

1. Horace, dans son *Art poétique*, trouve qu'il est trop difficile d'imaginer de nouveaux *caractères* après Homère, et conseille aux poètes tragiques de les emprunter plutôt à l'*Iliade* (*Rectius iliacum carmen deducis in actus, Quam si...*). Il n'en est pas de même pour la *comédie :* les caractères de la nouvelle comédie à Athènes furent tous imaginés par les poètes du temps, auxquels une loi défendait de jouer des personnages réels, et ils le furent avec tant de bonheur que les Latins, avec tout leur orgueil, reconnaissent la supériorité des Grecs dans la comédie. (Quintilien.)

2. Homère, venu si longtemps avant les philosophes, les critiques et les auteurs d'*Arts poétiques*, fut et reste encore *le plus sublime des poètes* dans le genre le plus sublime, *dans le genre héroïque;* et la *tragédie* qui naquit après fut toute *grossière* dans ses commencements, comme personne ne l'ignore.

La première de ces difficultés eût dû suffire pour exciter les recherches des Scaliger, des Patrizio, des Castelvetro, et pour engager tous les maîtres de l'*art poétique* à chercher la raison de cette différence... Cette raison ne peut se trouver que dans l'*origine de la poésie* (Voy. le livre précédent.), et conséquemment dans la *découverte des caractères poétiques*, qui font toute l'essence de la poésie.

1. L'ancienne comédie prenait des *sujets véritables* pour les mettre sur la scène, tels qu'ils étaient; ainsi ce misérable Aristophane joua Socrate sur le théâtre, et prépara la ruine du plus vertueux des Grecs. La *nouvelle comédie peignit les mœurs des âges civilisés*, dont les philosophes de l'école de Socrate avaient déjà fait l'objet de leurs méditations; éclairés par les *maximes* dans lesquelles cette philosophie avait résumé toute la morale, Ménandre et les autres comiques grecs purent se former des *caractères idéaux*, propres à frapper l'attention du vulgaire, si docile aux *exemples*, tandis qu'il est si incapable de profiter des *maximes*.

2. La *tragédie*, bien différente dans son objet, met sur la scène les *haines*, les *fureurs*, les *ressentiments*, les *vengeances héroïques*, toutes passions des *natures sublimes*. Les sentiments, le langage, les actions qui leur sont appropriés, ont, par leur violence et leur atrocité même, quelque chose de *merveilleux*, et toutes

ces choses sont au plus haut degré *conformes entre elles
et uniformes dans leurs sujets.* Or, ces tableaux passionnés ne furent jamais faits avec plus d'avantage que
par les Grecs des *temps héroïques*, à la fin desquels vint
Homère... Aristote dit avec raison, dans sa *Poétique*,
qu'Homère *est un poète unique pour les fictions.* C'est
que les *caractères poétiques* dont Horace admire dans
ses ouvrages l'incomparable vérité, se rapportèrent à
ces genres créés par l'imagination (*generi fantastici*), dont
nous avons parlé dans la *métaphysique poétique*. A
chacun de ces *caractères* les peuples grecs attachèrent
toutes les *idées particulières* qu'on pouvait y rapporter,
en considérant chaque caractère comme un genre. Au
caractère d'Achille, dont la peinture est le principal
sujet de l'*Iliade*, ils rapportèrent toutes les qualités
propres à la *vertu héroïque*, les sentiments, les mœurs
qui résultent de ces qualités, l'irritabilité, la colère
implacable, la violence *qui s'arroge tout par les armes*
(Horace). Dans le caractère d'Ulysse, principal sujet
de l'*Odyssée*, ils firent entrer tous les traits distinctifs
de la *sagesse héroïque*, la prudence, la patience, la dissimulation, la duplicité, la fourberie, cette attention à
sauver l'exactitude du langage, sans égard à la réalité
des actions, qui fait que ceux qui écoutent se trompent
eux-mêmes. Ils attribuèrent à ces deux *caractères* les
actions *particulières* dont la célébrité pouvait assez
frapper l'attention d'un peuple encore stupide pour
qu'il les rangeât dans l'un ou dans l'autre genre. Ces
deux *caractères*, ouvrages d'une nation tout entière,
devaient nécessairement présenter dans leur conception une heureuse *uniformité:* c'est dans cette *uniformité*, d'accord avec le sens commun d'une nation

entière, que consiste toute la *convenance*, toute la grâce d'une fable. Créés par de si puissantes imaginations, ces caractères ne pouvaient être que *sublimes*. De là deux lois éternelles en poésie : d'après la première, le *sublime poétique* doit toujours avoir quelque chose de *populaire;* en vertu de la seconde, les peuples qui se firent d'abord eux-mêmes *les caractères héroïques*, ne peuvent observer leurs contemporains *civilisés* [et par conséquent si différents] sans leur transporter des idées qu'ils empruntent à ces caractères si renommés.

CHAPITRE V

OBSERVATIONS PHILOSOPHIQUES DEVANT SERVIR A LA DÉCOUVERTE
DU VÉRITABLE HOMÈRE.

1. Rappelons d'abord cet axiome : *Les hommes sont portés naturellement à consacrer le souvenir des lois et institutions qui font la base des sociétés auxquelles ils appartiennent.* — 2. L'*histoire* naquit d'abord, ensuite la *poésie*. En effet, l'histoire est la simple *énonciation du vrai*, dont la poésie est une *imitation exagérée*. Castelvetro a aperçu cette vérité, mais cet ingénieux écrivain n'a pas su en profiter pour trouver la véritable *origine de la poésie;* c'est qu'il fallait combiner ce principe avec le suivant : — 3. Les *poètes* ayant certainement précédé les *historiens vulgaires*, la première *histoire* dut être la *poétique*. — 4. Les *fables* furent à leur origine des récits véritables et d'un caractère sérieux, et μῦθος, *fable*, a été défini par *vera narratio*. Les fables naquirent, pour la plupart, *bizarres*, et devinrent successivement *moins appropriées* à leurs sujets primitifs, *altérées, invraisemblables, obscures, d'un effet choquant* et surprenant, enfin *incroyables;*

voilà les vraies sources de la difficulté des fables. — 5. Nous avons vu dans le second livre comment Homère reçut les fables déjà *altérées et corrompues.* — 6. Les *caractères poétiques*, qui sont l'essence des *fables*, naquirent d'une impuissance naturelle des premiers hommes, incapables d'*abstraire du sujet* ses *formes et ses propriétés;* en conséquence, nous trouvons dans ces *caractères* une *manière de penser commandée par la nature aux nations entières*, à l'époque de leur plus profonde barbarie. — C'est le propre des barbares d'agrandir et d'étendre toujours les *idées particulières. Les esprits bornés*, dit Aristote dans sa Morale, *font une maxime*, une règle générale, *de chaque idée particulière*. La raison doit en être que l'esprit humain, infini de sa nature, étant resserré dans la grossièreté de ses sens, ne peut exercer ses facultés presque divines qu'en *étendant les idées particulières* par l'imagination. C'est pour cela peut-être que, dans les poètes grecs et latins, les images des dieux et des héros apparaissent toujours plus grandes que celles des hommes, et qu'aux siècles barbares du moyen âge, nous voyons dans les tableaux les figures du Père, de Jésus-Christ et de la Vierge d'une grandeur colossale. — 7. La *réflexion*, détournée de son usage naturel, est *mère du mensonge* et de la fiction. Les barbares en sont dépourvus; aussi les premiers poètes héroïques des Latins chantèrent des histoires véritables, c'est-à-dire les guerres de Rome. Quand la barbarie de l'antiquité reparut au moyen âge, les poètes latins de cette époque, les Gunterius, les Guillaume de Pouille, ne chantèrent que des faits réels. Les romanciers du même temps s'imaginaient écrire des histoires véri-

tables, et le Boiardo, l'Arioste, nés dans un siècle
éclairé par la philosophie, tirèrent les sujets de leurs
poèmes de la chronique de l'archevêque Turpin. C'est
par l'effet de ce *défaut de réflexion*, qui rend les barbares incapables de *feindre*, que Dante, tout profond
qu'il était dans la *sagesse philosophique*, a représenté
dans sa *Divine Comédie* des personnages réels et des
faits historiques. Il a donné à son poème le titre de
Comédie, dans le sens de l'*ancienne comédie* des Grecs,
qui prenait pour sujet des personnages réels. Dante
ressemblat, sous ce rapport à l'Homère de l'*Iliade*, que
Longin trouve toute dramatique, tout en actions,
tandis que l'*Odyssée* est tout en récits. Pétrarque, avec
toute sa science, a pourtant chanté dans un poème
latin la seconde guerre punique ; et ses poésies ita-
liennes, les *Triomphes*, où il prend le ton héroïque, ne
sont autre chose qu'un *recueil d'histoires*. — Une
preuve frappante que les premières *fables* furent des
histoires, c'est que la *satire* attaquait non seulement
des personnes *réelles*, mais les personnes les plus connues ; que la *tragédie* prenait pour sujet des *personnages de l'histoire poétique*, que l'*ancienne comédie*
jouait sur la scène des *hommes* célèbres encore *vivants*.
Enfin la *nouvelle comédie*, née à l'époque où les Grecs
étaient le plus capables de *réflexion*, *créa* des personnages tout d'*invention ;* de même, dans l'Italie moderne,
la *nouvelle comédie* ne reparut qu'au commencement
de ce quinzième siècle déjà si éclairé. Jamais les Grecs
et les Latins ne prirent un *personnage imaginaire* pour
sujet principal d'une tragédie. Le public moderne,
d'accord en cela avec l'ancien, veut que les opéras
dont les sujets sont tragiques, soient *historiques* pour

le fond ; et s'il supporte les *sujets d'invention* dans la comédie, c'est que ce sont des aventures particulières qu'il est tout simple qu'on ignore, et que pour cette raison l'on croit véritables. — 8. D'après cette explication des *caractères poétiques*, les allégories poétiques qui y sont rattachées ne doivent avoir qu'un sens relatif à l'*histoire* des premiers temps de la Grèce. — 9. De telles *histoires durent se conserver naturellement dans la mémoire* des peuples, en vertu du premier principe observé au commencement de ce chapitre. Ces premiers hommes, qu'on peut considérer comme représentant l'enfance de l'humanité, durent posséder à un degré merveilleux la faculté de la *mémoire*, et sans doute il en fut ainsi par une volonté expresse de la Providence ; car, au temps d'Homère, et quelque temps encore après lui, l'écriture vulgaire n'avait pas encore été trouvée (*Josèphe contre Appion*). Dans ce travail de l'esprit, les peuples, qui à cette époque étaient pour ainsi dire tout *corps* sans *réflexion*, furent tout *sentiment* pour *sentir* les particularités, toute *imagination* pour les saisir et les agrandir, tout *invention* pour les rapporter aux genres que l'imagination avait créés (*generi fantastici*), enfin tout *mémoire* pour les retenir. Ces facultés appartiennent sans doute à l'esprit, mais tirent du corps leur origine et leur vigueur. Chez les Latins, *mémoire* est synonyme d'*imagination* (*memorabile*, imaginable, dans Térence) ; ils disent *comminisci* pour feindre, imaginer ; *commentum* pour *fiction*, et en italien *fantasia* se prend de même pour *ingegno*. La *mémoire* rappelle les objets, l'*imagination* en imite et en altère la forme réelle, le *génie* ou faculté d'inventer leur donne un tour nouveau, et en forme des assemblages, des compositions nouvelles. Aussi les *poètes théologiens* ont-ils appelé la *mémoire* la *mère des Muses*. — 10. Les *poètes* furent donc sans doute les premiers *historiens* des nations. Ceux qui ont cherché l'*origine de la poésie*, depuis Aristote et Platon, auraient pu remarquer sans peine que toutes les *histoires* des nations païennes ont des commencements *fabuleux*. — 11. Il est impossible d'être à la fois et au même degré *poète* et *métaphysicien sublimes*. C'est ce que prouve tout examen de la nature de la poésie. La *métaphysique* détache l'*âme* des *sens;* la *faculté poétique* l'y plonge pour ainsi dire et l'y ensevelit; la *métaphysique* s'élève aux *généralités*, la *faculté poétique* descend aux *particularités*. — 12. En poésie, l'art est inutile sans la nature : la poétique, la critique, peuvent faire des esprits *cultivés*, mais non pas leur donner de la *grandeur;* la *délicatesse* est un talent pour les petites choses, et la *grandeur d'esprit* les dédaigne naturellement. Le torrent impétueux peut-il rouler une eau limpide? ne faut-il pas qu'il entraîne dans son cours des arbres et des rochers? *Excusons* donc *les choses basses et grossières qui se trouvent dans Homère.* — 13. Malgré ses défauts, Homère n'en est pas moins *le père, le prince de tous les poètes sublimes*. Aristote trouve qu'il est impossible d'*égaler les mensonges poétiques d'Homère;* Horace dit *que ses caractères sont inimitables;* deux éloges qui ont le même sens. — Il semble s'élever jusqu'au ciel par le *sublime de la pensée;* nous avons expliqué déjà ce mérite d'Homère (Livre II).

Joignez à ces réflexions celles que nous avons faites un peu plus haut, lesquelles prouvent à la fois combien il est poète, et *combien peu il est philosophe*. —

14. Les *inconvenances*, les *bizarreries* qu'on pourrait lui reprocher, furent l'effet naturel de l'impuissance, de la *pauvreté de la langue* qui se formait alors. Le *langage* se composait encore d'*images*, de *comparaisons*, faute de *genres* et d'*espèces qui pussent définir les choses avec propriété;* ce langage était le produit naturel d'une *nécessité commune à des nations entières*. — C'était encore une *nécessité* que les premières nations parlassent *en vers héroïques* (Livre II). — 15. De telles *fables*, de telles *pensées* et de telles *mœurs*, un tel *langage* et de tels *vers* s'appelèrent également *héroïques*, furent *communs à des peuples entiers*, et par conséquent *aux individus* dont se composaient ces peuples.

CHAPITRE VI

OBSERVATIONS PHILOLOGIQUES QUI SERVIRONT A LA DÉCOUVERTE
DU VÉRITABLE HOMÈRE.

1. Nous avons déjà dit plus haut que toutes les anciennes *histoires* profanes commencent par des *fables*; que les peuples barbares, sans communication avec le reste du monde, comme les anciens Germains et les Américains, conservaient *en vers l'histoire* de leurs premiers temps; que *l'histoire romaine* particulièrement fut d'abord écrite par des *poètes*, et qu'au moyen âge celle de l'Italie le fut aussi par des poètes latins. — 2. Manéthon, grand *pontife* d'Égypte, avait donné à l'*histoire* des premiers âges de sa nation, écrite en hiéroglyphes, l'interprétation d'une sublime *théologie naturelle*; les *philosophes* grecs donnèrent une explication *philosophique* aux *fables* qui contenaient l'*histoire* des âges les plus anciens de la Grèce. Nous avons, dans le livre précédent, tenu une marche tout à fait contraire : nous avons ôté aux *fables* leur sens *mystique* ou *philosophique* pour leur rendre leur véritable sens *historique*. — 3. Dans l'*Odyssée*, on veut louer quelqu'un

d'avoir bien raconté une *histoire*, et l'on dit qu'*il l'a raconté comme un chanteur* ou *un musicien*. Ces *chanteurs* n'étaient sans doute autres que les *rapsodes*, ces hommes du peuple qui savaient chacun par cœur quelque morceau d'Homère, et conservaient ainsi dans leur mémoire ses poèmes, qui n'étaient point encore écrits. (Voy. *Josèphe contre Appion*.) Ils allaient isolément de ville en ville en chantant les vers d'Homère dans les fêtes et dans les foires. — 4. D'après l'étymologie, les *rapsodes* (de ῥάπτειν, *coudre*, ᾠδάς, *des chants*) ne faisaient que *coudre*, arranger les *chants* qu'ils avaient recueillis, sans doute dans le peuple même. Le mot *Homère* présente dans son étymologie un sens analogue, ὁμοῦ, *ensemble*, εἴρειν, *lier*. Ὅμηρος signifie *répondant*, parce que le *répondant lie* ensemble le créancier et le débiteur. Cette étymologie, appliquée à l'Homère que l'on a conçu jusqu'ici, est aussi éloignée et aussi forcée qu'elle est convenable et facile relativement à notre Homère, qui *liait, composait*, c'est-à-dire mettait ensemble *les fables*. — 5. *Les Pisistratides divisèrent et disposèrent les poèmes d'Homère en* Iliade *et en* Odyssée. Ceci doit nous faire entendre que ces poèmes n'étaient auparavant qu'un amas confus de traditions poétiques. On peut remarquer d'ailleurs combien diffère le style des deux poèmes. — Les mêmes Pisistratides ordonnèrent qu'à l'avenir ces poèmes *seraient chantés par les rapsodes* dans la fête des Panathénées (Cicéron, *De natura deorum*. Elien). — 6. Mais les Pisistratides furent chassés d'Athènes peu de temps avant que les Tarquins le fussent de Rome, de sorte qu'en plaçant Homère au temps de Numa, comme nous l'avons fait, les *rapsodes conservèrent longtemps encore ses poëmes dans leur mémoire.* Cette tradition ôte tout crédit à la précédente, d'après laquelle les poèmes d'Homère auraient été *corrigés, divisés et mis en ordre* du temps des Pisistratides. Tout cela eût supposé l'écriture vulgaire, et si cette écriture eût existé dès cette époque, on n'aurait plus eu besoin de rapsodes pour retenir et chanter des morceaux de ces poèmes[1].

Ce qui achève de prouver qu'Homère est *antérieur à l'usage de l'écriture*, c'est qu'*il ne fait mention nulle part des lettres de l'alphabet*. La lettre écrite par Prétus pour perdre Bellérophon le fut, dit-il, *par des signes*, σήματα. — 7. Aristarque *corrigea* les poèmes d'Homère, et pourtant, sans parler de cette foule de *licences* dans la mesure, on trouve encore dans la variété de ses dialectes *ce mélange discordant d'expressions hétérogènes* qui étaient sans doute autant d'*idiotismes* des divers peuples de la Grèce. — 8. (Voyez plus haut ce que

---

[1]. Rien n'indique qu'Hésiode, qui laissa ses ouvrages écrits, ait été appris par cœur, comme Homère, par les rapsodes. Les chronologistes ont donc pris un soin puéril en le plaçant trente ans avant Homère, tandis qu'il dut venir après les Pisistratides.

On pourrait cependant attaquer cette opinion en considérant Hésiode comme un de ces poètes cycliques qui chantèrent toute l'*histoire fabuleuse* des Grecs, depuis l'origine de leur théogonie jusqu'au retour d'Ulysse à Ithaque, et en le plaçant dans la même classe que les rapsodes homériques. Ces poètes dont le nom vient de κύκλος, *cercle*, ne purent être que des hommes du peuple qui, les jours de fêtes, chantaient les fables à la multitude rassemblée en cercle autour d'eux. On les désigne ordinairement eux-mêmes par l'épithète de κύκλιοι, et les recueils de leurs ouvrages par κύκλος ἐπικὸς, κύκλια ἔπη, ποίημα ἐγκυκλικον, ou simplement κύκλος. Hésiode, considéré comme un *poète cyclique*, qui raconte toutes les *fables relatives aux dieux* de la Grèce, aurait précédé Homère.

Ce que nous disions d'abord d'Hésiode, nous le dirons d'Hippocrate. Il laissa des ouvrages considérables écrits, non en vers, mais en *prose*, et par conséquent *incapables d'être retenus par cœur;* nous le placerons au temps d'Hérodote. (Vico.)

nous avons dit sur la patrie et sur l'âge d'Homère.) Longin, ne pouvant dissimuler la grande *diversité de style* qui se trouve dans les deux poèmes, prétend qu'*Homère fit l'*Iliade *lorsqu'il était jeune encore, et qu'il composa l'*Odyssée *dans sa vieillesse.* Sans doute la colère d'Achille lui semble un sujet plus convenable pour un jeune homme, les aventures du prudent Ulysse pour un vieillard. Mais comment savoir ces particularités de l'histoire d'un homme, lorsqu'on en ignore les deux circonstances les plus importantes, le temps et le lieu? C'est ce qui doit ôter toute confiance à la *Vie d'Homère* qu'a composée Plutarque, et à celle qu'on attribue souvent à Hérodote, et dans laquelle l'auteur a rempli un volume de tant de détails minutieux et de si belles aventures. — 9. La tradition veut qu'Homère ait été *aveugle*, et qu'il ait tiré de là son nom (c'était le sens d'Ὅμηρος dans le dialecte ionien). Homère lui-même nous représente *toujours aveugles* les poëtes qui chantent à la table des grands; c'est un *aveugle* qui paraît au banquet d'Alcinoüs et à celui des amants de Pénélope. — *Les aveugles ont une mémoire étonnante.* — Enfin, selon la même tradition, Homère était *pauvre et allait dans les marchés de la Grèce en chantant ses poèmes.*

CHAPITRE VII

§ I.

Découverte du véritable Homère.

Ces observations philosophiques et philologiques nous portent à croire qu'il en est d'*Homère* comme de la *guerre de Troie*, qu'il fournit à l'histoire une fameuse époque chronologique, et dont cependant les plus sages critiques révoquent en doute la réalité. Certainement, s'il ne restait pas plus de traces d'*Homère* que de la *guerre de Troie*, nous ne pourrions y voir, après tant de difficultés, qu'*un être idéal*, et non pas un homme. Mais *ces deux poèmes* qui nous sont parvenus nous forcent de n'admettre cette opinion qu'à demi, et de dire qu'*Homère a été l'idéal ou le* caractère héroïque *du peuple de la Grèce racontant sa propre histoire dans des chants nationaux*.

§ II.

Tout ce qui était absurde et invraisemblable dans l'Homère que l'on s'est figuré jusqu'ici, devient dans notre Homère convenance et nécessité.

— 1. D'abord l'incertitude de la *patrie* d'Homère nous oblige de dire que si les peuples de la Grèce se disputèrent l'honneur de lui avoir donné le jour, et le revendiquèrent tous pour concitoyen, c'est qu'ils *étaient eux-mêmes Homère*. — S'il y a une telle diversité d'opinions sur l'époque où il a vécu, c'est qu'il vécut en effet dans la bouche et dans la mémoire des mêmes peuples, depuis la guerre de Troie jusqu'au temps de Numa, ce qui fait quatre cent soixante ans. — 2. La *cécité*, la *pauvreté* d'Homère furent celles des rapsodes, qui, étant aveugles (d'où leur venait le nom d'"Ομηροι), avaient une plus forte mémoire. C'étaient de pauvres gens qui gagnaient leur vie à chanter par les villes les *poèmes homériques*, dont ils étaient auteurs, en ce sens qu'ils faisaient partie des peuples qui y avaient consigné leur histoire. — 3. De cette manière, Homère composa l'*Iliade dans sa jeunesse*, c'est-à-dire dans celle de la Grèce. Elle se trouvait alors tout ardente de passions sublimes, d'orgueil, de colère et de vengeance. Ces sentiments sont ennemis de la dissimulation, et n'excluent point la générosité; elle devait admirer Achille, le *héros de la force*. Homère, déjà *vieux*, composa l'*Odyssée*, lorsque les passions des Grecs commençaient à être refroidies par la réflexion, mère de la prudence. La Grèce devait admirer

Ulysse, le *héros de la sagesse*. Au temps de la jeunesse d'Homère, la fierté d'Agamemnon, l'insolence et la barbarie d'Achille plaisaient aux peuples de la Grèce. Lors de sa vieillesse, ils aimaient déjà le luxe d'Alcinoüs, les délices de Calypso, les voluptés de Circé, les chants des Sirènes et les amusements des amants de Pénélope. Comment, en effet, rapporter au même âge des mœurs absolument opposées? Cette difficulté a tellement frappé Platon que, ne sachant comment la résoudre, il prétend que, dans les divins transports de l'enthousiasme poétique, Homère put voir dans l'avenir ces mœurs efféminées et dissolues. Mais n'est-ce pas attribuer le comble de l'imprudence à celui qu'il nous présente comme le fondateur de la civilisation grecque? Peindre d'avance de telles mœurs, tout en les condamnant, n'est-ce pas enseigner à les imiter? Convenons plutôt que l'auteur de l'*Iliade* dut précéder de longtemps celui de l'*Odyssée* que le premier, originaire du nord-est de la Grèce, chanta la guerre de Troie qui avait eu lieu dans son pays; et que l'autre, né du côté de l'Orient et du midi, célèbre Ulysse qui régnait dans ces contrées. — 4. Le caractère individuel d'Homère disparaissant ainsi dans la foule des peuples grecs, il se trouve justifié de tous les reproches que lui ont faits les critiques, et particulièrement de la bassesse des pensées, de la grossièreté des mœurs, de ses comparaisons sauvages, des idiotismes, des licences de versification, de la variété des dialectes qu'il emploie; enfin d'avoir élevé les hommes à la grandeur des dieux, et fait descendre les dieux au caractère d'hommes. Longin n'ose défendre de telles fables qu'en les expliquant par des allégories philosophiques; c'est dire assez que, prises dans leur premier sens, elles ne peuvent assurer à Homère la gloire d'avoir fondé la civilisation grecque. — Toutes ces imperfections de la poésie homérique que l'on a tant critiquées répondent à autant de caractères des peuples grecs eux-mêmes. — 5. Nous assurons à Homère le privilège d'avoir eu seul la puissance d'inventer les *mensonges poétiques* (Aristote), *les caractères héroïques* (Horace); le privilège d'une incomparable éloquence dans ses comparaisons sauvages, dans ses affreux tableaux de morts et de batailles, dans ses peintures sublimes des passions, enfin le mérite du style le plus brillant et le plus pittoresque. Toutes ces qualités appartenaient à l'âge héroïque de la Grèce. C'est le génie de cet âge qui fit d'Homère un *poète* incomparable. Dans un temps où la mémoire et l'imagination étaient pleines de force, où la puissance d'invention était si grande, il ne pouvait être *philosophe*. Aussi ni la philosophie, ni la poétique ou la critique, qui vinrent plus tard, n'ont pu jamais faire un poète qui approchât seulement d'Homère. — 6. Grâce à notre découverte, Homère est assuré désormais des trois titres immortels qui lui ont été donnés, d'avoir été le *fondateur de la civilisation grecque*, le *père de tous les autres poètes*, et la *source des diverses philosophies* de la Grèce. Aucun de ces trois titres ne convenait à Homère tel qu'on se l'était figuré jusqu'ici. Il ne pouvait être regardé comme le *fondateur de la civilisation grecque*, puisque dès l'époque de Deucalion et Pyrrha elle avait été fondée avec l'institution des mariages, ainsi que nous l'avons démontré en traitant de la *sagesse poétique* qui fut le principe de cette civilisation. Il ne pouvait être regardé comme le *père des poètes*, puisqu'avant lui avaient fleuri les *poètes théologiens*, tels qu'Orphée, Amphion, Linus et Musée; les chronologistes y joignent Hésiode en le plaçant trente ans avant Homère. Il fut même devancé par plusieurs poètes héroïques, au rapport de Cicéron (*Brutus*); Eusèbe les nomme dans sa *Préparation évangélique*; ce sont Philamon, Théméride, Démodocus, Épiménide, Aristée, etc. — Enfin, on ne pouvait voir en lui la *source des diverses philosophies* de la Grèce, puisque nous avons démontré dans le livre II que les philosophes ne trouvèrent point leurs doctrines dans les fables homériques, mais qu'ils les y rattachèrent. La *sagesse poétique* avec ses fables fournit seulement aux philosophes l'occasion de méditer les plus hautes vérités de la métaphysique et de la morale, et leur donna en outre la facilité de les expliquer.

§ III.

On doit trouver dans les poëmes d'Homère les deux principales sources des faits relatifs au droit naturel des gens, considéré chez les Grecs.

Aux éloges que nous venons de donner à Homère, ajoutons celui d'avoir été le *plus ancien historien du paganisme* qui nous soit parvenu. Ses poëmes sont comme *deux grands trésors où se trouvent conservées les mœurs des premiers âges de la Grèce*. Mais le destin des *poëmes d'Homère* a été le même que celui des *lois des Douze Tables*. On a rapporté ces lois au législateur d'Athènes, d'où elles seraient passées à Rome, et l'on n'y a point vu l'*histoire du droit naturel des peuples héroïques du Latium*; on a cru que les *poèmes d'Homère* étaient la création du rare génie d'un individu, et l'on n'y a pu découvrir l'*histoire du droit naturel des peuples héroïques de la Grèce*.

APPENDICE

Histoire raisonnée des poètes dramatiques et lyriques.

Nous avons déjà montré qu'antérieurement à Homère il y avait eu trois âges de poètes : celui des *poètes théologiens*, dans les chants desquels les fables étaient encore des histoires véritables et d'un caractère sévère; celui des *poètes héroïques*, qui altérèrent et corrompirent ces fables; enfin l'*âge d'Homère*, qui les reçut altérées et corrompues. Maintenant la même *critique métaphysique* peut, en nous montrant le cours d'idées que suivirent les anciens peuples, jeter un jour tout nouveau sur l'*histoire des poètes dramatiques et lyriques*.

Cette histoire a été traitée par les philologues avec bien de l'obscurité et de la confusion. Ils placent parmi les *lyriques* Amphion de Méthymne, poète très ancien des temps héroïques. Ils disent qu'il trouva le *dithyrambe*, et aussi le *chœur;* qu'il introduisit des *satyres* qui chantaient des vers; que le *dithyrambe* était un *chœur* qui dansait en rond, en chantant des vers en l'honneur de Bacchus. A les entendre, le temps des *poètes lyriques* vit aussi fleurir des *poètes tragiques* distingués, et Diogène Laërce assure que la première tragédie fut représentée par le *chœur* seulement. Ils disent encore qu'Eschyle fut le premier poète tragique, et Pausanias raconte qu'il reçut de Bacchus l'ordre d'écrire des tragédies; d'un autre côté, Horace, qui dans son *Art poétique* commence à traiter de la tragédie en parlant de la satire, en attribue l'invention à Thespis, qui au temps des vendanges fit jouer la première satire sur des tombereaux. Après serait venu Sophocle, que Palémon a proclamé l'*Homère des tragiques;* enfin la carrière eût été fermée par Euripide, qu'Aristote appelle le tragique par excellence, τραγικώτατος. Ils placent dans le même âge Aristophane, premier auteur de la *vieille comédie*, dont les *Nuées* perdirent le vertueux Socrate. Cet abus ouvrit la route de la nouvelle comédie que Ménandre suivit plus tard.

Pour résoudre ces difficultés, il faut reconnaître qu'il y eut deux sortes de *poètes tragiques*, et autant de *lyriques*. Les anciens lyriques furent sans doute les auteurs des hymnes en l'honneur des dieux, analogues à ceux que l'on attribue à Homère, et écrits aussi en vers héroïques. Chez les Latins, les premiers poètes furent les auteurs des vers saliens, sorte d'hymnes chantés dans les fêtes des dieux par les prêtres saliens. Ce dernier mot vient peut-être de *salire, saltare*, danser, de même que chez les Grecs le premier chœur avait été une danse en rond. Tout ceci s'accorde avec nos principes : les hommes des premiers siècles, qui étaient essentiellement religieux, ne pouvaient louer que les dieux. Au moyen âge, les prêtres, qui seuls alors étaient lettrés, ne composèrent d'autres poésies que des hymnes.

Lorsque l'âge héroïque succéda à l'âge divin, on n'admira, on ne ne célébra que les exploits des héros. Alors parurent les poètes lyriques semblables à l'Achille de l'*Iliade*, lorsqu'il chante sur sa lyre les *louanges des héros qui ne sont plus*[1]. Les nouveaux lyriques furent ceux qu'on appelait *melici*, ceux qui écrivirent ce genre de vers que nous appelons *arie per musica;* le prince de ces lyriques est Pindare. Ce genre de vers dut venir après l'iambique, qui lui-même, ainsi que nous l'avons vu, succéda à l'héroïque. Pindare vint au temps où la vertu grecque éclatait dans les pompes des jeux olympiques au milieu d'un peuple admirateur; là chantaient les poètes lyriques. De même Horace parut à l'époque de la plus haute splendeur de Rome; et chez les Italiens, ce genre de poésie n'a été connu qu'à l'époque où les mœurs se sont adoucies et amollies.

Quant aux *tragiques* et aux *comiques*, on peut tracer ainsi la route qu'ils suivirent. Thespis et Amphion, dans deux parties différentes de la Grèce, inventèrent pendant la saison des vendanges[2]

---

1. Amphion dut appartenir à cette classe. Il fut en outre l'inventeur du dithyrambe, première ébauche de la tragédie écrite en vers héroïques (nous avons démontré que ce vers fut le premier chez les Grecs). Ainsi le dithyrambe d'Amphion aurait été la première satire; on vient de voir que c'est en parlant de la satire qu'Horace commence à traiter de la tragédie. (Vico.)

2. Il peut être vrai en ce sens que Bacchus, dieu de la vendange, ait commandé à Eschyle de composer des tragédies. (Vico.)

la *satire*, ou tragédie antique jouée par des satyres. Dans cet âge de grossièreté, le premier déguisement consista à se couvrir de peaux de chèvres [1] les jambes et les cuisses, à se rougir de lie de vin le visage et la poitrine, et à s'armer le front de cornes [2]. La tragédie dut commencer par un chœur de satyres; et la satire conserva pour caractère originaire la licence des injures et des insultes, *villanie*, parce que les villageois, grossièrement déguisés, se tenaient sur les tombereaux qui portaient la vendange, et avaient la liberté de dire de là toute sorte d'injures aux honnêtes gens, comme le font encore aujourd'hui les vendangeurs de la *Campanie*, appelée proverbialement *le séjour de Bacchus*. Le mot *satire* signifiait originairement en latin *mets composé de divers aliments* (*Festus*) [3]. Dans la satire dramatique, on voyait paraître, selon Horace, divers genres de personnages, héros et dieux, rois et artisans, enfin esclaves. La satire, telle qu'elle resta chez les Romains, ne traitait point de sujets divers.

Grâce au génie d'Eschyle, la tragédie antique fit place à la tragédie moyenne, et les chœurs de satyres aux chœurs d'hommes. La *tragédie moyenne* dut être l'origine de la *vieille comédie*, dans laquelle les grands personnages étaient traduits sur la scène; et voilà pourquoi le chœur s'y plaçait naturellement. Ensuite vint Sophocle, et après lui Euripide, qui nous laissèrent *la tragédie nouvelle*, dans le même temps où *la vieille comédie* finissait avec Aristophane. Ménandre fut le père de *la comédie nouvelle*, dont les personnages sont de simples particuliers, et en même temps imaginaires; c'est précisément parce qu'ils sont pris dans une condition privée qu'ils pouvaient passer pour réels sans l'être en effet. Dès lors on ne devait plus placer le chœur dans la comédie; le chœur est un *public* qui raisonne, et qui ne raisonne que de choses *publiques*.

---

1. Aussi a-t-on lieu de conjecturer que la tragédie a tiré son nom de ce genre de déguisement, plutôt que du bouc, τράγος, qu'on donnait en prix au vainqueur. (Vico.)

2. C'est de là peut-être que chez nous les vendangeurs sont encore appelés vulgairement *cornuti*. (Vico.)

3. *Lex per satiram* signifiait une loi qui comprenait des matières diverses. (Vico.)

LIVRE IV

DU COURS QUE SUIT L'HISTOIRE DES NATIONS.

ARGUMENT

L'auteur récapitule ce qu'il a dit au second livre, en ajoutant quelques développements. Dans ses recherches philosophiques sur la *sagesse poétique*, on a vu ses opinions sur l'âge des *dieux* et sur celui des *héros*. Il les présente ici sous une forme tout historique, il ajoute l'indication générale des caractères de l'âge des *hommes*, et trace ainsi une esquisse complète de l'*histoire idéale* indiquée dans les axiomes.

CHAPITRE I. — INTRODUCTION. TROIS SORTES DE NATURES, DE MŒURS, DE DROITS NATURELS, DE GOUVERNEMENTS. — § I. Introduction. — § II. Nature divine, poétique ou créatrice, héroïque, humaine et intelligente. — § III. Mœurs religieuses, violentes, réglées par le devoir. — § IV. Droits divin, héroïque, humain. — § V. Gouvernements théocratique, aristocratique, démocratique ou monarchique.

CHAPITRE II. — TROIS ESPÈCES DE LANGUES ET DE CARACTÈRES. — Langues et caractères hiéroglyphiques, symboliques et emblématiques, vulgaires.

CHAPITRE III. — TROIS ESPÈCES DE JURISPRUDENCE, D'AUTORITÉ, DE RAISON. — Corollaires relatifs à la politique et au droit des Romains. — § I. Jurisprudence divine, qui se confondait avec la divination ; jurisprudence héroïque ou aristocratique, attachée rigoureusement aux formules; jurisprudence humaine, dont la règle est l'équité naturelle. — § II. Autorité dans le sens de propriété; autorité de tutelle; autorité de conseil. — § III. Raison divine, connue par les auspices; raison d'État; raison populaire, d'accord avec l'équité naturelle. — § IV. Corollaire relatif à la sagesse politique des anciens Romains. — § V. Corollaire relatif à l'histoire fondamentale du droit romain.

Chapitre IV. — Trois espèces de jugements. — § I. Jugements divins et duels. Ce droit imparfait fut nécessaire au repos des nations. Il en est de même des jugements héroïques, rigoureusement conformes aux formules consacrées. Jugements humains, ou discrétionnaires. — § II. Trois périodes dans l'histoire des mœurs et de la jurisprudence (sectæ temporum).

Chapitre V. — Autres preuves tirées des caractères propres aux aristocraties héroïques. — § I. De la garde et conservation des limites. — § II. De la conservation et distinction des ordres politiques. Jalousie avec laquelle les aristocraties primitives prohibaient les mariages entre les nobles et les plébéiens. On a mal entendu les *connubia patrum* que demandait le peuple romain. Pourquoi les empereurs romains favorisèrent la confusion des ordres. — § III. De la garde des lois. Elle est plus ou moins sévère selon la forme du gouvernement. L'attachement des Romains à leur ancienne législation fut une des principales causes de leur grandeur.

Chapitre VI. — § I. Autres preuves tirées de la manière dont chaque état nouveau de la société se combine avec le gouvernement de l'état précédent. La démocratie conserve quelque chose de l'état aristocratique qui a précédé, etc. — § II. C'est une loi naturelle que les nations terminent leur carrière politique par la monarchie. — § III. Réfutation de Bodin, qui veut que les gouvernements aient été d'abord monarchiques, en dernier lieu aristocratiques.

Chapitre VII. — § I. Dernières preuves. — § II. Corollaire : que l'ancien droit romain à son premier âge fut un poème sérieux, et l'ancienne jurisprudence une poésie sévère, dans laquelle on trouve la première ébauche de la métaphysique légale. Les formules antiques étaient des espèces de drames. Les jurisconsultes ont remarqué l'indivisibilité des droits, mais non pas leur éternité.

Note. — Comment chez les Grecs la philosophie sortit de la législation.

CHAPITRE PREMIER

INTRODUCTION. TROIS SORTES DE NATURES, DE MŒURS, DE DROITS NATURELS, DE GOUVERNEMENTS.

§ Ier.

Introduction.

Nous avons, au livre premier, établi les *principes* de la science nouvelle; au livre deuxième, nous avons recherché et découvert dans la *sagesse poétique l'origine de toutes les choses divines et humaines* que nous présente l'histoire du paganisme; au troisième, nous avons trouvé que les *poèmes d'Homère* étaient pour l'histoire de la Grèce, comme les lois des Douze Tables pour celle du Latium, *un trésor de faits relatifs au droit naturel des gens.* Maintenant, éclairés sur tant de points par la philosophie et par la philologie, nous allons, dans ce quatrième livre, esquisser l'*histoire idéale* indiquée dans les axiomes et exposer *la marche que suivent éternellement les nations.* Nous les montrerons, malgré la variété infinie de leurs mœurs, tourner, sans en sortir jamais, dans ce cercle des TROIS AGES : *divin, héroïque* et *humain.*

Dans cet ordre immuable, qui nous offre un étroit enchaînement de causes et d'effets, nous distinguerons trois sortes de *natures*, desquelles dérivent trois sortes de *mœurs*; de ces mœurs elles-mêmes découlent trois espèces de *droits naturels* qui donnent lieu à autant de *gouvernements*. Pour que les hommes déjà entrés dans la société pussent se communiquer les mœurs, droits et gouvernements dont nous venons de parler, il se forma trois sortes de *langues* et de *caractères*. Aux trois âges répondirent encore trois espèces de *jurisprudences* appuyées d'autant d'*autorités* et de *raisons* diverses, donnant lieu à autant d'espèces de *jugements* et suivies dans trois *périodes (sectæ temporum)*. Ces trois *unités d'espèces*, avec beaucoup d'autres qui en sont une suite, se rassemblent elles-mêmes dans une *unité générale*, celle de *la religion honorant une Providence;* c'est là l'*unité d'esprit* qui donne la *forme* et la *vie* au monde social.

Nous avons déjà traité séparément de toutes ces choses dans plusieurs endroits de cet ouvrage; nous montrerons ici l'ordre qu'elles suivent dans le cours des affaires humaines.

§ II.

Trois espèces de natures.

Maîtrisée par les illusions de l'imagination, faculté d'autant plus forte que le raisonnement est plus faible, la première nature fut *poétique* ou *créatrice*. Qu'on nous permette de l'appeler *divine*; elle anima en effet et divinisa les êtres matériels selon l'idée qu'elle se formait des dieux. Cette nature fut celle des *poètes théologiens*, les plus anciens sages du paganisme, car toutes les sociétés païennes eurent chacune pour base sa croyance en ses dieux particuliers. Du reste, la nature des premiers hommes était *farouche* et *barbare*; mais la même erreur de leur imagination leur inspirait une profonde terreur des dieux qu'ils s'étaient faits eux-mêmes, et la religion commençait à dompter leur farouche indépendance. (Voy. l'axiome 31.)

La seconde nature fut *héroïque*; les héros se l'attribuaient eux-mêmes comme un privilège de leur divine origine. Rapportant tout à l'action des dieux, ils se tenaient pour *fils de Jupiter*; c'est-à-dire pour engendrés sous les auspices de Jupiter, et ce n'était pas sans raison qu'ils se regardaient comme supérieurs, par cette noblesse naturelle, à ceux qui, pour échapper aux querelles sans cesse renouvelées par la promiscuité infâme de l'état bestial, se réfugiaient dans leurs asiles et qui, arrivant sans religion, sans dieux, étaient regardés par les héros comme de vils animaux.

Le troisième âge fut celui de la nature *humaine intelligente* et par cela même *modérée, bienveillante et raisonnable*; elle reconnaît pour lois la conscience, la raison, le devoir.

§ III.

Trois sortes de mœurs.

Les premières mœurs eurent ce caractère de *piété* et de *religion* que l'on attribue à Deucalion et Pyrrha, à peine échappés aux eaux du déluge. — Les secondes furent celles d'hommes *irritables et susceptibles sur le point d'honneur*, tels qu'on nous représente Achille. — Les troisièmes furent *réglées par le devoir;* elles appartiennent à l'époque où l'on fait consister l'honneur dans l'accomplissement des devoirs civils.

§ IV.

Trois espèces de droits naturels.

Droit divin. Les hommes, voyant en toutes choses les dieux ou l'action des dieux, se regardaient, eux et tout ce qui leur appartenait, comme dépendant immédiatement de la divinité.

Droit héroïque, ou droit de la force, mais de la force maîtrisée d'avance par la religion, qui seule peut la contenir dans le devoir, lorsque les lois humaines n'existent pas encore ou sont impuissantes pour la réprimer. La Providence voulut que les premiers peuples, naturellement fiers et féroces, trouvassent dans leur croyance religieuse un motif de se soumettre à la force, et qu'incapables encore de raison, ils jugeassent du droit par le succès, de la raison par la fortune ; c'était pour prévoir les événements que la fortune amènerait qu'ils employaient la divination. Ce droit de la force est le droit d'Achille, qui place toute raison à la pointe de son glaive.

En troisième lieu vint le *droit humain*, dicté par la raison humaine entièrement développée.

Gouvernements divins ou *théocraties*. Sous ces gouvernements, les hommes croyaient que toute chose était commandée par les dieux. Ce fut l'âge des oracles, la plus ancienne institution que l'histoire nous fasse connaître.

§ V.

Trois espèces de gouvernements.

Gouvernements héroïques ou *aristocratiques*. Le mot *aristocrates* répond en latin à *optimates*, pris pour *les plus forts* (*ops*, puissance) ; il répond en grec à *Héraclides*, c'est-à-dire issus d'une race d'Hercule, pour dire une race noble. Ces *Héraclides* furent répandus dans toute l'ancienne Grèce et il en resta toujours à Sparte. Il en est de même des *curètes* que les Grecs retrouvèrent dans l'ancienne Italie ou *Saturnie*, dans la Crète et dans l'Asie. Ces *curètes* furent à Rome les *quirites* ou citoyens investis du caractère sacerdotal, du droit de porter les armes et de voter aux assemblées publiques.

Gouvernements humains, dans lesquels l'égalité de la nature intelligente, caractère propre de l'humanité, se retrouve dans l'égalité civile et politique. Alors tous les citoyens naissent libres, soit qu'ils jouissent d'un gouvernement populaire dans lequel la totalité ou la majorité des citoyens constitue la force légitime de la cité, soit qu'un monarque place tous ses sujets sous le niveau des mêmes lois, et qu'ayant seul en main la force militaire, il s'élève au-dessus des citoyens par une distinction purement civile.

CHAPITRE II

TROIS ESPÈCES DE LANGUES ET DE CARACTÈRES.

§ Ier.

Trois espèces de langues.

Langue divine mentale, dont les signes sont des cérémonies sacrées, des actes muets de religion. Le droit romain en conserva ses *acta legitima*, qui accompagnaient toutes les transactions civiles. Une telle langue convient aux religions pour la raison que nous avons déjà dite, c'est qu'elles ont plus besoin d'être révérées que *raisonnées*. Cette langue fut nécessaire aux premiers âges où les hommes ne pouvaient encore articuler.

La seconde *langue* fut celle *des signes héroïques*; c'est le *langage des armes* pour ainsi parler, et il est resté celui de la discipline militaire.

La troisième est le *langage articulé* que parlent aujourd'hui toutes les nations.

§ 11.

Trois espèces de caractères.

Caractères divins, proprement *hiéroglyphes*. Nous avons prouvé qu'à leur premier âge toutes les nations se servirent de tels caractères. A Jupiter on rapporta tout ce qui regardait les auspices, à Junon tout ce qui était relatif aux mariages. En effet, *c'est une propriété innée de l'âme humaine d'aimer l'uniformité*; lorsqu'elle est encore incapable de trouver par l'*abstraction* des expressions générales, elle y supplée par l'*imagination*; elle choisit certaines images, certains modèles, auxquels elle rapporte toutes les espèces particulières qui appartiennent à chaque genre; ce sont, pour emprunter le langage de l'École, des *universaux poétiques*.

Caractères héroïques, analogues aux précédents. C'étaient encore des *universaux poétiques*, qui servaient à désigner les diverses espèces d'objets qui occupaient l'esprit des héros; ils attribuaient à Achille tous les exploits des guerriers vaillants, à Ulysse tous les conseils des sages [1].

Les *caractères vulgaires* parurent avec les *langues*

---

1. Lorsque l'esprit humain s'habitua à abstraire les *formes* et les *propriétés* des *sujets*, ces *universaux poétiques*, ces genres créés par l'imagination (*generi fantastici*), firent place à ceux que la raison créa (*generi intelligibili*); c'est alors que vinrent les philosophes; et plus tard encore, les auteurs de la nouvelle comédie, dont l'époque est pour la Grèce celle de la plus haute civilisation, prirent des philosophes l'idée de ces derniers genres et les personnifièrent dans leurs comédies. (Vico.)

vulgaires. Les langues vulgaires se composent de paroles qui sont comme des genres relativement aux expressions particulières dont se composaient les langues héroïques [1]. Les lettres remplacèrent aussi les hiéroglyphes d'une manière plus simple et plus générale; à cent vingt mille caractères hiéroglyphiques, que les Chinois emploient encore aujourd'hui, on substitua les lettres si peu nombreuses de l'alphabet.

Ces langues, ces lettres peuvent être appelées *vulgaires*, puisque le vulgaire a sur elles une sorte de souveraineté. Le pouvoir absolu du peuple sur les langues s'étend sous un rapport à la législation : le peuple donne aux lois le sens qui lui plaît, et il faut, bon gré mal gré, que les puissants en viennent à observer les lois dans le sens qu'y attache le peuple. Les monarques ne peuvent ôter aux peuples cette souveraineté sur les langues; mais elle est utile à leur puissance même. Les grands sont obligés d'observer les lois par lesquelles les rois fondent la monarchie, dans le sens ordinairement favorable à l'autorité royale que le peuple donne à ces lois. C'est une des raisons qui montrent que la démocratie précède nécessairement la monarchie [2].

---

[1]. Ainsi comme nous l'avons dit plus haut, la phrase héroïque, *le sang me bout dans le cœur*, fut résumée dans la langue vulgaire par ce mot abstrait et général, *je suis en colère*. (Vico.)

[2]. Voyez dans Tacite comment la monarchie s'établit à Rome à la faveur des titres républicains que prirent les empereurs, et auxquels le peuple donna peu à peu un nouveau sens. (Note du Trad.)

CHAPITRE III

TROIS ESPÈCES DE JURISPRUDENCES, D'AUTORITÉS, DE RAISONS;
COROLLAIRES RELATIFS A LA POLITIQUE ET AU DROIT DES ROMAINS.

§ I⁰ʳ.

Trois espèces de jurisprudences ou sagesses.

Sagesse divine appelée *théologie mystique*, mots qui dans leur sens étymologique veulent dire : science du langage divin, connaissance des mystères de la *divination*. Cette science de la divination était la *sagesse vulgaire* de laquelle étaient *sages* les *poètes théologiens*, premiers sages du paganisme; de cette théologie *mystique*, ils s'appelaient eux-mêmes *mystæ*, et Horace traduit ce mot d'une manière heureuse par *interprètes des dieux*.... Cette sagesse ou jurisprudence plaçait la justice dans l'accomplissement des cérémonies solennelles de la religion; c'est de là que les Romains conservèrent ce respect superstitieux pour les *acta legitima*;

chez eux, les noces, le testament étaient dits *justa* lorsque les cérémonies requises avaient été accomplies.

La *jurisprudence héroïque* eut pour caractère de s'entourer de garanties par l'emploi de paroles précises. C'est la sagesse d'Ulysse qui dans Homère approprie si bien son langage au but qu'il se propose, qu'il ne manque point de l'atteindre. La réputation des jurisconsultes romains était fondée sur leur *cavere; répondre sur le droit*, ce n'était pour eux autre chose que précautionner les consultants et les préparer à circonstancier devant les tribunaux le cas contesté, de manière que les formules d'action s'y rapportassent de point en point, et que le préteur ne pût refuser de les appliquer. Il en fut des docteurs du moyen âge comme des jurisconsultes romains.

La *jurisprudence humaine* ne considère dans les faits que leur conformité avec la justice et la *vérité;* sa *bienveillance* plie les lois à tout ce que demande l'intérêt égal des causes. Cette jurisprudence est observée sous les *gouvernements humains*, c'est-à-dire, dans les états populaires, et surtout dans la monarchie. La jurisprudence *divine et l'héroïque*, propres aux âges de barbarie, s'attachent au *certain;* la jurisprudence *humaine*, qui caractérise les âges civilisés, ne se règle que sur le *vrai*. Tout ceci découle de la définition du *certain* et du *vrai* que nous avons donnée (axiomes 9 et 10).

§ II.

Trois espèces d'autorités.

La première est *divine;* elle ne comporte point d'explications ; comment demander à la Providence compte de ses décrets ? La deuxième, l'autorité *héroïque*, appartient tout entière aux formules solennelles des lois. La troisième est l'autorité *humaine*, laquelle n'est autre que le crédit des personnes expérimentées, des hommes remarquables par une haute sagesse dans la spéculation ou par une prudence singulière dans la pratique.

A ces trois autorités civiles répondent trois autorités politiques.

Au premier âge, *autorité* et *propriété* furent synonymes. C'est dans ce sens que la loi des Douze Tables prend toujours le mot *autorité; auteur* signifie toujours en terme de droit celui de qui l'on tient un *domaine*. Cette autorité était *divine*, parce qu'alors la propriété comme tout le reste était rapportée aux dieux. Cette autorité qui appartient aux *pères* dans l'état de famille, appartient aux *sénats souverains* dans les aristocraties héroïques. Le sénat autorisait ce qui avait été délibéré dans les assemblées du peuple.

Depuis la loi de Publilius Philo qui assura au peuple romain la liberté et la souveraineté, le sénat n'eut plus qu'une *autorité de tutelle*, analogue à ce droit des tuteurs d'autoriser en affaires légales le pupille maître de ses biens. Le sénat assistait le peuple de sa présence dans les assemblées législatives, de peur qu'il ne résultât quelque dommage public de son peu de lumières.

Enfin l'état populaire faisant place à la monarchie, l'*autorité de tutelle* fut aussi remplacée par l'*autorité de conseil*, par celle que donne la réputation de sagesse ; c'est dans ce sens que les jurisconsultes de l'empire s'appelèrent *autores*, auteurs de conseils. Telle aussi doit être l'autorité d'un sénat sous un monarque, lequel a pleine liberté de suivre ou de rejeter ce qui a été conseillé par le sénat.

§ III.

Trois espèces de raisons.

La première est la *raison divine*, dont Dieu seul a le secret, et dont les hommes ne savent que ce qui en a été révélé aux Hébreux et aux chrétiens, soit au moyen d'un langage *intérieur* adressé à l'intelligence par celui qui est lui-même tout intelligence, soit par le langage *extérieur* des prophètes, langage que le Sauveur a parlé aux apôtres, qui ont ensuite transmis à l'Église ses enseignements. Les Gentils ont cru aussi recevoir les conseils de cette *raison divine* par les auspices, par les oracles et autres signes matériels, tels qu'ils pouvaient en recevoir de dieux qu'ils croyaient *corporels*. Dieu étant toute raison, la *raison* et l'*autorité* sont en lui une même chose, et pour la saine théologie l'*autorité divine* équivaut à la *raison*. — Admirons la Providence, qui dans les premiers temps où les hommes encore idolâtres étaient incapables d'entendre la *raison*, permit qu'à son défaut ils suivissent l'*autorité* des auspices, et se gouvernassent par les avis divins qu'ils croyaient en recevoir. En effet, c'est une loi éternelle que lorsque les hommes ne voient point la *raison* dans les choses humaines, ou que même ils les voient comme *contraires à la raison*, ils se reposent sur les conseils impénétrables de la Providence.

La seconde sorte de raison fut la *raison d'État*, appelée par les Romains *civilis æquitas*. C'est d'elle qu'Ulpien dit qu'*elle n'est point connue naturellement à tous les hommes* (comme l'équité naturelle), *mais seulement à un petit nombre d'hommes qui ont appris par la pratique du gouvernement ce qui est nécessaire au maintien de la société*. Telle fut la sagesse des sénats *héroïques*, et particulièrement celle du sénat romain, soit dans les temps où l'aristocratie décidait seule des intérêts publics, soit lorsque le peuple déjà maître se laissait encore guider par le sénat, ce qui eut lieu jusqu'au tribunal des Gracques.

§ IV.

Corollaire relatif à la sagesse politique des anciens Romains.

Ici se présente une question à laquelle il semble bien difficile de répondre : lorsque Rome était encore peu avancée dans la civilisation, ses citoyens passaient pour de sages politiques; et dans le siècle le plus éclairé de l'Empire, Ulpien se plaint qu'*un petit nombre d'hommes expérimentés possèdent la science du gouvernement*.

Par un effet des mêmes causes qui firent l'*héroïsme* des premiers peuples, les anciens Romains qui ont été *les héros du monde*, se sont montrés naturellement fidèles à l'*équité civile*. Cette équité s'attachait religieusement aux paroles de la loi, les suivait avec une sorte de superstition, et les appliquait aux faits d'une manière inflexible, quelque *dure*, quelque cruelle même que pût se trouver la loi. Ainsi agit encore de nos jours la *raison d'État*. L'*équité civile* soumettait naturellement toute chose à cette loi, reine de toutes les autres, que Cicéron exprime avec une gravité digne de la matière : *La loi suprême c'est le salut du peuple : Suprema lex populi salus esto*. Dans les temps *héroïques* où les gouvernements étaient aristocratiques, les héros avaient dans l'intérêt public une grande part d'intérêt privé ; je parle de leur *monarchie domestique* que leur conservait la société civile. La grandeur de cet intérêt particulier leur en faisait sacrifier sans peine d'autres moins importants. C'est ce qui explique le courage qu'ils déployaient en défendant l'État, et la prudence avec laquelle ils réglaient les affaires publiques. Sagesse profonde de la Providence ! Sans l'attrait d'un tel intérêt privé identifié avec l'intérêt public, comment ces pères de famille à peine sortis de la vie sauvage, et que Platon reconnaît dans le Polyphème d'Homère, auraient ils pu être déterminés à suivre l'ordre civil ?

Il en est tout au contraire dans les temps *humains*, où les États sont démocratiques ou monarchiques. Dans les démocraties, les citoyens règnent sur la chose publique qui, se divisant à l'infini, se répartit entre tous les citoyens qui composent le peuple souverain. Dans les monarchies, les sujets sont obligés de s'occuper exclusivement de leurs intérêts particuliers, en laissant au prince le soin de l'intérêt public. Joignez à cela les causes naturelles qui produisent les gouvernements *humains*, et qui sont toutes contraires à celles qui avaient produit l'*héroïsme*, puisqu'elles ne sont autres que désir du repos, amour paternel et conjugal, attachement à la vie. Voilà pourquoi les hommes d'aujourd'hui sont portés naturellement à considérer les choses d'après les circonstances les plus particulières qui peuvent rapprocher les intérêts privés d'une justice égale ; c'est l'*æquum bonum*, l'intérêt égal, que cherche la troisième espèce de raison, la raison naturelle, *æquitas naturalis* chez les jurisconsultes. La multitude n'en peut comprendre d'autre, parce qu'elle considère les motifs de justice dans leurs applications directes aux causes selon l'espèce individuelle des faits. Dans les monarchies, il faut peu d'hommes d'État pour traiter des affaires publiques dans les cabinets en suivant l'équité civile ou raison d'État ; et un grand nombre de jurisconsultes pour régler les intérêts privés des peuples d'après l'*équité naturelle*.

§ V.

Corollaire. Histoire fondamentale du Droit romain.

Ce que nous venons de dire sur les trois espèces de raisons peut servir de base à l'histoire du Droit romain. En effet, *les gouvernements doivent être conformes à la nature des gouvernés* (axiome 69) ; les gouvernements sont même un résultat de cette nature, et les lois doivent en conséquence être appliquées et interprétées d'une manière qui s'accorde avec la forme de ce gouvernement. Faute d'avoir compris cette vérité, les jurisconsultes, et les interprètes du droit sont tombés dans la même erreur que les historiens de Rome, qui nous racontent que telles lois ont été faites à telle époque, sans remarquer les rapports qu'elles devaient avoir avec les différents états par lesquels passa la République. Ainsi les faits nous apparaissent tellement séparés de leurs causes que Bodin, jurisconsulte et politique également distingué, montre tous les caractères de l'aristocratie dans les faits que les historiens rapportent à la prétendue démocratie des premiers siècles de la République. — Que l'on demande à tous ceux qui ont écrit sur l'histoire du Droit romain, pourquoi la jurisprudence *antique*, dont la base est la loi des Douze Tables, s'y conforme rigoureusement ; pourquoi la jurisprudence *moyenne*, celle que réglaient les édits des préteurs, commence à s'adoucir, en continuant toutefois de respecter le même code ; pourquoi enfin la jurisprudence *nouvelle*, sans égard pour cette loi, eut le courage de ne plus consulter que l'équité naturelle ? Ils ne peuvent répondre qu'en calomniant la générosité romaine, qu'en prétendant que ces rigueurs, ces solennités, ces scrupules, ces subtilités verbales, qu'enfin le mystère même dont on entourait les lois, étaient autant d'impostures des nobles qui voulaient conserver, avec le privilège de la jurisprudence, le pouvoir civil qui y est naturellement attaché. Bien loin que ces pratiques aient eu aucun but d'imposture, c'étaient des usages sortis de la nature même des hommes de l'époque ; une telle nature devait produire de tels usages, et de tels usages devaient entraîner nécessairement de telles pratiques.

Dans le temps où le genre humain était encore extrêmement farouche, et où la religion était le seul moyen puissant de l'adoucir et de le civiliser, la Providence voulut que les hommes vécussent sous les gouvernements *divins*, et que partout régnassent des lois *sacrées*, c'est-à-dire *secrètes*, et cachées au vulgaire des peuples. Elles restaient d'autant plus facilement cachées dans l'état de famille, qu'elles se conservaient dans un *langage muet*, et ne s'expliquaient que par des cérémonies saintes, qui restèrent ensuite dans les *acta legitima*. Ces esprits grossiers encore croyaient de telles cérémonies indispensables pour s'assurer de la volonté des autres, dans les rapports d'intérêt, tandis qu'aujourd'hui que l'intelligence des hommes est plus ouverte, il suffit de simples paroles et même de signes.

Sous les gouvernements *aristocratiques* qui vinrent ensuite, les mœurs étant toujours religieuses, les lois restèrent entourées du mystère de la religion et furent observées avec la sévérité et les scrupules qui en sont inséparables ; le secret est l'âme des aristocraties, et la rigueur de l'*équité civile* est ce qui fait leur salut. Puis, lorsque se formèrent les démocraties, sorte de gouvernement dont le caractère est plus ouvert et plus généreux, et dans lequel commande la multitude qui a l'instinct de l'*équité naturelle*, on vit paraître en même temps les langues et les lettres vulgaires, dont la multitude est, comme nous l'avons dit, souveraine absolue. Ce langage et ces caractères servirent à promulguer, à écrire les lois dont le secret fut peu à peu dévoilé.

Ainsi le peuple de Rome ne souffrit plus le droit caché, le *jus latens* dont parle Pomponius ; il voulut avoir des lois écrites sur des tables, lorsque les caractères vulgaires eurent été apportés de Grèce à Rome.

Cet ordre de choses se trouva tout préparé pour la monarchie. Les monarques veulent suivre l'*équité naturelle* dans l'application des lois, et se conforment en cela aux opinions de la multitude. Ils égalent en droit les puissants et les faibles, ce que fait la seule monarchie. L'*équité civile* ou *raison d'État* devient le privilège d'un petit nombre de politiques et conserve dans le cabinet des rois son caractère mystérieux.

CHAPITRE IV

TROIS ESPÈCES DE JUGEMENTS. — COROLLAIRE RELATIF AU DUEL ET AUX REPRÉSAILLES. — TROIS PÉRIODES DANS L'HISTOIRE DES MŒURS ET DE LA JURISPRUDENCE.

§ Ier.

Trois espèces de jugements.

Les premiers furent les *jugements divins*. Dans l'état qu'on appelle *état de nature*, et qui fut celui *des familles*, les pères de famille ne pouvant recourir à la protection des lois qui n'existaient point encore, en appelaient aux dieux des torts qu'ils souffraient, *implorabant deorum fidem;* tel fut le premier sens, le sens propre de cette expression. Ils appelaient les dieux en témoignage de leur bon droit, ce qui était proprement *deos obtestari*. Ces invocations pour accuser, ou se défendre, furent les premières *orationes*, mot qui chez les Latins est resté pour signifier *accusation* ou *défense;* on peut voir à ce sujet plusieurs beaux passages de Plaute et de Térence, et deux mots de la loi des Douze Tables : *furto orare* et *pacto orare* (et non point *adorare*, selon la leçon de Juste Lipse), pour *agere, excipere*. D'après ces *orationes*, les Latins appelèrent *oratores* ceux qui défendent les causes devant les tribunaux. Ces appels aux dieux étaient faits d'abord par des hommes simples et grossiers qui croyaient s'en faire entendre sur la cime des monts où l'on plaçait leur séjour. Homère raconte qu'ils habitaient sur celle de l'Olympe. A propos d'une guerre entre les Hermundures et les Cattes, Tacite dit en parlant des sommets des montagnes : Dans l'opinion de ces peuples *preces mortalium nusquam proprius audiuntur*. Les droits que les premiers hommes faisaient valoir dans ces *jugements divins*, étaient divinisés eux-mêmes, puisqu'ils voyaient des dieux dans tous les objets. *Lar* signifiait la propriété de la maison, *dii hospitales* l'hospitalité, *dii penates* la puissance paternelle, *deus genius* le droit du mariage, *deus terminus* le domaine territorial, *dii manes* la sépulture. On retrouve dans les Douze Tables une trace curieuse de ce langage, *jus deorum manium*.

Après avoir employé ces invocations (*orationes, obsecrationes, implorationes*, et encore *obtestationes*), ils finissaient par dévouer les coupables. Il y avait à Argos, et sans doute aussi dans d'autres parties de la Grèce, des temples de l'*exécration*. Ceux qui étaient ainsi dévoués étaient appelés ἀναθήματα, nous dirions *excommuniés*; ensuite on les mettait à mort. C'était le culte des Scythes qui enfonçaient un couteau en terre, l'adoraient comme un dieu, et immolaient ensuite une victime humaine. Les Latins exprimaient cette idée par le verbe *mactare*, dont on se servait toujours dans les sacrifices, comme d'un terme consacré. Les Espagnols en ont tiré leur *matar*, et les Italiens leur *ammazzare*. Nous avons déjà vu que chez les Grecs, ἀρά signifiait la chose ou la personne qui porte dommage, le vœu ou action de dévouer, et la furie à laquelle on dévouait; chez les Latins, *ara* signifiait l'autel et la victime. Ainsi toutes les nations eurent toujours une espèce d'excommunication. César nous a laissé beaucoup de détails sur celle qui avait lieu chez les Gaulois. Les Romains eurent leur *interdiction de l'eau et du feu*. Plusieurs consécrations de ce genre passèrent dans la loi des Douze Tables : quiconque violait la personne d'un tribun du peuple était dévoué, consacré à Jupiter; le fils dénaturé, aux dieux paternels; à Cérès, celui qui avait mis le feu à la moisson de son voisin; ce dernier était brûlé vif. Rappelons-nous ici ce qui a été dit de l'atrocité des peines dans l'âge divin (axiome 40). Les hommes ainsi dévoués furent sans doute ce que Plaute appelle *Saturni hostiæ*.

On trouve le caractère tout religieux de ces jugements privés dans les guerres qu'on appelait *pura et pia bella*. Les peuples y combattaient *pro aris et focis*, expression qui désignait tout l'ensemble des rapports sociaux, puisque toutes les choses humaines étaient considérées comme *divines*. Les hérauts qui déclaraient la guerre appelaient les dieux de la cité ennemie hors de ses murs, et dévouaient le peuple attaqué. Les rois vaincus étaient présentés au Capitole à Jupiter Férétrien, et ensuite immolés. Les vaincus étaient considérés comme des *hommes sans Dieu*; aussi les esclaves s'appelaient en latin *mancipia*, comme choses inanimées, et étaient tenus en jurisprudence *loco rerum*.

Les *duels* durent être chez les nations barbares une espèce de *jugements divins*, qui commencèrent sous les *gouvernements divins* et furent longtemps en usage sous les *gouvernements héroïques;* on se rappelle ce passage de la *Politique* d'Aristote (cité dans les axiomes) où il dit que les *républiques héroïques n'avaient point de lois qui punissent l'injustice et réprimassent les violences particulières*[1]. Il est certain que dans la législation romaine ce ne sont que les préteurs qui introduisirent la loi prohibitive contre la violence, et les actions *de vi bonorum raptorum*. Aux temps de la seconde barbarie (celle du moyen âge), les représailles particulières durèrent jusqu'au temps de Barthole.

C'est par erreur que quelques-uns ont écrit que les duels s'étaient introduits *par défaut de preuves;* ils devaient dire *par défaut de lois judiciaires*. Frotho, roi de Danemark, ordonna que toutes les contestations se terminassent par le moyen du duel : c'était défendre qu'on les terminât par des jugements selon le droit. On ne voit qu'ordonnances du duel dans les lois des Lombards, des Francs, des Bourguignons, des Allemands, des Anglais, des Normands et des Danois.

On n'a pas cru que la *barbarie antique* eût aussi connu l'usage du duel. Mais doit-on penser que ces premiers hommes, que ces *géants*, ces *cyclopes*, aient su endurer l'injustice? L'absence de lois, dont parle

---

[1]. On ne pouvait jusqu'ici ajouter foi à cette vérité tant que l'on attribuait aux premiers peuples ce parfait héroïsme imaginé par les philosophes ; préjugé qui résultait d'une opinion exagérée que l'on s'était formée de la sagesse des anciens. (Vico.)

Aristote, devait les forcer de recourir au duel. D'ailleurs deux traditions fameuses de l'antiquité grecque et latine prouvent que les peuples commençaient souvent les guerres (*duella*, chez les anciens Latins) en décidant par un duel la querelle particulière des principaux intéressés ; je parle du combat de Ménélas contre Pâris, et des trois Horaces contre les trois Curiaces ; si le combat restait indécis, comme dans le premier cas, la guerre commençait.

Dans ces jugements par les armes, ils estimaient la raison et le bon droit d'après le hasard de la victoire. Ils durent tomber dans cette erreur par un conseil exprès de la Providence : chez des peuples barbares, encore incapables de raisonnement, les guerres auraient toujours produit des guerres, s'ils n'eussent jugé que le parti auquel les dieux se montraient contraires était le parti injuste. Nous voyons que les Gentils insultaient au malheur du saint homme Job, parce que Dieu s'était déclaré contre lui. Lorsque la barbarie antique reparut au moyen âge, on coupait la main droite au vaincu, quelque juste que fût sa cause. C'est cette justice présumée du plus fort qui à la longue légitime les conquêtes ; ce droit imparfait est nécessaire au repos des nations.

Les jugements *héroïques*, récemment dérivés des jugements *divins*, ne faisaient point acception de causes ou de personnes, et s'observaient avec un respect scrupuleux des paroles. Des jugements *divins* resta ce qu'on appelait la religion des paroles, *religio verborum*; généralement les choses divines sont exprimées par des formules consacrées dans lesquelles on ne peut changer une lettre ; aussi dans les anciennes formules de la jurisprudence romaine, imitées des formules sacrées, on disait : une virgule de moins, la cause est perdue ; *qui cadit virgula, caussa cadit*. Cette rigueur des formules d'actions eût empêché les duumvirs, nommés pour juger Horace, d'absoudre le vainqueur des Albains, quand même il se serait trouvé innocent. Le peuple le renvoya absous, *plutôt par admiration pour son courage que pour la bonté de sa cause*. (Tite-Live.)

Ces jugements inflexibles étaient nécessaires en des temps où les héros plaçaient dans la force la raison et le bon droit, où ils justifiaient le mot ingénieux de Plaute : *Pactum non pactum, non pactum pactum*. Pour prévenir des plaintes, des rixes et des meurtres, la Providence voulut qu'ils fissent consister toute la justice dans l'expression précise des formules solennelles. Ce droit naturel des nations héroïques a fourni le sujet de plusieurs comédies de Plaute ; on y voit souvent un marchand d'esclaves dépouillé injustement par un jeune homme qui, en lui dressant un piège, le fait tomber, à son insu, dans quelque cas prévu par la loi, et lui enlève ainsi une esclave qu'il aime. Loin de pouvoir intenter contre le jeune homme une action de dol, le marchand se trouve obligé à lui rembourser le prix de l'esclave vendue ; dans une autre pièce, il le prie de se contenter de la moitié de la peine qu'il a encourue comme coupable de vol *non manifeste* ; dans une troisième enfin, le marchand s'enfuit du pays, dans la crainte d'être convaincu d'avoir corrompu l'esclave d'autrui. Qui peut soutenir encore qu'au temps de Plaute l'équité naturelle régnait dans les jugements ?

Ce droit rigoureux, fondé sur la lettre même de la

loi, n'était pas seulement en vigueur parmi les hommes ; ceux-ci, jugeant les dieux d'après eux, croyaient qu'ils l'observaient aussi, et même dans leurs serments. Junon, dans Homère, atteste Jupiter, témoin et arbitre des serments, qu'*elle n'a point sollicité Neptune d'exciter la tempête contre les Troyens*, parce qu'elle ne l'a fait que par l'intermédiaire du Sommeil; et Jupiter se contente de cette réponse. Dans Plaute, Mercure, sous la figure de Sosie, dit au Sosie véritable : *Si je te trompe, puisse Mercure être désormais contraire à Sosie*. On ne peut croire que Plaute ait voulu mettre sur le théâtre des dieux qui enseignassent le parjure au peuple; encore bien moins peut-on le croire de Scipion l'Africain et de Lélius, qui, dit-on, aidèrent Térence à composer ses comédies; et toutefois dans l'*Andrienne*, Dave fait mettre l'enfant devant la porte de Simon par les mains de Mysis, afin que si par aventure son maître l'interroge à ce sujet, il puisse en conscience nier de l'avoir mis à cette place. Mais la preuve la plus forte en faveur de notre explication du droit héroïque, c'est qu'à Athènes, lorsqu'on prononça sur le théâtre le vers d'Euripide, ainsi traduit par Cicéron,

Juravi lingua, mentem injuratam habui,
J'ai juré seulement de la bouche, ma conscience n'a pas juré,

les spectateurs furent scandalisés et murmurèrent; on voit qu'ils partageaient l'opinion exprimée dans les Douze Tables : *uti lingua nuncupassit, ita jus esto*. Ce respect inflexible de la parole dans les temps héroïques montre bien qu'Agamemnon ne pouvait rompre le vœu téméraire qu'il avait fait d'immoler Iphigénie. C'est pour avoir méconnu le dessein de la Providence [qui voulut qu'aux temps héroïques la parole fût considérée comme irrévocable] que Lucrèce prononce, au sujet de l'action d'Agamemnon, cette exclamation impie :

Tantum relligio potuit suadere malorum!
Tant la religion peut enfanter de maux!

Ajoutons à tout ceci deux preuves tirées de la jurisprudence et de l'histoire romaines. Ce ne fut que vers les derniers temps de la République que Gallus Aquilius introduisit dans la législation l'action (*de dolo*) contre le dol et la mauvaise foi. Auguste donna aux juges la faculté d'absoudre ceux qui avaient été séduits et trompés.

Nous retrouvons la même opinion chez les peuples *héroïques* dans la guerre comme dans la paix. Selon les termes dans lesquels les traités sont conclus, nous voyons les vaincus être accablés misérablement, ou tromper heureusement le courroux du vainqueur. Les Carthaginois se trouvèrent dans le premier cas : le traité qu'ils avaient fait avec les Romains leur avait assuré la conservation de leur vie, de leurs biens et de leur cité; par ce dernier mot ils entendaient la *ville matérielle*, les édifices, *urbs* dans la langue latine; mais comme les Romains s'étaient servis dans le traité du mot *civitas*, qui veut dire la réunion des citoyens, la société, ils s'indignèrent que les Carthaginois refusassent d'abandonner le rivage de la mer pour habiter désormais dans les terres, ils les déclarèrent rebelles, prirent leur ville et la mirent en cendres; en suivant ainsi le droit *héroïque*, ils ne crurent point avoir fait une guerre injuste. Un exemple tiré de l'histoire du moyen âge confirme encore mieux ce que nous avançons. L'empereur Conrad III, ayant forcé à se rendre la ville de Veinsberg qui avait soutenu son compétiteur, permit aux femmes seules d'en sortir avec tout ce qu'elles pourraient emporter; elles chargèrent sur leur dos leurs fils, leurs maris et leurs pères. L'empereur était à la porte, les lances baissées, les épées nues, tout prêt à user de la victoire; cependant, malgré sa colère, il laissa échapper tous les habitants qu'il allait passer au fil de l'épée. Tant il est peu raisonnable de dire que le droit naturel, tel qu'il est expliqué par Grotius, Selden et Puffendorf, a été suivi *dans tous les temps, chez toutes les nations*.

Tout ce que nous venons de dire, tout ce que nous allons dire encore, découle de cette définition que nous avons donnée dans les axiomes, du *vrai* et du *certain* dans les lois et conventions. Dans les temps barbares, on doit trouver une jurisprudence rigoureusement attachée aux paroles; c'est proprement le droit des gens, *fas gentium*. Il n'est pas moins naturel qu'aux temps *humains* le droit, devenu plus large et plus bienveillant, ne considère plus que *ce qu'un juge impartial reconnaît être utile dans chaque cause* (axiome 112); c'est alors qu'on peut l'appeler proprement le droit de la nature, *fas naturæ*, le droit de l'*humanité* raisonnable.

Les jugements *humains* (discrétionnaires) ne sont point aveugles et inflexibles comme les jugements *héroïques*. La règle qu'on y suit, c'est la vérité des faits. La loi toute bienveillante y interroge la conscience, et selon sa réponse se plie à tout ce que demande l'intérêt égal des causes. Ces jugements sont dictés par une sorte de *pudeur naturelle, de respect de nos semblables*, qui accompagnent les lumières; ils sont garantis par la *bonne foi*, fille de la civilisation. Ils conviennent à l'esprit de franchise, qui caractérise les républiques populaires, ennemies des mystères dont l'aristocratie aime à s'envelopper; elles conviennent encore plus à l'esprit généreux des monarchies : les monarques, dans ces jugements, se font gloire d'être supérieurs aux lois et de ne dépendre que de leur conscience et de Dieu. — Des jugements *humains*, tels que les modernes les pratiquent pendant la paix, sont sortis les trois systèmes du droit de la guerre que nous devons à Grotius, à Selden et à Puffendorf.

§ II.

Trois périodes dans l'histoire des mœurs et de la jurisprudence
(*sectæ temporum*).

Nous voyons les jurisconsultes justifier *secta suorum temporum* leurs opinions en matière de droit. Ces *sectæ temporum* caractérisent la jurisprudence romaine, d'accord en ceci avec tous les peuples du monde. Elles n'ont rien de commun avec les *sectes des philosophes* que certains interprètes érudits du Droit romain voudraient y voir bon gré mal gré. Lorsque les empereurs exposent les motifs de leurs lois et constitutions, ils disent que de telles constitutions leur ont été dictées *secta suorum temporum;* Brisson, *De formulis Romanorum*, a recueilli les passages où l'on trouve cette expression. C'est que l'étude des mœurs du temps est l'école des princes. Dans ce passage de Tacite : *corrumpere et corrumpi seculum vocant* (corrompre et être corrompu, voilà ce qui s'appelle le train du siècle), *seculum* répond à peu près à *secta*. Nous dirions maintenant : c'est la mode.

Toutes les choses dont nous avons parlé se sont pratiquées dans trois sectes de temps, *sectæ temporum*, dans le langage des jurisconsultes : celle des temps religieux pendant lesquels régnèrent les gouvernements divins; celle des temps où les hommes étaient irritables et susceptibles, tels qu'Achille dans l'antiquité et les duellistes au moyen âge; celle des temps civilisés, où règne la modération, celle des temps du droit naturel des nations HUMAINES, *jus naturale gentium humanarum* (Ulpien). Chez les auteurs latins du temps de l'empire, le devoir des sujets se dit *officium civile*, et toute faute dans laquelle l'interprétation des lois fait voir une violation de l'équité naturelle, est qualifiée de l'épithète *incivile*. C'est la dernière *secta temporum* de la jurisprudence romaine qui commença dès la République. Les préteurs, trouvant que les caractères, que les mœurs et le gouvernement des Romains étaient déjà changés, furent obligés, pour approprier les lois à ce changement, d'adoucir la rigueur de la loi des Douze Tables, rigueur conforme aux mœurs des temps où elle avait été promulguée. Plus tard les empereurs durent écarter tous les voiles dont les préteurs avaient enveloppé l'équité naturelle, et la laisser paraître tout à découvert, toute généreuse, comme il convenait à la civilisation où les peuples étaient parvenus.

CHAPITRE V

AUTRES PREUVES TIRÉES DES CARACTÈRES PROPRES AUX ARISTOCRATIES HÉROÏQUES. — GARDE DES LIMITES, DES ORDRES POLITIQUES, DES LOIS.

La succession constante et non interrompue des révolutions politiques, liées les unes aux autres par un si étroit enchaînement de causes et d'effets, doit nous forcer d'admettre comme vrais les principes de la science nouvelle. Mais pour ne laisser aucun doute, nous y joignons l'explication de plusieurs phénomènes sociaux, dont on ne peut trouver la cause que dans la nature des républiques *héroïques*, telle que nous l'avons découverte. Les deux traits principaux qui caractérisent les aristocraties, sont la *garde des limites*, et la *conservation* et distinction des *ordres politiques*.

§ Ier.

De la garde et conservation des limites.

(Voyez livre II, chap. v et vi, particulièrement § VI.)

§ 11.

De la conservation et distinction des ordres politiques.

C'est l'esprit des gouvernements aristocratiques que les liaisons de parenté, les successions, et par elles les richesses, et avec les richesses la puissance, restent dans l'ordre des nobles. Voilà pourquoi vinrent si tard les lois *testamentaires*. Tacite nous apprend qu'il n'y a point de testament chez les anciens Germains. A Sparte, le roi Agis, voulant donner aux pères de famille le pouvoir de tester, fut étranglé par ordre des éphores, défenseurs du gouvernement aristocratique[1].

Lorsque les démocraties se formèrent, et ensuite les monarchies, les nobles et les plébéiens se mêlèrent au moyen des alliances et des successions par testament, ce qui fit que les richesses sortirent peu à peu des maisons nobles. Quant au droit des mariages solennels, nous avons déjà prouvé que le peuple romain

---

1. Qu'on voie par là si les commentateurs de la loi des Douze Tables ont été bien avisés de placer dans la onzième l'article suivant, *Auspicia incommunicata plebi sunto*. Tous les droits civils, publics et privés étaient une dépendance des auspices et restaient le privilège des nobles. Les droits privés étaient les noces, la puissance paternelle, la suite, l'agnation, la gentilité, la succession légitime, le testament et la tutelle. Après avoir, dans les premières tables, établi les lois qui sont propres à une *démocratie* (particulièrement la loi *testamentaire*) en communiquant tous ces droits privés au peuple, ils rendent la forme du gouvernement entièrement *aristocratique* par un seul article de la onzième table. Toutefois, dans cette confusion, ils rencontrent par hasard une vérité, c'est que plusieurs coutumes anciennes des Romains reçurent le caractère de lois dans les deux dernières tables, ce qui montre bien que Rome fut dans les premiers siècles une aristocratie. (Vico.)

demanda, non le droit de contracter des mariages avec les patriciens, mais des mariages semblables à ceux des patriciens, *connubia patrum*, et non *cum patribus*.

Si l'on considère ensuite les *successions légitimes* dans cette disposition de la loi des Douze Tables par laquelle la succession du père de famille revient d'abord *aux siens, suis*, à leur défaut aux agnats, et s'il n'y en a point, à ses autres parents, la loi des Douze Tables semblera avoir été précisément une *loi salique* pour les Romains. La Germanie suivit la même règle dans les premiers temps, et l'on peut conjecturer la même chose des autres nations primitives du moyen âge. En dernier lieu elle resta dans la France et dans la Savoie. Baldus favorise notre opinion en appelant ce droit de succession, *jus gentium gallarum;* chez les Romains il peut très bien s'appeler *jus gentium romanarum*, en ajoutant l'épithète *heroicarum*, et avec plus de précision *jus romanum*. Ce droit répondrait tout à fait au *jus quiritium romanorum*, que nous avons prouvé avoir été le droit naturel commun à toutes les nations héroïques. Nous avons les plus fortes raisons de douter que, dans les premiers siècles de Rome, les filles succédassent. Nulle probabilité que les pères de famille de ces temps eussent connu la tendresse paternelle. La loi des Douze Tables appelait un agnat, même au septième degré, à exclure le fils émancipé de la succession de son père. Les pères de famille avaient un droit souverain de vie et de mort sur leurs fils, et la propriété absolue de leurs *acquêts*. Ils les mariaient pour leur propre avantage, c'est-à-dire pour faire entrer dans leurs maisons les femmes qu'ils en jugeaint dignes. Ce caractère historique des premiers pères de famille nous est conservé par l'expression *spondere*, qui, dans son propre sens, veut dire promettre pour autrui ; de ce mot fut dérivé celui de *sponsalia*, les fiançailles. Ils considéraient de même les *adoptions* comme des moyens de soutenir des familles près de s'éteindre, en y introduisant les rejetons généreux des familles étrangères. Ils regardaient l'émancipation comme une peine et un châtiment. Ils ne savaient ce que c'était que la *légitimation*, parce qu'ils ne prenaient pour concubines que des affranchies ou des étrangères, avec lesquelles on ne contractait point de mariages solennels dans les temps héroïques, de peur que les fils ne dégénérassent de la noblesse de leurs aïeux. Pour la cause la plus frivole les *testaments* étaient nuls, ou s'annulaient, ou se rompaient, ou n'atteignaient point leur effet (*nulla, irrita, rupta, destituta*), afin que les successions légitimes reprissent leur cours. Tant ces patriciens des premiers siècles étaient passionnés pour la gloire de leur nom, passion qui les enflammait encore pour la gloire du nom romain ! Tout ce que nous venons de dire caractérise les mœurs des cités *aristocratiques* ou *héroïques*.

Une erreur digne de remarque est celle des commentateurs de la loi des Douze Tables. Ils prétendent qu'avant que cette loi eût été portée d'Athènes à Rome, et qu'elle eût réglé les successions testamentaires et légitimes, les successions *ab intestat* rentraient dans la classe des choses *quæ sunt nullius*. Il n'en fut pas ainsi : la Providence empêcha que le monde ne retombât dans la communauté des biens qui avait caractérisé la barbarie des premiers âges, en assurant, par la forme même du gouvernement aristocratique, la certitude et la distinction des propriétés. Les successions légitimes durent naturellement avoir lieu chez toutes les premières nations, avant qu'elles connussent les testaments. Cette dernière institution appartient à la législation des démocraties, et surtout des monarchies. Le passage de Tacite que nous avons cité plus haut, nous porte à croire qu'il en fut de même chez tous les peuples barbares de l'antiquité, et, par suite, à conjecturer que la *loi salique*, qui était certainement en vigueur dans la Germanie, fut aussi observée généralement par les peuples du moyen âge.

Jugeant de l'antiquité par leur temps (axiome 2), les jurisconsultes romains du dernier âge ont cru que la loi des Douze Tables avait appelé les filles à hériter du père mort *intestat*, et les avait comprises sous le mot *sui*, en vertu de la règle d'après laquelle le genre masculin désigne aussi les femmes. Mais on a vu combien la jurisprudence héroïque s'attachait à la propriété des termes ; et si l'on doutait que *suus* ne désignât pas exclusivement le fils de famille, on en trouverait une preuve invincible dans la formule de l'*institution des posthumes*, introduite tant de siècles après par *Gallus Aquilius* : *Si quis natus natave erit*. Il craignait que dans le mot *natus* on ne comprît point la fille posthume. C'est pour avoir ignoré ceci que Justinien prétend dans les *Institutes* que la loi des Douze Tables aurait désigné par le seul mot *adgnatus* les agnats des deux sexes, et qu'ensuite la jurisprudence *moyenne* aurait ajouté à la rigueur de la loi en la restreignant aux sœurs consanguines. Il dut arriver tout le contraire. Cette jurisprudence dut étendre d'abord le sens de *suus* aux filles, et plus tard le sens d'*adgnatus* aux sœurs consanguines. Elle fut appelée *moyenne*, précisément pour avoir ainsi adouci la rigueur de la loi des Douze Tables.

Lorsque l'Empire passa des nobles au peuple, les plébéiens qui faisaient consister toutes leurs forces, toutes leurs richesses, toute leur puissance dans la multitude de leurs fils, commencèrent à sentir la tendresse paternelle. Ce sentiment avait dû rester inconnu aux plébéiens des cités héroïques, qui n'engendraient des fils que pour les voir esclaves des nobles. Autant la multitude des plébéiens avait été dangereuse aux aristocraties, aux gouvernements *du petit nombre*, autant elle était capable d'agrandir les démocraties et les monarchies. De là tant de faveurs accordées aux femmes par les lois impériales pour compenser les dangers et les douleurs de l'enfantement. Dès le temps de la République, les préteurs commencèrent à faire attention aux droits du sang, et à leur prêter secours au moyen des *possessions de biens*. Ils commencèrent à remédier aux *vices*, aux *défauts* des testaments, afin de favoriser la division des richesses qui font toute l'ambition du peuple.

Les empereurs allèrent bien plus loin. Comme l'éclat de la noblesse leur faisait ombrage, ils se montrèrent favorables aux *droits de la nature humaine*, commune aux nobles et aux plébéiens. Auguste commença à protéger les fidéi-commis, qui auparavant ne passaient aux personnes incapables d'hériter que grâce à la délicatesse des héritiers grevés; il fit tant pour les fidéi-commis qu'avant sa mort ils donnèrent le droit de contraindre les héritiers à les exécuter. Puis vinrent tant de sénatus-consultes par lesquels les cognats furent mis sur la ligne des agnats. Enfin Justinien ôta la différence des legs et des fidéi-commis, confondit les *quartes Falcidienne* et *Trebellianique*, mit peu de distinction entre les testaments et les codicilles, et dans les successions *ab intestat* égala les agnats et les cognats en tout et pour tout. Ainsi les lois romaines de l'Empire se montrèrent si attentives à favoriser les *dernières volontés* que, tandis qu'autrefois le plus léger défaut les annulait, elles doivent aujourd'hui être toujours interprétées de manière à les rendre valables s'il est possible.

Les démocraties sont bienveillantes pour les fils, les monarchies veulent que les pères soient occupés par l'amour de leurs enfants; aussi les progrès de l'*humanité* ayant aboli le droit barbare des premiers pères de famille sur la personne de leurs fils, les empereurs voulurent abolir aussi le droit qu'ils conservaient sur leurs acquêts, et introduisirent d'abord le *peculium castrense*, pour inviter les fils de famille au service militaire; puis ils en étendirent les avantages au *peculium quasi castrense*, pour les inviter à entrer dans le service du palais; enfin pour contenter les fils qui n'étaient ni soldats ni lettrés, ils introduisirent le *peculium adventitium*. Ils ôtèrent les effets de la puissance paternelle à l'*adoption* qui n'est pas faite par un des ascendants de l'adopté. Ils approuvèrent universellement les *abrogations*, difficiles en ce qu'un citoyen, de père de famille, devient dépendant de celui dans la famille duquel il passe. Ils regardèrent les *émancipations* comme avantageuses; donnèrent aux *légitimations* par mariage subséquent tout l'effet du mariage solennel. Enfin, comme le terme d'*imperium paternum* semblait diminuer la majesté impériale, ils introduisirent le mot de *puissance* paternelle, *patria potestas*[1].

En dernier lieu, la bienveillance des empereurs s'étendant à toute l'humanité, ils commencèrent à favoriser les esclaves. Ils réprimèrent la cruauté des maîtres. Ils étendirent les effets de l'affranchissement, en même temps qu'ils en diminuaient les formalités. Le droit de cité ne s'était donné dans les temps anciens qu'à d'illustres étrangers qui avaient bien mérité du peuple romain ; ils l'accordèrent à quiconque était né à Rome d'un père esclave, mais d'une mère libre, ne le fût-elle que par affranchissement. La loi reconnaissait libre quiconque *naissait* dans la cité ; sous de telles circonstances, le *droit naturel* changea de dénomination ; dans les aristocraties, il était appelé DROIT DES GENS, dans le sens du latin *gentes*, maisons nobles [dour lesquelles ce droit était une sorte de propriété] ;

---

1. En cela l'habileté d'Auguste leur avait donné l'exemple. De crainte d'éveiller la jalousie du peuple en lui enlevant le privilège nominal de l'empire, *imperium*, il prit le titre de la puissance tribunitienne, *potestas tribunitia*, se déclarant ainsi le protecteur de la liberté romaine.

Le tribunat avait été simplement une puissance de fait ; les tribuns n'eurent jamais dans la république ce qu'on appelait *imperium*. Sous le même Auguste, un tribun du peuple ayant ordonné à Labéon de comparaître devant lui, ce jurisconsulte célèbre, le chef d'une des deux écoles de la jurisprudence romaine, refusa d'obéir ; et il était dans son droit, puisque les tribuns n'avaient point l'*imperium*.

Une observation a échappé aux grammairiens, aux politiques et aux jurisconsultes, c'est que dans la lutte des plébéiens contre les patriciens pour obtenir le consulat, ces derniers, voulant satisfaire le peuple sans établir de précédents relativement au partage de l'*empire*, créèrent des tribuns militaires en partie plébéiens, *cum consulari potestate*, et non point cum IMPERIO consulari. Aussi tout le système de la république romaine fut compris dans cette triple formule : SENATUS AUCTORITAS, POPULI IMPERIUM, PLEBIS POTESTAS. *Imperium* s'entend des grandes magistratures, du consulat, de la préture, qui donnaient le droit de condamner à mort ; *potestas*, des magistratures inférieures, telles que l'édilité, et *modica coercitione continetur*. (Vico.)

mais lorsque s'établirent les démocraties, où les nations entières sont souveraines, et ensuite les monarchies, où les monarques représentent les nations entières dont leurs sujets sont les membres, il fut nommé DROIT NATUREL DES NATIONS.

§ III.

De la conservation des lois.

La conservation *des ordres* entraîne avec elle celle des magistratures et des sacerdoces, et par suite celle des lois et de la jurisprudence. Voilà pourquoi nous lisons dans l'histoire romaine que tant que le gouvernement de Rome fut aristocratique, le droit des mariages solennels, le consulat, le sacerdoce ne sortaient point de l'ordre des sénateurs, dans lequel n'entraient que les nobles; et que la science des lois restait *sacrée* ou *secrète* (car c'est la même chose) dans le collège des pontifes, composé des seuls nobles chez toutes les nations *héroïques*. Cet état dura un siècle encore après la loi des Douze Tables, au rapport du jurisconsulte Pomponius. La connaissance des lois fut le dernier privilège que les patriciens cédèrent aux plébéiens.

Dans l'âge *divin*, les lois étaient gardées avec scrupule et sévérité. L'observation des *lois divines* a continué de s'appeler *religion*. Ces lois doivent être observées, en suivant certaines *formules inaltérables de paroles consacrées et de cérémonies solennelles*. — Cette observation sévère *des lois* est l'essence de l'aristocratie. Voulons-nous savoir pourquoi Athènes et presque toutes les cités de la Grèce passèrent si promptement à la démocratie? Le mot connu des Spartiates nous en apprend la cause : *les Athéniens conservent par écrit des lois innombrables; les lois de Sparte sont peu nombreuses, mais elles s'observent.* — Tant que le gouvernement de Rome fut aristocratique, les Romains se montrèrent observateurs rigides de la loi des Douze Tables, en sorte que Tacite l'appelle *finis omnis æqui juris*. En effet, après celles qui furent jugées suffisantes pour assurer la liberté et l'égalité civile[1], les lois consulaires relatives au droit privé furent peu nombreuses, si même il en exista. Tite-Live dit que la loi des Douze Tables fut la source de toute la jurisprudence. — Lorsque le gouvernement devint démocratique, le petit peuple de Rome, comme celui d'Athènes, ne cessait de faire des lois d'intérêt privé, incapable qu'il était de s'élever à des idées générales. Sylla, le chef du parti des nobles, après sa victoire sur Marius, chef du parti du peuple, remédia un peu au désordre par l'établissement des *quæstiones perpetuæ*; mais dès qu'il eut abdiqué la dictature, les lois d'intérêt privé recommencèrent à se multiplier comme auparavant (Tacite). La multitude des lois est, comme le remarquent les politiques, la route la plus prompte qui conduise les États à la monarchie; aussi Auguste pour l'établir en fit un grand nombre, et les princes qui suivirent employèrent surtout le sénat à faire des sénatus-consultes d'intérêt privé. Néanmoins dans le temps même où le gouverne-

---

1. Ces lois doivent avoir été postérieures aux décemvirs, auxquels les anciens peuples les ont rapportées, comme au type idéal du législateur. (Vico.)

ment romain était déjà devenu démocratique, les *formules d'actions* étaient suivies si rigoureusement, qu'il fallut toute l'éloquence de Crassus (que Cicéron appelait le Démosthène romain) pour que la *substitution pupillaire expresse* fût regardée comme contenant la *vulgaire* qui n'était pas exprimée. Il fallut tout le talent de Cicéron pour empêcher Sextus Ébutius de garder la terre de Cécina, parce qu'il manquait une lettre à la formule. Mais avec le temps les choses changèrent au point que Constantin abolit entièrement les formules, et qu'il fut reconnu que *tout motif particulier d'équité prévaut sur la loi*. Tant les esprits sont disposés à reconnaître docilement l'équité naturelle sous les gouvernements *humains !* Ainsi tandis que sous l'aristocratie l'on avait observé si rigoureusement le *privilegia ne irroganto* de la loi des Douze Tables, on fit sous la démocratie une foule de lois d'intérêt privé, et sous la monarchie les princes ne cessèrent d'accorder des *privilèges*. Or rien de plus conforme à l'équité naturelle que les *privilèges* qui sont mérités. On peut même dire avec vérité que toutes les exceptions faites aux lois chez les modernes sont des *privilèges* voulus par le mérite particulier des faits, qui les sort de la disposition commune.

Peut-être est-ce pour cette raison que les nations barbares du moyen âge repoussèrent les lois romaines. En France on était puni sévèrement, en Espagne mis à mort, lorsqu'on osait les alléguer. Ce qui est sûr, c'est qu'en Italie les nobles auraient rougi de suivre les lois romaines, et se faisaient honneur de n'être soumis qu'à celles des Lombards; les gens du peuple, au contraire, qui ne quittent point facilement leurs usages, observaient plusieurs lois romaines qui avaient conservé force de coutumes. C'est ce qui explique comment furent en quelque sorte ensevelies dans l'oubli chez les Latins les lois de Justinien, chez les Grecs les Basiliques. Mais lorsqu'ensuite se formèrent les monarchies modernes, lorsque reparut dans plusieurs cités la liberté populaire, le droit romain compris dans les livres de Justinien fut reçu généralement, en sorte que Grotius affirme que c'est *un droit naturel des gens* pour les Européens.

Admirons la sagesse et la gravité romaines, en voyant au milieu de ces révolutions politiques les préteurs et les jurisconsultes employer tous leurs efforts pour que les termes de la loi des Douze Tables ne perdent que lentement et le moins possible le sens qui leur était propre. Ainsi, en changeant de forme de gouvernement, Rome eut l'avantage de s'appuyer toujours sur les mêmes principes, lesquels n'étaient autres que ceux de la société humaine. Ce qui donna aux Romains la plus sage de toutes les jurisprudences, est aussi ce qui fit de leur Empire le plus vaste, le plus durable du monde. Voilà la principale cause de la grandeur romaine que Polybe et Machiavel expliquent d'une manière trop générale, l'un par l'esprit religieux des nobles, l'autre par la magnanimité des plébéiens, et que Plutarque attribue par envie à la fortune de Rome. La noble réponse du Tasse à l'ouvrage de Plutarque le réfute moins directement que nous ne le faisons ici.

CHAPITRE VI

AUTRES PREUVES TIRÉES DE LA MANIÈRE DONT CHAQUE FORME DE LA SOCIÉTÉ SE COMBINE AVEC LA PRÉCÉDENTE. — RÉFUTATION DE BODIN.

§ Ier.

Nous avons montré dans ce livre jusqu'à l'évidence que dans toute leur vie politique les nations passent par trois sortes d'états civils (aristocratie, démocratie, monarchie), dont l'origine commune est le gouvernement *divin. Une quatrième forme*, dit Tacite, *soit distincte, soit mêlée des trois, est plus désirable que possible, et si elle se rencontre, elle n'est point durable*. Mais pour ne point laisser de doute sur cette succession naturelle, nous examinerons comment chaque état se combine avec le gouvernement de l'état précédent ; mélange fondé sur l'axiome : lorsque les hommes changent, ils conservent quelque temps l'impression de leurs premières habitudes.

Les pères de famille desquels devaient sortir les

nations païennes, ayant passé de la vie *bestiale* à la vie *humaine*, gardèrent dans l'*état de nature*, où il n'existait encore d'autre gouvernement que celui *des dieux*, leur caractère originaire de férocité et de barbarie, et conservèrent à la formation des *premières aristocraties* le souverain empire qu'ils avaient eu sur leurs femmes et leurs enfants dans l'état de nature. Tous égaux, trop orgueilleux pour céder l'un à l'autre, ils ne se soumirent qu'à l'empire souverain des corps aristocratiques dont ils étaient membres ; leur *domaine* privé, jusque-là *éminent*, forma en se réunissant le *domaine* public également *éminent* du sénat qui gouvernait, de même que la réunion de leurs *souverainetés* privées composa la *souveraineté* publique des ordres auxquels ils appartenaient. Les cités furent donc dans l'origine des *aristocraties mêlées à la monarchie domestique des pères de famille*. Autrement, il est impossible de comprendre comment la société civile sortit de la société de la famille.

Tant que les pères conservèrent le domaine *éminent* dans le sein de leurs compagnies souveraines, tant que les plébéiens ne leur eurent pas arraché le droit d'acquérir des propriétés, de contracter des mariages solennels, d'aspirer aux magistratures, au sacerdoce, enfin de connaître les lois (ce qui était encore un privilège du sacerdoce), *les gouvernements furent aristocratiques*. Mais lorsque les plébéiens des cités héroïques devinrent assez nombreux, assez aguerris pour effrayer les pères (qui dans une *oligarchie* devaient être peu nombreux, comme le mot l'indique), et que, forts de leur nombre, ils commencèrent à faire des lois sans l'autorisation du sénat, les républiques devinrent *démocra-*

tiques. Aucun état n'aurait pu subsister avec deux *pouvoirs législatifs* souverains, sans se diviser en deux états. Dans cette révolution, l'autorité de *domaine* devint naturellement autorité de *tutelle ;* le peuple souverain, faible encore sous le rapport de la sagesse politique, se confiait à son sénat, comme un roi dans sa minorité à un tuteur. Ainsi *les états populaires furent gouvernés par un corps aristocratique.*

Enfin lorsque les puissants dirigèrent le conseil public dans l'intérêt de leur puissance, lorsque le peuple corrompu par l'intérêt privé consentit à assujettir la liberté publique à l'ambition des puissants, et que du choc des partis résultèrent les guerres civiles, *la monarchie s'éleva sur les ruines de la démocratie.*

§ II.

D'une loi royale, éternelle et fondée en nature, en vertu de laquelle les nations vont se reposer dans la monarchie.

Cette loi a échappé aux interprètes modernes du droit romain. Ils étaient préoccupés par cette fable de la *loi royale* de Tribonien, qu'il attribue à Ulpien dans les *Pandectes*, et dont il s'avoue l'auteur dans les *Institutes*. Mais les jurisconsultes romains avaient bien compris la *loi royale* dont nous parlons. Pomponius, dans son histoire abrégée du droit romain, caractérise cette loi par un mot plein de sens, *rebus ipsis dictantibus regna condita.* — Voici la formule éternelle dans laquelle l'a conçue la nature : lorsque les citoyens des démocraties ne considèrent plus que leurs intérêts particuliers, et que, pour atteindre ce but, ils tournent les forces nationales à la ruine de leur patrie, alors il s'élève un seul homme, comme Auguste chez les Romains, qui, se rendant maître par la force des armes, prend pour lui tous les soins publics et ne laisse aux sujets que le soin de leurs affaires particulières. Cette révolution fait le salut des peuples, qui autrement marcheraient à leur destruction. — Cette vérité semble admise par les docteurs du droit moderne, lorsqu'ils disent : *Universitates sub rege habentur loco privatorum ;* c'est qu'en effet la plus grande partie des citoyens ne s'occupe plus du bien public. Tacite nous montre très bien dans ses *Annales* le progrès de cette funeste indifférence ; lorsqu'Auguste fut près de mourir, quelques-uns discouraient vainement sur le bonheur de la liberté, *pauci bona libertatis incassum disserere ;* Tibère arrive au pouvoir, et tous, les yeux fixés sur le prince, attendent pour obéir, *omnes principis jussa adspectare.* Sous les trois Césars qui suivent, les Romains, d'abord indifférents pour la République, finissent par ignorer même ses intérêts, comme s'ils y étaient étrangers, *incuria et ignorantia reipublicæ, tanquam alienæ.* Lorsque les citoyens sont ainsi devenus étrangers à leur propre pays, il est nécessaire que les monarques les dirigent et les représentent. Or comme dans les républiques un puissant ne se fraie le chemin à la monarchie qu'en se faisant un parti, il est naturel qu'*un monarque gouverne d'une manière populaire.* D'abord il veut que tous les sujets soient égaux, et il humilie les puissants de façon que les petits n'aient rien à craindre de leur oppression. Ensuite il a intérêt à ce que la multitude n'ait point à se plaindre en ce qui touche la subsistance et la liberté naturelle. Enfin il accorde des privilèges ou à des ordres entiers (ce qu'on appelle des *privilèges de liberté*), ou à des individus d'un mérite extraordinaire qu'il tire de la foule pour les élever aux honneurs civils. Ces privilèges sont des *lois d'intérêt privé*, dictées par l'équité naturelle. Aussi la monarchie est-elle le gouvernement le plus conforme à la nature humaine, aux époques où la raison est le plus développée.

§ III.

Réfutation des principes de la politique de Bodin.

Bodin suppose que les gouvernements, d'abord *monarchiques*, ont passé par la *tyrannie* à la *démocratie* et enfin à l'*aristocratie*. Quoique nous lui ayons assez répondu indirectement, nous voulons, *ad exuberantiam*, le réfuter par l'*impossible* et par l'*absurde*.

Il ne disconvient point que les familles n'aient été les éléments dont se composèrent les cités. Mais d'un autre côté il partage le préjugé vulgaire selon lequel les familles auraient été composées seulement des parents et des enfants [et non en outre des serviteurs, *famuli*]. Maintenant nous lui demandons comment la *monarchie* put sortir d'un tel *état de famille*. Deux moyens se présentent seuls, la force et la ruse. La force? Comment un père de famille pouvait-il soumettre les autres? On conçoit que dans les démocraties les citoyens aient consacré à la patrie et leur personne et leur famille dont elle assurait la conservation, et que par là ils aient été apprivoisés à la monarchie. Mais ne doit-on pas supposer que, dans la fierté originaire d'une liberté farouche, les pères de famille auraient plutôt péri tous avec les leurs que de supporter l'inégalité ? Quant à la ruse, elle est employée par les démagogues, lorsqu'ils promettent à la multitude la *liberté*, la *puissance* ou la *richesse*. Aurait-on promis la *liberté* aux premiers pères de famille ? ils étaient tous non seulement *libres*, mais *souverains* dans leur domestique... La *puissance?* à des solitaires qui, tels que le Polyphème d'Homère, se tenaient dans leurs cavernes avec leur famille, sans se mêler des affaires d'autrui ? La *richesse?* on ne savait ce que c'était que richesses, dans un tel état de simplicité. — La difficulté devient plus grande encore lorsqu'on songe que dans la haute antiquité il n'y avait point de *forteresse*, et que les cités *héroïques* formées par la réunion des familles n'eurent point de murs pendant longtemps, comme nous le certifie Thucydide [1]. Mais elle est vraiment insurmontable, si l'on considère avec Bodin les familles comme composées seulement des fils. Dans cette hypothèse, qu'on explique l'établissement de la monarchie par la force ou par la ruse, les

---

1. La jalousie aristocratique empêchait qu'on en élevât. On sait que Valérius Publicola ne se justifia du reproche d'avoir construit une maison dans un lieu élevé qu'en la rasant en une nuit. — Les nations les plus belliqueuses et les plus farouches sont celles qui conservèrent le plus longtemps l'usage de ne point fortifier les villes. En Allemagne, ce fut, dit-on, Henri l'Oiseleur qui le premier réunit dans des cités le peuple, dispersé jusque-là dans les villages, et qui entoura les villes de murs. — Qu'on dise après cela que les premiers fondateurs des villes furent ceux qui marquèrent par un sillon le contour des murs; qu'on juge si les étymologistes ont raison de faire venir le mot porte, *a portando aratro*, de la charrue qu'on portait pour interrompre le sillon à l'endroit où devaient être les portes. (Vico.)

fils auraient été les instruments d'une ambition étrangère, et auraient trahi ou mis à mort leurs propres pères ; en sorte que ces gouvernements eussent été moins des monarchies que des tyrannies impies et parricides.

Il faut donc que Bodin, et tous les politiques avec lui, reconnaissent les *monarchies domestiques* dont nous avons prouvé l'existence dans l'état de famille, et conviennent que les familles se composèrent non seulement des fils, mais encore des serviteurs (*famuli*), dont la condition était une image imparfaite de celle des esclaves, qui se firent dans les guerres après la fondation des cités. C'est dans ce sens que l'on peut dire, comme lui, *que les républiques se sont formées d'hommes libres et d'un caractère sévère*. Les premiers citoyens de Bodin peuvent présenter ce caractère.

Si, comme il le prétend, l'aristocratie est la dernière forme par laquelle passent les gouvernements, comment se fait-il qu'il ne nous reste du moyen âge qu'un si petit nombre de républiques aristocratiques ? On compte en Italie Venise, Gênes et Lucques, Raguse en Dalmatie, et Nuremberg en Allemagne. Les autres républiques sont des états populaires avec un gouvernement aristocratique.

Le même Bodin qui veut, conformément à son système, que la royauté romaine ait été monarchique, et qu'à l'expulsion des tyrans la liberté populaire ait été établie à Rome, ne voyant pas les faits répondre à ses principes, dit d'abord que Rome fut un état populaire gouverné par une aristocratie; plus loin, vaincu par la force de la vérité, il avoue, sans chercher à pallier son inconséquence, que la constitution et le gouvernement de Rome étaient également aristocratiques. L'erreur est venue de ce qu'on n'avait pas bien défini les trois mots *peuple, royauté, liberté*[1].

1. Voy. livre II.

CHAPITRE VII

DERNIÈRES PREUVES A L'APPUI DE NOS PRINCIPES SUR LA MARCHE DES SOCIÉTÉS.

§ I*er*.

1. Dans l'*état de famille* les peines furent atroces. C'est l'âge des Cyclopes et du Polyphème d'Homère. C'est alors qu'Apollon écorche tout vivant le satyre Marsyas. — La même barbarie continua dans les républiques aristocratiques ou *héroïques*. Au moyen âge on disait *peine ordinaire* pour peine de mort. Les lois de Sparte sont accusées de cruauté par Platon et par Aristote. A Rome, le vainqueur des Curiaces fut condamné à être battu de verges et attaché à l'arbre de malheur (*arbori infelici*). Métius Suffetius, roi d'Albe, fut écartelé, Romulus lui-même mis en pièces par les sénateurs. La loi des Douze Tables condamne à être brûlé vif celui qui met le feu à la moisson de son voisin; elle ordonne que le faux témoin soit précipité de la

roche Tarpéienne; enfin que le débiteur insolvable soit mis en quartiers. — Les peines s'adoucissent sous la *démocratie*. La faiblesse même de la multitude la rend plus portée à la compassion. Enfin dans les *monarchies* les princes s'honorent du titre de *cléments*.

2. Dans les guerres barbares des temps *héroïques* les cités vaincues étaient ruinées, et leurs habitants, réduits à un état de servage, étaient dispersés par troupeaux dans les campagnes pour les cultiver au profit du peuple vainqueur. Les *démocraties* plus généreuses n'ôtèrent aux vaincus que les droits politiques, et leur laissèrent le libre usage du droit naturel (*jus naturale gentium humanarum*, Ulpien). Ainsi les conquêtes s'étendant, tous les droits qui furent désignés plus tard comme *rationes propriæ civium romanorum*, devinrent le privilège des citoyens romains (tels que le mariage, la puissance paternelle, le domaine *quiritaire*, l'émancipation, etc.). Les nations vaincues avaient aussi possédé ces droits au temps de leur indépendance. — Enfin vient la *monarchie*, et Antonin veut faire une seule Rome de tout le monde romain. Tel est le vœu des plus grands monarques[1]. Le droit naturel des nations, appliqué et autorisé dans les provinces par les préteurs romains, finit, avec le temps, par gouverner Rome elle-même. Ainsi fut aboli le droit *héroïque* que les Romains avaient eu sur les provinces; les monarques veulent que tous les sujets soient égaux sous leurs lois. La jurisprudence romaine, qui dans les temps *héroïques* n'avait eu pour base

---

1. Alexandre-le-Grand disait que le monde n'était pour lui qu'une cité, dont la citadelle était sa phalange. (Vico.)

que la loi des Douze Tables, commença dès le temps de Cicéron[1] à suivre dans la pratique l'édit du préteur. Enfin, depuis Adrien, elle se régla sur l'*édit perpétuel*, composé presque entièrement des *édits provinciaux* par Salvius Julianus.

3. Les territoires bornés dans lesquels se resserrent les *aristocraties* pour la facilité du gouvernement, sont étendus par l'esprit conquérant de la *démocratie;* puis viennent les monarchies, qui sont plus belles et plus magnifiques à proportion de leur grandeur.

4. Du gouvernement soupçonneux de l'*aristocratie* les peuples passent aux orages de la *démocratie*, pour trouver le repos sous la *monarchie*.

5. Ils partent de l'*unité* de la monarchie domestique, pour traverser les gouvernements du plus *petit nombre*, du *plus grand nombre*, et *de tous*, et retrouver l'*unité* dans la monarchie civile.

§ II.

Corollaire. Que l'ancien droit romain à son premier âge fut un poème sérieux, et l'ancienne jurisprudence une poésie sévère, dans laquelle on trouve la première ébauche de la métaphysique légale. — Comment chez les Grecs la philosophie sortit de la législation.

Il y a bien d'autres effets importants, surtout dans la jurisprudence romaine, dont on ne peut trouver la cause que dans nos principes, et surtout dans le

1. *De legibus.*

9° axiome [lorsque les hommes ne peuvent atteindre le *vrai*, ils s'en tiennent au *certain*].

Ainsi les *mancipations* (*capere manu*) se firent d'abord *vera manu*, c'est-à-dire, *avec une force réelle*. La *force* est un mot abstrait, la *main* est chose sensible, et chez toutes les nations elle a signifié la *puissance*[1]. Cette *mancipation* réelle n'est autre que l'*occupation*, source naturelle de tous les *domaines*. Les Romains continuèrent d'employer ce mot pour l'*occupation* d'une chose par la guerre; les esclaves furent appelées *mancipia*, le butin et les conquêtes furent pour les Romains *res mancipi*, tandis qu'elles devenaient pour les vaincus *res nec mancipi*. Qu'on voie donc combien il est raisonnable de croire que la *mancipation* prit naissance dans les murs de la seule ville de Rome, comme un mode d'acquérir le *domaine civil* usité dans les affaires privées des citoyens.

Il en fut de même de la véritable *usucapion*, autre manière d'acquérir le *domaine*, mot qui répond à *capio cum vero usu*, en prenant *usus* pour possession. D'abord on prit possession en couvrant de son corps la chose possédée; *possessio* fut dit pour *porro sessio*. — Dans les républiques *héroïques* qui selon Aristote n'*avaient point de lois pour redresser les torts particuliers*, nous avons vu que les *revendications* s'exerçaient *par une force, par une violence véritable*. Ce furent là les premiers duels, ou guerres privées. Les *actions personnelles* (*condictiones*) durent être les *représailles privées*, qui au moyen âge durèrent jusqu'au temps de Barthole.

---

1. De là les χειροθεσίαι et les χειροτονίαι des Grecs : le premier mot désigne l'*imposition des mains* sur la tête du magistrat qu'on allait élire; le second, les acclamations des électeurs qui *élevaient les mains*. (Vico.)

Les mœurs devenant moins farouches avec le temps, les violences particulières commençant à être réprimées par les lois judiciaires, enfin la réunion des forces particulières ayant formé la force publique, les premiers peuples, par un effet de l'instinct poétique que leur avait donné la nature, durent imiter cette *force réelle* par laquelle ils avaient auparavant défendu leurs droits. Au moyen d'une fiction de ce genre, la *mancipation* naturelle devint la *tradition civile* solennelle, qui se représentait en simulant un nœud. Ils employèrent cette fiction dans les *acta legitima* qui consacraient tous leurs rapports légaux, et qui devaient être les cérémonies solennelles des peuples avant l'usage des langues vulgaires. Puis lorsqu'il y eut un langage articulé, les contractants s'assurèrent de la volonté l'un de l'autre en joignant au nœud des paroles solennelles qui exprimassent d'une manière certaine et précise les stipulations du contrat.

Par suite, les conditions (*leges*) auxquelles se rendaient les villes, étaient exprimées par des formules analogues, qui se sont appelés *paces* (de *pacio*), mot qui répond à celui de *pactum*. Il en est resté un vestige remarquable dans la formule du traité par lequel se rendit Collatie. Tel que Tite-Live le rapporte, c'est une véritable stipulation (*contratto recettizio*) fait avec les interrogations et les réponses solennelles ; aussi ceux qui se rendaient étaient appelés, dans toute la propriété du mot, *recepti*. *Et ego recipio*, dit le héraut romain aux députés de Collatie. Tant il est peu exact de dire que dans les temps *héroïques* la *stipulation* fut particulière aux citoyens romains! On jugera aussi si l'on a eu raison de croire jusqu'ici que Tarquin l'Ancien prétendit donner aux nations dans la formule dont nous venons de parler, un modèle pour les cas semblables. — Ainsi le *droit des gens héroïque* du Latium resta gravé dans ce titre de la loi des Douze Tables : Sɪ QUIS NEXUM FACIET MANCIPIUMQUE UTI LINGUA NUNCUPASSIT ITA JUS ESTO. C'est la grande source de tout l'ancien droit romain, et ceux qui ont rapproché les lois athéniennes de celles des Douze Tables, conviennent que ce titre n'a pu être importé d'Athènes à Rome.

L'*usucapion* fut d'abord une *prise de possession* au moyen du corps, et fut censée continuer par la seule intention. En même temps on porta la même fiction de l'emploi de la force dans les *revendications*, et les *représailles héroïques* se transformèrent en *actions personnelles*; on conserva l'usage de les dénoncer solennellement aux débiteurs. Il était impossible que l'enfance de l'humanité suivît une marche différente ; on a remarqué dans un axiome que les enfants ont au plus haut degré la faculté d'imiter le *vrai* dans les choses qui ne sont point au-dessus de leur portée ; c'est en quoi consiste la poésie, laquelle n'est qu'imitation.

Par un effet du même esprit, toutes les *personnes* qui paraissaient au forum étaient distinguées par des *masques* ou *emblèmes* particuliers (*personæ*). Ces emblèmes propres aux familles étaient, si je puis le dire, des *noms réels*, antérieurs à l'usage des langues vulgaires. Le signe distinctif du père de famille désignait collectivement tous ses enfants, tous ses esclaves. Aux exemples déjà cités joignons les prodigieux exploits des paladins français, et surtout de Roland, qui sont ceux d'une armée plutôt que ceux d'un individu; ces paladins étaient des souverains, comme le sont encore les *palatins* d'Allemagne. Ceci dérive des principes de notre poétique. Les fondateurs du droit romain, ne pouvant s'élever encore par l'abstraction aux idées générales, créèrent pour y suppléer des caractères poétiques, par lesquels ils désignaient les genres. De même que les poètes, guidés par leur art, portèrent les personnages et les masques sur le théâtre, les fondateurs du droit, conduits par la nature, avaient dans des temps plus anciens porté sur le forum les *personnes (personas)* et les emblèmes[1]. — Incapables de se créer par l'intelligence des *formes abstraites*, ils en imaginèrent de *corporelles*, et les supposèrent *animées* d'après leur propre nature. Ils réalisèrent dans leur imagination l'hérédité, *hereditas*, comme souveraine des héritages, et ils la placèrent tout entière dans chacun des effets dont ils se composaient; ainsi quand ils présentaient aux juges une motte de terre dans l'acte de la *revendication*, ils disaient *hunc fundum*, etc. Ainsi ils *sentirent* imparfaitement, s'ils ne purent le *comprendre*, que *les droits sont indivisibles*. Les hommes étant alors naturellement poètes, la première jurisprudence fut toute *poétique;* par une suite de fictions, elle supposait *que ce qui n'était pas fait l'était déjà*, que ce *qui était né était à naître*, que le *mort était vivant*, et *vice versa*. Elle introduisait une foule de déguisements, de voiles qui ne couvraient rien, *jura imaginaria;* de droits traduits en fable par l'imagination.

---

1. La quantité prouve que *persona* ne vient point, comme on le prétend, de *personare*. (Vico.)

Son mérite consistait à trouver des fables assez heureusement imaginées pour sauver la gravité de la loi, et appliquer le droit au fait. Toutes les fictions de l'ancienne jurisprudence furent donc des vérités sous le masque, et les formules dans lesquelles s'exprimaient les lois furent appelées *carmina*, à cause de la mesure précise de leurs paroles auxquelles on ne pouvait ni ajouter ni retrancher [1]. Ainsi tout l'*ancien* droit romain fut un *poème sérieux* que les Romains représentaient sur le forum, et l'ancienne jurisprudence fut une *poésie sévère*. Dans l'introduction des *Institutes*, Justinien parle des fables du droit antique, *antiqui juris fabulas*; son but est de les tourner en ridicule, mais il doit avoir emprunté ce mot à quelque ancien jurisconsulte qui aura compris ce que nous exposons ici. C'est à ces *fables antiques* que la jurisprudence romaine rapporte ses premiers principes. De ces *personæ*, de ces *masques* qu'employaient les fables dramatiques si vraies et si sévères du droit, dérivent les premières origines de la doctrine du *droit personnel*.

Lorsque vinrent les âges de civilisation avec les gouvernements populaires, l'intelligence s'éveilla dans ces grandes assemblées [2]. Les droits abstraits et géné-

---

1. Tite-Live dit, en parlant de la sentence prononcée contre Horace : *Lex horrendi carminis erat.* — Dans l'*Asinaria* de Plaute, Diabolus dit que le parasite *est un grand poète*, parce qu'il sait mieux que tout autre trouver ces subtilités verbales qui caractérisaient les formules, ou *carmina*. (Vico.)

2. S'il est certain qu'il y eut des lois avant qu'il existât des philosophes, on doit en inférer que le spectacle des citoyens d'Athènes, s'unissant par l'acte de la législation dans l'idée d'un intérêt égal qui fût commun à tous, aida Socrate à former les *genres intelligibles*, ou les *universaux abstraits*, au moyen de l'*induction*, opération de l'esprit qui recueille les particularités uniformes capables de composer un genre sous le rapport de leur uniformité. Ensuite Platon remarqua que, dans ces assemblées, les esprits des individus,

raux furent dits *consistere in intellectu juris*. L'*intelligence* consiste ici à comprendre l'intention que le législateur a exprimée dans la loi, intention que désigne le mot *jus*. En effet, cette intention fut celle *des concitoyens qui s'accordaient dans la conception d'un intérêt raisonnable qui leur fût commun à tous*. Ils durent comprendre que cet intérêt était *spirituel* de sa nature, puisque tous les droits qui ne s'exercent point sur des choses corporelles, *nuda jura*, furent dits par eux *in intellectu juris consistere*. Puis donc que les droits sont des modes de la substance spirituelle, ils sont *indivisibles*, et par conséquent *éternels*; car la corruption n'est autre chose que la division des parties. Les interprètes du droit romain ont fait consister

passionnés, chacun pour son intérêt, se réunissaient dans l'idée non passionnée de l'utilité commune. On l'a dit souvent, les hommes, pris séparément, sont conduits par l'intérêt personnel; pris en masse, ils veulent la justice. C'est ainsi qu'il en vint à méditer les idées intelligibles et parfaites des esprits (idées distinctes de ces esprits, et qui ne peuvent se trouver qu'en Dieu même), et s'éleva jusqu'à la conception du *héros de la Philosophie*, qui commande avec plaisir aux passions. Ainsi fut préparée la définition vraiment divine qu'Aristote nous a laissée de la loi : *Volonté libre de passion;* ce qui est le caractère de la volonté *héroïque*. Aristote comprit la *justice, reine des vertus*, qui habite dans le cœur du *héros*, parce qu'il avait vu la *justice légale*, qui habite dans l'âme du législateur et de l'homme d'État, commander à la *prudence* dans le sénat, au *courage* dans les armées, à la *tempérance* dans les fêtes, à la *justice particulière*, tantôt *commutative*, comme au forum, tantôt *distributive*, comme au trésor public, *ærarium* (où les impôts, répartis équitablement, donnent des droits proportionnels aux honneurs). D'où il résulte que c'est de la place d'Athènes que sortirent les principes de la métaphysique, de la logique et de la morale. La liberté fit la législation, et de la législation sortit la philosophie.

Tout ceci est une nouvelle réfutation du mot de Polybe que nous avons déjà cité (*Si les hommes étaient philosophes, il n'y aurait plus besoin de religion*). Sans religion point de société, sans société point de philosophes. Si la *Providence* n'eût ainsi conduit les choses humaines, on n'aurait pas eu la moindre idée ni de *science* ni de *vertu*. (Vico.)

toute la gloire métaphysique légale dans l'examen de l'indivisibilité des droits en traitant la fameuse matière *de dividuis et individuis*. Mais ils n'ont point considéré l'autre caractère des droits, non moins important que le premier, leur éternité. Il aurait dû pourtant les frapper dans ces deux règles qu'ils établissent : 1° *cessante fine legis, cessat lex*; ils ne disent point *cessante ratione*; en effet le but, la fin de la loi, c'est l'intérêt des causes traité avec égalité ; cette fin peut changer, mais *la raison de la loi* étant une conformité de la loi au fait entouré de telles circonstances, toutes les fois que les mêmes circonstances se représentent, la *raison de la loi* les domine, vivante, impérissable ; 2° *tempus non est modus constituendi vel dissolvendi juris*; en effet le temps ne peut commencer ni finir ce qui est éternel. Dans les usucapions, dans les prescriptions, le temps ne finit point des droits, pas plus qu'il ne les a produits : il prouve seulement que celui qui les avait, a voulu s'en dépouiller. Quoiqu'on dise que l'*usufruit prend fin*, il ne faut pas croire que le droit finisse pour cela, il ne fait que se dégager d'une servitude pour retourner à sa liberté première. — De là nous tirerons deux corollaires de la plus haute importance. Premièrement les droits étant *éternels* dans l'intelligence, autrement dit dans leur idéal, et les hommes existant *dans le temps*, les droits ne peuvent venir aux hommes que de Dieu. En second lieu, tous les droits qui ont été, qui sont ou seront, dans leur nombre, dans leur variété *infinis*, sont des modifications diverses de la *puissance* du premier homme et du *domaine*, du droit de propriété, qu'il eut sur toute la terre.

Sous les gouvernements aristocratiques, la *cause*

(c'est-à-dire la forme extérieure) des obligations consistait dans une formule où l'on cherchait une garantie dans la précision des paroles et la propriété des termes[1]. Mais dans les temps civilisés où se formèrent les démocraties et ensuite les monarchies, la *cause* du contrat fut prise pour la volonté des parties et pour le contrat même. Aujourd'hui c'est la volonté qui rend le pacte obligatoire, et par cela seul qu'on a voulu contracter, la convention produit une action. Dans les cas où il s'agit de transférer la propriété, c'est cette même volonté qui valide la tradition naturelle et opère l'aliénation ; ce ne fut que dans les contrats verbaux, comme la stipulation, que la garantie du contrat conserva le nom de *cause* pris dans son ancienne acception. Ceci jette un nouveau jour sur les principes des obligations qui naissent des pactes et contrats, tels que nous les avons établis plus haut.

Concluons : l'homme n'étant proprement qu'*intelligence*, *corps* et *langage*, et le langage étant comme l'intermédiaire des deux substances qui constituent sa nature, le CERTAIN en matière de justice fut déterminé par *des actes de corps* dans les temps qui précédèrent l'invention du langage articulé. Après cette invention, il le fut par des *formules verbales*. Enfin la raison humaine ayant pris tout son développement, le certain alla se confondre avec le VRAI des idées relatives à la justice, lesquelles furent déterminées par la raison d'après les circonstances les plus particulières des

1. *A cavendo, cavissæ;* puis, par contraction, *caussæ*. (Vico.)

faits ; *formule éternelle qui n'est sujette à aucune forme particulière*, mais qui éclaire toutes les formes diverses des faits, comme la lumière, qui n'a point de figure, nous montre celle des corps opaques dans les moindres parties de leur superficie. C'est elle que le docte Varron appelait la FORMULE DE LA NATURE.

LIVRE V

RETOUR DES MÊMES RÉVOLUTIONS
LORSQUE LES SOCIÉTÉS DÉTRUITES SE RELÈVENT DE LEURS RUINES.

ARGUMENT

La plupart des preuves historiques données jusqu'ici par l'auteur à l'appui de ses principes étant empruntées à l'antiquité, la science nouvelle ne mériterait pas le nom d'*histoire éternelle de l'humanité*, si l'auteur ne montrait que les caractères observés dans les temps antiques se sont reproduits, en grande partie, dans ceux du moyen âge. Il suit dans ses rapprochements sa division des âges divin, héroïque et humain. Il conclut en démontrant que c'est la Providence qui conduit les choses humaines, puisque dans tout gouvernement ce sont les *meilleurs* qui ont dominé. (Il prend le mot *meilleurs* dans un sens très général.)

CHAPITRE I. — OBJET DE CE LIVRE. — RETOUR DE L'AGE DIVIN. — Pourquoi Dieu permit qu'un ordre de choses analogue à celui de l'antiquité reparût au moyen âge. Ignorance de l'écriture; caractère religieux des guerres et des jugements, asiles, etc.

CHAPITRE II. — COMMENT LES NATIONS PARCOURENT DE NOUVEAU LA CARRIÈRE QU'ELLES ONT FOURNIE CONFORMÉMENT A LA NATURE ÉTERNELLE DES FIEFS. QUE L'ANCIEN DROIT POLITIQUE DES ROMAINS SE RENOUVELA DANS LE DROIT FÉODAL. (RETOUR DE L'AGE HÉROÏQUE.)

— Comparaison des vassaux du moyen âge avec les clients de l'antiquité, des parlements avec les comices. Remarques sur les mots *hommage*, *baron*, sur les précaires, sur la recommandation personnelle et sur les alleux.

Chapitre III. — Coup-d'œil sur le monde politique, ancien et moderne, considéré relativement au but de la science nouvelle. (Age humain.) — Rome, n'étant arrêtée par aucun obstacle extérieur, a fourni toute la carrière politique que suivent les nations, passant de l'aristocratie à la démocratie, et de la démocratie à la monarchie. — Conformément aux principes de la science nouvelle, on trouve aujourd'hui dans le monde beaucoup de monarchies, quelques démocraties, presque plus d'aristocraties.

Chapitre IV. — Conclusion. — D'une république éternelle fondée dans la nature par la providence divine, et qui est la meilleure possible dans chacune de ses formes diverses. — C'est le résumé de tout le système, et son explication morale et religieuse.

CHAPITRE PREMIER

OBJET DE CE LIVRE. — RETOUR DE L'AGE DIVIN.

D'après les rapports innombrables que nous avons indiqués dans cet ouvrage entre les temps barbares de l'antiquité et ceux du moyen âge, on a pu sans peine en remarquer la merveilleuse correspondance, et saisir les lois qui régissent les sociétés lorsque, sortant de leurs ruines elles recommencent une vie nouvelle. Néanmoins nous consacrerons à ce sujet un livre particulier, afin d'éclairer les temps de la *barbarie moderne*, qui étaient restés plus obscurs que ceux de la *barbarie antique*, appelés eux-mêmes *obscurs* par le docte Varron dans sa division des temps. Nous montrerons en même temps comment le Tout-Puissant a fait servir les conseils de sa *Providence*, qui dirigeaient la marche des sociétés, aux décrets ineffables de sa *grâce*.

Lorsqu'il eut, par des voies *surnaturelles*, éclairé et affermi la vérité du christianisme contre la puissance romaine par la vertu des martyrs, contre la vaine sagesse des Grecs par la doctrine des Pères et par les miracles des Saints, alors s'élevèrent des nations armées, au nord les barbares ariens, au midi les Sarrasins mahométans, qui attaquaient de toutes parts la divinité de Jésus-Christ. Afin d'établir cette vérité d'une manière inébranlable selon le cours *naturel* des choses humaines, Dieu permit qu'un nouvel ordre de choses naquît parmi les nations.

Dans ce conseil éternel, il ramena les mœurs du premier âge, qui méritèrent mieux alors le nom de *divines*. Partout les rois catholiques, protecteurs de la religion, revêtaient les habits de diacre et consácraient à Dieu leurs personnes royales. Ils avaient des dignités ecclésiastiques : Hugues-Capet s'intitulait comte et abbé de Paris, et les annales de Bourgogne remarquent en général que dans les actes anciens les princes de France prenaient souvent les titres de ducs et abbés, de comtes et abbés. — Les premiers rois chrétiens fondèrent des ordres religieux et militaires pour combattre les infidèles. — Alors revinrent avec plus de vérité les *pura et pia bella* des peuples héroïques. Les rois mirent la croix sur leurs bannières, et maintenant ils placent encore sur leurs couronnes un globe surmonté d'une croix. — Chez les anciens, le héraut qui déclarait la guerre, invitait les dieux à quitter la cité ennemie (*evocabat deos*). De même au moyen âge, on cherchait toujours à enlever les reliques des cités assiégées. Aussi les peuples mettaient-ils leurs soins à les cacher, à les enfouir sous terre; on voit dans toutes les églises que le lieu où on les conserve est le plus reculé, le plus secret.

A partir du commencement du cinquième siècle, où

les barbares inondèrent le monde romain, les vainqueurs ne s'entendent plus avec les vaincus. Dans cet âge de fer, on ne trouve d'écriture en langue vulgaire ni chez les Italiens, ni chez les Français, ni chez les Espagnols. Quant aux Allemands, ils ne commencent à écrire d'actes dans leur langue qu'au temps de Frédéric de Souabe et, selon quelques-uns, seulement sous Rodolphe de Habsbourg. Chez toutes ces nations on ne trouve rien d'écrit qu'en latin barbare, langue qu'entendaient seuls un bien petit nombre de nobles qui étaient ecclésiastiques. Faute de caractères vulgaires, les hiéroglyphes des anciens reparurent dans les emblèmes, dans les armoiries. Ces signes servaient à assurer les propriétés, et le plus souvent indiquaient les droits seigneuriaux sur les maisons et sur les tombeaux, sur les troupeaux et sur les terres.

Certaines espèces de *jugements divins* reparurent sous le nom de *purgations canoniques*; les *duels* furent une espèce de ces jugements, quoique non autorisés par les canons. On revit aussi les brigandages héroïques. Les anciens héros avaient tenu à honneur d'être appelés *brigands*; le nom de *corsale* fut un titre de seigneurie. Les *représailles* de l'antiquité, la dureté des *servitudes héroïques* se renouvelèrent, et elles durent encore entre les infidèles et les chrétiens. La victoire passant pour le jugement du Ciel, les vainqueurs croyaient *que les vaincus n'avaient point de Dieu*, et les traitaient comme de vils animaux.

Un rapport plus merveilleux encore entre l'antiquité et le moyen âge, c'est que l'on vit se rouvrir les *asiles*, qui, selon Tite-Live, avaient été *l'origine de toutes les premières cités*. Partout avaient recommencé les violences, les rapines, les meurtres, et comme *la religion est le seul moyen de contenir des hommes affranchis du joug des lois humaines* (axiome 31), les hommes moins barbares qui craignaient l'oppression se réfugiaient chez les évêques, chez les abbés, et se mettaient sous leur protection, eux, leur famille et leurs biens; c'est le besoin de cette protection qui motive la plupart des constitutions de fiefs. Aussi dans l'Allemagne, pays qui fut au moyen âge le plus barbare de toute l'Europe, il est resté, pour ainsi dire, plus de souverains ecclésiastiques que de séculiers. — De là le nombre prodigieux de cités et de forteresses qui portent des noms de saints. — Dans des lieux difficiles ou écartés, l'on ouvrait de petites chapelles où se célébrait la messe, et s'accomplissaient les autres devoirs de la religion. On peut dire que ces chapelles furent les *asiles* naturels des chrétiens; les fidèles élevaient autour leurs habitations. Les monuments les plus anciens qui nous restent du moyen âge, sont les chapelles situées ainsi et le plus souvent ruinées. Nous en avons chez nous un illustre exemple dans l'abbaye de Saint-Laurent d'Averse, à laquelle fut incorporée l'abbaye de Saint-Laurent de Capoue. Dans la Campanie, le Samnium, l'Apulie et dans l'ancienne Calabre, du Vulturne au golfe de Tarente, elle gouverna cent dix églises, soit immédiatement, soit par des abbés ou moines qui en étaient dépendants, et dans presque tous ces lieux les abbés de Saint-Laurent étaient en même temps les barons.

CHAPITRE II

COMMENT LES NATIONS PARCOURENT DE NOUVEAU LA CARRIÈRE QU'ELLES ONT FOURNIE, CONFORMÉMENT A LA NATURE ÉTERNELLE DES FIEFS. QUE L'ANCIEN DROIT POLITIQUE DES ROMAINS SE RENOUVELA DANS LE DROIT FÉODAL. (RETOUR DE L'AGE HÉROÏQUE.)

A l'âge *divin* ou théocratique dont nous venons de parler, succéda l'âge *héroïque* avec la même distinction de *natures* qui avait caractérisé dans l'antiquité les *héros* et les *hommes*. C'est ce qui explique pourquoi les vassaux roturiers s'appellent *homines* dans la langue du droit féodal. D'*homines* vinrent *hominium* et *homagium*. Le premier est pour *hominis dominium*, le domaine du seigneur sur la personne du vassal; *homagium* est pour *hominis agium*, le droit qu'a le seigneur de mener le vassal où il veut. Les feudistes traduisent élégamment le mot barbare *homagium* par *obsequium* qui, dans le principe, dut avoir le même sens en latin. Chez les anciens Romains, l'*obsequium* était inséparable de ce qu'ils appelaient *opera militaris*, et de ce que nos feudistes appellent *militare servitium*; longtemps les plébéiens romains servirent à leurs dépens les nobles à la guerre. Cet *obsequium*, avec les charges qui en étaient la suite, fut vers la fin la condition des affranchis, *liberti*, qui restaient à l'égard de leur patron dans une sorte de dépendance ; mais il avait commencé avec Rome même, puisque l'institution fondamentale de cette cité fut le *patronage*, c'est-à-dire la protection des malheureux qui s'étaient réfugiés dans l'asile de Romulus, et qui cultivaient, comme journaliers, les terres des patriciens. Nous avons déjà remarqué que dans l'histoire ancienne, le mot *clientela* ne peut mieux se traduire que par celui de *fief*. L'origine du mot *opera* nous prouve la vérité de ces principes. *Opera* dans sa signification primitive est le travail d'un paysan pendant un jour. Les Latins appellent *operarius* ce que nous entendons par *journalier*. — On disait chez les Latins *greges operarum*, comme *greges servorum*, parce que de tels ouvriers, ainsi que les esclaves des temps plus récents, étaient regardés comme les bêtes de somme que l'on disait *pasci gregatim*. Par analogie on appelait les héros *pasteurs*; Homère ne manque jamais de leur donner l'épithète de *pasteurs des peuples*. Νόμος, signifie *loi* et *pâturage*.

L'*obsequium* des affranchis ayant peu à peu disparu, et la puissance des patrons ou seigneurs s'étant en quelque sorte *dispersée* dans les guerres civiles, *où les puissants deviennent dépendants des peuples*, cette puissance se *réunit* sans peine dans la personne des monarques, et il ne resta plus que l'*obsequium principis*, dans lequel, selon Tacite, consiste tout le *devoir des sujets d'une monarchie*. Par opposition à leurs vassaux ou *homines*, les seigneurs des fiefs furent appelés *barons* dans le sens où les Grecs prenaient *héros* et les anciens Latins *viri;* les Espagnols disent encore *baron* pour signifier le *vir* des Latins. Cette dénomination d'*hommes* leur fut donnée sans doute par opposition à la faiblesse des vassaux, faiblesse dont l'idée était dans les temps héroïques jointe à celle du sexe *féminin*. Les barons furent appelés *seigneurs*, du latin *seniores*. Les anciens parlements du moyen âge durent se composer des *seigneurs*, précisément comme le sénat de Rome avait été composé par Romulus des nobles les plus âgés. De ces *patres*, on dut appeler *patroni* ceux qui affranchissaient des esclaves, de même que chez nous *patron* signifie *protecteur* dans le sens le plus élégant et le plus conforme à l'étymologie. A cette expression répond celle de *clientes* dans le sens de *vassaux roturiers,* tels que purent être les *clients*, lorsque Servius Tullius, par l'institution du cens, leur permit de tenir des terres en fiefs.

Les fiefs roturiers du moyen âge, d'abord *personnels*, représentèrent les clientèles de l'antiquité. Au temps où brillait de tout son éclat la liberté populaire de Rome, les plébéiens vêtus de toges allaient tous les matins faire leur cour aux grands. Ils les saluaient du titre des anciens héros, *ave rex*, les menaient au forum, et les ramenaient le soir à la maison. Les grands, conformément à l'ancien titre héroïque de *pasteurs des peuples*, leur donnaient à souper. Ceux qui étaient soumis à cette sorte de vasselage *personnel* furent sans doute chez les anciens Romains les premiers *vades*, nom qui resta à ceux qui étaient obligés de suivre leurs *actores* devant les tribunaux; cette obligation s'appelait *vadimonium*. En appliquant nos principes aux étymologies latines, nous trouvons que ce mot dut venir du nominatif *vas*; chez les Grecs βὰς et chez les barbares *was*, d'où *wassus* et enfin *vassalus*.

A la suite des fiefs roturiers *personnels*, vinrent les *réels*. Nous les avons vus commencer chez les Romains avec l'institution du *cens*. Les plébéiens qui reçurent alors le domaine bonitaire des champs que les nobles leur avaient assignés, et qui furent dès lors sujets à des charges non seulement *personnelles*, mais *réelles*, durent être désignés les premiers par le nom de *mancipes*, lequel resta ensuite à ceux qui sont *obligés sur biens immeubles envers le trésor public*. Ces plébéiens qui furent ainsi liés, *nexi*, jusqu'à la loi Petilia, répondent précisément aux *vassaux* que l'on nommait *hommes liges, ligati*. L'homme *lige* est, selon la définition des feudistes, *celui qui doit reconnaître pour amis et pour ennemis tous les amis et ennemis de son seigneur*. Cette forme de serment est analogue à celle que les anciens vassaux germains prêtaient à leur chef, au rapport de Tacite; ils juraient *de se dévouer à sa gloire*. Les rois vaincus auxquels le peuple romain *regna dono dabat* (ce qui équivaut à *beneficio dabat*), pouvaient être considérés comme ses *hommes liges;* s'ils devenaient ses alliés, c'était de cette sorte d'alliance que les Latins appelaient *fœdus inæquale*. Ils étaient *amis du peuple romain* dans le sens où les empereurs donnaient le nom d'*amis* aux nobles qui composaient leur cour. Cette alliance inégale n'était autre chose que l'*investiture d'un fief souverain*. Cette investiture était donnée avec la formule que nous a laissée Tite-Live, savoir, que le roi allié *servaret majestatem populi Romani;* précisément de la même manière que le jurisconsulte Paulus dit que le préteur rend la justice *servata majestate populi Romani*. Ainsi ces alliés étaient *seigneurs de fiefs souverains soumis à une plus haute souveraineté*.

On vit reparaître les *clientèles* des Romains sous le nom de *recommandation personnelle*. — Les *cens seigneuriaux* n'étaient pas sans analogie avec le *cens* institué par Servius Tullius, puisqu'en vertu de cette dernière institution les plébéiens furent longtemps assujettis à servir les nobles dans la guerre à leurs propres dépens, comme dans les temps modernes les vassaux appelés *angarii* et *perangarii*. — Les *précaires* du moyen âge étaient encore renouvelés de l'antiquité. C'était dans l'origine des terres accordées par les seigneurs aux prières des *pauvres* qui vivaient du produit de la culture.

Nous avons dit que ceux qui par l'institution du *cens* obtinrent le domaine bonitaire des champs qu'ils cultivaient, furent les premiers *mancipes* des Romains. La *mancipation* revint au moyen âge ; le vassal mettait ses mains entre celles du seigneur pour lui jurer foi et obéissance. Dans l'acte de la *mancipation* les stipulations se représentèrent *sous la forme des infeustucations ou investitures*, ce qui était la même chose. Avec les stipulations revint ce qui dans l'ancienne jurisprudence romaine avait été appelé proprement *cavissæ*, par contraction *caussæ;* au moyen âge, on tira de la même étymologie le mot *cautelæ*. Avec ces *cautelæ* reparurent dans l'acte de la *mancipation* les pactes que les jurisconsultes romains appelaient *stipula*, de *stipula*, la paille qui revêt le grain ; c'est dans le même sens que les docteurs du moyen âge dirent d'après les *investitures* ou *infestucations, pacta vestita,* et *pacta nuda*. — On retrouve encore au moyen âge les deux sortes de domaines, *direct* et *utile*, qui répondent aux domaines *quiritaire* et *bonitaire* des anciens Romains. On y retrouve aussi les biens *ex jure optimo*, que les feudistes définissent de la manière suivante : *biens allodiaux, libres de toute charge publique et privée.* Cicéron remarque que de son temps il restait à Rome bien peu de choses qui fussent *ex jure optimo;* et dans les lois romaines du dernier âge il ne reste plus de connaissance des biens de ce genre. De même il est impossible maintenant de trouver de pareils alleux. Les biens *ex jure optimo* des Romains, les alleux du moyen âge, ont fini également par être des *biens immeubles libres de toute charge privée*, mais sujets aux charges publiques.

Dans les premiers parlements, dans les *cours armées*, composées de barons, de pairs, on revoit les assemblées héroïques, où les *quirites* de Rome paraissaient en armes. L'histoire de France nous raconte que dans l'origine les rois étaient les chefs du parlement, et qu'ils commettaient des pairs au jugement des causes. Nous voyons de même chez les Romains qu'au premier jugement où, selon Cicéron, il s'agit de la vie d'un citoyen, le roi Tullus Hostilius nomma des commissaires ou duumvirs pour juger Horace. Ils devaient employer contre le fratricide la formule que cite Tite-Live, *in Horatium perduellionem dicerent.* C'est que dans la sévérité des temps héroïques où la cité se composait des seuls héros, tout meurtre de citoyen était un acte d'hostilité contre la patrie, *perduellio.* Tout meurtre était appelé *parricidium*, meurtre d'un père, c'est-à-dire d'un noble. Mais lorsque les plébéiens, les *hommes* dans la langue féodale, commencèrent à faire partie de la cité, le meurtre de tout homme fut appelé *homicide*.

Lorsque les universités d'Italie commencèrent à enseigner les lois romaines d'après les livres de Justinien, qui les présentent d'une manière conforme au *droit naturel des peuples civilisés*, les esprits déjà plus ouverts s'attachèrent aux règles de l'équité naturelle dans l'étude de la jurisprudence. Cette équité égale les nobles et les plébéiens dans la société, comme ils sont égaux dans la nature. Depuis que Tibérius Coruncanius eut commencé à Rome d'enseigner publiquement la science des lois, la jurisprudence jusqu'alors secrète échappa aux nobles, et leur puissance s'en trouva peu à peu affaiblie. La même chose arriva aux nobles des nouveaux royaumes de l'Europe dont les gouvernements avaient été d'abord aristocratiques, et qui devinrent successivement populaires et monarchiques[1-2].

---

1. Ces deux dernières formes, convenant également aux gouvernements des âges civilisés, peuvent sans peine se changer l'une pour l'autre. Mais revenir à l'aristocratie, c'est ce qui est inconciliable avec la nature sociale de l'homme. Le vertueux Dion de Syracuse, l'ami du divin Platon, avait délivré sa patrie de la tyrannie d'un monstre; il n'en fut pas moins assassiné pour avoir essayé de rétablir l'aristocratie. Les pythagoriciens, qui composaient toute l'aristocratie de la Grande Grèce, tentèrent d'opérer la même révolution et furent massacrés ou brûlés vifs. En effet, dès qu'une fois les plébéiens ont reconnu qu'ils sont égaux en nature aux nobles, ils ne se résignent point à leur être inférieurs sous le rapport des droits politiques, et ils obtiennent cette égalité dans l'état populaire ou sous la monarchie. Aussi voyons-nous le peu de gouvernements aristocratiques qui subsistent encore s'attacher, avec un soin inquiet et une sage prévoyance, à contenir la multitude et à prévenir de dangereux mécontentements. (Vico.)

2. Bodin avoue que le royaume de France eut, non pas un gouvernement, comme nous le prétendons, mais au moins une constitution *aristocratique* sous les races mérovingienne et carlovingienne. Nous demanderons alors à

Après les remarques diverses que nous avons faites dans ce chapitre sur tant d'expressions élégantes de l'ancienne jurisprudence romaine, au moyen desquelles les feudistes corrigent la barbarie de la langue féodale, Oldendorp et tous les autres écrivains de son opinion doivent voir si le droit féodal est sorti, comme ils le disent, *des étincelles de l'incendie dans lequel les barbares détruisirent le droit romain*. Le droit romain au contraire est né de la féodalité ; je parle de cette féodalité primitive que nous avons observée particulièrement dans la barbarie antique du Latium, et qui a été la base commune de toutes les sociétés humaines.

Bodin comment ce royaume s'est trouvé soumis, comme il l'est, à une monarchie pure. Sera-ce en vertu d'une *loi royale* par laquelle les paladins français se sont dépouillés de leur puissance en faveur des Capétiens, de même que le peuple romain abdiqua la sienne en faveur d'Auguste, si nous en croyons la fable de la *loi royale* débitée par Tribonien ? Ou bien dira-t-il que la France a été conquise par quelqu'un des Capétiens ?... Il faut plutôt que Bodin, et avec lui tous les politiques, tous les jurisconsultes, reconnaissent cette *loi royale, fondée en nature sur un principe éternel ;* c'est que la puissance libre d'un état, par cela même qu'elle est libre, doit en quelque sorte se réaliser. Ainsi, toute la force que perdent les nobles, le peuple la gagne, jusqu'à ce qu'il devienne libre ; toute celle que perd le peuple libre tourne au profit des rois, qui finissent par acquérir un pouvoir monarchique. Le droit naturel des moralistes est celui de la *raison ;* le droit naturel des gens est celui de l'*utilité* et de la *force*. Ce droit, comme disent les jurisconsultes, a été suivi par les nations, *usu exigente humanisque necessitatibus expostulantibus*. (Vico.)

CHAPITRE III

COUP D'ŒIL SUR LE MONDE POLITIQUE, ANCIEN ET MODERNE, CONSIDÉRÉ RELATIVEMENT AU BUT DE LA SCIENCE NOUVELLE.

La marche que nous avons tracée ne fut point suivie par Carthage, Capoue et Numance, ces trois cités qui firent craindre à Rome d'être supplantée dans l'empire du monde. Les Carthaginois furent arrêtés de bonne heure dans cette carrière par la subtilité naturelle de l'esprit africain, encore augmentée par les habitudes du commerce maritime. Les Capouans le furent par la mollesse de leur beau climat et par la fertilité de la Campanie *heureuse*. Enfin Numance commençait à peine son âge *héroïque*, lorsqu'elle fut accablée par la puissance romaine, par le génie du vainqueur de Carthage et par toutes les forces du monde. Mais les Romains, ne rencontrant aucun de ces obstacles, marchèrent d'un pas égal, guidés dans cette marche par la Providence qui se sert de l'instinct des peuples pour les conduire. Les trois formes de gouvernement se succédèrent chez eux conformément à l'ordre naturel; l'aristocratie dura jusqu'aux lois *Publilia* et *Petilia*, la liberté populaire jusqu'à Auguste, la monarchie tant qu'il fut humainement possible de résister aux causes intérieures et extérieures qui détruisent un tel état politique.

Aujourd'hui la plus complète civilisation semble répandue chez les peuples, soumis la plupart à un petit nombre de grands monarques. S'il est encore des nations barbares dans les parties les plus reculées du nord et du midi, c'est que la nature y favorise peu l'espèce humaine, et que l'instinct naturel de l'humanité y a été longtemps dominé par des religions farouches et bizarres. — Nous voyons d'abord au septentrion le czar de Moscovie qui est à la vérité chrétien, mais qui commande à des hommes d'un esprit lent et paresseux. — Le khan de Tartarie, qui a réuni à son vaste empire celui de la Chine, gouverne un peuple efféminé, tel que le furent les *Seres* des anciens. — Le négus d'Éthiopie et les rois de Fez et de Maroc règnent sur des peuples faibles et peu nombreux.

Mais sous la zone tempérée où la nature a mis dans les facultés de l'homme un plus heureux équilibre, nous trouvons, en partant des extrémités de l'Orient, l'empire du Japon, dont les mœurs ont quelque analogie avec celles des Romains pendant les guerres puniques; c'est le même esprit belliqueux, et si l'on en croit quelques savants voyageurs, la langue japonaise présente à l'oreille une certaine analogie avec le latin. Mais ce peuple est en partie retenu dans l'état *héroïque* par une religion pleine de croyances effrayantes, et dont les dieux tout couverts d'armes menaçantes inspirent la terreur. Les missionnaires assurent que le plus grand obstacle qu'ils aient trouvé dans ce pays à la foi chrétienne, c'est qu'on ne peut persuader aux nobles que les gens du peuple sont hommes comme eux. — L'empire de la Chine, avec sa religion douce et sa culture des lettres, est très policé. — Il en est de même de l'Inde, vouée en général aux arts de la paix. — La Perse et la Turquie ont mêlé à la mollesse de l'Asie les croyances grossières de leur religion. Chez les Turcs particulièrement, l'orgueil du caractère national est tempéré par une libéralité fastueuse et par la reconnaissance.

L'Europe entière est soumise à la religion chrétienne, qui nous donne l'idée la plus pure et la plus parfaite de la divinité, et qui nous fait un devoir de la charité envers tout le genre humain. De là sa haute civilisation. — Les principaux États européens sont de grandes monarchies. Celles du nord, comme la Suède et le Danemark il y a un siècle et demi, et comme aujourd'hui encore la Pologne et l'Angleterre, semblent soumises à un gouvernement aristocratique; mais si quelque obstacle extraordinaire n'arrête la marche naturelle des choses, elles deviendront des monarchies pures. — Cette partie du monde plus éclairée a aussi plus d'états populaires que nous n'en voyons dans les trois autres. Le retour des mêmes besoins politiques y a renouvelé la forme du gouvernement des Achéens et des Étoliens. Les Grecs avaient été amenés à concevoir cette forme de gouvernement par la nécessité de se prémunir contre l'ambition d'une puissance colossale. Telle a été aussi l'origine des cantons Suisses et des Provinces-Unies. Ces ligues perpétuelles d'un grand nombre de cités libres ont formé deux aristocraties. L'Empire germanique est aussi un système composé d'un grand nombre de cités libres et de princes souverains. La tête de ce corps est l'empereur, et dans ce qui concerne les intérêts communs de l'Empire il se gouverne aristocratiquement. Du reste il n'y a plus en Europe que cinq aristocraties proprement dites : en Italie Venise, Gênes et Lucques, Raguse en Dalmatie, et Nuremberg en Allemagne; elles n'ont pour la plupart qu'un territoire peu étendu[1].

Notre Europe brille d'une incomparable civilisation; elle abonde de tous les biens qui composent la félicité de la vie humaine; on y trouve toutes les jouissances intellectuelles et morales. Ces avantages, nous les devons à la religion. La religion nous fait un devoir de la charité envers tout le genre humain; elle admet à la seconder dans l'enseignement de ses préceptes sublimes les plus doctes philosophies de l'antiquité païenne; elle a adopté, elle cultive trois langues, la plus ancienne, la plus délicate et la plus noble, l'hébreu, le grec et le latin. Ainsi, même pour les fins humaines, le christianisme est supérieur à toutes les religions : il unit la sagesse de l'autorité à celle de la raison et, cette dernière, il l'appuie sur la plus saine philosophie et sur l'érudition la plus profonde.

Après avoir observé dans ce livre comment les sociétés recommencent la même carrière, réfléchissons sur les nombreux rapprochements que nous présente cet ouvrage entre l'antiquité et les temps modernes, et nous y trouverons expliquée non plus l'histoire par-

---

1. Si nous traversons l'Océan pour passer dans le Nouveau-Monde, nous trouverons que l'Amérique eût parcouru la même carrière sans l'arrivée des Européens. (Vico.)

ticulière et temporelle des lois et des faits des Romains ou des Grecs, mais l'*histoire idéale* des lois éternelles que suivent toutes les nations dans leurs commencements et leurs progrès, dans leur décadence et leur fin, et qu'elles suivraient toujours, quand même (ce qui n'est point) des mondes infinis naîtraient successivement dans toute l'éternité. A travers la diversité des formes extérieures, nous saisirons l'*identité de substance* de cette histoire. Aussi ne pouvons-nous refuser à cet ouvrage le titre orgueilleux peut-être de *Science nouvelle*. Il y a droit par son sujet : *la nature commune des nations*; sujet vraiment universel, dont l'idée embrasse toute science digne de ce nom. Cette idée est indiquée dans la vaste expression de Sénèque : *Pusilla res hic mundus est, nisi id, quod quærit, omnis mundus habeat.*

CHAPITRE IV

CONCLUSION. — D'UNE RÉPUBLIQUE ÉTERNELLE FONDÉE DANS LA NATURE PAR LA PROVIDENCE DIVINE, ET QUI EST LA MEILLEURE POSSIBLE DANS CHACUNE DE SES FORMES DIVERSES.

Concluons en rappelant l'idée de Platon, qui ajoute aux trois formes de républiques une quatrième, dans laquelle régneraient les meilleurs, ce qui serait la véritable aristocratie naturelle. Cette république que voulait Platon, elle a existé dès la première origine des sociétés. Examinons en ceci la conduite de la Providence.

D'abord elle voulut que les géants qui erraient dans les montagnes, effrayés des premiers orages qui eurent lieu après le déluge, cherchassent un refuge dans les cavernes, que malgré leur orgueil ils s'humiliassent devant la divinité qu'ils se créaient et s'assujettissent à une force supérieure qu'ils appelèrent Jupiter. C'est à la lueur des éclairs qu'ils virent cette grande vérité, *que Dieu gouverne le genre humain*. Ainsi se forma une première société que j'appellerai *monastique* dans le sens de l'étymologie, parce qu'elle était en effet composée de *souverains solitaires* sous le gouvernement d'un être très bon et très puissant, OPTIMUS MAXIMUS. Excités ensuite par les plus puissants aiguillons d'une passion brutale, et retenus par les craintes superstitieuses que leur donnait toujours l'aspect du ciel ; ils commencèrent à réprimer l'impétuosité de leurs désirs et à faire usage de la liberté humaine. Ils retinrent par force dans leurs cavernes des femmes, dont ils firent les compagnes de leur vie. Avec ces premières unions *humaines*, c'est-à-dire conformes à la pudeur et à la religion, commencèrent les mariages qui déterminèrent les rapports d'époux, de fils et de pères. Ainsi ils fondèrent les familles, et les gouvernèrent avec la dureté des Cyclopes dont parle Homère ; la dureté de ce premier gouvernement était nécessaire, pour que les hommes se trouvassent préparés au gouvernement civil, lorsque s'élèveraient les cités. La première république se trouve donc dans la famille ; la forme en est monarchique, puisqu'elle est soumise aux pères de famille, qui avaient la supériorité du sexe, de l'âge et de la vertu.

Aussi vaillants que chastes et pieux, ils ne fuyaient plus comme auparavant ; mais, fixant leurs habitations, ils se défendaient, eux et les leurs, tuaient les bêtes sauvages qui infestaient leurs champs, et au lieu d'errer pour trouver leur pâture, ils soutenaient leur famille en cultivant la terre ; toutes choses qui assurèrent le salut du genre humain. Au bout d'un long temps, ceux qui étaient restés dans les plaines sentirent les maux attachés à la communauté des biens et des femmes, et vinrent se réfugier dans les asiles ouverts par les pères de famille. Ceux-ci les recevant sous leur protection, la monarchie domestique s'étendit par les clientèles. C'étaient encore les meilleurs qui régnaient, OPTIMI. Les réfugiés, impies et sans dieu, obéissaient à des hommes pieux, qui adoraient la divinité, bien qu'ils la divisassent par leur ignorance et qu'ils se figurassent les dieux d'après la variété de leurs manières de voir; étrangers à la pudeur, ils obéissaient à des hommes qui se contentaient pour toute leur vie d'une compagne que leur avait donnée la religion; faibles et jusque-là errants au hasard, ils obéissaient à des hommes prudents qui cherchaient à connaître par les auspices la volonté des dieux, à des héros qui *domptaient la terre* par leurs travaux, tuaient les bêtes farouches et secouraient le faible en danger.

Les pères de famille, devenus puissants par la piété et la vertu de leurs ancêtres et par les travaux de leurs clients, oublièrent les conditions auxquelles ceux-ci s'étaient livrés à eux, et au lieu de les protéger, ils les opprimèrent. Sortis ainsi de l'*ordre naturel*, qui est celui de la justice, ils virent leurs clients se révolter contre eux. Mais comme la société humaine ne peut subsister un moment sans ordre, c'est-à-dire sans dieu, la Providence fit naître l'*ordre civil* avec la formation des cités. Les pères de famille s'unirent pour résister aux clients, et pour les apaiser leur abandonnèrent le domaine bonitaire des champs dont ils se réservaient le domaine éminent. Ainsi naquit la cité, fondée sur un corps souverain de nobles. Cette noblesse consistait à sortir d'un mariage solennel, et célébré avec les auspices. Par elle les nobles régnaient sur les plébéiens, dont les unions n'étaient pas ainsi consacrées. — Au gouvernement théocratique, où les dieux gouvernaient les familles par les auspices, succéda le gouvernement héroïque, où les héros régnaient eux-mêmes, et dont la base principale fut la religion, privilège du corps des pères qui leur assurait celui de tous les droits civils. Mais comme la noblesse était devenue un don de la fortune, du milieu des nobles mêmes s'éleva l'ordre des *pères* qui, par leur âge, étaient les plus dignes de gouverner; et entre les pères eux-mêmes, les plus courageux, les plus robustes furent pris pour *rois*, afin de conduire les autres, et d'assurer leur résistance contre leurs clients mutinés[1].

Lorsque, par la suite des temps, l'intelligence des plébéiens se développa, ils revinrent de l'opinion qu'ils s'étaient formée de l'héroïsme et de la noblesse, et comprirent qu'ils étaient hommes aussi bien que les nobles. Ils voulurent donc entrer aussi dans l'ordre des citoyens. Comme la souveraineté devait avec le temps être étendue à tout le peuple, la Providence permit que les plébéiens rivalisassent longtemps avec les nobles de piété et de religion, dans ces longues luttes qu'ils soutenaient contre eux, avant d'avoir part au droit des auspices et à tous les droits publics et privés, qui en étaient regardés comme autant de dépendances. Ainsi le zèle même du peuple pour la religion le conduisait à la souveraineté civile. C'est en cela que le peuple romain surpassa tous les autres; c'est par là qu'il mérita d'être le *peuple roi*. L'ordre naturel se mêlant ainsi de plus en plus à l'ordre civil, on vit naître les républiques populaires. Mais comme tout

---

[1]. Ces rois des aristocraties ne doivent pas être confondus avec les *monarques*. (Note du Trad.)

devait s'y ramener à l'urne du sort ou à la balance, la Providence empêcha que le hasard ou la fatalité n'y régnât, en ordonnant que le cens y serait la règle des honneurs, et qu'ainsi les hommes industrieux, économes et prévoyants plutôt que les prodigues ou les indolents, que les hommes généreux et magnanimes plutôt que ceux dont l'âme est rétrécie par le besoin, qu'en un mot les riches doués de quelque vertu ou de quelque image de vertu plutôt que les pauvres remplis de vices dont ils ne savent point rougir, fussent regardés comme les plus dignes de gouverner, comme les meilleurs [1].

Lorsque les citoyens, ne se contentant plus de trouver dans les richesses des moyens de distinction, voulurent en faire des instruments de puissance, alors, comme les vents furieux agitent la mer, ils trou-

---

1. Le peuple pris en général veut la justice. Lorsque le peuple tout entier constitue la cité, il fait des lois justes, c'est-à-dire *généralement bonnes*. Si donc, comme le dit Aristote, de bonnes lois sont des volontés sans passion, en d'autres termes, des volontés dignes du *sage*, du *héros de la morale* qui commande aux passions, c'est dans les républiques populaires que naquit la philosophie ; la nature même de ces républiques conduisait la philosophie à former le sage, et dans ce but à chercher la vérité. Les secours de la philosophie furent ainsi substitués par la Providence à ceux de la religion. Au défaut des *sentiments* religieux qui faisaient pratiquer la vertu aux hommes, les *réflexions* de la philosophie leur apprirent à considérer la vertu en elle-même, de sorte que, s'ils n'étaient pas vertueux, ils surent du moins rougir du vice.

A la suite de la philosophie naquit l'éloquence, mais telle qu'il convient dans des états où se font des lois *généralement bonnes*, une éloquence passionnée pour la justice, et capable d'enflammer le peuple par des idées de vertu qui le portent à faire de telles lois. Voilà, à ce qu'il semble, le caractère de l'éloquence romaine au temps de Scipion l'Africain ; mais les états populaires venant à se corrompre, la philosophie suit cette corruption, tombe dans le scepticisme et se met, par un écart de la science, à calomnier la vérité. De là naît une fausse éloquence, prête à soutenir le pour et le contre sur tous les sujets. (Vico.)

blèrent les républiques par la guerre civile, les jetèrent dans un désordre universel, et d'un état de liberté les firent tomber dans la pire des tyrannies, je veux dire dans l'anarchie. A cette affreuse maladie sociale la Providence applique les trois grands remèdes dont nous allons parler. D'abord il s'élève du milieu des peuples, un homme tel qu'Auguste, qui y établit la monarchie. Les lois, les institutions sociales fondées par la liberté populaire n'ont point suffi à la régler; le monarque devient maître par la force des armes de ces lois, de ces institutions. La forme même de la monarchie retient la volonté du monarque, tout infinie qu'est sa puissance, dans les limites de l'ordre naturel, parce que son gouvernement n'est ni tranquille ni durable, s'il ne sait point satisfaire ses peuples sous le rapport de la religion et de la liberté naturelle.

Si la Providence ne trouve point un tel remède au dedans, elle le fait venir du dehors. Le peuple corrompu était devenu *par la nature* esclave de ses passions effrénées, du luxe, de la mollesse, de l'avarice, de l'envie, de l'orgueil et du faste. Il devient esclave *par une loi du droit des gens* qui résulte de sa nature même; et il est assujetti à des peuples *meilleurs*, qui le soumettent par les armes. En quoi nous voyons briller deux lumières qui éclairent l'ordre naturel; d'abord : *qui ne peut se gouverner lui-même se laissera gouverner par un autre qui en sera plus capable.* Ensuite : *ceux-là gouverneront toujours le monde qui sont d'une nature meilleure.*

Mais si les peuples restent longtemps livrés à l'anarchie, s'ils ne s'accordent pas à prendre un des leurs pour monarque, s'ils ne sont point conquis par une nation meilleure qui les sauve en les soumettant, alors à ce dernier des maux la Providence applique un remède extrême. Ces hommes se sont accoutumés à ne penser qu'à l'intérêt privé ; au milieu de la plus grande foule, ils vivent dans une profonde solitude d'âme et de volonté. Semblables aux bêtes sauvages, on peut à peine en trouver deux qui s'accordent, chacun suivant son plaisir ou son caprice. C'est pourquoi les factions les plus obstinées, les guerres civiles les plus acharnées changeront les cités en forêts et les forêts en repaires d'hommes, et les siècles couvriront de la rouille de la barbarie leur ingénieuse malice et leur subtilité perverse. En effet ils sont devenus plus féroces par la *barbarie réfléchie* qu'ils ne l'avaient été par *celle de la nature*. La seconde montrait une férocité généreuse dont on pouvait se défendre ou par la force ou par la fuite ; l'autre barbarie est jointe à une lâche férocité, qui au milieu des caresses ou des embrassements en veut aux biens et à la vie de l'ami le plus cher. Guéris par un si terrible remède, les peuples deviennent comme engourdis et stupides, ne connaissent plus les raffinements, les plaisirs ni le faste, mais seulement les choses les plus nécessaires à la vie. Le petit nombre d'hommes qui restent à la fin, se trouvant dans l'abondance des choses nécessaires, redeviennent naturellement sociables ; l'antique simplicité des premiers âges reparaissant parmi eux, ils connaissent de nouveau la religion, la véracité, la bonne foi, qui sont les bases naturelles de la justice, et qui font la beauté, la grâce éternelle de l'ordre établi par la Providence.

Après l'observation si simple que nous venons de faire sur l'histoire du genre humain, quand nous n'aurions point pour l'appuyer tout ce que nous ont appris les philosophes et les historiens, les grammairiens et les jurisconsultes, on pourrait dire avec certitude que c'est bien là la grande cité des nations fondée et gouvernée par Dieu même. On a élevé jusqu'au ciel comme de sages législateurs les Lycurgue, les Solon, les décemvirs, parce qu'on a cru jusqu'ici qu'ils avaient fondé par leurs institutions les trois cités les plus illustres, celles qui brillèrent de tout l'éclat des vertus civiles, et pourtant, que sont Athènes, Sparte et Rome pour la durée et pour l'étendue, en comparaison de cette république de l'univers fondée sur des institutions qui tirent de leur corruption même la forme nouvelle qui peut seule en assurer la perpétuité ? Ne devons-nous pas y reconnaître le conseil d'une sagesse supérieure à celle de l'homme ? Dion Cassius assimile la loi à un tyran, la coutume à un roi. Mais la sagesse divine n'a pas besoin de la force des lois; elle aime mieux nous conduire par les coutumes que nous observons librement, puisque les suivre, c'est suivre notre nature. Sans doute *les hommes ont fait eux-mêmes le monde social*, c'est le principe incontestable de la science nouvelle; mais ce monde n'en est pas moins sorti d'une intelligence qui s'écarte souvent des fins particulières que les hommes s'étaient proposées, qui leur est quelquefois contraire et toujours supérieure. Ces fins bornées sont pour elle des moyens d'atteindre les fins plus nobles, qui assurent le salut de la race humaine sur cette terre. Ainsi les hommes veulent jouir du plaisir brutal, au risque de perdre les enfants qui naîtront, et il en résulte la sainteté des mariages, première origine des familles.

Les pères de familles veulent abuser du pouvoir paternel qu'ils ont étendu sur les clients, et la cité prend naissance. Les corps souverains des nobles veulent appesantir leur souveraineté sur les plébéiens, et ils subissent la servitude des lois qui établissent la liberté populaire. Les peuples libres *veulent* secouer le frein des lois, et ils tombent sous la sujétion des monarques. Les monarques *veulent* avilir leurs sujets en les livrant aux vices et à la dissolution, par lesquels ils croient assurer leur trône ; et ils les disposent à supporter le joug de nations plus courageuses. Les nations *tendent* par la corruption à se diviser, à se détruire elles-mêmes, et de leurs débris dispersés dans les solitudes elles renaissent et se renouvellent, semblables au phénix de la fable. — Qui put faire tout cela ? ce fut sans doute l'*esprit*, puisque les hommes le firent avec intelligence. Ce ne fut point la *fatalité*, puisqu'ils le firent avec choix. Ce ne fut point le *hasard*, puisque les mêmes faits se renouvelant produisent régulièrement les mêmes résultats.

Ainsi se trouvent réfutés par le fait Épicure et ses partisans, Hobbes et Machiavel, qui abandonnent le monde au hasard. Zénon et Spinoza le sont aussi, eux qui livrent le monde à la fatalité. Au contraire, nous établissons avec les philosophes politiques dont le prince est le divin Platon, que *c'est la Providence qui règle les choses humaines*. Puffendorf méconnaît cette Providence, Selden la suppose ; Grotius en veut rendre son système indépendant. Mais les jurisconsultes romains l'ont prise pour premier principe du droit naturel.

On a pleinement démontré dans cet ouvrage que les

premiers gouvernements du monde, fondés sur la croyance en une Providence, ont eu la religion pour leur *forme entière*, et qu'elle fut la seule base de l'état de famille. La religion fut encore le fondement principal des gouvernements héroïques. Elle fut pour les peuples un moyen de parvenir aux gouvernements populaires. Enfin, lorsque la marche des sociétés s'arrêta dans la monarchie, elle devint comme le rempart, comme le bouclier des princes. Si la religion se perd parmi les peuples, il ne leur reste plus de moyen de vivre en société ; ils perdent à la fois le lien, le fondement, le rempart de l'état social, la *forme même* de peuple sans laquelle ils ne peuvent exister. Que Bayle voie maintenant s'il est possible qu'*il existe réellement des sociétés sans aucune connaissance de Dieu !* et Polybe, s'il est vrai, comme il l'a dit, *qu'on n'aura plus besoin de religion quand les hommes seront philosophes*. Les religions, au contraire, peuvent seules exciter les peuples à faire *par sentiment* des actions vertueuses. Les *théories* des philosophes relativement à la vertu fournissent seulement des motifs à l'éloquence pour enflammer le sentiment, et le porter à suivre le devoir [1].

La Providence se fait sentir à nous d'une manière bien frappante dans le respect et l'admiration que tous les savants ont eus jusqu'ici pour la sagesse de l'anti-

---

[1]. Mais il est une différence essentielle entre la vraie religion et les fausses. La première nous porte par la grâce aux actions vertueuses pour atteindre un bien infini et éternel, qui ne peut tomber sous les sens ; c'est ici l'intelligence qui commande aux sens des actions vertueuses. Au contraire, dans les fausses religions, qui nous proposent pour cette vie et pour l'autre des biens bornés et périssables, tels que les plaisirs du corps, ce sont les sens qui excitent l'âme à bien agir. (Vico.)

quité et dans leur ardent désir d'en chercher et d'en pénétrer les mystères. Ce sentiment n'était que l'instinct qui portait tous les hommes éclairés à admirer, à respecter la sagesse infinie de Dieu, à vouloir s'unir avec elle; sentiment qui a été dépravé par la vanité des savants et par celle des nations (axiomes 3 et 4).

On peut donc conclure de tout ce qui s'est dit dans cet ouvrage, que la science nouvelle porte nécessairement avec elle le goût de la piété, et que sans la religion il n'est point de véritable sagesse.

FIN.

TABLE DES MATIÈRES

	Pages
Avant-propos.	1
Discours sur le système et la vie de Vico.	9
Vie de Vico écrite par lui-même.	49
Appendice de la vie de Vico.	133
Extraits de divers Opuscules ou Lettres de Vico.	145
De la Méthode suivie de notre temps dans les études.	ibid.
Discours, 1707.	162
Réponse à un journal d'Italie.	164
De l'unité du principe et de la fin du droit universel.	178
Jugement sur Dante.	193
Discours, 1700 : *Hostem hosti infensiorem quam stultum sibi esse neminem.*	197
Autre, 1732 : *De mente heroica.*	199
De Parthenopea conjuratione, etc.	201
Notæ in acta eruditorum Lipsiensia.	202
De l'Antique Sagesse de l'Italie, retrouvée dans les origines de la langue latine. Préface.	211
Livre premier. — Dédicace au seigneur Paolo Matteo Doria.	214
Chap. Ier. — Du vrai et du fait.	215
§ I. De l'origine et de la vérité des sciences	218
§ II. De la vérité première selon les *Méditations* de René Descartes.	223
§ III. Contre les sceptiques.	227
Chap. II. — Des genres ou des idées.	229
Chap. III. — Des causes.	235

TABLE DES MATIÈRES

	Pages
Chap. IV. — Des essences ou des vertus.	237
§ I. Du point métaphysique ou de l'effort.	238
§ II. Que les étendus ne font pas effort.	248
§ III. Que tous les mouvements sont composés	251
§ IV. Que les étendus ne sont jamais en repos.	253
§ V. Que le mouvement est incommunicable.	254
Chap. V. — Animus et anima.	256
§ I. De l'âme des bêtes.	258
§ II. Du siège de l'âme.	ibid.
§ III. Formules sceptiques du droit romain.	261
Chap. VI. — Du Mens.	ibid.
Chap. VII. — De la Faculté.	264
§ I. Du Sens.	265
§ II. Memoria et Phantasia.	266
§ III. De l'*Ingenium*.	267
§ IV. De la faculté certaine du savoir.	268
Chap. VIII. — De l'Ouvrier suprême.	276
§ I. Numen.	ibid.
§ II. Fatum et Casus.	277
§ III. Fortuna.	278
Conclusion.	279

SCIENCE NOUVELLE

ou

PRINCIPES DE LA PHILOSOPHIE DE L'HISTOIRE.

Préface de la première édition	283
LIVRE Iᵉʳ. — *Des Principes.* — Argument	287
Chap. Iᵉʳ. — Préparation des matières que doit mettre en œuvre la science nouvelle.	289
Chap. II. — Axiomes.	306
Chap. III. — Trois principes fondamentaux.	352
Chap. IV. — De la Méthode.	358

TABLE DES MATIÈRES

Pages

LIVRE II. — *De la Sagesse poétique.* — Argument 369

  Chap. Ier. — Sujet de ce Livre. 374
  Chap. II. — De la Métaphysique poétique. 381
  Chap. III. — De la Logique poétique. 396
  Chap. IV. — De la Morale poétique. 435
  Chap. V. — Du Gouvernement de la famille, ou Économie, dans les âges poétiques. 440
  Chap. VI. — De la Politique poétique. 451
  Chap. VII. — De la Physique poétique. 483
  Chap. VIII. — De la Cosmographie poétique. 492
  Chap. IX. — De l'Astronomie poétique. 494
  Chap. X. — De la Chronologie poétique. 496
  Chap. XI. — De la Géographie poétique. 500
  Conclusion de ce Livre. 507
  Addition. — Explication historique de la mythologie. 508

LIVRE III. — *Découverte du véritable Homère.* — Argument. . . . 513

  Chap. Ier. — De la Sagesse philosophique que l'on attribue à Homère. 515
  Chap. II. — De la Patrie d'Homère. 521
  Chap. III. — Du temps où vécut Homère. 523
  Chap. IV. — Pourquoi le génie d'Homère dans la poésie héroïque ne peut jamais être égalé. 527
  Chap. V. — Observations philosophiques devant servir à la découverte du véritable Homère. 531
  Chap. VI. — Observations philologiques, etc. 537
  Chap. VII. — Découverte du véritable Homère. 541
  Appendice. — Histoire raisonnée des poètes dramatiques et lyriques. 546

LIVRE IV. — *Du cours que suit l'histoire des nations.* — Argument. 549

  Chap. Ier. — Introduction. — Trois sortes de natures de mœurs, de droits naturels, de gouvernements. 551
  Chap. II. — Trois espèces de langues et de caractères. 557
  Chap. III. — Trois espèces de jurisprudences, d'autorités, de raisons. — Corollaires relatifs à la politique et au droit des Romains. 560
  Chap. IV. — Trois espèces de jugements. — Corollaire relatif au duel et aux représailles. — Trois périodes dans l'histoire des mœurs et de la jurisprudence. 570
  Chap. V. — Autres preuves tirées des caractères propres de l'aristocratie héroïque. 581
  Chap. VI. — Autres preuves tirées de la manière dont chaque forme de la société se combine avec la précédente. — Réfutation de Bodin. 593
  Chap. VII. — Dernières preuves à l'appui de nos principes sur la marche des sociétés. 601

Pages

LIVRE V. — *Retour des mêmes révolutions, lorsque les sociétés détruites se relèvent de leurs ruines.* — Argument. 613

CHAP. Ier. — Objet de ce Livre. — Retour de l'âge *divin*. 615
CHAP. II. — Comment les nations parcourent de nouveau la carrière qu'elles ont fournie, conformément à la nature éternelle des fiefs. — Que l'ancien droit politique des Romains se renouvela dans le droit féodal. (Retour de l'âge héroïque.). 619
CHAP. III. — Coup d'œil sur le monde politique, ancien et moderne, considéré relativement au but de la science nouvelle. 627
CHAP. IV. — Conclusion. — D'une république éternelle fondée dans la nature par la Providence divine, et qui est la meilleure possible dans chacune de ses formes diverses. 632

FIN DE LA TABLE DES MATIÈRES.

IMPRIMERIE E. FLAMMARION, 26, RUE RACINE, PARIS.

www.ingramcontent.com/pod-product-compliance
Lightning Source LLC
Chambersburg PA
CBHW050128240426
43673CB00043B/1601